neue frau
herausgegeben von
Angela Praesent

Phyllis Rose
Parallele Leben

Fünf viktorianische Ehen

Deutsch von
Rosemarie K. Lester

Rowohlt

Die Originalausgabe erschien unter dem Titel
«Parallel Lives» – Five Victorian Marriages –
1984 bei Alfred A. Knopf, New York
Deutsche Erstausgabe
Umschlagentwurf Isa Petrikat-Velonis
Foto der Autorin Paul Orenstein

14.–16. Tausend Oktober 1989

Veröffentlicht im Rowohlt Taschenbuch Verlag GmbH,
Reinbek bei Hamburg, Oktober 1987
Copyright © 1987 by Rowohlt Taschenbuch Verlag GmbH,
Reinbek bei Hamburg
Copyright © 1983 by Phyllis Rose
Satz Sabon (Lasercomp) bei LibroSatz, Kriftel
Druck und Bindung Clausen & Bosse, Leck
Printed in Germany
1280-ISBN 3 499 15857 4

Für
D. S.

«Die Ehe schenkt uns großartige kollektive Anregungen:
wenn es uns gelänge,
den Ödipuskomplex und die Ehe auszuschalten,
was bliebe uns noch zu *erzählen*?»
Roland Barthes, *Roland Barthes*

Inhalt

Als Leslie Stephen, der viktorianische Literat, in den frühen achtziger Jahren des letzten Jahrhunderts Froudes Carlyle-Biographie las, war er – wie viele andere – schockiert von der Schilderung der Carlyleschen Ehe. Er fragte sich, ob er vielleicht seine Frau auch so schlecht behandelt habe wie Carlyle nach seinem Empfinden Jane. Mit dem Gedanken daran im Kopf, schuf er sich nach dem Tode seiner Frau mit einer tränenreichen Chronik seines Ehelebens einen Schrein der Selbstrechtfertigung; es ist eine Chronik, die von der Nachwelt als «Mausoleum-Buch» bezeichnet wurde und die mich auf die Idee brachte, dieses Buch zu schreiben. Froudes *Leben Carlyles* ist ein Meisterwerk, doch die Stärke einer Biographie hat auch viel damit zu tun, daß sie zu Vergleichen herausfordert. Habe ich so gelebt? Will ich so leben? Könnte ich mich dazu bringen, so zu leben, wenn ich es wollte? Die Engländer des 19. Jahrhunderts lasen Plutarchs *Parallelbiographien*, um etwas über die Gefahren und Fallstricke des öffentlichen Lebens zu erfahren, doch mir kam in den Sinn, daß eine Entsprechung oder eine auch nur halbwegs ähnliche Reihe von Porträts des häuslichen Lebens überhaupt nicht existierte.

So begann dieses Buch mit dem Wunsch, die Geschichten einiger Ehen so unsentimental wie möglich zu erzählen und dabei die wechselnden Machtverhältnisse zwischen einem Mann und einer Frau herauszustellen, die, wie man annehmen darf, eine Verbindung fürs Leben eingegangen waren. Meine Absichten waren zum Teil feministische (da ja die Ehe so oft der Kontext ist, in dem eine Frau ihre Bestimmung zu erfüllen sucht, ist sie seit eh und je ein Objekt feministischer Forschung) und zum Teil literarische, in einer Weise, die ich erklären werde.

Vor allem glaube ich, daß Leben ein Akt der Kreativität ist und daß unsere schöpferische Phantasie zu bestimmten Zeitpunkten unseres Lebens wesentlich stärker gefordert wird als zu anderen. Es gibt Augenblicke, in denen die Notwendigkeit, über unsere eigene Lebensgeschichte zu entscheiden, besonders dringlich wird – wenn wir einen Lebensgefährten wählen, beispielsweise, oder eine Karriere beginnen. Solche Entscheidungen geben, rückwirkend, der Vergangenheit einen Sinn und projizieren Bedeutung in die Zukunft, verknüpfen Vergangenheit und Zukunft und erschaffen so, in der Spannung zwischen beiden, die Gegenwart. Fragen, die wir uns alle schon einmal gestellt haben – warum tue ich das? oder noch grundlegender – was tue ich eigentlich? –, solche Fragen weisen darauf hin, wie das Leben uns zwingt, in diesem Urschlamm von Details, der unsere täglichen Erfahrungen ausmacht, einen vernünftigen Plan zu suchen – und zu finden. Es gibt eine Art des Arrangierens, Erzählens, der Auswahl von Details – kurzum, der Erzählstruktur –, die wir so handhaben müssen, daß ein Tag auf den anderen, eine Woche auf die nächste vorbereitet. Irgendwie entscheiden wir alle selbst, wann wir erwachsen sind und welches Ereignis für uns Reife symbolisiert – das Elternhaus verlassen, heiraten, Eltern werden, die eigenen Eltern verlieren, eine Million verdienen, ein Buch schreiben. In dem Sinne, daß wir unserem Leben eine gewisse erzählerische Form aufprägen, wird jeder von uns in dem ganz gewöhnlichen Prozeß des Lebens hier und da zum Romancier und der Biograph zum Literaturkritiker.

Ehen oder parallele Leben, wie ich sie nennen will, besitzen für den Kritiker/Biographen eine ganz besondere Faszination, weil sie *zwei* schöpferische Phantasien in Bewegung setzen, um Erzählungen über Erfahrungen zu konstruieren, die für beide identisch sein sollen. Mit dem Wort *parallel* hoffe ich jedoch, die Aufmerksamkeit sowohl auf den Abstand als auch auf die Ähnlichkeiten zwischen den Erzählsträngen zu lenken.

Eine ältere Schule der literarischen Biographie bemühte sich zu zeigen, auf welche Weise «Leben» das Werk eines Autors beeinflußt hatte. Mein eigener Ausgangspunkt ist der, daß gewisse Muster der Phantasie – nennt man sie nun Mythologien oder Ideologien – die Form bestimmen, die Leben und Werk eines Autors oder einer Autorin schließlich annehmen.

Daher suche ich nach Verbindungspunkten zwischen beiden, ohne davon auszugehen, daß Leben die Schablone für Fiktion ist – eher nehme ich das Gegenteil an. Als ich begann, mich diesem

Material anzunähern, suchte ich Beweise dafür, daß die Lektüre Menschen dabei geholfen hat, ihre Ansichten über die eigenen Lebenserfahrungen zu formen. Einiges trat zutage. Jane Welsh zum Beispiel, von Thomas Carlyle umworben, leitete ihre Bewertung dieser Beziehung aus der Lektüre der *Nouvelle Héloise* ab. Die Art und Weise, in der Dickens die Trennung von seiner Frau inszenierte, scheint den Einfluß der Melodramen zu verraten, in denen er so gerne auftrat. Aber was mich letztlich mehr interessierte, war die Erzählstruktur jeder einzelnen dieser Ehen – oder die beiden Erzählstrukturen. In unglücklichen Ehen, beispielsweise, sehe ich zwei Versionen der Realität, statt zwei Menschen im Konflikt. Ich sehe einen Kampf zweier Imaginationen um Vorherrschaft. Mir scheint, glückliche Ehen sind jene, in denen sich beide Partner über das Szenario, in dem sie spielen, einig sind, selbst wenn ihre Vorstellung von der Beziehung völlig von den Tatsachen abweicht – wie das bei Mr. und Mrs. Mill der Fall war. Von «Tatsachen» spreche ich in diesem Zusammenhang nur mit Zittern und Beben, aber einmal locker gesagt, die Fakten im Fall Mill – daß nämlich eine Frau mit einem starken, unkomplizierten Willen einen von Schuldgefühlen zerfressenen Mann beherrschte – waren von geringerer Bedeutung als ihre gemeinsame Vorstellung von den Tatsachen, daß nämlich ihre Ehe ihrem gemeinsamen Ideal einer Ehe zwischen Gleichberechtigten entsprach. In bezug auf diese parallelen Leben setze ich also so wenig objektive Wahrheiten wie möglich voraus, denn jede Ehe scheint mir eine subjektive Erfindung mit zwei Gesichtspunkten zu sein, die häufig radikal miteinander im Widerspruch stehen und zuweilen zufällig übereinstimmen.

Dies also, verkürzt gesagt, ist die Grundlage meines literarischen Interesses an parallelen Leben; aber da ist auch noch eine politische Dimension. Auf der Basis des Familienlebens bilden sich unsere Erwartungen hinsichtlich Macht und Machtlosigkeit, Autorität und Gehorsam in anderen Bereichen heraus, und in diesem Sinne ist die Familie, wie ja häufig behauptet wird, der Baustein der Gesellschaft. Der Gedanke, daß die Familie eine Schule des bürgerlichen Lebens ist, geht bis auf die alten Römer zurück, und feministische Kritik an der Familie als einer solchen Schule – der Vorwurf, daß sie eine Schule für Despoten und

Sklaven sei – existiert mindestens seit John Stuart Mill. Ich beziehe mich auf diese Tradition, um teilweise meine eigene Position zu bestimmen: wie Mill halte auch ich die Ehe für die wichtigste politische Erfahrung, auf die sich die meisten von uns als Erwachsene einlassen, und daher interessiert mich das Management der Macht zwischen Männern und Frauen in dieser mikrokosmischen Beziehung. Wie auch immer das Gleichgewicht ausfällt – jede Ehe gründet sich auf ein bestimmtes Einverständnis zwischen den Partnern, ausgesprochen oder nicht, über die relative Bedeutung, die Priorität ihrer Wünsche. Ehen zerbrechen nicht, wenn die Liebe verblaßt – Liebe kann sich in Zuneigung verwandeln, ohne zwei Menschen auseinanderzubringen –, sondern wenn das Einverständnis über das Gleichgewicht der Macht zusammenbricht, wenn der schwächere Partner sich ausgebeutet sieht oder der stärkere empfindet, daß seine oder ihre Stärke unbelohnt bleibt.

Menschen, denen diese Art, über eine unserer kostbarsten Bindungen zu reden, geradezu eiskalt vorkommt, werden dagegenhalten, daß «Machtkampf» ein beklagenswerter Zustand ist, in den Beziehungen versinken, wenn die Liebe versagt. (Für manche Leute ist es unmöglich, über Macht zu diskutieren, ohne das Wort *Kampf* hinzuzufügen.) Aber dagegen würde ich auf die menschliche Neigung hinweisen, von Liebe zu sprechen, wenn wir Machtgelüste verschleiern wollen. Wie der alte Lear bei der Übergabe seines Königreichs an seine Töchter, so leugnen auch wir die Tatsachen, wenn wir uns von der Macht zurückziehen oder neue Macht übernehmen, und verlangen, daß man uns von Liebe spricht. Vielleicht ist Liebe eben das – die vorübergehende oder auch lang andauernde Weigerung, an einen anderen Menschen unter dem Gesichtspunkt der Macht zu denken. Wie ein Enzym, das vorübergehend einen normalen biologischen Prozeß blockiert, so hemmt das, was wir Liebe nennen, vielleicht dies Verhandeln über die Macht – aus welcher Hemmung dann jene Illusion der Gleichheit entsteht, die für Liebende so charakteristisch ist. Wenn der Impuls, auf das Verhandeln und Aneinander-Messen zu verzichten, spontan von innen kommt, dann ist das eine der Gnaden und Segnungen des Lebens. Ist er aber kulturbedingt und von einem Teil der Menschheit wesentlich stärker erwünscht als vom anderen, dann finden wir diesen Impuls vielleicht widerwärtig und nennen ihn eine Maske der Ausbeutung. In bezug auf die Ehe hat man der Liebe sicher gebührende Aufmerksamkeit geschenkt, der Macht dagegen weniger, als ihr zusteht. Auf jeden Sozialwissenschaftler, der die Familie als psychopolitische Struktur betrachtet, auf jeden John Stuart Mill, der über «Unterdrückung» in der Ehe redet, kommen unzählige fromme Schwätzer. Wer kann schon dem Gedanken widerstehen, daß Liebe der ideologische Knochen ist, den man Frauen hinwirft, um sie von ihrer Machtlosigkeit im Leben abzulenken? Nun – Millionen von Romantikern können das durchaus –, und es gibt weitere Millionen, die in der Liebe den Knochen sehen, den man Männern hinwirft, um sie von den Fesseln *ihres* Lebens abzulenken.

Wie wir seit Freud wissen, ist der Geist in unbewußten Zuständen erstaunlich fruchtbar und erfindungsreich im Hervorbringen von Fiktionen, was im bewußten Zustand nicht so ist. Die Romanhandlungen, die wir unserem eigenen Leben freiwillig auferlegen, sind begrenzt und begrenzend. Und in keinem anderen Bereich sind sie so banal und steril wie in dem der Liebe und Ehe. Da unserer Phantasie nichts anderes zur Verfügung steht, erleben wir unsere Erfahrungen durch den Filter der romantischen Klischees, mit denen uns die Populärkultur bombardiert. Und weil wir mit der Schalheit und Konventionalität der uns selbst auferlegten Handlungen Verrat an unserem eigenen inneren Reichtum und unserer Komplexität begehen, fühlen wir uns frustriert und unglücklich. Vielleicht suchen wir Hilfe in einer Therapie, aber die Handlungsabläufe, die bei einer nicht sonderlich geglückten Therapie herauskommen, sind ebenfalls ziemlich einengend.

Einfache Geschichten verjagen schwierige. Einfache Muster setzen sich komplizierten gegenüber immer durch. Wenn Macht in der Ehe die Fähigkeit ist, die eigene Vision langfristig durchzusetzen, dann kommt man leichter in ihren Besitz, wenn man ein einfaches und weitgehend akzeptiertes Muster zur Hand hat. Das patriarchalische Muster hat sei eh und je die männliche Macht in der Ehe durchgesetzt: ein Mann arbeitet schwer, um sich einer Frau wert zu machen; sie heiraten; er ist Familienoberhaupt; sie dient ihm, arbeitet, um ihn zu erfreuen und ihn zu umsorgen, erhält dafür Schutz. Dieses Schema ruft regelmäßig sein Gegenstück hervor, das Schema der weiblichen Macht durch Schwäche: die irgendwie durch das Familienleben verletzte Frau braucht Fürsorge und verlangt ein Schuldopfer. Mrs. Rochester, die Wahnsinnige auf dem Dachboden in *Jane Eyre*, ist ein recht auffälliges Beispiel. Die leidende, Fürsorge verlangende Frau hat sich häufig als stärker herausgestellt als der siegreiche Mann, der Fürsorge verdient – eine Dialektik der Visionen, für die die Carlyles ein gutes Beispiel liefern –, doch keine der Seiten des patriarchalischen Paradigmas scheint das Beste im Menschen zum Vorschein zu bringen. Was die Ehe anbetrifft, so brauchen wir viel komplexere Handlungsmuster. Ich enthülle meine literarische Voreingenommenheit, wenn ich sage: meiner Ansicht nach brauchen wir Literatur, die uns befähigt, freier zu leben, indem sie uns zu tieferen Erfahrungen, einer reicheren Vorstellungskraft verhilft. Ganz pragmatisch können wir davon profitieren, wenn wir uns in den Roman des 19. Jahrhunderts versenken, dessen Zentralthema die verschiedenen Phasen der Ehe waren.

Wir neigen dazu, locker über die Ehen anderer Leute zu sprechen und unser Reden als Klatsch abzuwerten. Aber Klatsch kann auch der Beginn moralischen Fragens sein, das untere Ende der platonischen Leiter, die zum Selbst-Verständnis führt. Wir hungern geradezu nach Informationen darüber, wie andere Menschen leben, weil wir wissen möchten, wie wir selbst leben sollen, und doch lehrt man uns, diese Sehnsucht als unzulässige Form von Schnüffelei zu betrachten. Wenn die Ehe, wie Mill meint, eine politische Erfahrung ist, dann sollte eigentlich eine Diskussion darüber so ernst genommen werden wie jede nationale Wahl. Man sollte dem kulturellen Druck, derartigen «Klatsch» zu meiden, als mündiger Bürger widerstehen. In diesem Sinne also stelle ich einige Privatleben zur Prüfung und Diskussion vor. Ich werde versuchen, diese Geschichten so zu erzählen, daß sie Fragen zur Rolle der Macht und zum Wesen der Gleichberechtigung in der Ehe auslösen, denn ich setze eine Verbindung zwischen Politik und Sex voraus. Im Interesse der Objektivität stelle ich das gemeinsame Leben einiger viktorianischer Männer und Frauen vor, die mit den Spielregeln vielleicht besser vertraut waren, als wir es sind.

Für viele Menschen hat das Wort *viktorianisch* die Bedeutung von prüde, repressiv, asexuell und wenig mehr. Dieses populäre Verständnis ist völlig unberührt geblieben von mehr als zwei Dekaden wisssenschaftlicher Arbeiten, die versucht haben, die Vorstellung einer einförmigen viktorianischen Kultur in Großbritannien zu zerstören, indem sie zunächst einmal darauf hinwiesen, daß eine Zeitspanne von über sechzig Jahren (Königin Victoria herrschte von 1837 bis 1901) sich verantwortlichen Verallgemeinerungen gegenüber äußerst resistent zeigt. Ebenso unberührt blieb diese Vorstellung auch von einer Flut von Memoiren, Biographien und wissenschaftlichen Studien – allen voran Steven Marcus' *Umkehrung der Moral* –, deren Ziel als Gruppe es war, die obszön-exzentrische Seite des viktorianischen Lebens zu beleuchten. (Genauer würde ich Marcus' Studie der Pornographie und Sexualität als einen Versuch beschreiben, der etwas von der enormen sexuellen Energie sichtbar machen will, welche die Viktorianer im Interesse der Zivilisation sublimierten.) Seltsame und wunderbare Geschichten sind da ans Licht gekommen, von denen eine bemerkenswerte Anzahl etwas mit Doppelleben oder geheimgehaltenem Leben zu tun hat. Arthur Munby (*Munby: Man of Two Worlds*), ein geachteter Jurist, war geradezu besessen von Frauen der Arbeiterklasse, sammelte ihre Lebensgeschichten und Fotografien und war viele Jahre lang insgeheim mit seiner Haushälterin verheiratet. J. R. Ackerley (*My Father and Myself*) entdeckte, daß sein Vater, auch ein Mensch von scheinbar unantastbarer Respektabilität, nur wenige Straßen vom Familiendomizil entfernt einen weiteren Haushalt mit zweiter Frau und Kindern aufrechterhielt. Aber noch wichtiger war für den homosexuellen Ackerley die Entdeckung, daß sein Vater, wie viele andere Gardeoffiziere, in seiner Jugend ein enthusiastischer Homosexueller gewesen war.

Über solche Bücher (ich habe ein paar erwähnt, die ich besonders fesselnd fand) redet man heute in dem amüsierten oder erstaunten Ton, in dem Kinder über Erscheinungsformen der Sexualität ihrer Eltern reden. Der Vergleich ist durchaus passend, denn die Viktorianer – genauer gesagt, das in unserer Phantasie existierende Bild einer viktorianischen Kultur – machen immer noch im weiteren Sinne die Generation unserer Eltern aus, und wir rebellieren gegen eine teils real, teils erfundene Sexualmoral des 19. Jahrhunderts. Doch wir sind nur die Kehrseite der Medaille. Wenn Marcus den Viktorianern ihre Sexualität zurückzugeben begann, indem er die Macht dessen, was sie unterdrückten, ins Gespräch brachte, dann hat Foucault neuerdings aus einer radikaleren Perspektive heraus die gesamte Vorstellung von einer viktorianischen Prüderie angegriffen. Ob man nun über Sex ermunternd spricht (wie wir) oder abschreckend (wie die Viktorianer) ist unwesentlich für Foucault; wie jede Generation seit dem 18. Jahrhundert, so nahmen auch die Viktorianer an der Transformation von Sex in «Diskurs» teil.

Als ich sagte, daß den Viktorianern die Spielregeln etwas vertrauter waren als uns, dachte ich hauptsächlich an die Schwierigkeiten der Ehescheidung. Vor dem Ehescheidungsgesetz von 1857 war Scheidung in England nur durch einen parlamentarischen Akt möglich, einen so teuren und so ungewöhnlichen Prozeß, daß er praktisch außerhalb der Reichweite des Mittelstandes war, obgleich in besonderen Fällen, wie Nicht-Vollzug, eine Annullierung durch die kirchlichen Gerichte möglich war. Selbst nach 1857, als weltliche Scheidungsgerichte eingerichtet wurden, brachten es nur wenige Menschen fertig, sich der skandalösen Prozedur zu unterziehen: einer der Scheidungsgründe hatte immer Ehebruch zu sein. Und so lag diesen Verbindungen, gleichviel, wie zufällig sie zustande gekommen waren, doch die Absicht zugrunde, daß sie ein Leben lang halten sollten. Vergleichsweise kommt einem unser leichter Zugang zur Scheidung so vor – um ein Bild von Robert Frost zu übernehmen –, als spielten wir Tennis ohne Netz. John Stuart Mill, der die Ehescheidung befürwortete, betrachtete eine Wiederverheiratung dennoch als ungeeignetes Hilfsmittel für gewisse Arten ehelicher Unzufriedenheit, für solche nämlich, deren Ursache in der menschlichen Neigung liegt, im Lauf der Jahre unglücklich zu werden und den Ehepartner dafür verantwortlich zu machen. Nach der durch die Veränderung zunächst herbeigeführten Hochstimmung würde der oder die Leidende schließlich mit dem zweiten Partner den gleichen Punkt erreichen, sagte Mill, und um welchen Preis eines zerrütteten Lebens! Die Geschichte ist uns heute vertraut genug. Aber die Viktorianer, denen kein einfacher Fluchtweg aus schwierigen häuslichen Situationen offenstand, mußten sich schon etwas mehr einfallen lassen.

Nur wenige waren erfinderischer als Mills spätere Frau Harriet Taylor, die es schaffte, zwanzig Jahre lang in einer regelrechten *ménage à trois* mit ihrem Ehemann und Mill zu leben, Gefährtin von beiden, Geliebte von keinem. Ihr Erfindungsreichtum beruhte auf dem Herunterspielen der Bedeutung sexueller Erfüllung, und es erfordert einige Mühe, dies als nützlich und nicht nur als quälende Einschränkung zu betrachten. Doch ich glaube, diese Mühe müssen wir uns machen. Von den fünf hier vorgestellten Ehen kamen mindestens zwei, und vielleicht eine dritte, ohne Sex aus, und es genügt nicht, dazu einfach zu sagen: «Wie bizarr.»

Tatsächlich beginnen Wissenschaftler unseres post-emanzipierten Zeitalters, die sich für innovative Lebensarrangements interessieren, gerade zu entdecken, daß die Menschen vor hundert Jahren vielleicht *mehr* Flexibilität besaßen als wir heutigen. Lillian Faderman, zum Beispiel, hat mit großer Sympathie die im Amerika des 19. Jahrhunderts praktizierte *Boston marriage* beschrieben, eine langfristige monogame Beziehung zwischen zwei ansonsten unverheirateten Frauen. Die emotionalen und sogar finanziellen Vorteile einer solchen Beziehung sind ohne weiteres klar, ganz gleich, ob Sex darin eine Rolle spielte oder nicht – und das ist etwas, was wir niemals erfahren werden. Der springende Punkt ist, daß solche Beziehungen als gesund und nützlich betrachtet wurden. Henry James jedenfalls war entzückt, daß seine Schwester Alice durch ihre *Boston marriage* mit Katherine Loring ein wenig Freude im Leben hatte. Aber was dem 19. Jahrhundert gesund und nützlich vorkam, wurde im frühen zwanzigsten – nach dem Einbruch des populären Freudianismus – plötzlich «abnorm». Nach der Sexualisierung sämtlicher Lebenserfahrungen konnte man sich nicht so einfach auf Lebensarrangements wie die *Boston marriages* einlassen oder ohne weiteres darüber reden; sie wurden verpönt, unterdrückt, zu Dingen, die man verheimlichen mußte. Um die Mitte der zwanziger Jahre war es schon nicht mehr möglich, ohne Verlegenheit eine *Boston marriage* zu erwähnen. Mit seiner Sexualisierung menschlicher Erfahrungen bewirkte der populäre Freudianismus die moralistische Einschränkung von Möglichkeiten.

Ich ziehe es vor, die sexfreien Ehen, von denen ich spreche, als Beispiele von Flexibilität und nicht von Abnormalität zu betrachten. Vielleicht werden einige sagen, das waren keine richtigen Ehen, weil sie ohne Sex blieben; doch darüber läßt sich streiten. Es muß doch noch andere Modelle für die Ehe geben – für die langfristige Verbindung zweier Menschen –, nicht nur das sehr enggefaßte, mit dem wir alle vertraut sind, das mit einem weißen Brautkleid beginnt, zu Kindern führt und mit dem Tod endet oder, immer häufiger heutzutage, mit der Scheidung.

Viele kulturelle Umstände arbeiteten gegen die Wahrscheinlichkeit sexueller Befriedigung innerhalb viktorianischer Ehen. Das unbeugsame Tabu gegen vorehelichen Sex für Frauen des Mittelstandes bedeutete unter anderem, daß es unmöglich war, vor der Ehe festzustellen, ob man sexuell zusammenpaßte. Danach machte das Gesetz die Frau zum absoluten Besitz ihres Mannes und sexuelle Verfügbarkeit zu einer ihrer Pflichten. Man stelle sich eine junge Frau vor, die mit einem ihr physisch widerwärtigen Mann verheiratet ist. Sie befindet sich in einer Lage, in der sie jede Nacht vergewaltigt wird – und das mit Zustimmung des Gesetzes. Der legendäre viktorianische Ratschlag zum Sex, «leg dich hin und denk an England», kommt einem nicht mehr nur komisch vor, wenn man sich vor Augen hält, daß sich die Abneigung gegen Sex in vielen Fällen aus einer Abneigung gegen den ersten Sexualpartner entwickelte und gegen einen Sexualakt, der im Grunde erzwungen war. Dazu war es in Abwesenheit von Verhütungsmitteln unmöglich, den Sex von seiner reproduktiven Funktion zu trennen; war man also sexuell aktiv, so bedeutete das auch die Beschwerden der Schwangerschaft, die Schmerzen der Geburt und die Last der Kinder. Für Männer des Mittelstandes bedeutete das Tabu gegen voreheliche Sex, daß man sexuelle Erfahrungen nur mit Prostituierten oder Frauen der Arbeiterklasse machen konnte, eine frühe Konditionierung, die Freud für eine Gefährdung des erotischen Lebens hielt, da sie eine Abspaltung des Objekts des Verlangens vom Objekt des Respekts begünstige.

Es scheint, als hätten wir heute eine größere Chance zum Glücklichsein. Theoretisch können Männer und Frauen einander vor der Ehe unter ungezwungenen, entspannten Umständen kennenlernen. Mehr junge Leute schlafen ohne weiteres miteinander, leben vor der Ehe zusammen. Sie müssen nicht abwarten, bis sie unwiderruflich verbunden sind, um festzustellen, daß sie nicht zueinander passen. Und sie verbinden sich auch nicht mehr unwiderruflich. Vor allem aber können Frauen sich ihren Lebensunterhalt verdienen, Eigentum haben und damit die Chance auf einen gewissen Status innerhalb der Familie. Die Geburtenkontrolle ist verläßlich und verfügbar, also brauchen Frauen nicht mehr ganz so sehr wie früher die Sklaven von Kindern zu sein. Und Männer brauchen nicht mehr so sehr unter der Verpflichtung zu leiden, große, kostspielige Familien zu ernähren. Wir können Sex von der Fortpflanzung trennen; ihn, wenn wir wollen, als reines Vergnügen betrachten. Wenn all das zusammen nicht sicherstellt, daß wir in unserem Privatleben glücklicher sind als die Viktorianer, dann erwarten wir von unseren Ehen vielleicht noch mehr, als die Viktorianer das taten. Oder vielleicht ist die tief im Menschen verwurzelte Tendenz zum Unglücklichsein noch schwerer durch Gesetzgebung und Technologie anzugehen, als man gedacht hätte.

Weder in den Romanen noch in biographischen Zeugnissen kann ich überzeugende Belege dafür finden, daß die Menschen ihren persönlichen Beziehungen weniger Bedeutung beigemessen hätten als wir heute. Romantische Erwartungen scheinen keine Haupt- und Nebensaison zu kennen; von der Zeit der Lebensblüte einmal abgesehen. Dickens und Carlyle sind beispielhaft für ein und denselben Traum von der Ehe: daß eine idealisierte Frau den jungen Mann für seine beruflichen Anstrengungen belohnen wird. Von den fünf hier beschriebenen viktorianischen Paaren erwarteten die Mills und die Lewes' aus verschiedenen Gründen weniger von der Ehe und fanden größere Befriedigung darin als die anderen. Temperament und ideologische Neigung scheinen wesentlich mehr Einfluß darauf zu haben, ob einer glücklich ist, als die Tatsache, ob man im 19. oder im 20. Jahrhundert lebt.

Ich glaube, wir sollten uns an die anglo-amerikanische Neigung zu besonders romantischen Ehevorstellungen erinnern, gleichviel, ob im 19. oder im 20. Jahrhundert. Während Effie Ruskin Italien bereiste, entdeckte sie, wieviel angenehmer und bequemer kontinentale Ehegepflogenheiten waren als englische. Während die Engländer davon ausgingen, daß man seinen Ehemann liebte und von ihm geliebt wurde und soviel wie möglich mit ihm zusammensein wollte, stellten die Europäer solche außerordentlichen Ansprüche nicht. Sie wußten, daß sie das Beste aus einer schwierigen Situation machten, die häufig von ganz anderen Personen und aus Gründen, die nur wenig mit Liebe zu tun hatten, arrangiert worden war; und so gaben sie einander beträchtliche Freiräume. Man weiß nicht recht, ob die Viktorianer mehr darunter litten, daß sie keine einfachen Scheidungsmöglichkeiten hatten, oder daran, daß die in gewisser Weise entlastende Sitte der arrangierten Ehe am Verschwinden war. Als Eheschließungen noch offen und ehrlich Vermögensarrangements waren, erwartete zumindest niemand, daß sie auf einer immerwährenden Liebeswoge schwimmen würden. Doch wir teilen diese Erwartung mit den Viktorianern.

Im allgemeinen erscheinen mir die Ähnlichkeiten zwischen Ehen damals und heute größer als die Unterschiede. Damals wie heute scheinen gewisse Anpassungsprobleme, gewöhnlich in bezug auf Sex oder die Verwandtschaft, typisch für das frühe Stadium einer Ehe zu sein und andere, etwa der Mangel an Spannung, typisch für spätere Stadien. Damals wie heute schaffen geteilte Erlebnisse Bindungen, die mit den Jahren immer wichtiger werden und Unstimmigkeiten eher unwichtig erscheinen lassen. Und damals wie heute spaziert die Liebe oft zur Tür hinaus, wenn die Armut zum Fenster hereingeflogen kommt. Und es stellt sich heraus, daß Zustände, die ich heute für unmöglich gehalten hätte – Ruskins völlige Naivität weiblicher Nacktheit gegenüber und sein völlig verständlicher Schock, als er damit konfrontiert wurde –, im Leben von Menschen, die ich kenne, durchaus vorkamen. Diese viktorianischen Ehen erinnern mich ständig an Ehen von Freunden: starke Frauen ziehen sich noch immer einen Schutzmantel der Schwäche über, wie George Eliot; ernsthafte Männer, die sich für eine Politik der Gleichheit stark machen, haben noch immer ihre Xanthippe zu Hause, wie John Mill; Männer wie Dickens lassen sich in den mittleren Jahren noch immer von Frauen scheiden, die sie verbraucht und hinter sich gelassen haben; gescheite Frauen wie Jane Carlyle trösten sich immer noch über die eigene Machtlosigkeit hinweg, indem sie ihre Männer verspotten. Und dazu stellt sich heraus, daß Einstellungen zur Ehe, die ich für veraltet gehalten hätte, dies keineswegs sind. Anscheinend kann man noch immer annehmen, daß der Mann ohne Frage der wichtigere Partner in einer Ehe ist. Mit anderen Worten, das patriarchalische Muster herrscht immer noch. Ja, während fundamentalistische Religion und Moral im ethischen Vakuum des zeitgenössischen Amerika wiederaufleben, werden wir uns wahrscheinlich in einer Situation wiederfinden, in der wir die Kämpfe des 19. Jahrhunderts um die persönliche Moral noch einmal ausfechten müssen. Da wir aber noch nicht so weit gekommen sind, wie einige von uns fürchten und andere hoffen, sollten diejenigen, die per Gesetzgebung die Moral auf ein ihnen vorschwebendes Ideal zurückschrauben wollen, angesichts des Konservatismus der menschlichen Natur zumindest etwas bescheidener werden.

Die folgenden Kapitel über die Ehen von Jane und Thomas Carlyle, von Effie Gray und John Ruskin, von George Eliot und George Henry Lewes, von Harriet und John Stuart Mill und von Catherine und Charles Dickens stellen eine Auswahl dar. Das heißt, ich mache nicht den Versuch, eine Ehe in ihrer ganzen Dauer darzustellen. Wenn jede Ehe, wie Jessie Bernard das ausdrückt, eigentlich zwei Ehen ist – die des Mannes und die der Frau –, dann würde eine zufriedenstellende Behandlung zwei Bücher erfordern, eins aus seiner Sicht und eins aus ihrer, oder wenigstens einen Roman mit einem hohen Grad von Komplexität. So habe ich also in jedem Kapitel eine Periode oder ein Problem unter die Lupe genommen und im wesentlichen für jedes Paar zwei Kapitel geschrieben. Diese Kapitel folgen einander, mit Ausnahme der beiden über die Carlyles, die einen Rahmen für die anderen abgeben – das erste über die Zeit der jungen Liebe und Thomas' Aufstieg, das zweite über die späteren Phasen und Janes Aufstieg. Liest man sie hintereinander, dann bieten alle Kapitel zusammen ein einigermaßen chronologisches Spektrum der Ehe. Ich brauche kaum zu betonen, daß dies ein perverses Spektrum ist. Nicht alle jungen Liebenden schreiben sich so viele Briefe wie die Carlyles, noch enden sie mit einer so dramatischen Umkehrung aller Konventionen der vorhergehenden Monate. Nicht alle Hochzeitsnächte sind so traumatisch wie die der Ruskins, und nicht alle Frischvermählten haben es so schwer, sich mit ihren Familien zu arrangieren. Die Ruskins erlauben es mir, über eine Dreiecksgeschichte zu schreiben, dieses periodisch auftretende Sonderarrangement einer Ehe; wenn sich auch viele Dreiecksaffären als wesentlich stabiler herausstellen als die zwischen den Ruskins und John Everett Millais. In den Kapiteln über Harriet Taylor und John Stuart Mill schreibe ich über die Mattigkeit, die sich nach einer Reihe von Ehejahren ausbreitet, und von einer Möglichkeit, sie zu bewältigen. Von der Chronologie abweichend, kommt hier auch das Thema Gleichberechtigung in der Ehe zur Sprache, das für die Mills so wichtig war, wie es für jeden sein muß, der kritisch über die Ehe nachdenkt. Danach folgt Dickens als ein Beispiel dafür, was wir heute «*midlife crisis*» nennen würden, und für eine Art, damit fertig zu werden: nämlich seine Unzufriedenheit ganz und gar an der Frau auszulassen und die Ehe zu beenden. Es folgen George Eliot und George Henry Lewes, die uns das Beispiel eines Paares vorführen, das glücklich zusammenblieb, bis daß der Tod sie schied. Ich gebe zu, daß dies mein Lieblingspaar ist, und nicht von ungefähr verdanken sie ihr Glück (oder ich mein Vergnügen) der Tatsache, daß ihre Ehe keine rechtsgültige war. Das Buch schließt mit einer Analyse der Carlyleschen Ehe in einem späten, von Spannungen und Eifersucht überschatteten Stadium und einer Untersuchung der Art und Weise, in der sich Jane nach ihrem Tode durch ihr Tagebuch für alle von ihrem Mann im Leben empfangenen Wunden rächte.

Ich habe meine Personen nach den Kriterien der Vielfalt und des erzählerischen Interesses ausgewählt. Beide Ziele waren nicht ganz vereinbar, und das erzählerische Interesse obsiegte schließlich. Immerhin sind zwei meiner Untersuchungsobjekte Romanciers (Dickens und George Eliot) und drei sind, auf unterschiedliche Weise, Gesellschaftskritiker (Carlyle, Ruskin, Mill). Zwei sind Liberale (George Eliot und Mill), und drei würde ich romantische Autoritäre nennen (Dickens, Ruskin, Carlyle). Ich wollte glückliche und unglückliche Paare, gefestigte und unbeständige Paare, Paare mit und ohne Kinder. Ich wollte Beispiele für die verschiedenen Konfigurationen der Macht – dominierende Männer, dominierende Frauen und, falls so etwas existierte, Gleichberechtigung. Aber meine Paare sind eher unglücklich als glücklich, eher unbeständig als gefestigt, eher kinderlos als Eltern, eher sexlos als sexuell erfüllt. Vielleicht zeigt sich in meiner Auswahl meine eigene Mythologie, aber ich meine auch, daß ich wenigstens für mich die besondere Wahrheit der Tolstoischen Verallgemeinerung entdeckt habe: «Glückliche Familien sind alle gleich» – sie schenken nämlich der Welt weniger interessante Geschichten als die unglücklichen. Diese erzählerische Regel ist schon eine Schande, führt sie doch zu einer Häufung von Elendsbildern und einem Mangel an Modellen fürs Glück. Um dem entgegenzuwirken, habe ich Mr. und Mrs. Darwin in der abschließenden Chronologie mit eingeschlossen (ursprünglich hatte ich die Absicht, ihnen ein langes Kapitel zu widmen) – Mrs. Darwin, regelmäßig mit einem Kind nach dem anderen niederkommend, und Mr. Darwin, lieb und liebevoll, unfähig, ihren Schmerzen zuzusehen, ohne selbst Schmerzen zu empfinden, voll Angst und Fürsorge über ihr wachend.

Und letztlich habe ich mich dafür entschieden, über Schriftsteller zu schreiben, nicht etwa, weil sie intelligenter (oder weniger intelligent) leben als andere Leute, noch weil ich glaube, sie wären repräsentativ. Ganz im Gegenteil nehme ich an, daß Schriftsteller, wie andere Menschen, die ihre psychische Entwicklung bis ins Extreme treiben müssen, weniger als die meisten Menschen dazu fähig sind, bequem in den Zwängen der Gewöhnlichkeit zu leben. Doch gleichviel, wie sie leben: Schriftsteller berichten ausführlicher darüber als die meisten Menschen – in ihren Briefen und Tagebüchern und, bis zu einem gewissen Grade, in den Werken ihrer Phantasie. Ich wollte mich mit Paaren beschäftigen, über die man viel weiß, so daß ich meine biographischen Bemühungen eher auf erzählerisches Formen, denn auf Archivarbeit konzentrieren konnte. Für Viktorianisten werden hier keine neuen Fakten enthüllt, und doch hoffe ich, daß die Arbeit als Ganzes neue Erkenntnisse zur Diskussion stellt, insbesondere über das Ausmaß, in dem alles Leben ein mehr oder minder authentischer, schöpferischer Akt ist, behindert oder gefördert von den Fiktionen, denen wir uns unterordnen.

Obwohl ich das Buch begann, ohne irgendeine These beweisen

zu wollen, nur mit feministischer Skepsis der Ehe gegenüber, einer Neigung zum gehobenen Klatsch, einer Abneigung gegen die Rhetorik romantischer Liebe und mit dem Wunsch, Ehen als Phantasieprojektionen und Machtarrangements zu betrachten, endete ich schließlich mit einem etwas verwirrten Respekt vor der Zählebigkeit der Paarbindung in all ihren Variationen. Wie vielleicht vorauszusehen, war ich am Ende mehr denn je von der Sterilität des patriarchalischen Ideals der Ehe, für Männer ebenso wie für Frauen, überzeugt und noch skeptischer in bezug auf die Chancen einer Ehe, diesem Einfluß zu entkommen.

Der psychologische Sinn und Zweck der Ehe ist unschwer zu erkennen. Sie bietet Grenzen an, innerhalb deren man sich selbst definieren, gegen die man sinnvoll rebellieren kann. Sie erzwingt Tiefe. Es ist unwahrscheinlich, daß die Beziehung zu einer Person, die man jahrelang kennt, «glücklicher» ist als die Beziehung zu einem Fremden (daher die ständige Attraktion von Fremden), aber sie ist qualitativ reicher, tiefer. Wie in der Beziehung zwischen Eltern und Kindern, entwickelt sich Bedeutung ganz einfach aus Zeit und Intimität. Der gesellschaftliche Zweck der Ehe dagegen ist seit der Mitte des 19. Jahrhunderts immer nebulöser geworden. (Am Ende des Jahrhunderts rief George Bernard Shaw in *Misalliance* mit der erfrischend einfachen Idee, daß man wegen Geld heiraten sollte, Gelächter hervor. Shaw hatte nicht das geringste für die sentimentalen Lasten übrig, die man der Institution Ehe aufgeladen hatte.) Weit entfernt davon, die Dinge zu klären, macht Ehescheidung die Ehe sogar noch problematischer. Was bedeutet schon das Versprechen einer permanenten Verpflichtung, wenn jeder weiß, daß es eh nur vorläufig gilt?

Ich bin versucht zu sagen, daß Scheidung die Ehe bedeutungslos macht – was nicht bedeutet, daß ich mir weniger Scheidung wünschte, nur weniger Ehe. Wenn Scheidung möglich ist, dann brauchen Menschen sich nicht mehr in die Disziplin einer ehelichen Beziehung einzuordnen. Statt dessen wird das Gesetz dazu gedrängt, individuellere und bedeutungsvollere Formen von Beziehungen anzuerkennen. Das heißt, den Gaul von hinten aufzuzäumen. Die Menschen sollten sich im Dickicht des Gesetzes verstecken können, um Thomas More zu zitieren. Der Versuch, die Gesetze so biegsam zu machen, daß sie sich den Fältchen ihrer

Persönlichkeiten und Wünsche anschmiegen, könnte sich als absurd erweisen. Da im 19. Jahrhundert der erste Versuch gemacht wurde, die Ehegesetze zu humanisieren, war es auch im 19. Jahrhundert, daß die Ehe als Institution ihre Bedeutung zu verlieren begann. Schlimm genug, einmal im Leben wählen zu müssen, mit wem man leben will; immer wieder neu zu wählen und seine Wahl Tag für Tag zu bestätigen, wozu man gezwungen ist, wenn Scheidung kulturell möglich ist – das ist eigentlich zuviel verlangt von den Menschen. Besser sind da vielleicht die alten Gepflogenheiten, unauflösliche Verbindungen mit sehr viel zivilisiertem Verhalten – das heißt mit Geheimnissen, sogar Lügen – um der Harmonie willen. Oder die Lebensformen der Zukunft, rein persönliche Verbindungen, als persönliche Entscheidung von zwei Menschen eingegangen, mit sorgfältig artikulierten und individualisierten Treueversprechen – wenn überhaupt.

Feministinnen des späten 19. Jahrhunderts beschworen die Öffentlichkeit, den Gedanken zu akzeptieren, daß nicht alle Frauen für die Ehe geschaffen seien, daß andere Lebensarrangements gefördert werden sollten. Dies war der springende Punkt in George Gissings Roman *The Odd Women*, das Sonderbare der Protagonistinnen bestand darin, daß sie nicht heiraten wollten. Aber trotz Gissing und des feministischen Interesses am ledigen Leben hat der gesellschaftliche Druck zu heiraten kaum nachgelassen. Seit etwa 1890 hat die Gesellschaft es immer leichter gemacht, aus einer Ehe herauszukommen, aber nur wenig leichter, der Ehe aus dem Weg zu gehen. Ich selbst habe das Gefühl, daß die Ehe immer noch viele andere Möglichkeiten in unserer Kultur an die Wand drückt, zumindest teilweise, wegen ihrer romanhaften Qualität – ihren klaren Linien am Anfang und Ende, den verschlungenen Pfaden in der Mitte. Wie Barthes sagt: wenn wir es schafften, die Ehe abzuschaffen, was hätten wir dann noch zu erzählen? Vielleicht wird sich das eines Tages ändern, und unsere Nachkommen, aus einer ehelosen, anarchischen, unstrukturierten oder post-modernen Zukunft auf uns zurückblickend, werden unsere Versuche, parallele Leben zu führen, bezaubernd altmodisch finden.

Ich hoffe, daß dieses Buch einen Spiegeleffekt haben wird; ähnlich der Wirkung, die Froudes Carlyle-Biographie auf Leslie

Stephen hatte, doch nicht genauso. Denn ich möchte keinen Leser dazu bewegen, sich selbst oder andere zu beschuldigen. Aber ich möchte sie durch diese Geschichten dazu anregen, sich mit der Frage auseinanderzusetzen, wie die Vorstellung von der Ehe, die Fiktion der Ehe, Form und Verlauf ihres Lebens beeinflußt hat, denn ich glaube, daß die Ehe – ob wir sie nun als psychologische oder politische Beziehung betrachten – unsere Lebensgeschichten viel stärker bestimmt hat, als wir gemeinhin annehmen. Inwieweit diese besonderen Ehen als Parallelen für seinem Leben zeitlich und räumlich näherliegende Lebensläufe dienen können, das muß der Leser natürlich selbst entscheiden.

Jane Welsh
und
Thomas Carlyle

1821–1866

Die Werbung

Nehmen wir den Fall einer hübschen, klugen und reichen Erbin, mit behaglichem Heim und glücklicher Veranlagung, die zwanzig Jahre lang mit einem Mindestmaß an Kummer und Pein auf dieser Welt gelebt hat. Ich leihe mir hier Jane Austens Beschreibung ihrer eigenwilligsten Heroine, Emma Woodhouse, aus, um eine ihr etwa gleichaltrige andere Erbin vorzustellen, Jane Baillie Welsh, in der schottischen Stadt Haddington zu Hause und, wie Emma, eine junge Frau, die ein bißchen zu sehr daran gewöhnt ist, ihren Willen durchzusetzen.

Mit achtzehn schien Jane Welsh ein vom Glück begünstigtes Geschöpf zu sein. Sie war das einzige Kind reicher Eltern, die sie anbeteten. Es waren gütige Menschen, zwischen denen keine Unstimmigkeit herrschte, hochgeachtete Leute in Haddington, einer blühenden Kreisstadt, etwa sechzehn Meilen von Edinburgh. Die Welshs verwöhnten Jane, aber sie wußte, wie weit sie bei ihnen gehen konnte. Fragloser, absoluter Gehorsam ihren Eltern gegenüber, so sagte sie in späteren Jahren, sei der Grundstein alles Wertvollen in ihrem Charakter.

Ihren Vater, Arzt von Beruf, liebte Jane ganz besonders, und sie wollte ihm Freude machen. Da ihn frühreife Intelligenz am meisten zu erfreuen schien, bemühte sich Jane, solche zu bieten. Mit dreizehn schrieb sie einen Roman. Mit vierzehn schrieb sie eine

Tragödie in fünf Akten, die Dr. Welsh so bewunderte, daß er sie einem Freund schickte. Wörter, gescheit geschriebene und gesprochene Wörter waren Janes Mittel, die Anerkennung ihres Vaters zu gewinnen, eine Anerkennung, von der sie abhängig wurde. 1819, als Jane achtzehn war, starb Dr. Welsh unerwartet. Er hatte sich bei einem Patienten mit Typhus angesteckt und war nach vier Tagen tot. Für Jane ein vernichtender Schlag; niemand blieb ihr, für den sie arbeiten, für den sie mehr aus sich machen konnte. «Ich hatte keinen Ratgeber, der mich leiten konnte», schrieb sie, «keinen Freund, der mich verstand – der Leitstern meines Lebens war verloren, und die Welt sah öd und leer aus.»

Ihr Elend war tief; ihre Tröstungen oberflächlich; aber es gab Tröstungen. Jane war attraktiv, von spritzigem Aussehen und einer inneren Lebendigkeit, die aus ihren dunklen Augen blitzte und sie hübscher aussehen ließ, als sie war. Ihr zierlicher Körper, ihr kleines Gesicht mit dem spitzen, nach oben zeigenden Kinn, ihre spottlustigen Augen – alles an ihr strahlte Lebendigkeit und ein unbekümmertes Vertrauen auf ihren gesellschaftlichen Wert aus. Geraldine Jewsbury, ihre beste Freundin in späteren Lebensjahren, sagte von ihr, daß Jane gerne flirtete. Thomas Carlyle stritt das vehement ab. Nein, Jane war einfach eine charmante Frau, die gern junge Männer bezauberte. Sie war witzig, verspielt, unwiderstehlich. Sie war auch einigermaßen wohlhabend, denn ihr Vater hatte ihr den größten Teil seines Vermögens hinterlassen. Kein Wunder, daß so viele Männer von ihr angezogen waren, und Jane genoß die Aufmerksamkeit, wenn sie sich auch gerne als eine von ungebetenen Freiern belästigte Penelope darstellte, die durch sie von ihrem eigentlichen Geschäft – dem Spinnen ihres Netzes – abgehalten wurde. Für sie würde das geistige Leben immer in einer gewissen Spannung zu ihrem gesellschaftlichen Dasein existieren, ja im Widerspruch dazu stehen.

Wie viele andere in der angelsächsischen Tradition erzogene Frauen bis in die jüngste Vergangenheit, so ging auch Jane davon aus, daß das geistige Leben im Grunde eine männliche Domäne sei. Als Kind wollte sie Latein lernen wie die Jungen. Ihre Eltern erlaubten es nicht. Jane suchte heimlich einen Gelehrten am Orte auf und schaffte es, sich selbst die Deklination eines lateinischen Substantivs beizubringen, wobei sie zielsicher das Wort *penna* auswählte. Eines Abends, als man sie bereits im Bett wähnte, versteckte sie sich unter einem Tisch im Salon und überraschte ihre Eltern, indem sie das Wort laut deklinierte. «*Penna*, die Feder, *Pennae*, der Feder.» Abschließend sagte sie: «Ich will Latein lernen; bitte laßt mich ein Junge sein.» Janes Wunsch wurde erfüllt, zumindest so weit, als sie Latein lernen durfte, aber ihr *Feder*-Neid ließ mit den Jahren keineswegs nach. Bis sie sich entschloß, einen Schriftsteller zu heiraten, wollte sie selbst Schriftstellerin sein, und ab und zu kam ihr in den Sinn, daß ihr Mut und ihre Kühnheit, ihre lebhafte Intelligenz und ihr Ehrgeiz an einem Mädchen doch eigentlich Verschwendung seien. Sie zitierte gerne eine alte Frau aus Haddington, die ihr zugeschaut hatte, wie sie über den Mühlendamm hüpfte, und gesagt hatte, an Jane sei «ein feiner Junge verlorengegangen». Ein feministisches Bewußtsein flackert in Janes Briefen auf, aber nur hier und da. Sie erkannte, wie Frauen dazu ermutigt wurden, sich in gesellschaftlichen Banalitäten zu verzetteln, und sie beneidete die Männer um ihre kulturellen Vorteile; aber es wurde ihr nie klar, daß die Barrieren, die Frauen an Leistungen hinderten, von innen ebenso wie von außen kamen. Sie sollte schließlich einen Mangel an Talent dafür verantwortlich machen, daß sie ihre Ziele nicht erreichte, während doch das Problem möglicherweise ein Mangel an Vertrauen in ihr Talent war. So ignorierte sie die Unterschiede zwischen dem provinziellen Schottland und dem kosmopolitischen Frankreich, zwischen Mittelschicht und Aristokratie, und suchte sich als Heldin und Quelle der Inspiration Madame de Staël aus.

Wenn Jane eine Madame de Staël aus sich machen wollte, dann war dazu eine Ausbildung erforderlich – nicht eine Ausbildung, wie sie ein Junge erhalten hätte, aber doch eine bessere, als sie den meisten Mädchen zuteil wurde. Der Mann, den Dr. Welsh anstellte, um die zehnjährige Jane in Latein zu unterrichten, war Edward Irving, damals neunzehn Jahre alt und Lehrer an der Schule von Haddington. Er war hellhäutig, dunkelhaarig und abgesehen davon, daß er ein wenig schielte, sehr gut aussehend, ein Mann von einigem Charisma. Er verbrachte zwei Jahre in Haddington, bis er 1812 nach Kircaldy ging, an eine andere Schule, wo sein Wirken sich allerdings als problematisch erwies. Einige der Eltern seiner Schüler schätzten seine Methoden nicht. Sie taten sich zusammen und stellten einen Gegen-Schulmeister an, empfohlen von denselben Professoren in Edinburgh, die Irving empfohlen hatten. Dieser Mann war Thomas Carlyle, drei Jahre jünger als Irving, ein alter Schulkamerad. Er hatte denselben Bildungsweg wie Irving eingeschlagen und war am gleichen Ort angekommen.

Irving behandelte Carlyle nicht als Konkurrenten, sondern als Freund, als Landsmann, den man fern der Heimat erfreut wiedertrifft. Sie diskutierten über Bücher; sie unternahmen gemeinsame Wanderungen. Von Irving, der damals vermutlich in Jane Welsh verliebt war, hörte Carlyle zum erstenmal von ihr und ihrem Vater. Irving sprach von Dr. Welsh als «einem der weisesten, wahrhaftigsten und würdigsten Männer» und von Jane als einem «Musterbeispiel eines begabten jungen Mädchens». Für Carlyle wurden sie «Objekte unerfüllbarer Sehnsüchte und der Verehrung aus der Ferne». Die Saat, so scheint es, war schon aufgegangen, bevor er Jane überhaupt kennenlernte, und es überrascht nicht, daß er sich sofort in sie verliebte.

Im Mai 1821 war Dr. Welsh tot. Irving predigte in Glasgow; und Carlyle, der später sagte, es wäre besser, zugrunde zu gehen als weiterhin Schulmeister zu bleiben, hatte der Schule in Kircaldy den Rücken gekehrt und führte ein armseliges, aber unabhängiges Leben in Edinburgh. Halbherzig studierte er Jura und schrieb Rezensionen, um Geld zu verdienen. Seine einzige Freude war es, Goethe zu lesen. Er war einsam. Er konnte nicht schlafen. Gesundheitlich ging es ihm schlecht. Als Edward Irving auf einen Besuch vorbeikam und einen kurzen Ausflug nach Haddington vorschlug, stimmte er freudig zu. Sie machten sich an einem sonnigen Nachmittag auf und besuchten Mrs. Welsh und Jane. Die Damen wirkten traurig, noch ganz unter dem Eindruck ihres Verlustes. Carlyle fand Mrs. Welsh schön, aber nicht «von intellektueller oder besonders bemerkenswerter Physiognomie». Der Salon beeindruckte ihn jedoch als der feinste, in dem er sich je aufgehalten hatte, und als geprägt von dem verstorbenen Hausherrn. «So sauber wie Quellwasser; solide und korrekt», wenn sich auf den Tischen des Salons auch vielleicht «ein Übermaß an elegantem Schnick-Schnack» befand. Er kam sich vor «wie einer, der vorübergehend in höheren Sphären wandelte», wo er doch «kaum das Recht hatte, auch nur hindurchzugehen».

In das Zimmer zurückgekehrt, das sie im George Inn gemietet hatten, sprachen Carlyle und Irving an jenem Abend über junge Damen, und sie begannen mit Augusta Sibbald, einem hochgewachsenen, wohlgestalteten, aber albernen und törichten Geschöpf.

«Was würdest du dafür verlangen, Miss Augusta jetzt zu heiraten?» fragte Irving.

«Nicht für einen ganzen, perfekten Chrysolithen von der Größe dieses aus Land und Wasser bestehenden Erdballs.»

«Und wofür würdest du Miss Jeannie heiraten?»

«Ha, ich glaube, da wäre ich nicht so schwer zu überreden.»

Sie blieben drei Tage und besuchten die Welshs täglich. Die beiden Ladies waren «sehr human» und hörten gütig zu, während die jungen Männer redeten, wobei Jane es fertigbrachte, wie intelligente Menschen das können, auch schweigend deutlich zu machen, daß sie alle Nuancen verstand. Zurück in Edinburgh, schrieb Carlyle an seinen Bruder: «Ich bin von soviel Freude erfüllt zurückgekehrt, daß ich seitdem nichts weiter getan habe, als davon zu träumen.»

Er schickte Jane ein Bücherpaket und legte einen Brief bei – eine Mischung aus Pädagogik, Sentimentalität und Absurdität in Form einer Leseliste, mit schmeichelhaften Vergleichen zwischen Jane und Madame de Staël und ein paar Anspielungen auf die «elysischen Stunden», die sie zusammen in Haddington verbracht hatten. Als Jane einige Wochen später die Bücher zurückschickte, schnitt sie seinen Versuch, einen romantischen Briefwechsel anzufangen, mit einer überaus kurzen Note ab: «Mit Miss Welshs Empfehlungen und allerbestem Dank.» Sie buchstabierte seinen Namen falsch. Wenn es ihm auch nicht klar zu sein schien, daß er nicht in Frage kam – ihr war es klar genug. Er war der Sohn eines Steinmetzes in der ärmlichen Stadt Ecclefechan. Sie war die Tochter des führenden Mannes in Haddington. Das Übermaß an elegantem Schnick-Schnack im Salon – wenn nichts anderes – hätte Carlyle bedeuten müssen, daß im Haushalt der Welshs mehr als nur Intelligenz geschätzt wurde, und Jane war doch soweit die Tochter ihrer konventionellen Mutter, um die Ehe mit einem Mann, der keinen Status, kein Geld, keine Aussichten auf Verbesserung seiner weltlichen Position – nicht einmal besonderen Ehrgeiz in dieser Richtung – besaß, für undenkbar zu halten.

Aber wenn sie Thomas auch nicht als Verehrer haben wollte, als intellektuellen Gefährten wollte sie ihn durchaus. Ihre literarischen Ambitionen waren ernst zu nehmen, und es gab in Haddington niemanden, dem sie sich in dieser Hinsicht mitteilen konnte. Natürlich war es angenehm, junge Männer um sich zu haben, die einen bewunderten und heiraten wollten, aber es war auch langweilig. Keiner von ihnen hatte Interesse an ernsthaften Büchern oder Ideen. Keiner von ihnen schätzte sie so, wie sie geschätzt werden wollte, nämlich ihrer Urteilsfähigkeit wegen. Selbst Edward Irving meinte, sie sei ein bißchen zu versnobt, neige dazu, sich zu sehr von den Menschen um sie herum zurückzuziehen, und er fürchtete, daß ein intensiveres Studium das Problem nur verschlimmern würde.

So nehme ich an, daß es in bezug auf den brillanten jungen Mann, der so viel über deutsche Literatur wußte, zwischen Jane und Mrs. Welsh einige Kämpfe gab. Jane behauptete, sie betrachte ihn nicht als Heiratskandidaten, aber Mrs. Welsh wußte es besser, sah Gefahr voraus und nahm Jane das Versprechen ab, so wenig wie möglich mit ihm zu korrespondieren, ohne den willkommenen Bücherstrom aus Edinburgh gänzlich zum Versiegen zu bringen. Und so folgte der brüsken Note als Antwort auf das nächste Paket ein etwas weniger kurz angebundenes Briefchen, und als Carlyle anfragte, ob er zu Besuch kommen dürfe, schickte Jane eine höfliche Ablehnung im Namen ihrer Mutter. Aber sie selbst stimmte einem Treffen mit ihm zu, als sie sich im Juli 1821 in Edinburgh aufhielt, und dann noch einmal im November, und kaum war sie in seiner Gegenwart, so wurde sie schon seine Schülerin. Sein Idealismus und seine geistige Größe überwältigten sie. Mit ihrer lebendigen, aufgeschlossenen Intelligenz nahm sie seine Sichtweise in sich auf, veränderte ihr Vokabular, vergaß, sich um «Besonnenheit» und «das Vernünftige» zu sorgen, und stimmte einer «romantischen Freundschaft» zu. Kaum war sie wieder in Haddington und unter dem Einfluß ihrer Mutter, traten Besonnenheit und Vernunft wieder mächtig in den Vordergrund, und sie bat Carlyle, nicht auf der Erfüllung des Versprechens zu bestehen, das er ihr abgerungen hatte – nämlich, ihm zu schreiben; eines Versprechens, das ihrer Mutter gegenüber «Ungehorsam und Täuschung» notwendig machen würde. Und doch war ihr Interesse an Carlyles Arbeit so groß und so groß auch ihr Bedürfnis nach seinem Interesse an ihrer, daß sie nicht umhin konnte, sich ein Schlupfloch zu lassen: wenn er seinen Faust-Essay vollendet habe, dürfe er ihn mit einem Brief an sie schicken.

Carlyle – einsam, arm, hoffnungslos – gefiel der Gedanke, gewissermaßen zu arbeiten, um Jane zu gewinnen. Sie war der Gral, das Ziel seines Strebens. Wenn er erfolgreich war, sich einen Namen machte, konnte er vielleicht ihre Liebe erringen. Allein der Gedanke genügte, ihm größeren Auftrieb zu geben, als er seit langem gehabt hatte. Als er *Faust* fertig geschrieben hatte und damit die Bedingung für einen Brief erfüllt war, deutete er Jane seine tollkühnen Hoffnungen an. «Wenn ich meinen heutigen Ausblick auf die Welt mit dem vergleiche, was er vor zwölf Monaten war, dann bin ich weit davon entfernt, zu verzweifeln oder zu klagen. Mir scheint, ich habe ein Motiv und ein Motto im Lebenskampf: . . . *Alles für Ruhm und Ihr*!»

In ihrer Antwort nahm Jane ihren ganzen Witz zusammen.

> *«Alles für Ruhm und Ihr*!!» – Auf mein Wort, höchst fröhlich und kühn gesagt. – Man könnte fast glauben, der Mann bildet sich ein, ich hätte mich in ihn verliebt und trüge mich mit dem abenteuerlichen Gedanken, seine literarischen Bemühungen mit mir selbst zu belohnen. Wirklich, Sir, ich würde für Sie nicht ein so wertloses Honorar in Betracht ziehen. Wenn Sie sich zu einem geehrten Mitglied der Gesellschaft entwickeln . . . will ich Ihnen eine treue, eine stetige, eine ergebene *Freundin* sein – aber nicht Geliebte – eine Schwester – aber keine Ehefrau – *sich verlieben* und wie andere Misses heiraten, das steht völlig außer Frage.

Mit einundzwanzig bereits eine glänzende Stilistin, benutzt Jane ihren Spott wie ein Messer, schlitzt Carlyles feierliches teutonisches Motto auf und reißt es in Stücke. Wie die meisten von Janes Briefen, so stellt auch dieser seinen Witz selbstbewußt zur Schau, und seine eigentliche Botschaft lautet: «Bewundere mich.» Carlyle sah das deutlich und nannte ihn «sehr temperamentvoll und sehr satirisch und insgesamt sehr gescheit». Sein Brief ist traurig, ernsthaft. Er versteht nicht, warum ihre Freundschaft nicht in diese Richtung weitergehen kann. Er sieht sie als einsames Geschöpf, weiß, daß er einsam ist. Warum können sie einander nicht trösten? Er versteht nicht, daß er eine Gefahr bedeutet. Er kommt sich überhaupt nicht gefährlich vor. Aber er will sich auch nicht gleich in die Rolle drängen lassen, die Jane und ihre Mutter für ihn vorsehen – die des geschlechtslosen Deutschlehrers.

Jane zierte sich nicht etwa. Ihr Interesse an Carlyle war nicht romantischer Natur. Briefe an ihre Cousine Eliza Stodart beweisen, daß es in dem romantischen Drama, das sich in ihrer Phantasie abspielte, um den ein Jahr jüngeren George Rennie ging, der später als Bildhauer, Mitglied des Parlaments und Gouverneur der Falkland-Inseln zu Ruhm und Ansehen kommen sollte. Irgendwie hatte er sich Jane erklärt, Briefe mit ihr ausgetauscht, verließ sie aber jetzt, um auf den Kontinent zu reisen. Jane lieferte ihrer Cousine eine Beschreibung der Abschiedsszene, in der starke Gefühle und korrektes Benehmen miteinander im Kampf liegen – eine Szene, wie sie Jane Austen so gern ausmalte.

> Er verabschiedete sich von meiner Mutter, dann schaute er mich an, als sei er unsicher, was er tun sollte – ich streckte ihm meine Hand hin, er nahm sie und sagte: «Good bye!» Ich antwortete: «Lebe wohl.» Er verließ das Haus! – Das war nun die letzte Szene unserer Romanze! – Großer Gott, er verließ das Haus – *jenes* Zimmer, wo – gleichviel – als habe er es nie im Leben betreten – der gefühllose Schuft! – Es war eine schreckliche Prüfung für mich, sogar einige Minuten, *nachdem* er gegangen war, Haltung bewahren zu müssen, aber ich habe es tapfer durchgestanden!

Sie schickte ihm seine Briefe zurück, zu stolz, um sie «wie ein Schwert über seinem Haupte» aufzuheben. Man darf am Gewicht des Schwertes, an der Intensität der Romanze, einige Zweifel hegen – nicht aber an Janes Vergnügen daran, sich als stoische, würdevolle, tragisch enttäuschte Heroine dieses häuslichen Dramas zu porträtieren.

Etwa zur gleichen Zeit begann ein wesentlich stärkeres, unkon-

ventionelleres Modell einer Romanze die Vorstellung zu beeinflussen, die sie von ihrem eigenen Erleben hatte. Sie las Rousseaus
La Nouvelle Héloïse und war zutiefst bewegt von Julies leidenschaftlicher Liebe zu ihrem Lehrer Saint-Preux, den sie wegen
seiner gesellschaftlichen Unterlegenheit nicht heiraten kann, und
von ihrem Entschluß, M. de Wolmar zu heiraten, den von ihrem
Vater ausgewählten Mann. Julies Leidenschaft ist so stark, daß sie
nicht anders kann, als sich Saint-Preux hinzugeben, aber ihr
Pflichtgefühl ist noch stärker, und in edler Entsagung verbringt sie
schließlich den Rest ihres Lebens als tugendhafte Ehefrau und
Mutter.

Die unmittelbare Wirkung dieser Lektüre auf Jane war, sie in
ihrer Entscheidung zu bestärken, niemals zu heiraten.

> Keinen Geliebten wie Saint-Preux wird Jane Welsh je-
> mals finden – keinen Ehemann wie Wolmar ... und
> keinem Mann wird sie ihr Herz und ihre hübsche Hand
> geben, der diesen nicht ähnlich ist – George Rennie!
> James Aitken! Robert MacTurk! James Baird!!! Robby
> Angus! – O Gott, O Gott! Wo ist der Saint-Preux? Wo ist
> der Wolmar?

Nach ein wenig Nachdenken kam sie jedoch darauf, daß die
schottische Realität vielleicht auch einiges zu bieten hätte, das
sich mit der fiktiven Welt Rousseaus messen könnte. Craig Bucha-
nan war zu lahm, zu kahlköpfig und neigte viel zu sehr zu Kalau-
ern und Schmeicheleien, um sich mit Wolmar vergleichen zu
lassen, aber Thomas Carlyle war kein schlechter Saint-Preux. «Er
besitzt *sein* Talent – *seinen* expansiven, kultivierten Geist – *seine*
lebhafte Vorstellungskraft – *seine* Unabhängigkeit der Seele und
seinen Sinn für Ehre – aber dann sind da diese *aber*! Saint-Preux
hat nie den Kaminböcken Fußtritte versetzt – oder in seiner
Teetasse Pudding gemacht.» – «Der Mangel an Eleganz», laut
Rousseau ein Defekt, den keine Frau übersehen könne, war entschieden ein Hindernis bei dem Versuch, Carlyle auf die Ebene
eines *beau idéal* zu erheben. Phantasie? Ja, die hatte er. Genialität,
Brillanz, eine Art von Leidenschaftlichkeit. Aber Eleganz? Das
konnte man beim besten Willen nicht behaupten. Das Rauhe, etwas Knorrige seiner Erscheinung, für heutige Augen so attraktiv,

war für Jane keineswegs anziehend. Er wirkte linkisch, seine Manieren waren ungehobelt. Seine ganze Körperhaltung – besonders seine Angewohnheit, Arme und Beine wild umherzuschwingen – verursachten Jane soviel Unbehagen, daß sie wünschte, sie könne «all seine Glieder» festbinden und nur seine Zunge freilassen.

Anfang Februar 1822 kam Carlyle gegen Janes Wunsch zu Besuch nach Haddington. Sie hatte seinen Besuch nicht gewollt, weil er Klatsch verursachen würde: die Leute würden annehmen, sie empfinge ihn als Heiratskandidaten. Da er dennoch darauf bestand, tat Jane alles, um sicherzugehen, daß er ihre Gastfreundschaft nicht mißverstand. Sie verhielt sich kalt und formell. Dieser Besuch, gefolgt von einigen weiteren Briefen voll eleganter Spötterei und zwei Monaten des Schweigens, machten Carlyle endlich klar, daß er die ihm angebotene Rolle des Lehrers akzeptieren mußte, wenn seine Freundschaft mit Jane von Dauer sein sollte. Und so hatte sich ein Jahr nach ihrem ersten Zusammentreffen eine angenehme Beziehung auf der Basis von Bücheraustausch und Diskussion eingespielt, die Jane völlig befriedigte. Durch ihr kluges Jonglieren mit Zorn, Spott und Kühle hatte sie den ersten Machtkampf zwischen ihnen gewonnen, und es sollte lange dauern, bis die stärkere Kraft seiner Phantasie über die ihre Macht gewann.

Die Briefe, die Jane und Thomas einander zwischen 1821 (als sie sich kennenlernten) und 1826 (als sie heirateten) schrieben, werden von ihrem ersten Verleger «Liebesbriefe» genannt, aber das ist irreführend. Jane schloß Liebe, oder auch nur leidenschaftliche Freundschaft, als Thema für den größten Teil des Briefwechsels aus, und wenn sich die Briefe zu einem Briefroman fügen, dann gehört dieser nicht ins Genre der Romanze, sondern in das des Bildungsromans. Carlyle hatte geglaubt, Jane dadurch gewinnen zu können, daß er durch größte Anstrengung mehr aus sich machte. Das sollte nicht in Erfüllung gehen. Seine Aufgabe war statt dessen, Jane so zu erziehen, daß sie ihn schließlich zu würdigen wußte. Ohne dies bewußt anzustreben, erzog er seine Schülerin doch so gut, veränderte ihr Wertsystem so stark, daß sie am Ende fähig war, ihn als das einzige ihr gemäße Liebesobjekt wahrzunehmen.

Und was für eine Ausbildung er ihr gab! Er korrigierte ihre deutschen Übersetzungen, er bestimmte Themen, zu denen sie beide Gedichte zu schreiben hatten, er schickte ihr Bücher, schlug weitere vor, sie tauschten Kommentare zu ihrer Lektüre aus, er ermutigte, kritisierte, redete gut zu. Sie sollte sich dazu zwingen, mehr Geschichtliches zu lesen, wozu sie wenig Lust hatte. Wenn sie wirklich regelmäßig jeden Morgen vier Stunden lang studierte, würde sich ihre geistige Aufnahmefähigkeit in wenigen Monaten verdoppeln. Aber Jane, die einen heroischen Kavallerieangriff dem zähen Stellungskrieg vorzog, erwiderte, vier Stunden seien nicht genug. Sie werde acht Stunden arbeiten. Also sechs, wenn sie unbedingt wolle, entgegnete er, aber nicht mehr. Die Hauptsache sei, daß sie es regelmäßig tue. Wiederholt und hartnäckig drängte er sie, sich eine große, kompositorische Aufgabe zu stellen. Zuviel Lesen, zuviel Forschen, zuviel In-sich-Aufnehmen, ohne schöpferische Synthese, riet er ihr weise, sei nicht gut. Schreiben Sie ein Theaterstück, schreiben Sie einen Essay über Madame de Staël, übersetzen Sie den *Don Carlos*. Äußerst geschickt suchte er Themen aus, die Jane lagen und auf ihre Begabung zugeschnitten waren – eine Begabung, deren Schwerpunkte er scharfsinnig für sie beschrieb. Er sah sie als scharfe Beobachterin menschlicher Schwächen und war überzeugt, daß ihr Talent im wesentlichen ein dramatisches sei. Warum also keine Tragödie über Königin Boadicea schreiben? Er umriß die Struktur, erklärte genau die der Handlung innewohnenden Konflikte, gab ihr das, was Filmleute ein *treatment* nennen, und man versteht seine Hoffnung, seine temperamentvolle Freundin werde in dieser starken, kühnen Frau aus der britischen Vergangenheit eine verwandte Seele erkennen.

Aber Janes Talent – dramatisch, wie er richtig erkannte, aber nicht tragisch, wie er hoffte – war bereits dabei, sich in der einzigen Form auszudrücken, in der es sich jemals manifestieren sollte: in ihren Briefen. Denn Jane hat keine Lust, eine Tragödie über Königin Boadicea zu schreiben. Ja, sie scheint überhaupt keine Lust zu haben, eine Tragödie zu schreiben. Und so sehr sie auch Madame de Staël bewundert, glaubt sie doch nicht, einen Essay über sie schreiben zu können. Tatsächlich bezweifelt sie, überhaupt etwas schreiben zu können, und gerade zu diesem

Thema – ihrer Schreibhemmung – produzierte Jane ihre beste und charakteristischste Prosa.

Ich besitze weder Genie noch Geschmack noch gesunden Menschenverstand – ich bin auch nicht mutig oder fleißig oder ausdauernd – und wie, im Namen aller Wunder, kann ich eine Tragödie schreiben – ich bin gar nicht der Mensch, für den wir beide mich gehalten haben – ich glaube langsam, daß ich wirklich von der Natur dazu bestimmt war, eine feine Lady zu sein – meine Freunde, das heißt meine Bekannten, haben mir das schon immer gesagt, ich wollte ihnen bloß nicht glauben – doch im vergangenen Monat habe ich betrübliche Symptome solcher Neigungen gezeigt – ich habe meine gesamte Zeit damit verbracht zu reiten, mich dreimal am Tag umzuziehen, italienische Weisen zu trällern und Federball zu spielen! Lieber Sir – was soll mich heilen? Ich habe gerade noch genug Verstand übrig, um mir darüber klar zu sein, daß ich in einer schlimmen Verfassung bin – noch so ein Monat – und ich bin eine Verlorene – sogar mein Ehrgeiz liegt schon in den letzten Zügen. Ich bin so stolz darauf, den Federball zweihundertmal zu treffen, als hätte ich zweihundert bewunderungswürdige Verszeilen geschrieben – ... Ach, ich Arme! Ich werde niemals einen achtbaren Platz unter den literarischen Damen einnehmen – aber ich weiß, daß ich jederzeit eine erstklassige feine Dame sein kann – die Versuchung ist groß; besorgen Sie mir eine Medizin dagegen, wenn Sie können.

Ihr Schreibstil ist rasant, lebendig, von aberwitziger Genauigkeit. Ihre Gleichsetzung der zweihundert Federballschläge mit zweihundert Verszeilen reduziert beide Leistungen auf die gleiche Absurdität. Für Jane ist Ehrgeiz ein Thema für die Komödie, nicht für die Tragödie, und die Komödie ist brillant. Der Geist versucht sich emporzuschwingen und wird auf die Erde zurückgezerrt – von Kleidern, die gewechselt werden, Federbällen, die geschlagen, und Liedchen, die gesungen werden müssen. Ein anderer Tag: «Nach dem Frühstück habe ich *Mary Stuart* aufgeschlagen, aber

Dr. Fiffe unterbrach mich und setzte mir solange zu, mit ihm Federball zu spielen, daß ich schließlich einwilligte. – Als wir fertig waren: Ich erblickte das geöffnete Klavier, und Lord Byrons *Leb wohl* (mein Lieblingslied) starrte mich geradezu an: ich setzte mich hin und spielte und sang schlecht, bis zum Abendessen. Den Abend verbrachte ich – wie allzu viele – auf einer gräßlichen Teeparty ... Seitdem ich zurück bin, habe ich Atala gelesen, *zwölf Zeilen* aus *Mary Stuart*; habe zwei Seiten von *zwei Romanen* und vier Zeilen einer Ode an Wilhelmina geschrieben, und außerdem habe ich zwei Risse in meinem Kleid gestopft, da sind sie, die Früchte meiner Vorsätze – die Gesamtsumme meiner Bemühungen.» Ihr Witz liegt im Nebeneinander von intellektuellen Belangen und häuslichen Anforderungen. Verzweiflung ist ihr Grundton.

Obgleich man seinen Humor nicht gerade verspielt nennen kann, sollte sich der Autor von *Sartor Resartus* im komischen Genre als Schriftsteller von nicht geringem Rang erweisen, und er wußte die literarische Kunst von Jane Welshs Briefen sehr wohl zu würdigen. Doch ungeachtet seiner Hochschätzung, betrachtete er ihre Briefe doch nie als ein ihrem Talent gemäßes, ausreichendes Ziel. Er ist ein anspruchsvoller Lehrer. Sie darf sich nicht in Nebensächlichkeiten verlieren. Sie muß etwas Ernsthaftes schreiben, etwas von bleibendem Interesse. In einem Brief nach dem anderen läßt ihr Carlyle die besten Ratschläge zur Überwindung von Anfangsschwierigkeiten beim Schreiben zuteil werden, die ein angehender Autor je erhielt. «Sie machen aus der ganzen Sache viel zuviel: denken Sie niemals an die Presse oder die Öffentlichkeit, wenn Sie schreiben ... Wenn Ihnen kein richtiges Thema einfällt; wenn Sie aus irgendeinem Grunde einfach nicht in Bewegung kommen; dann lassen Sie die Angelegenheit eine Woche lang völlig ruhen; hören Sie auf, sich selbst damit durcheinanderzubringen, mit der Zeit kommt der Stoff ganz von allein.» Aber am Ende fiel es ihm doch ein, sich zu fragen, warum Jane eigentlich solche Schwierigkeiten hatte, ernstlich anzufangen. Wo lag das Problem? Wie er das sah, hatte sie außer ihrem Talent auch noch ein behagliches Heim und war völlig frei von der «herzzerreißenden Isolation» und den «tausend gewöhnlichen Sorgen», die so viele Schriftsteller bedrücken – das heißt ihn selbst. Er stellte sie sich von Freunden und Verwandten umgeben vor, die sie liebten und ihr die emotionale Unterstützung gaben, die ihm so fehlte. Darin irrte er sich jedoch. Wohl suchten Menschen ihre Gesellschaft, aber niemand war ihr ein Seelenfreund; niemand – außer ihm – drängte sie, etwas zu leisten. Für ihren Vater hatte sie sich zur Gärtnerin ihres Geistes gemacht, aber ihr Vater war gestorben. «Ich bin *allein,* und niemand liebt mich mehr um meines Fleißes willen.» Wenn ihr nicht immer wieder versichert wurde, wie begabt sie war, überließ sie sich der Verzweiflung am eigenen Talent. «Ich fürchte, ich bin zu gar nichts nutze – ich wünschte, ich könnte es bleibenlassen, Sie mit diesem endlosen Thema zu plagen.» Und dann wieder: «Ich kann fühlen, aber ich kann nicht schreiben; je länger ich es versuche, desto mehr bin ich davon überzeugt, daß die Natur meinen Wünschen ein unüberwindliches Hindernis in den Weg gestellt hat – es ist sehr schwer! –, denn ich kenne wirklich Leute, die ignoranter und weniger vernünftig sind als ich und die trotzdem ganz entzückend nur so dahinschreiben.» Janes Kreativität hatte etwas Abhängiges – etwas, das abhängig gemacht worden war. Briefeschreiben war eine Form, die ihr entsprach, denn im Briefwechsel kommt das Feedback schnell, und der Impuls, so zu schreiben, daß eine unmittelbare Reaktion darauf zu erwarten ist, ist ja durchaus legitim. Ihr Bedürfnis nach intellektueller Bestätigung erklärt auch, warum Carlyle ihr immer wichtiger wurde, ungeachtet aller Verliebtheiten und Flirts – die sie ihm nicht verheimlichte – mit als Heiratskandidaten akzeptableren Männern.

Der Briefwechsel mit Carlyle wurde immer mehr zur einzigen intellektuellen Substanz in ihrem Leben. Am Ende einer Woche, schrieb sie ihrer Cousine, begannen ihr Lebensmut und ihr Fleiß häufig zu erschlaffen, aber dann kam einer von Mr. Carlyles brillanten Briefen und inspirierte sie neu, erhellte all ihre Aussichten und Hoffnungen mit «dem goldenen Schimmer seiner eigenen Phantasie». Carlyle selbst gegenüber drückte sie immer wärmere Zuneigung und Wertschätzung aus. «Ich verdanke Ihnen so viele (!) Gefühle und Empfindungen, die meinen Charakter veredeln, die meinem Leben Würde, Interessantheit und Freude geben – dafür kann ich Sie nur lieben, und *das* tue ich von ganzem Herzen.» Verständlicherweise interpretierte Thomas dies als die

Liebeserklärung, die er sich so lange erhofft hatte, und antwortete überschwenglich, verzückt, mit dunklen Andeutungen der Gefahren, die ihnen bevorstanden, und mit einem brausenden Finale: «Sollte Ihr Glück durch mich Schiffbruch erleiden, dann wehe, ewig wehe mir! Aber das wird es nicht: nein, Sie selbst werden gesegnet sein dafür, daß Sie mich glückseliger machen, als es ein Mensch auf dieser Erde billigerweise erwarten darf.»

Jane geriet in Panik. Sie war mißverstanden worden. Sie empfand eine schwesterliche Liebe für ihn, tief und schön, aber nicht leidenschaftlich genug, um sie mit der Lebensweise einer Ehefrau auszusöhnen, mit Sorgen und Beschäftigungen, die ihr zuwider waren. War es möglich, daß auch er sie letztlich für eine gewöhnliche Frau hielt, unfähig, eine starke Zuneigung für einen gleichaltrigen Mann zu empfinden, ohne gleich eine Verbindung fürs Leben im Auge zu haben? Sie würde seine treueste Freundin sein, solange sie atmete, aber sie würde ihn nie heiraten. «Niemals, niemals! Und wenn Sie so reich wie Krösus wären, so geehrt und berühmt, wie Sie es dereinst sein werden.» Carlyle erwiderte mit geduldiger Nachgiebigkeit. Er war es zufrieden, ihre Freundschaft weiterzuführen wie bisher. Solange sie ihn gnädig anhörte, würde er ihr seine Zuneigung und seine Pläne vortragen. Wenn sie heiratete, würde er aufhören, ihr zu schreiben, aber nicht, sie zu lieben. Und so beruhigte sich der plötzliche Wirbel von Angst ihrerseits, von Hoffnung seinerseits. Aber ich glaube, dieses «Mißverständnis» war ein Wendepunkt in ihrer Beziehung, denn die Worte *Liebe* und *Ehe* waren zumindest einmal ausgesprochen worden. Mochte sie den Gedanken einer Ehe mit ihm auch ablehnen, er war ihr jedenfalls in den Sinn gekommen, und egal wie unmöglich etwas erscheint – wenn es in der Phantasie existieren kann, dann kann es wohl auch in die Tat umgesetzt werden.

Wir sollten uns an diesem Punkt daran erinnern, daß die Romanze der Carlyles zum größten Teil brieflich stattfand. Sie sahen einander nur selten. Nach dem katastrophalen Besuch im Februar 1822 dauerte es ein ganzes Jahr, bis sich Jane und Thomas wiedersahen. Offensichtlich war dies keine Verbindung von Sensualisten, sondern von Menschen, die sich mit Worten ihre Erlebnisse selbst schufen. Ja, das Faszinierende an dieser Romanze in Briefen mit ihrer enormen Materialfülle, mit so vielen Meldungen über den Seelenzustand, ist, daß man sehen kann, wie Veränderungen vor sich gehen, wie schließlich eine Sprache gefunden wird, in der man Gefühle beschreiben kann, und wie sich die Gefühle mit der gefundenen Sprache wieder zu verändern beginnen.

Anderthalb Jahre lang (von April 1823 bis Januar 1825) wird der Briefwechsel in derselben erhitzt–platonischen Tonart fortgesetzt. Beide Seiten äußern glühende Liebe, aber man ist sich einig, daß es nicht die Art von Liebe ist, die zur Ehe führt. Thomas geht davon aus, daß ihr Idyll ein Ende finden wird, wenn Jane sich entschließt, einen anderen zu heiraten. Er hat gesagt, daß ihr Briefwechsel mit ihrer – Janes – Eheschließung enden muß. Jane kann sich nicht vorstellen, daß sie den Briefwechsel, der zu ihrer größten Freude geworden ist, aufgeben könnte; aber ebensowenig kann sie sich eine Ehe mit Carlyle vorstellen. Es sieht nicht so aus, als ob sich etwas verändern würde. Und dann verändert sich doch etwas. Wegen eines Scherzes.

Thomas hatte schon lange den Gedanken gehegt, die Jagdgründe der Menschen hinter sich zu lassen und sich eine Einsiedelei in einer wilden, öden Gegend zu schaffen. Im tiefsten Herzen hoffte er, Jane werde ihn dorthin begleiten, womit aus der Eremitage eher ein Garten Eden würde. Ende 1824 hatte sich aus dem Wunschtraum ein halbwegs vernünftiger Plan herauskristallisiert: er würde gerade genug Land bewirtschaften, um sich selbst zu versorgen, so daß er in ländlicher Ruhe seine Bücher schreiben und seine Gesundheit sich bessern konnte. Als er Jane beiläufig von seinem Plan erzählte, schlug sie leichthin – im Scherz, wie sich herausstellte – vor, er könne ja ihren Landsitz Craigenputtock bewirtschaften, der gerade ohne Pächter war. Für Thomas war das kein Scherz, sondern ein Wink, daß Jane sich vielleicht dazu überreden ließe, an seinem Wunschtraum mitzuwirken. Er schrieb sofort zurück – einen Brief so übervoll von Zukunftsplänen, daß er keine Zeit an Sentimentalitäten verschwendete – und schlug vor, sie sollten heiraten und auf Craigenputtock zusammen leben.

Nun hatte Janes Vater beträchtliche Mühen auf sich genommen, um den südlichen Moorregionen Schottlands zu entkommen. Ackerbau war in seiner Familie Tradition gewesen; er wandte sich davon ab, wurde ganz bewußt Arzt und Stadtmensch. Wie er war auch Jane gesellig und urban in ihren Neigungen, und Craigenputtock – zu Pferde eine Stunde von der nächsten Stadt entfernt, zwischen baumlosen Hügeln gelegen, ein völlig isoliertes Haus in einer Landschaft, die Kühen und Schafen angemessener zu sein scheint als Menschen – war nun wahrhaftig eines der ödesten Fleckchen Erde auf den britischen Inseln. Jane versicherte, sie habe nur gescherzt, und bat Thomas, sich einen Plan auszudenken, der mehr versprach als Ackerbau auf dem unfruchtbarsten Stück Land in Dumfriesshire. «Was für ein Unding das wäre, wenn Sie und ich auf Craigenputtock einen Haushalt führen würden! . . . Selbst mit einem Engel würde ich dort keinen Monat verbringen!» Sie sollten sechs Jahre dort verbringen.

Aber zunächst führte Jane verschiedene Gründe dafür auf – einige gut, andere albern –, daß sie ihn nicht heiraten wollte. Sie leugnete, daß sie darauf aus sei, einen reichen Mann zu heiraten, aber sie werde auch niemanden heiraten, der sie zwang, unter ärmlicheren Umständen zu leben, als sie es gewöhnt war; ein solches Opfer werde letztlich zu geheimen Ressentiments gegen ihn führen. Außerdem habe die Vorsehung sie zu einem gewissen Status bestimmt, den sie ohne Zustimmung ihrer «Gerichtsbarkeit» nicht aufgeben könne. Unter all diesen vorsichtigen Argumenten spürt man, daß Jane sich ihrer Gefühle nicht sicher ist. Carlyle reicht immer noch nicht ganz an Saint-Preux heran. Und wenn sich Julie auch Saint-Preux sexuell hingegeben hatte (eine Angelegenheit, die zwischen Jane und Thomas überhaupt nicht zur Debatte steht), stimmte sie einer Ehe doch nie zu. Sollte sich Thomas also daranmachen, seine Lebensumstände zu verbessern, sollte er eben sein Talent dazu verwenden, ihre angeborene Ungleichheit wettzumachen – und dann konnte man über eine Ehe reden. «Wenn alles dies Realität würde, *glaube* ich, daß ich genug Verstand hätte, an meinem romantischen Ideal einige Abstriche zu machen und mich mit etwas weniger als einem Idol zufriedenzugeben.»

Taktvoll versuchte sie, das Ungenügende seiner Umstände zu beleuchten, ohne das Ungenügende seiner Person zu erwähnen, aber Carlyle beschuldigte sie, nur den vulgären Ratschlägen der Besonnenheit zu folgen, und zwang sie, noch offener über ihre emotionalen Vorbehalte zu sprechen.

> Ich bin nur *besonnen*, fürchte ich, weil es keine starke Versuchung zur Unbesonnenheit gibt – mein Herz ist (das fühle ich) durchaus einer Liebe fähig, für die *keine* Art von Entbehrung ein Opfer wäre – einer Liebe, die ... alle Hürden, die ihr *Pflicht* und *Notwendigkeit* in den Weg stellen würden, überwände ... Aber der ganz und gar vollkommene Sterbliche, der mich zu einer so außergewöhnlichen Liebe inspirieren könnte, ist nirgends in Sicht – existiert nur in der Romantik meiner eigenen Phantasie! ... Indessen müßte ich ja völlig verrückt sein, wenn ich so tun wollte, als stände ich unter dem Einfluß einer solchen Leidenschaft, während sich meine Gefühle doch in vollkommener Gelassenheit befinden.

Jane versuchte von ganzem Herzen, sich selbst zu verstehen, aber ihre Sprache reichte dafür nicht aus: Sie liebte Carlyle, aber sie war nicht in ihn verliebt; ihre Gefühle waren der Art, wie man sie für einen Bruder hegen würde, nicht für einen Ehemann. Sie konnte sich nicht vorstellen, einen anderen zu heiraten, sie konnte sich auch ein Leben ohne ihn nicht vorstellen, aber war diese starke Bindung «Leidenschaft»? Es gibt gewisse Erfahrungen, denen die Sprache Namen gibt – «verliebt sein» ist vielleicht die interessanteste –, die aber nie präzise beschrieben werden. Nach verbreiteter Ansicht weiß man schon, wenn's geschieht – aber verbreitete Ansichten behalten häufig nicht recht. Vernünftig, wenn auch riskant vernünftig, prüfte Jane Gefühle an ihrem Verhalten. Leidenschaftliche Liebe war jene Art von Liebe, die sie dazu bewegen würde, die Forderungen der Pflicht und der kühlen Vernunft zu ignorieren. Ihre Formulierung ist vernünftig, denn es ist leichter, Verhaltensweisen zu beschreiben und folglich zu verstehen, als Erfahrungen zu beschreiben; leichter zu sagen, was man für einen Mann getan, als was man für ihn empfunden hat. Ihre Formulierung ist riskant, denn wenn eine Person es schafft, sich nach einer Definition zu verhalten, dann kann sie daran auf das Gefühl ableiten, das sie zu diesem Verhalten bewegt haben muß; das heißt, wenn Jane sich dazu überwinden konnte, Thomas zu heiraten, dann mußte sie, nach ihrem emotionalen Trugschluß, auch in ihn «verliebt» sein. Vielleicht beruhen mehr «Verliebtheiten» auf diesem Trugschluß, als wir uns eingestehen möchten. Die ruhige, schöne Zuneigung, die man ohne Unruhe genossen hat, erscheint plötzlich tiefer, turbulenter, sobald gewisse Worte erst einmal ausgesprochen sind. Die Bindung wächst, wenn man die Sprache der Gebundenheit zu gebrauchen beginnt.

Ein weiterer Stein im Weg war die Institution der Ehe selbst. Für Jane hatte sie sich stets als bedauerliche Verschwendung ihrer Talente dargestellt, eine Verschwendung von Genie an das Gewöhnliche. Darin war sie von Thomas bestärkt worden, der ja bis zu einem recht späten Zeitpunkt annahm, sie werde einen anderen heiraten. In der Welt des Gewöhnlichen, sagte er zu ihr, sei es das Hauptgeschäft im Leben einer Frau, «einen reichen Ehemann und ein feines Haus zu finden und Dinnerparties zu geben, gerade so wie es das Hauptgeschäft der Raben ist, Aas zu finden». Ihm schien es «beneidenswerter, ein halbes Jahr lang Madame de Staëls Schwester zu sein, als ein halbes Jahrhundert lang Narren zu füttern und Nichtigkeiten geschehen zu machen».

Doch die vulgäre Ehe mit einem gewöhnlichen, reichen Mann war eine Sache; die Ehe mit Carlyle, ein heroisch-spirituelles Unterfangen, eine völlig andere. Janes Phantasie nahm schließlich die Herausforderung an, wenn es auch vielleicht für sie, wie für viele ehrgeizige junge Frauen, der schwierigste Teil ihres Lernprozesses war, zu akzeptieren, daß die traditionelle Institution der Ehe auch für sie gelten könnte; daß selbst große Geister sich dieser uralten Einschränkung unterwerfen könnten. Aber diese gewöhnliche, vulgäre Sitte, die ihre Pläne auf so schockierende Weise störte, war ihr einziger Ausweg aus einer unerträglichen Situation – permanente Kindheit, permanentes Zusammenleben mit ihrer Mutter, permanente Unfähigkeit, ihre eigenen Pläne zu verfolgen; selbst wenn sie zu etwas führen sollten, das ihre Kräfte ebenso aufzehrte. Ende Januar 1825 schrieb sie an Thomas: «Vor gar nicht so vielen Monaten hätte ich es für unmöglich gehalten, jemals Ihre Frau zu werden; gegenwärtig halte ich es für mein wahrscheinlichstes Geschick; und vielleicht werde ich es in einem Jahr oder so als das einzig denkbare betrachten.»

Sie überschätzte die Zeit. Der große Schritt, wie ich schon sagte, liegt zwischen dem Zeitpunkt, an dem man sich etwas überhaupt nicht vorstellen kann, und dem Moment, in dem man es als unmöglich betrachtet. Sobald man es sich als unmöglich vorstellt, ist es nur noch ein kleiner Schritt, es als möglich, wahrscheinlich, gewiß anzusehen. So fand sich Jane nach diesem Wirbelsturm von Briefen, und ohne am Ende den Prozeß noch ganz unter Kontrolle zu haben, zu ihrer eigenen Überraschung «*halb verlobt*» vor. «Ausgerechnet ich, mit meinem angeborenen Horror vor Verlobungen! Jedesmal, wenn ich daran denke, bekomme ich Asthma!» Sie wisse nicht, sagte sie, wie sein Geist solche Macht über ihren habe gewinnen können, trotz ihres Stolzes und ihrer Starrköpfigkeit; aber so war es nun mal. Rückblickend können wir sagen, daß die stärkere, entschiedenere Vision sich einfach durchsetzen mußte; aber wahr ist auch, daß ihr die gesellschaftliche Realität kaum Alternativen ließ. Wie lange konnte sie es noch durchhalten, Federball zu spielen und nicht lesen zu können, wenn Besuch im Hause war? Und wie konnte sie leben, außer in Abhängigkeit von ihrer Mutter oder von irgendeinem Mann?

Die gute Nachricht erreichte Carlyle in London, wo er schon seit vielen Monaten die Veröffentlichung seiner Schiller-Biographie überwachte und dabei war, sich in der literarischen Welt zu etablieren. Er werde sofort nach Schottland zurückkehren, schrieb er. Das war im Januar. Aber es wurde April, bis sie wieder vereint waren. Zwischen dieser und der nächsten Begegnung, als Jane Carlyles Familie in Dumfriesshire einen Besuch abstattete, vergingen vier Monate. Ihre achtzehnmonatige Verlobungszeit fand genauso in Briefen statt wie ihre bisherige Bekanntschaft. Auch die dramatischen Zwischenfälle wurden per Post inszeniert. So mußte Carlyle sich mit Skrupeln auseinandersetzen. Er wollte nicht, daß man dachte, er heirate Jane ihres Geldes wegen. So drängte er sie, ihr Erbe ihrer Mutter zu überschreiben, im wesentlichen der Besitz in Haddington und die Farm von Craigenputtock mit ihrem jährlichen Pachteinkommen von gut 200 Pfund. Das tat Jane auch im Juli 1825, wodurch sie genauso arm wurde wie ihr zukünftiger Mann.

Mrs. Welsh spielte die typische Elternrolle. Indem sie sich gegen die Eheschließung aussprach, trieb sie ihre Tochter dem Verlobten geradezu in die Arme und festigte die Bindung der jungen Leute. Solange Mrs. Welsh die schwache, untüchtige Witwe war, hatte Jane die Rolle der Beschützerin übernommen. Solange sie sich mit Bemerkungen zurückhielt, achtete Jane ihre Position und ermahnte ihren Liebsten zur Vorsicht. Aber als Mrs. Welsh sich wegen dessen reizbarem Wesen gegen die Ehe aussprach, da erwiderte Jane, sie würde lieber unter Wutausbrüchen leiden, die sie sich selbst ausgesucht hätte, statt unter Launen – wie denen ihrer Mutter –, die man ihr aufzwang.

> Nein! Mein eigener Liebling! Wir werden uns dadurch nicht trennen lassen. Deine Reizbarkeit ist die ganz natürliche Folge von ständigem Leiden; wenn es Dir gut geht und Du glücklich bist . . . wirst Du der bestgelaunte Mensch der Welt sein. Und falls Du nie gut gelaunt bist, was dann? Lieben wir uns denn nicht? Und was ist schließlich Liebe, wenn sie nicht alle rauhen Kanten glätten kann?

Woraus man erkennen kann, wie sehr Jane, während sie sich aus dem mütterlichen Nest freistrampelt, bereits ihre Distanz, ihre Ironie und ein Großteil ihres Selbsterhaltungsinstinktes verloren hat.

Carlyle war immer mehr dazu entschlossen, sich durchzusetzen. Das wurde während der nächsten Krise sehr deutlich, als es um die Frage ging, wo Mrs. Welsh nach der Hochzeit leben sollte. Jane, die befürchtete, ihre Mutter werde einsam sein, und zweifellos auch mit schlechtem Gewissen von ihr fortging, schlug vor, sie solle bei ihnen wohnen. Aber das lehnte Thomas strikt ab. Als die ältere könnte Mrs. Welsh ja meinen, ihr stehe die Herrschaft über den Haushalt zu, während doch in Wirklichkeit der Mann zum Herrschen und die Frau zum Gehorsam geboren waren. Nur unter der Bedingung, daß sie dies voll und ganz akzeptierte, würde er sich bereit erklären, mit ihr zusammenzuwohnen.

Seine Metamorphose vom schüchternen Verehrer zum arroganten Gockel ist erschütternd. Er hört auf, Jane in ihrem Ehrgeiz zu ermutigen. Von Madame de Staël ist keine Rede mehr. Mit kühler Souveränität setzt er voraus, daß es eine Ganzzeitbeschäftigung ist, ihn zu versorgen. Er stellt sich eine rigorose Pflichtenteilung in ihrem Haushalt vor:

> Glaubst Du nicht, daß wir – wenn Du auf einer Seite des Haushaltes getreulich Deinen hausfraulichen Pflichten nachgegangen bist und ich, auf der anderen, meine festgesetzte Anzahl von Seiten geschrieben habe –, daß wir dann zu unserem frugalen Mahle viel glücklicheren und stolzeren Herzens zusammenkommen als Tausende, die nicht mit Pflichten gesegnet sind und deren Qual die bitterste von allen ist, nämlich ‹die Qual eines allzu weichen Bettes›? . . . Ich sage voraus, daß wir das schönste Pärchen werden, das man sich vorstellen kann! Eine treu-herzige, niedliche Lady-Frau; und ein kranker und mürrischer, aber fleißiger und guter Mann, ohne Falschheit des Herzens und im Grunde nicht unfreundlich, und diese beiden bieten den Härten des Lebens in getreuer und ewiger Verbindung die Stirn.

Jane sollte zwar niemals die Qualen eines allzu weichen Bettes kennenlernen, aber man kann nicht sagen, sie wäre nicht gewarnt gewesen. Wenn sein Recht, krank und mürrisch aber *im Grunde* nicht unfreundlich zu sein, Bestandteil ihres Eheverständnisses ist, während sie nur treu-herzig und niedlich sein darf – wie konnte es da ihr Los sein, allzu weich zu ruhen? Und doch ist Jane in den fünf Jahren seit ihrem ersten Zusammentreffen mit Carlyle so gründlich erzogen worden, daß sie dieses Bild ohne eine einzige Witzelei oder auch nur die Spur eleganten Spottes akzeptiert. Ja, Jane betrachtete diesen als den nettesten Brief, den sie von Thomas seit geraumer Zeit erhalten hatte.

Sie war allerdings seine Schülerin, und das Fach, in dem er sie vor allem und mit größter Beredsamkeit unterwiesen hatte, war die Überlegenheit intellektueller Macht über jede andere Art von Macht und die Überlegenheit schriftstellerischen Ruhmes über jede andere Art von Ruhm; ein Glauben, den sie bereitwillig annahm. Vor Jahren hatte er ihr geschrieben:

Könige und Potentaten sind ein buntes Völkchen, das mit Federn und Bändern geschmückt herumstolziert und, für kurze Zeitspannen, die vulgäre Bewunderung der vielköpfigen Hydra erringt – dann dem Vergessen anheimfällt ... aber die Miltons, die de Staëls – sie sind wahrhaft das Salz der Erde; sie erhalten ihren Adel direkt vom allmächtigen Gott und leben im Busen aller wahrhaftigen Menschen bis in alle Zeiten.

Und so wußte Jane, als sie sich schließlich zu dem Entschluß durchrang, Carlyle zu heiraten, sehr genau, wie sie ihre Wahl zu verteidigen hatte. Sie wußte, daß die Leute dies für eine Verbindung von Unebenbürtigen halten würden. Sie wußte, man würde sagen, er sei arm, nicht aus guter Familie, nicht einmal gut aussehend und eher ungehobelt. «Aber hundert zu eins wette ich, sie würden nicht sagen, er gehöre zu den klügsten Männern seiner Zeit; und nicht nur zu den klügsten, sondern den aufgeklärtesten! Daß er all die Eigenschaften besitzt, die ich an meinem Ehemann für wesentlich erachte – ein warmes, treues Herz, das mich liebt, einen überragenden Intellekt, der mich beherrscht, und ein Feuer des Geistes, das zum Leitstern meines Lebens werden soll ... Das ist also mein zukünftiger Mann; kein *großer* Mann im gewöhnlichsten Wortsinn, aber wahrhaft groß im natürlichen, richtigen Sinn – ein Gelehrter, ein Dichter, ein Philosoph, ein weiser, edler Mann, einer, der seinen Adel vom allmächtigen Gott erhalten hat und dessen hohe Männlichkeit nicht mit dem Zollstock von Liliputanern zu messen ist! – Wirst Du ihn mögen? Aber es macht nichts, ob Du es tust oder nicht – da *ich* ihn ja in tiefster Seele mag.»

Dieser Brief, den sie 1826, zur Zeit ihrer Hochzeit, an die Frau ihres Onkels schickte, gelangte nach Janes Tod vierzig Jahre später in Carlyles Hände, der ihn, zusammen mit den übrigen Dokumenten ihres Briefwechsels, als Futter für seine monumentale Reue benutzte.

Effie Gray
und
John Ruskin

1848–1854

Vorspiel

Carlyle und der Herr aus Paisley

Der Tag war aus unterschiedlichen Gründen bedeutungsvoll – so wichtig für die englische Geschichte wie der 4. Juli für die Amerikaner –, denn der 10. April jenes revolutionären Jahres 1848, als überall in Europa Monarchien verschwanden, war der Tag der Chartistendemonstration, der Tag, an dem in England die Revolution nicht stattfand. Zweihunderttausend Menschen sollten zu einer Kundgebung durch Londons Straßen nach Kennington marschieren, dann zum Unterhaus zurück, um dort eine von fünf Millionen Menschen unterzeichnete Petition für die verschiedensten demokratischen Reformen zu präsentieren. Die Straßen von London waren, da man Gewalttätigkeiten erwartete, verlassen; die Regierung hatte den alten Herzog von Wellington beauftragt, für die Bewachung des Zollhauses, der Bank, der Börse, der Post und aller anderen wichtigen öffentlichen Gebäude zu sorgen. Downing Street war verbarrikadiert, und die Tore des Marineministeriums waren geschlossen. Soldaten und berittene Gardisten waren auf dem Kennington Common und an strategisch wichtigen Stellen überall in der Stadt postiert. Aber Gewaltanwendung war nicht notwendig, um die Demonstranten im Zaume zu halten. Am 10. April 1848 regnete es.

Thomas Carlyle, der ausging, um die Revolution zu sehen, und hoffte, sie seiner Frau, die sich ihrer Gesundheit wegen auf dem

Lande befand, beschreiben zu können, sah herzlich wenig, bevor der Regen und der eiskalte Wind ihn zwangen, in der Burlington-Arkade Schutz zu suchen. Er begann ein Gespräch mit einem Herrn aus Paisley, der ihm berichten konnte, daß die Chartisten-führer die Menge aufgefordert hatten, sich zu verteilen und fried-lich nach Hause zu gehen, ohne zum Parlament zu marschieren. Und so nahm der Autor des *Chartismus*, der Prophet der Zerstö-rung betrügerischer Regierungsformen, verkühlt und enttäuscht den Omnibus zurück zu seinem Haus in Chelsea und schrieb seiner Frau einen Brief über die Ereignisse des Tages. Später sollte er erfahren, daß die Menge auf dem Kennington Common eher zwanzig- als die vorausgesagten zweihunderttausend zählte und die berühmte Petition eher zwei als fünf Millionen Unterschriften trug, von denen viele – wie die Unterschriften der Königin und des Prinzgemahls – offensichtlich gefälscht waren.

Die Jungvermählten

Die Chartistendemonstration hinderte den wohlhabenden Sherry-Importeur John James Ruskin und seine Frau Margaret daran, zur Hochzeit ihres Sohnes, der damals bereits als Autor der beiden ersten Bände von *Modern Painters* berühmt war, nach Schottland zu reisen. Auf jeden Fall lieferten die Stillegung Londons und die Angst vor Gewalttätigkeiten Mr. und Mrs. Ruskin eine akzeptable Ausrede. In der Tat hatten sie gar nicht vorgehabt, an der Hochzeit ihres Sohnes in Perth teilzunehmen. In Schottland geboren und erzogen, haßten Mr. und Mrs. Ruskin Schottland, und besonders sie verabscheute den Gedanken, dorthin zu fahren. In früheren Zeiten, als sie nur eine arme Verwandte im Ruskinschen Haushalt gewesen war, hatte der Vater ihres zukünftigen Mannes sich umgebracht, indem er sich die Kehle durchschnitt, und Margaret hatte ihn gefunden und ihm mit den Händen den Hals zusammengehalten, während sie um Hilfe schrie. In späteren Jahren wurden ihre Furcht und ihr Widerwillen immer größer, je näher sie dem Ort des Selbstmordes von Mr. Ruskin kam. Sie überquerte die schottische Grenze nur widerstrebend, betrat die Stadt Perth noch widerwilliger und ging an der Schwelle zu Bowerswell keinen Schritt weiter, selbst nachdem es an ihre entfernten Verwandten, die Grays, verkauft worden war; auch noch, nachdem das alte Haus abgerissen und ein neues gleichen Namens auf demselben Grundstück errichtet wurde. Was Mr. Ruskin betraf, der überall in England Geschäftsreisen und auf dem Kontinent Vergnügungsreisen unternahm, so behauptete er, er könne nur unter seinem eigenen Dach schlafen und sonst nirgends. Mit anderen Worten, die Ruskins hatten viele ausgezeichnete Gründe, nicht an der Hochzeit ihres einzigen Kindes teilzunehmen, und keiner hatte das geringste mit Enttäuschung darüber zu tun, daß John nicht eine eindrucksvollere Partie gemacht und sich zum Beispiel nicht Sir Walter Scotts Enkelin Charlotte Lockhart geangelt hatte, sondern sich nur mit Effie Gray, einer Tochter der

Grays von Bowerswell, zusammentat, deren Vater Anwalt und deren Großvater zwar ein ehrenwerter Mann, aber eben nicht Sir Walter Scott war.

Und so vermählte sich John Ruskin um 4 Uhr nachmittags am 10. April 1848 im Salon der Eltern seiner Braut mit der neunzehnjährigen Euphemia Gray – ohne den persönlichen Segen der älteren Ruskins, die nicht nur den gesamten Lebensunterhalt ihres neunundzwanzigjährigen Sohnes bestritten, sondern auch seine engsten Freunde waren. Mr. John Edward Touch, Pastor von Kinnoull, vollzog die Trauung. Eliza Jameson, die Cousine der Braut, sowie zwei jüngere Schwestern, Sophie und Alice Gray, fungierten als Brautjungfern. Braut und Bräutigam «wahrten strikt Haltung während der anstrengenden Zeremonie», berichtete die Mutter der Braut der abwesenden Mutter des Bräutigams, und begaben sich dann sofort auf die Hochzeitsreise, während sich die übrige Hochzeitsgesellschaft zum Essen setzte, in dessen Verlauf viele Toaste ausgebracht und Lobreden auf das jungvermählte Paar und ihre liebsten Angehörigen gehalten wurden.

Die Nacht war schon hereingebrochen, als die frischvermählten Ruskins – nach einer ermüdenden, mehrstündigen Kutschfahrt – Blair Atholl im schottischen Hochland erreichten, wo sie übernachten wollten, bevor sie zum Lake District weiterfahren würden. Beide waren alles andere als entspannt. Wie jede große gesellschaftliche Zeremonie war die Hochzeit anstrengend gewesen. In den Monaten zuvor hatte die finanzielle Lage von Effies Vater noch ernsteren Grund zu Besorgnis gegeben. Mr. Gray hatte sehr viel Geld in Eisenbahnaktien verloren (die Revolution in Frankreich hatte seine Anteile an der Boulogne-Bahn fast völlig wertlos gemacht) und schien am Rande des Bankrotts zu stehen. Er konnte die übliche Mitgift für Effie nicht aufbringen. Mr. Ruskin sprang in die Bresche und machte dem Paar eine Schenkung von 10 000 Pfund, eine Summe, von deren Zinsen sie gut leben konnten. Außerdem versprach er ihnen noch einen Zuschuß für Reisen, die er für das Werk seines Sohnes als wesentlich erachtete. Geld war also nicht das Problem. Mr. Ruskin konnte sich diese Großzügigkeit leisten, und er hatte nichts dagegen, großzügig zu sein, aber nur gegenüber Mitgliedern seiner eigenen, eng definierten Familie – seiner Frau, seinem Sohn und jetzt, widerwillig, der Frau seines Sohnes. Aber *nicht* ihrem Vater gegenüber, der so töricht gewesen war, mit Eisenbahnaktien zu spekulieren. Das junge Paar war in der Mitte gefangen, beide loyal den eigenen Eltern gegenüber und jeder in direktem Konflikt mit der Loyalität des anderen. Effie, ein liebevolles ältestes Kind in einer großen Familie und daran gewöhnt, den Eltern zu helfen, teilte ihre Sorgen und wollte nichts lieber, als ihnen beistehen, aber ihre einzige Möglichkeit dazu lief über die Ruskins. Und John, der seines Vaters Einstellung zum Thema Eigenverantwortung und Selbstgenügsamkeit verstand – der verstand, daß ein Ersuchen um Hilfe nur Ärger einbringen würde –; verübelte es Effie, daß sie ihn drängte, sich für ihren Vater zu verwenden.

Die Revolution von 1848, die bei Mr. Grays finanziellem Niedergang eine so große Rolle spielte, hatte die Hochzeitspläne auch noch in anderer Hinsicht durcheinandergebracht. Als John im Herbst 1847 Effie brieflich einen Heiratsantrag machte, der akzeptiert wurde, hatte er sich vorgestellt, daß sie ihre Hochzeitsreise in den Alpen verbringen würden, wo er gewohnt war, jedes Jahr mit seinen Eltern einige Zeit zu verbringen. Er hatte erwartet, daß die älteren Ruskins sich ihnen auf der Hochzeitsreise dort zugesellen würden. Aber jetzt war es unmöglich geworden, in Frankreich zu reisen, und er befand sich auf einer Reise fort von den Bergen seiner Seelenheimat und fort von den Eltern, in der Gesellschaft einer Frau, die er kaum kannte und der er nun fürs Leben verbunden war.

Ruskin hatte seine einsame Kindheit damit verbracht, aus wenig viel zu machen. Da er fast überhaupt kein Spielzeug bekam, richtete er seine Augen auf die Muster im Fußboden, an den Wänden und der Decke seines Zimmers und begnügte sich mit Spielen der Phantasie. Er durfte auch fast keine Spielkameraden haben, da seine statusbewußten Eltern sich weder als Aufsteiger gebärden, noch ihren Sohn mit Kindern aus gesellschaftlich tiefer stehenden Familien spielen lassen wollten; und so reagierte er sehr intensiv auf die wenigen, die den Auswahlkriterien seiner Eltern nicht zum Opfer fielen. Als heranwachsender Jüngling verliebte er sich leidenschaftlich in eine der Töchter von Pedro Domecq, dem Partner seines Vaters, und als er sie verlor, wurde er vor Enttäuschung buchstäblich krank. Effie kannte er schon seit ihrer

Kindheit (er hatte ein Märchen, später als *The King of the Golden River* veröffentlicht, für sie geschrieben, als sie zwölf war), aber er sah sie nicht oft. Auf ihrem Weg von der Schule in England zurück nach Schottland übernachtete sie manchmal im Haus der Ruskins in Denmark Hill, und anläßlich eines solchen Besuches, 1846, begann John Zuneigung für sie zu verspüren. Daß sich die Zuneigung zur Leidenschaft entwickelte, läßt erkennen, wie tief sein Bedürfnis nach einer Gefährtin und wie intensiv sein Phantasieleben waren. Das hatte sehr wenig mit einem tieferen Verständnis für die lebhafte, gesellige, praktische und weltgewandte Effie Gray zu tun. Im Gegensatz zu Carlyles Briefen an Jane enthalten Ruskins Briefe an Effie während ihrer Verlobungszeit Phantasiegebilde:

> Sie sind wie ein süßer Wald voll freundlicher Lichtungen und flüsternder Zweige – wo Menschen in den spielenden Schatten immer weiter wandern, wie weit, wissen sie nicht –, und wenn Sie dem Zentrum nahe kommen, dann ist alles kalt und undurchdringlich . . . Sie sind wie die hellen – weichen – schwellenden – lieblichen Felder eines hohen, von frischem Morgenschnee bedeckten Gletschers – der den Augen lieblich erscheint – und dem Fuß weich und gewinnend – doch darunter sind gewundene Spalten und dunkle Orte in seinem kalten – kalten Eis, wo Männer fallen und sich nicht wieder erheben.

Woraus wir schließen dürfen, daß er Effie liebte (später ein strittiger Punkt), daß seine Liebe eher einer mythischen Frau als einer bestimmten Miss Gray galt und daß seine Leidenschaft für diese Frau mit einer panischen Angst vor weiblicher Sexualität verbunden war, die hier so unverhüllt zutage tritt, daß es fast peinlich ist, das noch zu erwähnen.

John und Effie Ruskin waren beide noch jungfräulich, und während sie auf dem Weg nach Blair Atholl in ihrer Kutsche saßen, so überwältigend allein, da war der Hauptgrund ihrer Ängste möglicherweise die intime Szene, die vor ihnen lag. Natürlich sprachen sie an diesem Punkt nicht über die Angelegenheit – solch eine Diskussion wäre höchst undelikat gewesen –, doch beabsichtigten beide, in jener Nacht die Ehe zu vollziehen. Effie, der ihre Mutter fast nichts über Sex erzählt hatte, erwartete, daß sie sich bei diesem Abenteuer der Führung ihres Mannes anvertrauen konnte, und John, der nach vielen Kämpfen mit seinen Eltern eine schöne Frau geheiratet hatte, die er sehr begehrte, hatte ganz und gar die Absicht, sie «zu seiner Frau zu machen», um die viktorianische Redewendung zu gebrauchen. Aber während sie unterwegs waren, dann im Hotel ankamen, aßen und schließlich anfingen, sich auf die Nacht vorzubereiten, fühlte er sich auf einmal seltsam desinteressiert. Er befand sich in einem Zustand der Nervosität und Angst statt der Leidenschaft. Er wünschte, er müsse diese Szene, die er unvermeidlich auf sich zukommen sah, nicht durchstehen. Und als es soweit war, als sie in ihrem Zimmer allein waren, als sie ihre Nachtkleider angezogen hatten und er Effie das Gewand von den Schultern streifte, da fand das große Ereignis nicht statt. Sie umarmten sich und schliefen keusch im gleichen Bett ein, so wie sie es für den Rest ihres Ehelebens tun sollten, wobei sie nicht einmal ihren engsten Freunden gegenüber je andeuteten, daß ihre Beziehung in irgendeiner Weise ungewöhnlich war.

Bis sie dann in den folgenden Tagen die Angelegenheit besprachen, hatte John bereits so viele gute Gründe, den Vollzug der Ehe aufzuschieben, wie seine Eltern dafür, daß sie an der Hochzeitsfeier nicht teilnehmen konnten. Viele dieser Gründe hatten mit seiner Abneigung gegen Kinder zu tun, die seiner Arbeit hinderlich sein würden. Außerdem hatte er ja hauptsächlich geheiratet, um Gesellschaft zu haben, und wenn Effie schwanger wäre oder ein Kind zu stillen hätte, dann könnte sie ihn auf seinen Reisen auf den Kontinent nicht begleiten. Und dann würden Kinder auch ihre Schönheit ruinieren. Wenn er außer völliger Enthaltsamkeit irgendwelche Verhütungsmethoden kannte, dann behielt er sie jedenfalls für sich. Als Effie zu bedenken gab, daß die Zeugung von Kindern immerhin der Sinn der Ehe und deren Verweigerung unnatürlich, ja vielleicht gotteslästerlich sei, wies John darauf hin, daß die Kirche Keuschheit billigte, und erinnerte sie daran, daß die Heiligsten der Kirchengeschichte keusch gewesen waren. Er war überaus beredt, ein Meister der Argumentation. Ein bißchen verwirrt und ein bißchen erleichtert zog sich Effie schließlich in zustimmendes Schweigen zurück. Tolstoi spricht von dem psychologischen Gesetz, das «einen unter stärkstem Druck handelnden Mann dazu zwingt, in der Phantasie rückblickend eine ganze Reihe von Überlegungen zu entwickeln, um sich die eigene Freiheit zu beweisen». Sicherlich kam dieses entscheidende Ereignis in Ruskins Leben unter starkem Druck zustande; aber sein Bewußtsein machte sich so schnell und so wirkungsvoll daran, Gründe dafür zu liefern, warum das so hatte sein sollen, daß er in späteren Monaten und Jahren nicht einen Moment daran gezweifelt zu haben scheint, daß der Nichtvollzug seiner Ehe das Rationale und Selbstverständliche war.

Werfen wir im Interesse eines weiteren und doch spezifischen Verständnisses viktorianischer Sexualität noch einen Blick in das Zimmer der Ruskins in Blair Atholl im Augenblick der größten Unentschiedenheit – zwischen Effies Entkleidung und der keuschen Umarmung. Was empfand Ruskin in diesem Augenblick? Was ging ihm durch den Sinn? Unglaublicherweise wissen wir das sogar. Ungeschützt durch post-freudianisches Bewußtsein gab Ruskin später einmal seinem Rechtsanwalt gegenüber deutlich zu, daß ihm nicht gefiel, was er sah, als er Effie das Gewand von den Schultern streifte. Er hatte sich Frauen anders vorgestellt. Er glaubte, mit ihrem Körper stimme etwas nicht: er war nicht so lieblich wie ihr Gesicht; er war «nicht geformt, um Leidenschaft zu erregen»; ja, er hemmte die Leidenschaft. Effies Körper war ihm zuwider.

Niemandem, der über diese überraschende Wendung der Dinge nachgedacht hat, ist ernsthaft der Gedanke gekommen, Effies Körper wäre in irgendeiner Weise deformiert oder verunstaltet gewesen. Keiner der Ärzte, die sie im Verlauf ihrer Scheidungsklage untersuchten, noch ihr zweiter Ehemann scheint irgend etwas Ungewöhnliches an ihrem Körper bemerkt zu haben; sie sollte Mutter von acht Kindern werden. Mary Lutyens, die jahrelang die Ehe der Ruskins analysiert hat, nimmt an, daß John vermutlich von Effies Schamhaar abgestoßen war. Sie begründet das damit, daß John noch nie im Leben eine nackte Frau gesehen hatte; und selbst die weiblichen Akte in der Kunst, die er kannte, waren entweder zensiert oder stark idealisiert, wie etwa klassische Statuen. Er erwartete daher einen glatten, unbehaarten Körper mit kleinen Brüsten, im wesentlichen einen noch kindlichen

Körper, und die Zeichen sexueller Reife an Effies Körper (vielleicht nicht mehr als ihre Brüste – das Gewand dürfte kaum tiefer als ihre Schultern gerutscht sein) bestürzten und verschreckten ihn. Die Tatsache, daß sich Ruskin in späteren Jahren von sehr jungen Mädchen angezogen fühlte und sich als Vierzigjähriger in eine Zehnjährige verliebte, unterstützt die Mutmaßung, daß sein Bild vom idealen weiblichen Körper unreif war.

Diese Erklärung der Ereignisse von Ruskins Hochzeitsnacht ist fast zu gut, um wahr zu sein. Sie liefert den Beweis für die enorme Naivität der Viktorianer, eine uns so unvertraute Geisteshaltung, daß man sie geradezu wunderlich nennen kann; ein Kulturstadium, das exotischer ist als die Promiskuität von Margaret Meads Samoanern. Für mich liegt darin ein überzeugenderer Beweis dafür, daß Kunst unsere Phantasie viel stärker beeinflußt als Erfahrung, daß wir nur das erkennen, worauf wir vorbereitet sind. Die Geschichte ist so gut, daß man sie nur widerstrebend akzeptiert; und Mary Lutyens selbst mißtraut ihr inzwischen, da sie Beweise dafür entdeckt hat, daß Ruskin reifer weiblicher Nacktheit gegenüber so naiv nun auch wieder nicht war, wie sie bisher angenommen hatte. In einem spöttischen Brief an seine Eltern erwähnt er, daß er in Oxford bei seinen liederlichen Freunden Lord March und Lord Ware Zeichnungen «nackter Huren» gesehen habe, vermutlich pornographische Zeichnungen. Aber Ruskin verfolgte eine Absicht damit, daß er seinen Eltern die «nackten Huren» unter die Nase rieb – er wollte sie für den Snobismus zurechtweisen, mit dem sie seine Freundschaft mit den Mächtigen und Adligen förderten, wollte ihnen zeigen, daß Aristokraten einen verderblichen Einfluß ausüben können. Die Zeichnungen, die Lord March und Lord Ware ihm zeigten, können durchaus pornographisch gewesen sein, ohne die weibliche Anatomie im Detail zu enthüllen; die dargestellten Frauen können sich verführerisch bedeckt haben; selbst die Centerfolds im *Playboy* zeigen nicht alles (jedenfalls bis vor kurzem nicht).

Auf jeden Fall reicht die Theorie vom Körperhaartrauma (gültig vielleicht bis zu einem gewissen Grade) nicht aus, um zu erklären, was in der Ruskinschen Hochzeitsnacht geschah. Die Unwissenheit in diesem Fall war nicht so klar und einfach. Es war eine mit Selbstbetrug vermischte Unwissenheit, eine Unvertrautheit mit Frauen, verbunden mit einer lebhaften, aber gänzlich unrealistischen Phantasievorstellung davon, wie sie physisch und moralisch zu sein hätten; dazu kamen Motive und Aversionen, die so tief im Unterbewußtsein verborgen lagen, daß ich kaum darüber zu spekulieren wage. Nur soviel sei gesagt: Ein Mann, der praktisch völlig allein aufwuchs, dem man nur selten Spielkameraden erlaubte, dessen Mutter ihm nach Oxford folgte, um sich dort fürs Semester einzumieten und jeden Abend nach dem Essen wie auch sonntags zum Gebet mit ihm zusammenzusein; ein Mann, der die größten Erlebnisse seines Lebens in Gesellschaft seiner Eltern erfuhr und mit nahezu dreißig immer noch bei ihnen zu Hause wohnt – ein solcher Mann wird es nicht leicht haben, dem biblischen Gebot zu folgen, das da fordert, du sollst deinen Vater und deine Mutter verlassen und ein Fleisch werden mit deiner Frau – ein Gebot, das übrigens niemand je niedergeschrieben hätte, wenn es selbst unter den günstigsten Umständen leicht zu befolgen wäre. Nur selten bieten sich unbewußte Motive so einladend an wie im Falle Ruskins, der Steine lieber mochte als Menschen, der kleine Mädchen erwachsenen Frauen vorzog, der eine Nation Geschmack und Moral lehrte, wahnsinnig wurde und Schlangen sah. Ruskins Sexualität ist ein reiches Feld für psychoanalytische Mutmaßungen; und doch möchte ich keine Vermutungen darüber anstellen, warum *ein* Kind, von übervorsichtigen Eltern allzu streng bewacht, sexuell gestört, vielleicht impotent, heranwächst, während ein anderes, ähnlich erzogenes, sich zu gesunder sexueller Reife entwickelt. Überdies geht es mir mehr um die viktorianische Sexualität im allgemeinen und um das Licht, das jenes Fiasko des armen Ruskin darauf wirft. Und so möchte ich, anstatt das spezifisch Ruskinsche an der Ruskinschen Hochzeitsnacht herauszustellen, nach dem Typischen suchen.

Nimmt man die Forderung absoluter vorehelicher Keuschheit für Frauen der Mittelschicht als gegeben an (Männern wurde sie nahegelegt, aber sie wurde nicht von ihnen gefordert), dann kann die viktorianische Hochzeitsnacht, der Übergang von der Unschuld zur Erfahrung, wohl kaum einfach gewesen sein; ja, sie mag zumindest für einen, manchmal auch für beide der Jungvermählten eine barbarische Prüfung gewesen sein. Die Unwissenheit über Sex, allzu häufig als Garant der Unschuld betrachtet, konnte die Furcht einer Frau zur Panik verstärken. Ihre ganze Reinheitserziehung wurde plötzlich zunichte gemacht, indem ihr dunkle Handlungen abverlangt wurden, von denen sie nichts Genaueres wußte. Unmittelbar bevor zum Beispiel Edith Jones zu Edith Wharton wurde, stellte sie ihre Mutter zur Rede und flehte sie an, ihr zu sagen, «wie das denn wirklich mit der Ehe sei». «Ich habe Angst, Mama – ich will wissen, was mit mir geschehen wird.» Mrs. Jones meinte, Edith habe doch sicher Bilder und Statuen gesehen. Hatte sie nicht bemerkt, daß es da einen Unterschied gab zwischen Männern und Frauen? Ihrem Biographen zufolge verstand Edith noch immer nichts, aber ihre Mutter war an ihre Grenzen gestoßen. «Ja dann, um Himmels willen», sagte sie, «stell mir keine albernen Fragen mehr. Du kannst doch nicht so dumm sein, wie du dich stellst.» Marie Stopes, die große Fürsprecherin der Sexualerziehung, schrieb ihren Bestseller *Married Love* in der Überzeugung, daß die weitverbreitete Unwissenheit über Sex (und dies nach dem Ersten Weltkrieg) eheliches Glück verhindere. Ihrem Engagement für dieses Thema lagen eigene frühe Erfahrungen zugrunde. Diese hochgebildete Engländerin mit einem deutschen Universitätsexamen hatte 1911 einen Botaniker geheiratet. Sie brauchte sechs Monate, bis ihr klar wurde, daß in ihrer Ehe irgend etwas fehlte, und noch mehr Zeit und Recherchen im britischen Museum, bis sie herausfand, was es war. Es stellte sich heraus, daß sie, wie Effie Ruskin mehr als fünfzig Jahre vor ihr, noch Jungfrau war, und die Annullierung ihrer Ehe wurde bewilligt.

Ein anderes viktorianisches Paar stellte sich dem Problem der traumatischen Hochzeitsnacht mit erstaunlicher Offenheit. Der Kleriker und Romanautor Charles Kingsley schrieb an seine Verlobte Frances Greenfell: «Ich habe über das Erschrecken nachgedacht, mit dem Sie mich unbekleidet sehen werden, und ich glaube, in einem geringeren Maße werde ich Ihnen gegenüber das gleiche empfinden, bis ich gelernt habe, den Glanz Ihrer nackten Schönheit zu ertragen. Sie wissen gar nicht, wie oft ein Mann in seiner Hochzeitsnacht an Körper und Seele wie betäubt ist.» Vielleicht waren die Kingsleys ungewöhnlich in ihrer Ehrfurcht vor ehelichem Sex: beide hatten sich zum Zölibat hingezogen gefühlt, so daß die sexuelle Seite der Ehe für beide eine wichtige

religiöse Verpflichtung darstellte. Teils als religiöse Selbstka-
steiung, teils aus Rücksicht auf seine Befürchtung, daß eine allzu
plötzliche Intimität zu Impotenz führen würde, hatten sie sich
entschlossen, den Vollzug ihrer Ehe aufzuschieben. 1844, einige
Wochen vor der Hochzeit, schickte die zukünftige Mrs. Kingsley
ihrem Verlobten einen Entwurf von der Hochzeitsnacht:

> Nach dem Essen werde ich mich vielleicht etwas er-
> schöpft fühlen, und so werde ich nur an Ihrer Brust
> ruhen und nichts sagen, aber sehr viel empfinden, und
> Sie werden sehr liebevoll sein und mich Ihr armes Kind
> nennen. Und dann werden Sie mir vielleicht Ihr *Life of
> St. Elizabeth* zeigen, Ihr Hochzeitsgeschenk. Und dann,
> nach dem Tee, werden wir nach oben gehen, um uns
> auszuruhen! Wir werden uns entkleiden und baden, und
> dann werden Sie in mein Zimmer kommen, und dann
> werden wir uns küssen und sehr lieben und zusammen
> laut Psalmen lesen, und dann werden wir niederknien
> und in unseren Nachtkleidern beten. Oh! Wie weihevoll!
> Und dann werden Sie mich in Ihre Arme nehmen, nicht
> wahr? Und mich aufs Bett legen. Und dann werden Sie
> unser Licht auslöschen und *zu mir kommen*! Wie ich
> Ihnen meine Arme öffnen und dann in Ihre sinken
> werde! Und Sie werden mich küssen und umfangen, und
> wir werden in der dunklen Nacht Gott allein preisen,
> dessen Auge auf uns herniederscheint und der uns mit
> Seiner Liebe umfängt. Nach einer Weile werden wir
> einschlafen!
>
> Und doch fürchte ich, Sie werden sich so nach tieferer
> Kommunion sehnen, daß Sie nicht so glücklich sein
> werden wie ich. Und auch ich werde mich vielleicht
> sehnen, obwohl ich so verängstigt bin! Aber jedes Seh-
> nen wird mich an unsere Selbstverleugnung erinnern,
> Ihre Trauer über die Sünde, Ihre Stärke im Büßen. Und
> ich werde auf meine Sehnsüchte stolz sein, *möge es Gott
> gefallen*!

Die Kingsleys verbrachten die ersten vier Wochen ihrer Hochzeitsreise damit, sich wirklich aneinander zu gewöhnen. Sie stu-

dierten Deutsch, sie beteten, sie verwöhnten einander mit Zärtlichkeiten. In der fünften Woche vollzogen sie die Ehe und zeugten fast sofort ein Kind. Lady Susan Chitty, Kingsleys Biographin, ist der Ansicht, daß es nie eine seltsamere Hochzeitsnacht als seine gegeben habe; aber mich beeindruckt der gesunde Menschenverstand, mit dem die Kingsleys ihre Intimität wachsen ließen, indem sie eine rauhe Sitte mit Intelligenz und Flexibilität veränderten. Denn die Sitte, ein eben vermähltes Paar für eine längere Zeitspanne zu isolieren und von den jungen Leuten zu erwarten, daß sie sich auf das konzentrieren, was sie eigentlich zu ignorieren gelernt hatten – das *war* eine rauhe Sitte, und es erklärt vielleicht auch, warum sich Königin Victoria, die sich immer gern auf das Wohl der Nation berief, wenn sie etwas vermeiden wollte, weigerte, mehr als drei Tage für die Hochzeitsreise anzusetzen. Das Land, sagte sie, könne nicht länger ohne sie auskommen.

Ich hatte mit der Beschreibung einer Revolution, die nicht stattfand, begonnen und möchte nun behaupten, daß der sexuelle Mißerfolg der Ruskinschen Ehe auch als ein Fall von ausgebliebener Revolution gesehen werden kann; denn wie alle anderen jungverheirateten viktorianischen Paare befanden sich auch die jungen Ruskins in der Lage, gegen ihre gesamte frühere Erziehung rebellieren zu müssen. Plötzlich, nach Jahren der Verbote, war Sex erlaubt, man wurde dazu ermutigt, ja, er wurde zur Pflicht. Was dabei herauskam, war manchmal Impotenz und Frigidität, mit den dazugehörigen Mißverständnissen und gekränkten Gefühlen, oder weniger drastisch, ein nicht besonders erfreulicher Sex. Das Dilemma der Ruskins war vermutlich weniger ungewöhnlich und exzentrisch, als man zunächst denken mag.

Die Schriftsteller, deren häusliches Leben ich für meine Darstellung ausgewählt habe, sind keineswegs ein statistisch bedeutsames Sample, und ich behaupte auch nicht, sie seien repräsentativ, aber es muß an diesem Punkt gesagt werden, daß wahrscheinlich auch Thomas Carlyle impotent war und seine Ehe, wie die der Ruskins, unvollzogen blieb. Als Geraldine Jewsbury, Romanschriftstellerin und Janes enge Freundin, hörte, daß Froude den Auftrag hatte, eine Carlyle-Biographie zu schreiben, ging sie zu ihm und vertraute ihm an, daß Carlyle «eine jener Personen war, die nie hätten heiraten sollen»; was von Froude, wie beabsichtigt, als Hinweis darauf verstanden wurde, daß Carlyle impotent war. Froude war nicht überrascht. Im Kreise derer, die dem Carlyle-schen Haushalt in Chelsea nahestanden, ging längst das Gerücht um, daß diese Ehe keine «wirkliche», sondern nur ein freund-schaftliches Zusammenleben war. Froude hatte sogar gehört, daß Jane daran dachte, Carlyle zu verlassen, und zwar, «als ob sie das Recht hätte, ihn zu verlassen, wenn sie dies wollte». Carlyle hatte Froude einmal erzählt, er habe ein Geheimnis, das niemand je-mals herausfinden werde, und ohne Kenntnis davon sei keine wahre Biographie von ihm möglich. So kamen Geraldines Enthül-lungen nicht unerwartet. Froude hatte vermutet, die Carlyles hätten sich vielleicht auf Enthaltsamkeit geeinigt, weil sie so arm waren und keine Kinder wollten; aber Geraldine bestritt das. Jane hatte sich nach Kindern gesehnt, und Kinder blieben ihr versagt. Das war eine Verletzung, die sie Carlyle nie vergeben hat.

Man könnte sagen, die Entscheidung der Ruskins, ganz ohne Sex auszukommen, sei eine Lösung für die sexuellen Anpassungs-schwierigkeiten, die am Anfang einer Ehe auftauchen.

Doch diese ungewöhnliche «Lösung» des «Problems» Sex ver-schob die Schwierigkeiten nur auf jene andere klassische Kon-fliktebene von Jungverheirateten – die Beziehung zu den Eltern. Die moderne Familientherapie spricht von dem Bedürfnis eines jungverheirateten Paares, klare Grenzen um sich zu ziehen und seine neue gesellschaftliche Identität zu etablieren. Es verwundert nicht, daß es Ruskin ebenso große Schwierigkeiten bereitete, Vater und Mutter zu verlassen und in gesellschaftlicher Hinsicht zu seiner Frau zu halten wie in sexueller Hinsicht; und Effie, die loyale Tochter aus einer großen Familie, hatte selbst Bindungen, die sie nicht lösen mochte. Als John 1854 seinem Rechtsanwalt erklärte, warum seine Frau ihn schließlich mit einer Intensität ablehnte, die schon Haß zu nennen war, sagte er, diese Abneigung habe nichts mit ihrem «Modus des Zusammenlebens» zu tun, womit er das fehlende Sexualleben meinte.

Das erwuchs aus dem ständigen Bemühen meiner Frau, mich dem Einfluß meiner Eltern zu entziehen und mich in enge Verbindung zu ihrer eigenen Familie zu bringen.

Sie versuchte, mich dazu zu bringen, daß ich meinen Vater überredete, ihren Bruder in sein Kontor aufzunehmen; und war sehr verärgert, als ich mich weigerte; dann ließ sie keine Gelegenheit aus, um etwas gegen meine beiden Eltern zu sagen, und war bitter gekränkt, weil sie es nicht schaffte, mich zu beeinflussen. Als sie zu meiner Mutter einmal rüde gewesen war, wies ich sie nachdrücklich zurecht; und sie hat dies weder meiner Mutter noch mir je vergeben.

Als ich sie heiratete, dachte ich, sie sei so jung und voller Zuneigung, daß ich sie auf meine Weise beeinflussen und aus ihr genau die Ehefrau machen könnte, die ich haben wollte. Es scheint, daß *sie mich* mit dem Gedanken geheiratet hat, sie könne aus mir genau den *Ehemann* machen, den *sie* sich wünschte. Ich war traurig und enttäuscht, als ich herausfand, daß ich sie nicht ändern konnte, und sie fühlte sich gedemütigt und verärgert, als sie erkannte, daß sie mich nicht ändern konnte.

Auf welch erbärmlichem Terrain doch diese unrühmlichen Ehekriege ausgetragen wurden! Es wäre fast peinlich, über solche Trivialitäten zu schreiben, gäbe es da nicht George Eliot als ermutigendes Vorbild – George Eliot, die der Meinung war, daß gerade an «diese sogenannten Banalitäten die aufkeimenden Glücksmöglichkeiten immer wieder vergeudet werden, bis Männer und Frauen mit ausgehöhlten Gesichtern um sich schauen und die Zerstörung wahrnehmen, die sie selbst herbeigeführt haben, und dann sagen sie, die Erde trage keine süßen Früchte». Bei einer der heftigsten frühen Meinungsverschiedenheiten der Ruskins (der ersten Runde in Effies langem Kampf mit der Schwiegermutter) ging es zum Beispiel um die richtige Behandlung einer gewöhnlichen Erkältung.

Johns Erkältung ist noch nicht vorbei, aber sie ist nicht mehr so schlimm, wie sie war, und ich glaube, bei einiger Pflege würde sie weggehen, wenn ihn Mr. und Mrs. Ruskin nur in Ruhe ließen. Zwanzigmal am Tag sagen sie ihm, es wäre nicht schlimm und eigentlich nur nervlich bedingt, und der Meinung bin ich auch. Aber gleichzeitig reden sie ständig auf ihn ein und sagen ihm, was er tun sollte, und morgens fängt Mrs. Ruskin an mit «setz dich nicht in die Nähe dieser Handtücher, John, sie sind feucht», und vormittags heißt es: «John, du darfst diese Zeitung nicht lesen, bevor sie trocken ist.»

Effie fiel auf, daß es John gesundheitlich durchaus gut ging, wenn er bei ihr war und sie sich nicht nach seiner Gesundheit erkundigte; aber wenn seine Eltern ihn fragten, wie es ihm ginge, fing er zu husten an, was seinem Vater Gelegenheit gab, zu sagen: «Dieser Husten geht nicht weg – ich wünschte, du würdest auf dich aufpassen.» Effie war überzeugt, daß das ganze Aufheben, das die alten Leute um John machten, ihm mehr schadete als guttat und daß einige ihrer Heilmittel geradezu gefährlich waren.

Da gab es eine gewisse blaue Pille, von der sich Mrs. Ruskin Wunderdinge versprach. Sie riet John, vor dem Schlafengehen eine zu nehmen. Effie mißtraute Medikamenten und zog es selbst vor, keine zu nehmen, und sie lehnte sich mit besonderem Eifer gegen die kleine blaue Pille auf. Nein, sagte sie. Doch, sagte Mrs. Ruskin. So deutlich zu einer Entscheidung gezwungen, gehorchte John seiner Mutter und nahm die Medizin. Als er seinem Schwiegervater ein Jahr später zu erklären versuchte, wie sich die Zuneigung zu seiner Frau immer mehr verflüchtigt hatte, behauptete er, daß die Angelegenheit mit der kleinen blauen Pille «von sehr ernsthafter Bedeutung» gewesen sei. Es war das erste Mal seit seiner Heirat, meinte er, daß seine Mutter versucht habe, ihn zu beeinflussen, und Effie habe darauf «mit grundloser Gereiztheit» reagiert. Er habe sie dafür zurechtgewiesen, und von diesem Augenblick an habe Effie einen unversöhnlichen Groll gegen ihre Schwiegermutter entwickelt.

Zu Weihnachten 1848, während sie im Haus der älteren Ruskins in Denmark Hill zu Gast waren, war Effie an der Reihe, krank zu werden. Sie verbrachte zwei unangenehme Tage mit Husten, Schnupfen und einem nächtlichen Fieber, bei dem sie unter ihrer Decke abwechselnd an brennender Hitze und Schüttelfrost litt. Und wieder fühlte sich Mrs. Ruskin herausgefordert, ihre medizinischen Künste unter Beweis zu stellen, doch diesmal lautete ihr Rezept «keine Verzärtelung». Am 1. Januar gaben die Ruskins eine wichtige Dinnerparty, zu der auch J. M. W. Turner eingeladen war. Es war ihnen besonders wichtig, daß Effie zum Essen erschien. Als der Abend kam, schaffte es Effie, die sich immer noch schlecht fühlte, aber etwas weniger Fieber hatte, nach unten zu kommen. Aber selbst diese Anstrengung, ihr Zimmer zu verlassen, wurde von Mr. Ruskin nicht anerkannt – er notierte in seinem Tagebuch, *Effie* bis zum Abend *nicht unten*. Drei Tage später wieder eine Party, und Effie, immer noch krank, wollte in ihrem Zimmer bleiben. Mrs. Ruskin fand sie in Tränen, als sie sich eigentlich zum Essen hätte ankleiden sollen, und machte ihr Vorwürfe. Effie zog sich an und ging hinunter, sah aber so elend aus, daß einer der Gäste, ein Arzt, sie am Rande einer Ohnmacht wähnte. Er schickte sie zu Bett und verschrieb ihr einige gräßliche Medikamente, die sie aus Schwäche nicht einmal ablehnen konnte. Effie empfand den ganzen Groll eines Menschen, dem man nicht gestattet, sich einmal in Ruhe und Frieden elend zu fühlen. Sie fühlte sich unter Druck gesetzt, fröhlich zu sein und unwichtige gesellschaftliche Verpflichtungen zu erfüllen, obgleich sie sich dem nicht gewachsen fühlte. Sie hielt die gesellschaftlichen Gepflogenheiten der Ruskins – jeden Abend Gäste zum Essen und Schlafenszeit um ein Uhr morgens – für ungesund und meinte, sie würde bei sich zu Hause, wo sie die Dinge selbst in die Hand nehmen konnte, viel schneller gesund werden.

Wer nur wirklich krank war und wer nur verwöhnt und dadurch kränker wurde, das war offensichtlich eine komplizierte Frage. Jede Familie fand, die andere habe ein verwöhntes Kind hervorgebracht, das Krankheiten dazu mißbrauchte, die Aufmerksamkeit auf sich zu ziehen. Könnte es sein, daß beide recht hatten? John glaubte wie seine Eltern, daß Effie Theater spiele – quengelig, unnötig schlecht gelaunt und nicht wirklich krank. Soll man die Aufforderung, mit einem fröhlichen Gesicht zum Essen herunterzukommen, als Tyrannei betrachten? Der alte Mr. Ruskin ging weiter. Er erkannte, worum es ging: hinter dem Wunsch seiner Frau, ihre medizinischen Künste auszuüben, und Effies Widerstand dagegen stand die Frage der Vorherrschaft zwischen den beiden Frauen. Er konnte Effies Groll verstehen. Er wußte, daß seine Frau allzu gern predigte und einen jungen Menschen manchmal in einer Weise ansprach, «die vor anderen nicht angenehm» war, doch im großen und ganzen hielt es Mr. Ruskin für die Pflicht eines jungen Menschen, sich dem über Sechzigjährigen zu beugen. Daß sein Modell der Ehrerbietung mit den Unabhängigkeitswünschen junger Menschen in Konflikt stand, war ihm völlig klar. Er nahm an, Effie sei von weltoffenen Menschen so erzogen worden, «daß sie sofort mit der ganzen Autorität einer verheirateten Frau auftrat und diese besonders gegen jenes schreckliche Geschöpf, eine Schwiegermutter, durchsetzte». Aber er seinerseits hielt eine solche Rebellion für vulgär.

Er erwähnte es nicht, aber man hätte ihr Verhalten auch undankbar finden können. Die jungen Ruskins wohnten in der Park Street, in der Nähe des Grosvenor Square, in einem Haus im elegantesten Stadtteil Londons, das Mr. Ruskin für sie zu einem beträchtlichen Preis gepachtet hatte. Sie hatten ihren eigenen Wagen mit den dazugehörigen Pferden, in einem Stall um die Ecke. Sie hatten einen Stab von Bediensteten. Kurzum, sie führten ein luxuriöses Leben, ganz auf Kosten von Mr. Ruskin, der seinem Sohn ein Haus und eine Equipage zur Verfügung stellen wollte, die es diesem erlaubten, gesellschaftlich mit Leuten von Rang zu verkehren, mit Leuten, auf deren Bekanntschaft sein Sohn dank seiner Erziehung und seiner Leistungen Anspruch hatte und mit denen er, ein bloßer Geschäftsmann, keinen Umgang pflegen konnte. John und Effie waren der Ansicht, daß sie beide solchen Luxus weder brauchten noch eigentlich wollten und daß sie sich nur damit abfänden, um Mr. Ruskin einen Gefallen zu tun. Für John, der seinen Eltern schon immer sehr nahegestanden hatte und es gewöhnt war, ihren Wünschen in jeder Hinsicht Folge zu leisten, lag nichts Kränkendes darin, von seinem Vater Geld anzunehmen. Es verstärkte nur seine Dankbarkeit und Zuneigung. Doch Effie befand sich in der Klemme zwischen Dankbarkeit – sie mochte hübsche Kleider und Schmuck, und ihr eigener Vater war kaum imstande gewesen, ihre Aussteuer zu bezahlen – und einem weniger angenehmen Gefühl, das sie dazu verleitete, mit ihrem Verhalten zu zeigen, daß sie sich durch das Geld zu nichts verpflichtet fühlte.

Nach dem katastrophalen Grippeanfall in Denmark Hill sehnte sich Effie danach, in ihr eigenes Haus in der Park Street zurückzukehren, wo ihre Mutter zu einem ausgedehnten Besuch bei ihr eintreffen würde. In der Park Street, so war anzunehmen, würde sie ihr eigenes Leben führen können. Aber wieder einmal hatte Mrs. Ruskin Ansichten, denen man zu folgen hatte. Diesmal ging es um den angemessenen Ort für das Gastzimmer. Im Haus in der Park Street gab es zwei freie Schlafzimmer, ein Gastzimmer auf der oberen Etage bei den Dienstboten und Johns Umkleidezimmer neben dem gemeinsamen Schlafzimmer. Effie wollte ihre Mutter in Johns Umkleidezimmer einquartieren und seinen Umkleideraum auf die obere Etage verlegen. Mrs. Ruskin war der Ansicht, das Zimmer auf der oberen Etage sei gut genug für Mrs. Gray und nahm die Mißachtung der Bequemlichkeit ihres Sohnes übel. Effie nahm die Mißachtung ihrer Mutter ebenso übel. Wäre es darum gegangen, wie man am besten Karotten schneidet, dann hätte sich Mrs. Ruskin zweifelsohne für einen horizontalen Schnitt als das einzig Sinnvolle ausgesprochen, während Effie sich für den vertikalen stark gemacht hätte. Aber während dieser Vergleich vielleicht die Unvermeidlichkeit der Streitigkeiten zwischen Effie und Mrs. Ruskin verdeutlicht, fängt er doch nicht annähernd die Ernsthaftigkeit ein, mit der sie ausgefochten wurden – etwa so, als ob zwei souveräne Nationen über Schürfrechte verhandelten.

Und dann flüchtete Effie abrupt vom Schlachtfeld. Sie entschloß sich, mit ihrer Mutter nach Schottland zurückzukehren, vielleicht aus Verärgerung darüber, daß sie ihre Mutter nicht so empfangen konnte, wie sie es wollte. Sobald sie fort war, zog John zu seinen Eltern nach Denmark Hill zurück und unternahm bald darauf mit ihnen jene Alpentour, die eigentlich seine Hochzeitsreise hatte werden sollen und die wegen der Revolution von 1848 nicht stattgefunden hatte. Sie waren noch kaum ein Jahr lang verheiratet, und es mag überraschen, wenn eine junge Ehefrau zu diesem Zeitpunkt ihren Eltern einen dreimonatigen Besuch abstattet und ein Ehemann, ohne den Versuch zu machen, seine Frau zu sehen, sich mit *seinen* Eltern auf eine sechs Monate währende Europareise begibt. Selbst in jener Epoche der langen Besuche und ausgedehnten Abwesenheiten von Ehepartnern war die Ruskinsche Trennung ungewöhnlich.

Effies Freunde in Perth waren empört darüber, daß John seine

Frau verlassen hatte, während sich Johns Freunde darüber entrüsteten, daß sie ihn verlassen hatte. Beider Eltern fanden einiges nicht in Ordnung, versuchten aber, so zu tun, als sei die Situation völlig normal. Mr. Ruskin schrieb an Mr. Gray: «Ich habe gehört, daß sie vielleicht ein paar Monate bei Ihnen bleibt – während mein Sohn auf den Kontinent reist – ich würde das durchaus kritisieren, wenn mein Sohn nur zu seinem Vergnügen reisen würde – aber es scheint genauso um eine Geschäftsangelegenheit zu gehen, wie meine Reisen nach Liverpool.» Nach Gerüchten, die in Perth umgingen, war Effie so unglücklich in ihrer Ehe, daß sie eine Trennung auf Probe arrangierte, aber in diesem Fall blickte die Weisheit des gewöhnlichen Klatsches weit voraus, während die Hauptbeteiligten sich noch immer für glücklich verheiratet hielten. Ich glaube, es gibt eine Art von natürlichem Staunen in Augenblicken, in denen das individuelle Leben eines Menschen mit den großen, öffentlichen, immer wiederkehrenden Ereignissen der Menschheit zusammentrifft – wenn man heiratet, zum Beispiel, oder ein Kind hervorbringt. Man ist so verwundert, daß man es überhaupt getan hat, daß man es unmöglich wahrnehmen kann, wenn es nicht gut geworden ist. Vermutlich war das so bei den Ruskins, denn anders kann ich mir Effies Bestürzung über Gerüchte von ihrer unglücklichen Ehe nicht erklären, noch auch die bemerkenswerte Reihe von Liebesbriefen, die John nun zu schreiben begann: «Weißt Du, Kleines, es kommt mir vor wie ein Traum, daß wir geheiratet haben. Ich freue mich darauf, Dich zu sehen, und auf Deine *nächste* Hochzeitsnacht und auf den Moment, wo ich Dir noch einmal das Kleid von den schneeigen Schultern streifen und meine Wange an sie schmiegen werde, als wärest Du immer noch nur meine Verlobte und ich hätte Dich nie in den Armen gehalten.»

In dieser Zeit der Neubewertung und Rückschau hatte auch Effie über ihre Hochzeitsnacht nachgedacht. Ein Jahr war vergangen und sie konnte ihrem Mann endlich erzählen – vielleicht zum erstenmal sich selbst eingestehen –, daß das Ereignis in Blair Atholl eine «Prüfung», eine «grausame» Erfahrung für sie gewesen war. Außerdem – schneeige Schultern und die pubertäre Liebessprache in den Briefen ihres Mannes waren zwar sehr hübsch, aber sie wußte, daß da irgend etwas fehlte. Effie, die liebevolle, gesellige Tochter fruchtbarer Eltern (als Effie sich verlobte, war ihre Mutter, als Vierzigjährige, schwanger mit dem dreizehnten Kind), war Ehefrau geworden in der selbstverständlichen Erwartung, ebenfalls bald Mutter zu sein. Keine Kinder haben zu sollen – das bedeutete einen Verlust für sie, an Status, aber auch an Unterhaltung und Beschäftigung, die ihr angesichts der Kälte ihres Mannes desto willkommener gewesen wären. Wir können nicht wissen, ob unter der Enttäuschung, die sie artikulieren konnte, noch eine tiefere Enttäuschung des Instinkts verborgen lag. Für wohlerzogene Frauen war der Wortschatz, mit dem sie über sexuelle Erfahrungen sprachen, jener Wortschatz, der mit der Hervorbringung von Babys zu tun hatte. Der Glaube war weit verbreitet, daß eine Frau ihre biologische Funktion – Mutterschaft – zu erfüllen habe, um sich vollkommener physischer Gesundheit zu erfreuen; und vielleicht nutzte Effie aus diesem Grund ihren Aufenthalt in Schottland, um den berühmten Arzt James Simpson wegen ihres inzwischen chronisch schlechten Gesundheitszustandes zu konsultieren. Simpson, der die Brauchbarkeit von Chloroform als Betäubungsmittel bei der Entbindung entdeckt hatte, war Professor für Geburtshilfe in Edingburgh. Er bestätigte, daß Effie definitiv etwas fehlte. Sie reagierte auf die Diagnose mit einer Schadenfreude, die Ruskin höchst unangebracht erschien, denn natürlich verstand er nicht, daß die offizielle Anerkennung ihrer Krankheit für sie die offizielle Bestätigung bedeutete, daß mit *ihm* etwas nicht stimmte. Wir wissen nicht im einzelnen, was für Maßnahmen Dr. Simpson verschrieb, aber bald nach ihrem Besuch bei ihm schrieb Effie an ihren Mann, daß der Anblick ihrer kleinen Schwester Alice in ihr den Wunsch geweckt habe, selbst «eine kleine Alice» zu haben. Es dürfte sie nicht besonders beruhigt haben, als er scherzhaft erwiderte, auch er hätte gern eine kleine Alice – oder eine kleine Effie –, er wünschte nur, sie wären nicht so klein und unansehnlich. (Ruskins Freund Acland pflegte sein Baby mit den Erwachsenen am Frühstückstisch sitzen zu lassen, wovon Ruskin körperlich übel wurde.) Aber er schrieb ihr auch, daß ihre nächste Hochzeitsnacht besser werden würde als die erste: keiner von ihnen würde solche Angst haben.

Ganz offensichtlich stimmte etwas in dieser Ehe nicht mehr, und beide «Seiten» – die älteren Grays und Ruskins ebenso wie das Ehepaar – versuchten, den Schuldigen zu bestimmen. Keiner der Eltern wußte, daß die Ehe nicht vollzogen war, aber sie fanden genug andere Probleme zu bereden. Aus Mr. Ruskins Sicht war Effie nicht pflichtbewußt, unterstützte das Werk ihres Mannes nicht. Unerklärlicherweise hatte sie sich von ihnen zurückgezogen und war nach Perth gegangen, wohin ihr John, wie sie wußte, nicht folgen würde. Für seinen Aufenthalt auf dem Kontinent schien sie kein Verständnis zu haben und wollte ihn verstockterweise zu Hause haben. Verstand sie denn nicht, daß er dann «jene Orte aufgeben müßte, wo sein Genie Nahrung und Betätigung findet»? Gewöhnliche Menschen mochten Johns Betätigung in den Alpen unverständlich finden, aber erkannte Effie denn nicht, daß er durch solche Arbeit das Werk vollenden könne, für das er auf Erden war? Mr. Ruskin empfahl (ihrem Vater gegenüber), daß sie alle anderen Gefühle der Pflicht opfern und freudig versuchen solle, ihrem Mann keine Sorgen zu machen.

Aber Mr. Gray sah das anders. Er wußte, daß seine Tochter nicht auf das Werk ihres Mannes eifersüchtig war. Das war nicht das Problem. Es gab nur ein Problem in der Ehe der jungen Leute: die älteren Ruskins. Wenn er einen Rat äußern dürfte, dann den, daß Mr. und Mrs. Ruskin John und Effie so weitgehend wie möglich sich selbst überlassen sollten. «Eheleute», wagte er zu sagen, «werden unter der ständigen Kontrolle und Aufsicht von Eltern doch recht unruhig, selbst wenn die Eltern von den gütigsten und liebevollsten Absichten beseelt sind.»

Wie man Mr. Gray beipflichtet! Wie recht er zu haben scheint! Während Mr. Ruskin mit seinen Ideen über Pflicht und Gehorsam altertümlich klingt, drückt Mr. Gray die Weisheit aus, die ein zeitgenössischer Amerikaner der oberen Mittelschicht in der gleichen Situation äußern würde. Freiheit. Unabhängigkeit. Nicht umsonst haben wir die Bande zum Mutterland zerschnitten. Aber in der Vorrede zu seiner Autobiographie erklärt Ruskin, daß er, wie auch sein Vater vor ihm, ein Tory der alten Schule war, aus der Schule von Homer und Sir Walter Scott, von Männern, die an Könige glaubten und daran, daß manche Leute besser zu Regenten geeignet sind als andere und daß solche Menschen die Macht zum Guten ihrer Gefolgsleute ausüben und dafür nichts anderes zu erwarten berechtigt sind als Ehrerbietung. Aber Ehrerbietung konnten sie erwarten. Dieses politische Modell bezieht sich auf die Familie ebenso wie auf den Staat, und man kann erkennen, daß der Kampf zwischen John und Effie, zwischen den Ruskins und den Grays, in gewissem Maße ein ideologischer Kampf war, ein Aufeinanderprallen zweier gegensätzlicher Vorstellungen von Macht und Autorität. In den dreißiger und vierziger Jahren des 19. Jahrhunderts erschien eine große Anzahl von Handbüchern über den angemessenen Platz der Frau, was vielleicht darauf hindeutet, daß manche Leute zu vergessen begannen, wo der Platz der Frau eigentlich war. Eine wiederkehrende Behauptung in solchen Büchern lautete, eine Frau gewinne dadurch an Macht, daß sie sich unterordnete; sie gewinne enormen Einfluß über ihren Mann, wenn sie nichts fordere. Laut *Female Improvement* beispielsweise war es die Pflicht einer Frau, «sich selbst durch jedes mögliche Mittel in der Wertschätzung ihres Mannes zu erhöhen . . . und so wird sie, viel eher als durch Bestehen auf ihrem eigenen Willen oder Durchsetzen eigener Ansprüche, eine Stimme im Rat ihres Mannes und einen Platz in seinen zärtlichsten Gedanken gewinnen». Dieses paternalistische Paradox – Macht aufgeben, um sie zu gewinnen – liegt einer typischen Kritik zugrunde, die der alte Mr. Ruskin an Effies Verhalten und der häuslichen Politik ihres Vaters übt.

Ihre Ansichten über die Unabhängigkeitsliebe von Eheleuten lassen mich befürchten, daß es eben diese Ideen – auf Phemy übertragen und in ihr bestärkt – sind, die den ganzen Ärger verursacht haben. Einer Sache bin ich mir ganz gewiß – hätte Phemy sich ganz und gar unserer Großzügigkeit überlassen und keine unabhängige Autorität beansprucht, dann wäre ihre Herrschaft über unsere ganze Zuneigung heute weit größer, und wie ich meinen Sohn kenne, so wäre ihre Autorität bei ihm desto größer gewesen, je weniger sie sich darum (unter Ausschluß der Autorität seiner Eltern) bemüht hätte . . . Der Verzicht auf jene kleinlichen Eifersüchteleien, von denen junge Ehefrauen in ihrem Kampf um eine kindische Autorität so besessen sind, hätte ganz gewiß seinen Respekt vor dem Charakter seiner Frau vergrößert.

Die Sehnsucht einer Frau nach Unabhängigkeit und Autonomie – wie die eines Kolonialstaates – ist kindisch, kleinlich, nörglerisch, frech und aufsässig.

Johns politische Überzeugungen, wie die seines lieben Vaters, wurzelten letztlich in der biblischen Darstellung, nach der die Frau erst nach dem Manne erschaffen wurde, ihm untertan und ihm zur Freude und zu Diensten. Diese natürliche Hierarchie galt auch für das Alter, und wenn Johns Eltern sich in sein und Effies Leben eingemischt hatten, so hatten sie seiner Meinung nach jedes Recht dazu. Oder meinte Effie, daß Mr. Ruskin zum Dank für all die Sorge und Energie, die er seinem Sohn gewidmet hatte, nichts weiter erhalten sollte als die Forderung, jetzt beiseite zu treten, «daß er auf nichts hinweisen sollte – nichts fragen – nichts tadeln – und nichts erwarten sollte»?

> Es wäre mir in der Tat ein entsetzlicher Gedanke, daß meine Frau ganz bewußt nach solchen Prinzipien zu handeln beabsichtigte – oder von ihren Eltern zu handeln ermutigt wurde – Prinzipien, aus denen Phemy hoffentlich herauswächst wie aus ihren Kinderkleidern – jene abscheuliche Furcht vor Einmischung und dieser ungeduldige Widerstand gegen Autorität, die mit Hochmut beginnen – und von Torheit genährt werden – und in Schmerzen enden. ‹Unruhe› pflege ich sogar bei Pferden und Maultieren als wenig vielversprechende Charaktereigenschaft zu betrachten – bei einer Frau halte ich nach Demut und Sanftmut Ausschau.

Es war ihre Pflicht, sich ihm zu widmen, nicht seine Pflicht, wie sie zu erwarten schien, sich ihr zu widmen. Ruskin war niemals fähig, den Zerfall seiner Ehe unter einem anderen Gesichtspunkt zu sehen, und er bereute daher auch nicht im geringsten sein Verhalten. (Vielleicht sollten wir auch gar keine Selbsterkenntnis von einem Mann erwarten, der seine Frau, wenn er ihr schreibt, mit einem Pferd vergleicht – zum Vorteil des Pferdes.) 1854 schickte er seinem alten Freund Dr. Acland in Oxford einen Brief, der ihn, wie er glaubte, völlig rechtfertigte. «Die meisten Männer, nehme ich an, finden bei ihren Frauen Trost und Hilfe. Ich fand, daß die meine ständig Trost brauchte – und Hilfe, und soweit das in meiner Macht stand, gab ich ihr beides. Ich merkte jedoch, je mehr ich gab, desto weniger wurde mir gedankt – und im Hauptwerk meines Lebens konnte und wollte ich mich nicht behindern lassen. Ich konnte weder meine Tage damit verbringen, Visitenkarten zu hinterlassen, noch mich nächtelang an Salonwände zu lehnen.» Alles in allem glaubte er nicht, daß es viele Ehemänner gebe, die auf ihr Eheleben zurückblicken und so sicher sein könnten wie er, alles für ihre Frauen getan zu haben, was in ihrer Macht stand.

Das Traurige an der Ehe der Ruskins ist die absolute Unvereinbarkeit ihrer Sichtweisen. Effie spürte den Druck ständiger Kritik und Verhaltensgebote. Nichts konnte sie recht machen: sie kleidete sich zu auffallend und war zu gesellig, oder sie war nicht gesellig genug. Es war innerlich schwer für sie, ihren Mann und seine Eltern auseinanderzuhalten, aber wenn es ihr gelang, fragte sie sich, warum er sie geheiratet hatte. Er wollte keine Kinder, und er wollte auch nicht viel mit ihr zusammensein. Er zog sich immer in sein Studierzimmer zurück, schrieb oder zeichnete oder vermaß irgendeine Kathedrale. Ihre Gegenwart machte ihm keine Freude. Er mied sie, gebrauchte seine Arbeit als Ausrede. Abgeschnitten von ihrer Familie, von Kindern, von ihrem Mann, fühlte sich Effie in ihrer Ehe emotional völlig ausgehungert. Und doch hatte John Ruskin ebensowenig wie jeder andere Mann geheiratet, um sich oder seine Frau unglücklich zu machen. Er suchte Trost in der Ehe und fand ihn nicht. Seine Frau schien ihn ständig des Versagens zu beschuldigen und dankte ihm nichts, was er für sie tat. Von seiner Warte aus gesehen, nimmt die Handlung um runde zwanzig Jahre die Geschichte von Lydgate und Rosamund Vincy in *Middlemarch* vorweg, ein intellektueller, sich ganz seinem Werk widmender Mann wird von einem hübschen Gesicht und gewinnendem Wesen verführt und glaubt, er könnte sich das reizende Geschöpf fürs Leben aneignen, ohne seine Lebensweise ernsthaft zu verändern. Doch er unterschätzt ihre Willensstärke und die Banalität ihrer Ziele. Sie braucht seine Verbindungen für ihre kleinlichen gesellschaftlichen Zwecke und behandelt das Gold seines Intellekts, als sei es nichts als gewöhnliches, nützliches Blech. Doch wenn wir mit Ruskin als einem Lydgate sympathisieren können, der mit einer Rosamund Vincy verheiratet ist, dann weist die Geschichte ihrer Ehe aus Effies Sicht geradezu unheimliche Ähnlichkeiten auf zu der Ehe zwischen Dorothea Brooke und Casaubon – der Geschichte einer leidenschaftlichen, geistreichen Frau, die einen emotional und sexuell unzulänglichen Mann geheiratet hat. Die Vorausdeutungen auf *Middlemarch* sind um so erstaunlicher, als das Material in meinen Augen nach der künstlerischen Weitsicht einer George Eliot verlangt, deren großes Thema ja der Egoismus der Wahrnehmung war und die davon ausging, daß jegliches Handeln – richtig dargestellt – ein tragischer oder auch komischer Zusammenprall von Verstehensweisen ist.

Es ist George Eliots toleranter, räumlicher Blick, der sich weigert, auch unter den einladendsten Umständen etwas so Simples wie einen Bösewicht zu entdecken – dieser Blick ist es also, den ich auf die kleine Serie in bester Absicht entstandener Meinungsverschiedenheiten lenken möchte, die schließlich in einer Katastrophe endete – die Ruskinsche Ehe. Wenn Ehen kaputtgehen, kann man es den Beteiligten nachsehen, daß sie für ihr Elend einfache, klare Gründe suchen, aber wir – als Beobachter, Leser, Freunde – sollten versuchen, uns eine kompliziertere Sehweise und auch eine umfassendere Sympathie zu eigen zu machen. Wir sollten es jedenfalls versuchen. Und doch merke ich, daß ich auf Effies Seite stehe. Sie hat nie so getan, als sei sie irgend etwas anderes als eine wohlerzogene junge Dame, und solche jungen Damen waren oberflächlich – das war ihre Aufgabe, so wurden sie erzogen, so waren sie gesellschaftlich definiert. Was hätte Ruskin von ihrer Ernsthaftigkeit überzeugen können? Nichts, außer ihrer völligen Hingabe und Unterordnung. Später sollte er sagen, sie sei verrückt gewesen. Man sollte mit solchen urteilenden Worten nicht leichtfertig um sich werfen. Es muß jedoch gesagt werden: Wenn einer von ihnen verrückt war, dann war er es.

Dreieck

Nach ihrer achtmonatigen Trennung, während derer Effie bei ihren Eltern in Perth blieb und John mit seinen auf dem Kontinent reiste, wurden die Ruskins wieder vereint – aber nur nach einem Streit darüber, ob John zu Effie nach Perth reisen und sie dann nach London zurückbegleiten sollte oder ob Effie allein nach London reisen sollte, um ihren Mann bei seiner Rückkehr willkommen zu heißen. John fuhr schließlich nach Perth, widerwillig, grollend, überzeugt davon, daß seine Frau ihn mit dem Nadelkissen verwechselte, das sie am Gürtel trug. Bald nach ihrer Wiedervereinigung schlug Effie vor, eine Zeitlang in Venedig zu leben. Ihr Plan war es, den älteren Ruskins zu entwischen, in denen sie die Ursache ihrer Probleme mit John sah. Da er sich bereits mit *The Stones of Venice* beschäftigte, gefiel ihm die Idee, in Venedig zu leben, wo er weiteres Material sammeln konnte. Und so machten sie sich auf und ließen wieder einmal monatelang das Unglückshaus in der Park Street leerstehen, das den alten Mr. Ruskin so viel Geld kostete.

Sie waren glücklich in Venedig, und wenn auch die Abwesenheit der älteren Ruskins sicher wesentlich zu ihrem Glück beitrug, war doch auch das gesellschaftliche Klima in der italienischen Stadt ein wichtiger Faktor. John und Effie entwickelten eine Art des Zusammenlebens, die für beide befriedigend war, die aber in England nicht so leicht toleriert worden wäre. Sie gingen ihrer eigenen Wege, kamen nur zu den Mahlzeiten und zum Schlafen zusammen. John untersuchte Venedig Zoll für Zoll, stand auf Leitern, um Stellen aus der Nähe zu betrachten, die, seitdem sie gemeißelt wurden, noch nie genau untersucht worden waren; Effie ging spazieren, durchwanderte die Stadt auf weniger anstrengende Weise als ihr Mann, besuchte Freunde und empfing Besucher. Abends ging sie allein aus, auf kleine Soireen oder Empfänge. Hübsch, lebhaft und auf so interessante Weise vernachlässigt, war sie gesellschaftlich höchst erfolgreich. Besonders während ihres zweiten längeren Aufenthaltes in Venedig (1851– 52) wurde sie in den höchsten Kreisen der venezianischen Gesellschaft willkommen geheißen. Ihr exzentrischer Ehemann konnte ungestört seiner Arbeit nachgehen, und sie hatte die Freiheit, sich zu amüsieren. In Grenzen. Manchmal besuchte sie das Opernhaus, das Fenice, ein Zentrum gesellschaftlichen Treibens, aber ihr Verhalten war untadelig und eigentümlich britisch: wenn John nicht anwesend war, empfing sie keine Besucher in ihrer Loge. Da solche Besuche für die Venezianer der eigentliche Anlaß waren, in die Oper zu gehen, fand man Effies Verhalten allgemein recht sonderbar. Doch Johns Benehmen, wenn er sie schon mal begleitete, was selten geschah, war noch sonderbarer. Eines Abends schrieb er, während er Donizettis Musik lauschte, gegen das Geländer ihrer Loge gelehnt sein Kapitel über Kannelierungen.

Zuerst kränkte es Effie, daß ihr Mann sie ständig allein ließ und sie zwang, der Öffentlichkeit unbegleitet gegenüberzutreten; aber langsam gewöhnte sie sich daran und fand allerlei Entschädigung. Venedig hatte gerade die österreichische Eroberung überlebt und war in österreichischer Hand; die Stadt war voll von Militär. Die Offiziere waren wohlerzogen und gut gekleidet. Effie standen viele interessante, exotische junge Männer zur Verfügung, mit denen sie sich unterhalten konnte; als verheiratete Frau und Ausländerin war sie in einer Position, die es ihr erlaubte, mit ihnen Freundschaft zu pflegen. Venedig war keineswegs Perth. Effie lernte es, ihre ganz un-englische Freiheit zu genießen und auch die Tatsache zu schätzen, daß ihr Mann nicht eifersüchtig war. Sie und ihre Begleiterin Charlotte Ker staunten immer wieder darüber, wieviel John tolerierte. Nie wurde er eifersüchtig, wenn sich Effie mit einem anderen Mann unterhielt. Er war ein «vorbildlicher» Ehemann, «so frei von kleinlichen Fehlern und Engstirnigkeit, wenn auch in vieler Hinsicht sonderbar». All dies ließ ihre Beziehungen zu den älteren Ruskins in einem neuen Licht erscheinen:

> Von mir aus können sie John bei sich haben, so viel sie wollen, denn ich könnte ihn kaum weniger sehen, als das seiner Arbeit wegen gegenwärtig der Fall ist, und ich glaube, so ist es viel besser, denn wir gehen unseren unterschiedlichen Beschäftigungen nach, stören einander nicht dabei und sind immer glücklich.

Als sie 1850 nach London zurückkehrten, bevor sie noch einmal für einen längeren Aufenthalt nach Venedig gingen, behielten sie ihre venezianischen Lebensgewohnheiten bei. John nahm keine Einladungen an. Effie ging allein aus. Gastgeberinnen, die auf ihren berühmten Mann aus waren, mußten zugeben, daß er bei gesellschaftlichen Anlässen doch ein wenig ungeschliffen war; lud man Effie ein, hatte man das Beste von allem – seinen Namen und ihre charmante gesellschaftliche Gegenwart. Sowohl Effie wie ihrer Mutter war klar, wie sehr sie unter diesen Umständen auf ihren Ruf bedacht sein mußte. Aber sie *war* vorsichtig.

Zusammen mit venezianischem Glas und Spitzen hatte Effie Unabhängigkeit aus Italien mitgebracht, eine Unabhängigkeit, die sich auf London einstellen ließ, aber dort nie hätte entstehen können. Italienische Verhaltensweisen waren anders als englische – nicht leichtfertiger, wie Effie zunächst angenommen hatte, nur anders. Arrangierte Ehen und der Verhaltenskodex, der ihr Funktionieren ermöglichte, waren in den Kreisen, mit denen Effie in Venedig Umgang pflegte, immer noch die Regel. Aber zwischen Mann und Frau waren größere Abweichungen gestattet. In Venedig hatte sie viele Leute kennengelernt, die sich in schlechten Situationen recht elegant arrangierten; darunter ihre engste Freundin während des zweiten Aufenthaltes, die Contessa Pallavicini, eine in Österreich erzogene junge Frau, die man gegen ihren Willen mit einem reichen und dummen italienischen Aristokraten verheiratet hatte. Zunächst unglücklich, fand sie schließlich Trost in einem Kind und in der brillanten Gruppe von Menschen, die sie jeden Abend bei sich zu Gast hatte. In Paris besuchten John und Effie eine der Schwestern Domecq, die eine getrennte Suite bewohnte und deren Mann ihre Zimmer nur betrat, wenn er sie abends ausführte oder dort mit ihr dinierte. Man schien auf dem Kontinent alles so ganz anders zu machen – dort hatte man diese Dinge viel besser im Griff.

Daß die britischen Anstandsregeln wesentlich beengender waren als die der Italiener, das bekam Effie ständig durch Briefe von zu Hause mit. Eines Tages war das Wetter so schön, daß sie ohne Haube auf der Piazza San Marco spazierenging. Sie berichtete ihrer Mutter davon in einem Brief, den Mrs. Gray an Mrs. Ruskin weitergab, die ihn ihrem Mann zeigte, der wiederum an seinen

Sohn schrieb, um ihm mitzuteilen, es habe ihn schockiert zu hören, daß Effie auf der Piazza ohne Haube spazierengegangen sei. Eines anderen schönen Tages stakte sie – im Überschwang von Energie und Lebensfreude – einmal selbst eine Gondel, doch als der Bericht darüber, den sie als Beweis dafür geliefert hatte, wie gut es ihnen ging, England erreichte, schrieb Mr. Ruskin tadelnd zurück, an einer Lady, die auf dem Canale Grande eine Gondel stakte, könne unmöglich etwas Schönes sein. Und nicht nur Mr. Ruskin lehnte Effies Benehmen ab. Ihr Bruder George konnte sich nie an den Gedanken gewöhnen, daß seine Schwester so viel allein gelassen wurde. Als mißtrauischer Bruder empfand er äußerste Besorgnis, als der Name eines gewissen Herrn immer wieder in Effies Briefen auftauchte. Langsam wuchs in ihm die Überzeugung, daß sein perverser Schwager Effie absichtlich Männern zuführte, um sie zu kompromittieren.

1850 richtete sich George Grays Besorgnis besonders auf einen österreichischen Offizier namens Paulizza, der mit beiden Ruskins, besonders aber mit Effie befreundet war. Paulizza war ein junger Mann mit naturwissenschaftlichen Neigungen und beträchtlichen Fachkenntnissen, außerordentlich begabt und intelligent. Er war einer der wenigen Menschen in Venedig (oder sonstwo), mit denen John Ruskin gern zusammen war. In der Tat – so John zu Effie – erhöhte es seinen Respekt vor ihr, daß ein so talentierter Mann wie Paulizza sie schätzte.

Der Österreicher litt an einer Krankheit, die ihn überaus lichtempfindlich machte, so daß er nicht lesen, schreiben oder zeichnen konnte, sondern stundenlang mit einem feuchten Tuch auf der Stirn liegen mußte, melancholischen Gedanken nachhängend. Er war sehr einsam, und nur Effies Gegenwart schien ihn aufzuheitern. Wahrscheinlich liebte er sie, aber aus der Art und Weise, in der sie über ihn nach Hause schrieb – offen und harmlos, sogar selbstgerecht –, wird klar, daß es ihr noch nicht in den Sinn gekommen war, daß sie ihn lieben *könnte*. Im Februar 1850 schickte Effie ihrer Mutter diese Beschreibung ihrer Gefühle für Paulizza und seiner Gefühle für sie:

> Er sagt, er würde gern jeden Augenblick des Tages mit
> uns verbringen. Er mag mich sehr, und wenn John, wie

Du sagst, nicht gütig zu mir wäre und nicht so wirklich angenehm und liebenswürdig, wie er es ist, dann könnte solch übermäßige Ergebenheit von einem so gutaussehenden und begabten Mann schon ein wenig gefährlich sein; aber ich bin ein seltsamer Mensch, und Charlotte meint, ich hätte wirklich ein Herz aus Eis, denn sie sieht ihn mit mir reden, bis ihm die Tränen kommen, und ich schaue und antworte ohne die geringste Aufregung, aber ich verspüre wirklich keine. Ich könnte auf der ganzen Welt keinen anderen als John lieben, und es ist mir so widerwärtig, wie diese italienischen Frauen sich benehmen, daß es mir sogar den Wunsch nach Koketterie nimmt, von der John behauptet, sie sei sehr stark in mir vorhanden, und er findet das reizend, aber ich nicht. Ich erzähle ihm jedes Wort, das Paulizza zu mir sagt, und dem sage ich das auch, so daß sie einander völlig verstehen, und nach mir, glaube ich, mag Paulizza John mehr als irgendeinen anderen Menschen hier. Doch wenn Du willst, schenke Dein Mitgefühl Paulizza, um mich brauchst Du nicht zu fürchten. Ich bin eine der Sonderbaren auf Erden und habe absolut kein Talent für Intrigen, für mich muß alles so offen sein wie der helle Tag.

Dennoch bat Effie Charlotte, über ihre Freundschaft mit Paulizza nicht nach Hause zu schreiben, «denn bei so vielen weiß man nicht, wie einer etwas auslegen könnte». Wie jeder außer Effie erkannte, war die Situation perfekt für eine «Intrige»: die vernachlässigte Ehefrau in einem fremden Land; der hübsche, ergebene junge Offizier, ebenfalls weit weg von zu Hause. Doch für Effie gab es derlei Unschicklichkeiten nur bei den Italienern und in schlechten Romanen.

Als John und Effie zwischen Aufenthalten in Venedig in London waren, waren sie sehr häufig mit einem Mann namens Clare Ford zusammen, dem Sohn ihrer Nachbarn in der Park Street. Wieder glaubte Bruder George, daß John seine Frau absichtlich mit attraktiven Männern zusammenbrachte, um sie in Versuchung zu führen und zu kompromittieren, aber Effie hielt George nur für eifersüchtig. Sie konnte sich das Vergnügen männlicher

Gesellschaft leisten, wenn sie ihre Integrität sorgsam hütete. «Was Du sagst, ist völlig richtig», schrieb sie in Antwort auf die zahlreichen Warnungen ihrer Mutter, «und ich bin in einer besonderen Situation als verheiratete Frau, die sehr viel allein ist; und da die meisten Männer denken, daß ich ganz allein lebe, bin ich ihren Annäherungsversuchen stärker ausgesetzt; aber sei versichert, daß ich solchen Leuten nie gestatte, das Haus zu betreten, und daß ich allem, was meinem Ruf schaden könnte, Einhalt gebiete.» Doch ihre Eltern sorgten sich weiterhin, besonders wegen Clare Fords häufiger Besuche, und schließlich mußte Ruskin selbst an seine Schwiegereltern schreiben, um das Verhalten seiner Frau zu verteidigen.

> Ich stimme Ihnen gewiß in allem zu, was Sie über die Notwendigkeit größter Vorsicht für eine junge Ehefrau von Effies Schönheit und natürlicher Lebhaftigkeit sagen, aber ich bin glücklich, Sie versichern zu können, daß ich nie auch nur den geringsten Mangel an Vorsicht ihrerseits im Laufe ihrer verschiedenen Beziehungen mit allen möglichen jungen Männern beobachtet habe, sondern im Gegenteil die größte Klugheit und Gewitztheit im Entdecken der geringsten Mängel an Anstand bei jenen, gefolgt von der furchtlosen Entscheidung, weitere Zudringlichkeiten zu verbieten oder anderweitig zu verhindern, wann immer solche Strenge vonnöten war – so daß sie eher Gefahr läuft, der Prüderie bezichtigt zu werden als der Koketterie.

Paulizza starb, und unter Effies Zureden nahm sich Clare Ford zusammen, kehrte seinem dandyhaften Leben in London den Rücken und trat in den diplomatischen Dienst ein, wo er sich durch eine hervorragende Karriere auszeichnen sollte. Aber es gab noch andere. Und wie sollen wir Ruskins Haltung ihnen gegenüber verstehen? Es ist schwer, George Grays Anschuldigung zu akzeptieren, Ruskin führe seiner Frau ganz bewußt Männer zu, um sie zu kompromittieren. Dennoch muß die völlige Abwesenheit von Eifersucht seinerseits, die Effie angeblich so befreiend fand, das genaue Gegenteil von Kleinlichkeit, zuweilen doch auch als verletzender Mangel an Interesse empfunden worden sein.

Wenn er sie mochte, hätten ihn dann die attraktiven Männer, die soviel von ihrer Zeit beanspruchten, nicht wenigstens ein kleines bißchen beunruhigt? Nur ein echter Schurke hätte das getan, was George von Ruskin annahm, und echte Bosheit ist so rar wie echtes Genie. Doch ohne Effie bewußt anderen Männern in die Arme zu treiben, mag John ganz froh gewesen sein, wenn einer kam, der sie ihm abnahm und ihn damit von Schuldgefühlen befreite, die er empfand, weil er sie allein ließ, und der obendrein sein erlahmendes Interesse an ihr wiederbelebte. Denn seine Zuneigung zu seiner Frau wuchs im direkten Verhältnis zu seiner Bewunderung *ihres* neuen Bewunderers.

Ruskins große Bewunderung galt John Everett Millais, dem jungen Maler, hinter dessen Werk er sich 1851 in einem lobenden Brief an die *Times* mit seinem Prestige als Kunstkritiker gestellt hatte. Zusammen mit D. G. Rossetti und William Holman Hunt war Millais eines der führenden Mitglieder der Bruderschaft der Präraffaeliten, einer Gruppe junger Künstler, die sich 1848 in Opposition gegen die etablierte Kunst ihrer Tage zusammengeschlossen und das Ruskinsche Credo von der «Naturtreue» adoptiert hatte.

Millais und Holman Hunt schrieben Ruskin, um ihm für seine Verteidigung ihrer Arbeit in der *Times* zu danken, und dafür wiederum statteten Mr. und Mrs. Ruskin Millais im Hause seiner Eltern, wo er wohnte und sein Atelier hatte, einen Besuch ab. Millais war damals zweiundzwanzig, ein Jahr jünger als Effie, zehn Jahre jünger als Ruskin. Seit frühester Kindheit hatte er Menschen mit seiner Zeichenkunst verblüfft, und seine Karriere an der Royal Academy war beeindruckend; ja, er war eine Art Wunderkind in der Welt der bildenden Künste. Als er die Ruskins kennenlernte, hatte er bereits *Lorenzo und Isabella* gemalt, ebenso das umstrittene *Jesus im Hause seiner Eltern*, das die weltliche Bindung Christi dadurch betonte, daß er in einer Tischlerwerkstatt dargestellt war. Noch bevor er sie 1852 wiedersah, schuf er *Ophelia*, mit dem nach der Natur gemalten, dicht bewachsenen Flußufer im Hintergrund und der Gestalt der ertrinkenden Ophelia, für die Elizabeth Siddal in seinem Atelier in einer mit Wasser gefüllten Wanne Modell gelegen hatte.

Nach ihrer Rückkehr aus Italien zogen die jüngeren Ruskins in ein Haus, das Mr. Ruskin für sie in Herne Hill gemietet hatte, unweit von dem Haus, in dem John aufgewachsen war, und wichtiger noch, in der Nähe des Hauses der älteren Ruskins in Denmark Hill. Mr. Ruskin hatte nicht nur ein Haus für seinen Sohn ausgewählt, er hatte es auch noch für den ungeheuerlichen Preis von 300 Pfund möblieren lassen, und zwar in einem Stil, den John und Effie beide verabscheuten. John gewöhnte sich bald daran, täglich zum Haus seiner Eltern in Denmark Hill zu gehen und in seinem alten Studierzimmer zu arbeiten. An einem Tag in der Woche bekam Effie die Ruskinsche Equipage, um ins Zentrum von London zu fahren, eine beträchtliche Entfernung. Als Millais sie darum bat, für eine der Figuren auf einem Gemälde, an dem er gerade arbeitete, Modell zu stehen, muß sie über die Gelegenheit, ihrer vorstädtischen Gefangenschaft – frustrierend nach den Freuden und Freiheiten von Venedig – zu entkommen, entzückt gewesen sein.

Das Gemälde trug den prophetischen Titel *Der Entlassungsbefehl*. Es war ein Historienbild, das seine Inspiration der Jakobiterrebellion verdankte. Es zeigt einen schottischen Soldaten im Kilt, dessen Frau (Effie) dem Gefangenenwärter den Befehl für seine Entlassung präsentiert. Ihr Gesichtsausdruck ist verzückt, triumphierend. Sie trägt ein Baby auf dem Arm. Offenbar von Empfindungen überwältigt, vergräbt er sein Gesicht an ihrer Schulter. Ein Hund springt hoch, um ihre Freude zu teilen. Es ist ein genaues Porträt von Effie, nur die Haarfarbe ist schwarz statt kastanienbraun, und als das Bild im Mai 1853 auf der Ausstellung der Akademie gezeigt wurde, erkannten Freunde und Bekannte sie sofort. Das Gemälde war ein großer Erfolg: es war ständig von Menschenmengen umlagert. Im großen und ganzen gaben die Kritiker ein positives Urteil darüber ab, wenn auch einer meinte, der Hund nähme zuviel Platz ein; und ein anderer, dem Effies Gesicht nicht zusagte, ging so weit zu sagen, er würde lieber lebenslänglich im Gefängnis bleiben oder sich sogar hängen lassen, als mit einer solchen Frau zu leben. Aber seine Reaktion war eine Ausnahme. Die meisten Menschen schienen ein Gespür für die besondere Intimität zu haben, die sich zwischen Künstler und Modell entwickeln kann, und von diesem Augenblick an begann der Klatsch über Effie und John Millais. Der ältere Mr. Ruskin jedenfalls sagte zu Effie, sie sei in dieser Phase ihres Lebens so schön – für ihn sei es kein Wunder, daß Millais sich so für sie interessiere. Mr. Ruskin hatte eine verheerende Art, Lob zu spenden, das nur mühsam Kritik verhüllte, und Effie, die nichts verpaßte, was die Ruskins unternahmen, glaubte, daß Mr. Ruskin ihre Aufmerksamkeit auf Millais' Interesse an ihr lenken wollte, um sie «in die Klemme» zu bringen.

Es sah so aus, als ob beide – John und Effie – Millais als Protegé adoptieren wollten. Effie hatte das mit gutem Erfolg mit Clare Ford getan; sie hatte ihn dazu gebracht, sich zusammenzureißen und ernsthaft seiner Karriere nachzugehen. Millais mußte freilich anders behandelt werden. Er war überaus talentiert, aber ein wenig nervös und zerbrechlich. Effie meinte, er brauchte medizinische Fürsorge, und schickte ihn zu ihrem Arzt in Edinburgh. John Ruskin war der Ansicht, sein Problem sei mangelnde Bildung: Millais habe nicht genug gelesen, seine Ausbildung war fast ausschließlich visueller Art, er bedürfe geistiger Disziplin und Methodik. Und so planten die Ruskins – für die Gesundheit und fürs geistige Training, ganz im Sinne der Lesegesellschaften in Oxford – Sommerferien zusammen mit Millais, seinem Bruder William und Holman Hunt. John hatte drei Bände von *The Stones of Venice* vollendet und brauchte Erholung. Am 21. Juni 1853 verließ die Gesellschaft London (übrigens ohne Hunt), und nach einem kurzen Aufenthalt bei Sir Walter und Lady Trevelyan in Northumberland erreichten sie Anfang Juli Brig O'Turk, in den schottischen Trossachs. Dies war kein Wochenendausflug. Sie sollten vier Monate zusammensein.

Gleich zu Anfang kam Millais die Idee, Ruskin in einer ganz ungewöhnlichen Weise zu malen – im Freien, vor einem reißenden Bergstrom stehend. Ruskin, der geschrieben hatte, daß Naturtreue das höchste Ziel der Kunst sei, und der in *Modern Painters* die Schönheit der Natur so brillant beschrieben hatte, sollte vor einem szenischen Hintergrund von der Art gemalt werden, wie er sie selbst so liebevoll zu beschreiben pflegte – der Fels, das hinabstürzende Wasser, die Flechte, alles mit peinlichster Genauigkeit wiedergegeben, gerade so, wie er es wünschen würde. In dem vollendeten Porträt blickt Ruskin flußabwärts, fort vom Betrachter, leicht lächelnd, völlig in sich selbst ruhend. Als er die Arbeit an dem Gemälde begann und Ruskin noch für einen feinen Kerl hielt, schrieb Millais an einen Freund, daß «Ruskin lieb und gutmütig aussah, wie er da stand und gelassen in den tiefen Strudel hinunterblickte». Vielleicht kommt einem der Kontrast zwischen der ruhigen Gelassenheit der Figur in diesem Bild und der Turbulenz dessen, was sie leidenschaftslos betrachtet, nur so beabsichtigt, so schicksalsträchtig vor, wenn man die Geschichte der Ruskinschen Ehe kennt.

Die Fertigstellung dieses Porträts wurde nun zum vorgegebenen Zentralanliegen der Reise. Sie verbrachten alle ein paar Tage damit, herumzuwandern und nach der perfekten Stelle zu suchen und fanden sie – «ein wunderschönes, verwittertes Felsstück, mit schäumendem Wasser und Unkraut und Moos und einer prächtigen überhängenden Böschung aus dunklem Klippschiefer», in einer Gegend, die Glenfinlas genannt wurde und dem Gemälde seinen Titel geben sollte. Dann mußten sie warten, bis die Leinwand aus Edinburgh ankam. Sie sollte Lunettenform haben und weiß sein, nach der Mode der Präraffaeliten. Es regnete jeden Tag, den trostlosen Regen des Hochlandes. Um Geld zu sparen, zogen die Ruskins und John Millais aus dem Gasthaus, wo jeder von ihnen dreizehn Pfund pro Woche zahlte, aus und in das Haus des Schulmeisters, wo ihr Quartier – wenn auch so beengt, daß Millais seine Schlafzimmertür öffnen und sich rasieren konnte, ohne je sein Bett zu verlassen – billig war, etwa ein Pfund pro Person und Woche. Millais fand immer noch, daß Ruskin ein «feiner Kerl» sei, beobachtete ihn jedoch mißtrauisch. Er war «nicht von unserer Art, seine Seele ist immer mit den Wolken und außerhalb der Reichweite von gewöhnlichen Sterblichen – ich meine, er theoretisiert über die Unendlichkeit des Weltraums und blickt auf jedes kleine Flüßchen geradezu mit Verachtung». Die Bekanntschaft mit Mrs. Ruskin war ein Segen. Sie war eine entzückende Person, so überaus gütig. Er malte sie, an einem Wasserfall sitzend. Die Leinwand für Ruskins Porträt kam, war aber nicht weiß genug, und Millais bestellte eine andere aus London. Beim Schwimmen in einem steinigen Teich schlug er mit der Nase auf ein paar Steine und verletzte sich übel. Noch am gleichen Tag, während er Steine quer über einen Bach aufhäufte, um eine Brücke zu bauen (solch kleine Ingenieurleistungen gehörten zu ihren Lieblingsunterhaltungen), verletzte er sich so stark am linken Daumen, daß der Nagel sich ablöste. Mrs. Ruskin leistete ihm Beistand in seiner Not. Am Tag nach seinen Unfällen schnitt sie ihm die Haare. Er fing an, ihr Zeichenunterricht zu geben, und fand sie bemerkenswert talentiert. Ruskin arbeitete am Index für *The Stones of Venice*.

Endlich traf die lunettenförmige und zufriedenstellend weiße Leinwand ein, und die Arbeit am Porträt begann. Die Ruskins, ihr Diener Crawley, Millais und sein Bruder William zogen alle hinaus zu den Steinen von Glenfinlas. Effie las aus Dante vor, während John Modell stand und Millais malte. William und Crawley angelten. Millais malte sehr langsam, nicht mehr als ein paar Quadratzentimeter pro Tag, aber was er malte, war exquisit. Doch dann regnete es wieder, und das Gemälde, das *en plein air* ausgeführt werden mußte, wurde zwangsläufig beiseite gestellt. Außer Federballspielen in der Scheune gab es kaum etwas zu tun. Ruskin arbeitete an seinem Index. Er war in wundervoller Stimmung. Er hatte angefangen, Fetzen von Effies Gesprächen aufzuschreiben und die widerlichen Dinge, die sie sagte, festzuhalten.

In jener winzigen Kate lebten die drei in beunruhigender Nähe zueinander. Millais konnte gar nicht umhin, die Vernachlässigung zu bemerken, mit der Ruskin seine Frau so überreich bedachte. Er sah, daß sie unglücklich war. Einmal deutete er Ruskin gegenüber sehr vorsichtig an, er solle seine Frau nicht so oft allein lassen, aber Ruskin erklärte ihm unverblümt, es sei Sache einer Frau, sich genug Beschäftigung zu verschaffen. Am Ende des Sommers wußte Millais auch über das Fehlen einer sexuellen Beziehung zwischen den Ruskins Bescheid; entweder zog er seine Schlüsse aus ihrem Wohnarrangement, oder Effie hatte es ihm gesagt. Während sie einen verregneten Tag nach dem andern miteinander verbrachten, wurde Millais ihr Vertrauter.

Abends begannen Ruskin und Millais über architektonische Details zu diskutieren. Millais skizzierte ein paar ornamentale Details für Kirchen, und Ruskin war überwältigt von seiner Begabung auf diesem Gebiet. Einer von Millais' Entwürfen war für ein großartiges Fenster, auf dem sich drei Engelpaare zueinander strecken, wobei ihre gebogenen Körper die Hauptsegmente des Fensters einrahmen, ihre verbundenen Lippen die Spitzbogen formen und ihre gefalteten Hände andere Ränder. Alle Engel tragen Effies Gesichtszüge. Die erotische Intensität dieser Zeichnung enthüllt mehr als all seine Briefe, was in Millais vorging. Holman Hunt gegenüber klagte er über Depression, Niedergeschlagenheit, die Unfähigkeit, an irgend etwas Freude zu finden – außer an Mrs. Ruskins Zeichenunterricht. Ruskin gegenüber erklärte er seine verzweifelte Stimmung als Reaktion auf Holman Hunts Entschluß, ins Heilige Land zu reisen: er würde Hunt schrecklich vermissen. Ein Brief traf mit der Nachricht ein, daß Deverell, ein Freund von Millais und erfolgloser Maler, sich in einer schlimmen Notlage befand, und die Nachricht gab Millais Gelegenheit und Entschuldigung dafür, seinem Kummer Luft zu machen. Er verbrachte einen ganzen Morgen in Tränen. Und dann einen Abend.

Daß Ruskin der sexuell explosiven Situation in dem kleinen Landhäuschen gegenüber völlig gleichgültig blieb, läßt sich wohl am besten durch seine offensichtliche eigene Immunität gegen sexuelle Gefühle erklären. Doch außerdem erschien ihm die Gegenwart von Millais, der sich so häufig an der Schwelle zur Hysterie befand, auch nicht bedrohlich. Ruskin sah ihn malen, bis ihm die Glieder taub wurden und der Rücken schmerzte, aber er lehnte es ab, in der üblichen Weise Körperübungen zu machen, unternahm dann aber, aus einer plötzlichen Laune heraus, einen Sieben-Meilen-Lauf. «Manchmal ist er voll freudiger Erregung, manchmal deprimiert, kränklich und schwächlich wie eine Frau, immer ruhelos und unglücklich. Ich glaube, ich habe noch nie einen so rundum unglücklichen Menschen gesehen», schrieb er an seinen Vater. Ruskin erkannte die Verzweiflung, aber nicht deren Ursache. Es kam ihm nicht in den Sinn, daß man wegen einer Frau so durcheinandergeraten konnte. Daß Hunt dahintersteckte, schien ihm plausibler, und Ruskin wurde schließlich so besorgt um Millais' Zustand, daß er an Hunt schrieb und ihn bat, seine Reise in den Mittleren Osten aufzuschieben. «Noch nie habe ich einen so sonderbaren Menschen gesehen, ich könnte die Verantwortung für seine geistige Gesundheit nicht übernehmen, wenn Sie ihn verlassen.» Millais, von Effie auf diesen Brief aufmerksam gemacht, schrieb eilends an Hunt und ließ ihn wissen, er sei natürlich traurig über seinen – Hunts – Fortgang, dieser solle aber deswegen seine Reise auf keinen Fall verschieben.

In der dritten Augustwoche fuhr William Millais ab, seine

Ferien waren beendet. Effie begleitete ihn bis nach Perth, um ihre Mutter zu besuchen. Als Anstandsdame nahm sie die Frau des Hauswirts mit, besonders für die Rückreise in die Trossachs, auf der sie sonst allein gewesen wäre. Ruskin hatte vorgeschlagen, sie solle doch statt der Hauswirtsfrau Millais zur Gesellschaft mitnehmen. Erstaunt über diese Unschicklichkeit, weigerte sich Millais ganz entschieden, und an diesem Punkt gelangte auch er zu der Überzeugung, Ruskin wolle ihn und Effie zusammendrängen und sie provozieren, sich zu kompromittieren. Nach der Abreise seines Bruders zog Millais wieder in seine Zimmer im Gasthaus, ungeachtet der höheren Kosten.

Der Sommer näherte sich dem Ende, und am Porträt wurde weitergemalt, peinlich genau, Zoll für Zoll. Das Wetter verschlechterte sich, und Millais konstruierte eine Art Zelt zum Schutz vor den Elementen – was freilich nur dazu führte, daß ihm der Wind wie durch einen Trichter in den Rücken blies. Er arbeitete am Hintergrund und sparte die Figur – Ruskin – für später aus. Selbst Ruskin war klargeworden, daß der Sommer Veränderungen gebracht hatte, und er betrachtete seine Ehe nun als einen Fehler, den er gemacht hatte. «Als wir heirateten, war ich sicher, *sie* ändern zu können – sie erwartete, mich zu ändern. Keiner hatte Erfolg, und beide sind verärgert. Als ich mit Millais nach Schottland kam, hatte ich die Absicht, sehr Wichtiges für ihn zu tun. Ich sah, daß er wenig Bildung hatte, kaum fähig war, einem Gedankengang zu folgen – stolz und ungeduldig. Ich dachte, ich könnte ihn dazu bringen, Euklid zu lesen und ihn als sanftmütigen, methodischen Menschen zurückzubringen. Ich hätte ebensogut versuchen können, einen Hochlandfluß zur Lektüre von Euklid zu überreden oder einen Methodiker aus ihm zu machen.»

Die kleine Gruppe, die so lange zusammen gewesen war, trennte sich schließlich Ende Oktober; die Ruskins machten sich auf in Richtung Edinburgh, wo John vor der Philosophischen Gesellschaft eine Reihe von Vorträgen zu halten hatte. Millais sollte zurückbleiben und das Porträt fertigstellen, entschied aber sehr bald, daß dies ein hoffnungsloses Unterfangen sei, und fuhr, nach einem kurzen Besuch bei Effie in Edinburgh, nach London zurück. Er hätte das Gemälde ganz aufgegeben, aber Ruskin ließ ihn wissen, daß er es als Beleidigung seines Vaters und als persönliche Beleidigung auffassen würde, wenn Millais es unvollendet ließe.

Millais' Gedanken waren bei Effie und der schlimmen Position, in der sie sich befand. Er stellte sie sich in London vor, belagert von Wüstlingen, die ihre Vernachlässigung durch Ruskin in einer Weise ausnutzen würden, die er selbst sich nie erlaubt hatte. Er stellte sich vor, wie sie schließlich einem ihrer Bewunderer erliegen und damit Ruskin die langgesuchte Gelegenheit geben würde, sie loszuwerden – mit Schmach und Schande einzig auf ihrem Haupt. Er flehte ihre Mutter an, dafür zu sorgen, daß eine ihrer Schwestern immer bei ihr war, um ihren guten Ruf zu schützen.

Diese auch von Effie geteilte Paranoia war nicht ganz unberechtigt. Effie wußte inzwischen, daß Ruskin nicht die Absicht hatte, ihre Ehe jemals zu vollziehen. Als sie diese Angelegenheit an ihrem fünfundzwanzigsten Geburtstag im Mai 1853 besprachen – mit anderen Worten, vor jenem Sommer im Hochland –, teilte er ihr mit, seine Gefühle hätten sich, seitdem sie vor sechs Jahren diesen Tag als «Vollzugsdatum» festgesetzt hatten, verändert. Wie Effie ihrer Mutter berichtete, hatte er gesagt, es wäre «*sündhaft*, solch eine Verbindung einzugehen, denn wenn ich auch nicht sehr *böse* sei, wäre ich doch zumindest verrückt, und die Verantwortung dafür, daß ich Kinder haben könnte, sei zu groß, da ich gänzlich unfähig sei, sie großzuziehen». Sie haßten einander so sehr, daß es ihnen fast die Sprache verschlug. Ruskin bot seinem Freund Furnival das folgende, etwa zu dieser Zeit aufgezeichnete, Gespräch als Beweis für Effies Schlechtigkeit an.

Effie blickt abwesend aus dem Fenster.
John. «Was siehst du da, Effie?»
E. «Nichts.»
J. «Woran denkst du dann?»
E. «An viele Dinge.»
J. «Erzähl mir von einigen.»
E. «Ich habe an Opern gedacht – und an aufregende Ereignisse – und – (ärgerlich) an sehr viele Dinge.»
J. «Und zu welchen Schlüssen bist du gekommen?»
E. «Zu keinen – *du* hast mich ja unterbrochen.»

Diese Aufzeichnung häuslicher Wortwechsel beweist zwar kaum Effies Schlechtigkeit, doch sie zeigt sehr deutlich, in was für einer Sackgasse die Ruskins gelandet waren – aus seiner Sicht wurde jede freundliche Frage schnippisch beantwortet, den ganzen Tag lang gab es Unfreundlichkeiten in kleinen Dingen und starrköpfige Opposition in großen und dazu eine vulgäre Undankbarkeit, die so weit ging, daß sie ihn und seine Eltern als «diesen Ruskinschen Haufen» bezeichnete. Aus ihrer Sicht gab es ständige Vernachlässigung, eine unmenschliche, ja brutale Kälte, unerbittliche Mißbilligung und Abneigung – wobei er es als Nachsicht betrachtete, sie verrückt zu nennen – und den grausamen Wunsch, sie seelisch und geistig kaputtzumachen. In Edinburgh drohte sie ihm mit einem Gerichtsverfahren, und er erwiderte höhnisch: Selbst wenn er die Schuld auf sich nähme, würde sie nach Hause gehen müssen, ihre Position verlieren und ihrem Vater «ein großes Stück Arbeit» machen.

Effie, die ihrem Mann in Schottland erklärt hatte, sie würde mit größerem Gleichmut einer möglichen Höllenfahrt entgegensehen, als nach Camberwell zurückzukehren und mit ihm zusammen zu leben, kehrte im Winter 1853 nach Camberwell zurück. In ihren Augen befand sie sich in der Situation der Heldin eines Schauerromans, die in einem Schloß gefangengehalten wird – von Feinden umgeben, die versuchen, sie in den Wahnsinn zu treiben. Alle wollten, daß sie sich kompromittierte, so daß ihr eine Scheidung aufgezwungen werden konnte. Die älteren Ruskins wollten sie unbedingt loswerden, um John für sich zu haben. Am Nachmittag des Neujahrstages 1854 besuchten sie und John seine Eltern; der «Ruskinsche Haufen» plante eine Reise auf den Kontinent, auf die sie nicht mitkommen sollte. Als sie wieder zu Hause in Herne Hill waren, sagte Effie zu John, sie wolle das neue Jahr nicht in demselben unguten Zustand beginnen, in dem sie sich befunden hatten, und versuchte, eine Art Waffenstillstand auszuhandeln. John meinte, seine Ehe mit ihr sei das größte Verbrechen, das er je begangen habe, denn er hätte damit in Opposition zu seinen Eltern gehandelt. Sein Mitleid und höfliches Benehmen, sagte er, entsprängen nur seinem Pflichtgefühl einem Menschen gegenüber, der «an einer so unglücklichen Krankheit litt». Er hatte ihr bereits den «wahren Grund» enthüllt, warum er in der Hochzeitsnacht ihre Ehe nicht vollzogen hatte – er finde ihren Körper widerlich. Er hatte ihr ebenfalls erklärt, es sei sündhaft, mit einer so gestörten, schändlichen und unnatürlichen Frau Kinder zu zeugen. Jetzt forderte er sie höhnisch auf, ihre Freundschaft mit Millais wiederaufzunehmen.

Gleichzeitig saß er weiterhin für Millais, für das *Glenfinlas*-Porträt. «Ganz sicher hat es noch nie einen solchen stillen Schurken wie diesen Mann gegeben», schrieb Millais an Effies Mutter. «Er kommt hierher, sitzt da, so verbindlich wie immer, und redet die ganze Zeit scheinbar mit großem Interesse.» Millais arbeitete jetzt aus Furcht an dem Gemälde weiter, die Ruskins würden Effie irgendwie schaden, wenn er aufhören würde.

Wieviel von diesen wilden und bösen Umtrieben existierte nur in den Köpfen der beiden Liebenden? Es ist eine seltsame Tatsache des moralischen Lebens, daß wir schlimme Motive niemals uns selbst, wohl aber ohne Umschweife allen anderen zuschreiben, die wir kennen. In Sachen Ruskin sagten einige – Königin Victoria unter ihnen –, Millais sei ein böser Mann, der eine verheiratete Frau verführt habe, während er sie malte. Andere sagten, Effie habe Ruskin verlassen, als ein besserer kam. Wieder andere, die Effie und Millais verteidigten, meinten, Ruskin habe die beiden geradezu zusammengedrängt, um Effie loszuwerden. All dies war geschehen, und doch mangelt es all diesen Behauptungen in einem gewissen Maße an Wahrheit, denn sie setzen eine bewußte Absicht voraus, die nicht vorhanden war. Ruskin hatte in der Tat seine Frau mit Millais zusammengebracht, hatte ihre Intimität gefördert und wollte sie loswerden. Und doch hatte er wohl kaum vorausahnen können, als er Effie zur Gower Street mitnahm, um Millais kennenzulernen, als er die Praeraffaeliten verteidigte, selbst als er die Party in den Trossachs vorschlug – daß Millais, dieses schwächliche, mangelhaft gebildete Kind, ihm die Frau stehlen würde. Millais mag Effie schon gern gehabt haben, als er sie malte, und er mag sich in sie verliebt haben, nachdem er vier Monate mit ihr in Schottland verbracht hatte, aber aufgedrungen hat er sich ihr nicht. Ja, er ging ihr bewußt aus dem Wege: Nach ihrem Zusammentreffen im Herbst 1853 in Edinburgh sah er sie achtzehn Monate lang nicht wieder. Und können wir von Effie annehmen, daß sie beschloß, sich Ruskins zu entledigen, als ein besserer daherkam? Kein Zweifel, daß ihr der Gedanke, Millais zu heiraten, durch den Kopf ging; doch nicht als Motivation, sondern als Beruhigung. Hätte sie keine derartige Hoffnung hegen können, wäre ihre Lage entsetzlich gewesen – eine Rückkehr in das Haus ihres Vaters nach dem Verlust ihrer besten (wie sie es sah) Jugendjahre; mit ruiniertem Ruf, ohne Aussicht auf eine Ehe, die für sie die einzige Möglichkeit war, sich selbst zu ernähren; nicht nur des Luxus und der Annehmlichkeiten beraubt, an die sie sich inzwischen gewöhnt hatte, sondern auch eine schwere Belastung für ihren leidgeprüften Vater. Keiner von ihnen, wie sie so von Tag zu Tag dahinlebten und mal diese, mal jene Situation ausnutzten, die ihnen das Leben zur Erleichterung und Verminderung ihres Elends anbot, erkannte oder plante die ganze Abfolge der Ereignisse, die nun begann. Hätten sie mit Bedacht gehandelt und nicht instinktiv, von einem Augenblick zum andern, von einer kleinen Entscheidung zur nächsten, dann hätten sie sich in den melodramatischen und skandalösen Situationen, in denen sie sich befanden, nicht so natürlich verhalten können. Hätte Ruskin beispielsweise im Ernst daran gedacht, Effie an Millais abzuschieben, dann hätte er wohl kaum so nonchalant vorschlagen können, Millais solle Effie allein von Brig O'Turk nach Perth und zurück begleiten.

Am 1. März 1854 ging Effie zu ihrer Freundin Lady Eastlake, die mit dem Präsidenten der Royal Academy verheiratet war, offenbarte ihre eheliche Situation, bat um Rat und fragte, ob die Gerichte ihr helfen könnten. Sicherlich hatten ökonomische Rücksichten eine Rolle dabei gespielt, daß Effie nicht schon früher versucht hatte, sich aus ihrer Ehe zu befreien – es widerstrebte ihr, den Vater noch stärker finanziell zu belasten; aber auch die blanke Unkenntnis der gesetzlichen Möglichkeiten war im Spiel: jede Art von Scheidung war ungewöhnlich; für ihre eigene Situation gab es keine ähnlich gelagerte, keine Präzedenzfälle. Doch Lady Eastlake war der Meinung, das Gesetz *könne* ihr helfen, und riet Effie, ihre Eltern ins Vertrauen zu ziehen, was sie in einem Brief vom 7. März – unterschrieben mit «Effie Gray» – auch tat. Sie hatte größeres Vertrauen in Lady Eastlakes praktischen Verstand als in den ihrer Eltern, aber um ihres künftigen guten Rufes willen mußte sie im Einklang mit ihnen handeln. Ihr Vater war der

Meinung, daß er nach London kommen und mit Mr. Ruskin sprechen müsse. Effie konnte ihn davon überzeugen, daß er zuerst mit Rechtsanwälten reden müsse. Außerdem machte sie ihm klar, daß auch Mrs. Gray nach London kommen müsse, trotz der Unkosten für eine zweite Fahrkarte. Während die Grays alles für Effies Rückkehr ins Elternhaus arrangierten, ständig in Sorge, daß ihre Briefe den Ruskins in die Hände fallen könnten, war auf der Krim der Krieg erklärt worden, und John Ruskin saß Millais weiterhin für sein Porträt.

Am 14. April kamen die Grays per Schiff aus Dundee an. (Als Direktor einer Schiffahrtsgesellschaft konnte Mr. Gray eine Schiffsreise billiger bekommen als Plätze in der Bahn.) Er konsultierte Rechtsanwälte, die ihm versicherten, der Fall sei unschwer zu gewinnen: eine Annullierung war möglich, wenn die Ehe drei Jahre lang bestanden hatte, ohne vollzogen worden zu sein. Effie wurde von einem der beiden Ärzte, deren Zeugenaussagen für das Verfahren notwendig waren, untersucht, und es wurde festgestellt, daß sie Jungfrau war. Der Arzt war «wie vom Donner gerührt». Als Leser von Ruskins Büchern hatte er den Mann eher für so etwas wie einen Jesuiten gehalten, nun aber hielt er ihn für wahnsinnig.

Obwohl Effie täglich nach London hineinfuhr, um ihre Eltern zu sehen, hatte Ruskin keine Ahnung, daß sie sich in der Stadt aufhielten. Da er den ganzen Tag, vom Frühstück bis zum Abendessen, bei seinen Eltern in Denmark Hill verbrachte und nur zum Schlafen in sein eigenes Haus zurückkehrte, war es nicht schwer, seinen Argusaugen zu entkommen. Für Anfang Mai planten er und seine Eltern eine Tour durch die Schweiz, Effie sollte bei ihren Eltern in Perth bleiben. Als sie ihr Gepäck abschickte, fiel ihm nicht auf, daß sie mehr als gewöhnlich aufgab. Am Morgen des 25. April begleitete er sie und ihre kleine Schwester Sophie, die bei ihnen zu Besuch gewesen war, zur King's Cross Station und brachte sie zum Zug nach Edinburgh, ohne zu wissen, daß Effie sich diesmal nicht nur auf einen Routinebesuch bei ihren Eltern begab, wie er bei ihnen üblich geworden war, während er auf den Kontinent reiste. Er wußte nicht, daß die Grays London mit einem früheren Zug verlassen hatten und in Hitchin, der ersten Station außerhalb von London, auf Effie warteten.

In Hitchin sprang Sophie aus dem Zug und umarmte ihre Eltern. Mrs. Gray nahm ihren Platz in dem Zug nach Norden ein, und Mr. Gray und Sophie kehrten nach London zurück, um den Rechtsanwälten ein Paket von Effie zu übergeben und am nächsten Tag für die Rückfahrt die billigere Dampfschiffreise anzutreten. An diesem Abend um sechs Uhr begaben sich zwei Rechtsanwälte zum Hause der älteren Ruskins und baten, Mr. Ruskin und seinen Sohn sprechen zu dürfen. Einer überreichte John eine Vorladung in Sachen der Annullierung seiner Ehe, der andere übergab Mr. Ruskin (für seine Frau) ein Paket von Effie, das ihre Schlüssel, ihr Abrechnungsbuch, ihren Ehering und einen erklärenden Brief enthielt.

Effies Flucht war mit einer Umsicht geplant und mit einer Reibungslosigkeit durchgeführt worden, die das Herz eines Generals erfreut hätten; allerdings wußte der Feind gar nicht, daß man sich im Kriegszustand befand, und es gab Leute, die den Grays Hinterlist und Tücke vorwarfen. Anständiger wäre es gewesen, meinten viele Leute, Mr. Ruskin vor Ankunft der Rechtsanwälte von der Klage zu unterrichten. Aber als Effie sich diese ganze Inszenierung ausdachte, war sie wie eine von einem bösen Zauberer gefangene Märchenprinzessin, und wenn man es mit Hexen, Kobolden oder bösen Mönchen zu tun hat, hält man nicht inne, um alles erst einmal zivilisiert zu bereden. Millais seinerseits war überglücklich, daß Effie aller Wahrscheinlichkeit nach ihren eigenen «Entlassungsbefehl» erringen würde, und meinte, vielleicht nicht sehr geschmackvoll, dies werde für sie ganz sicher ebenso befriedigend sein, wie die umgekehrte Situation – einen Ehemann *zurückerhalten* – in besagtem Gemälde.

Am Tag nach der dramatischen Flucht und Überreichung der Vorladung sprach Mr. Ruskin bei seinem Rechtsanwalt Mr. Rutter und bei einem *proctor*, einem Rechtsanwalt für Kirchengerichte, namens Mr. Pott vor. Der alte Ruskin und Rutter handhabten den Fall; John blieb der Sache fern. Da er Effie ja nicht zurückhaben wollte, riet man ihm, sich nicht zu verteidigen. Allerdings fühlte er sich bemüßigt, für den *proctor* eine Stellungnahme zu dem Fall aus seiner Sicht abzugeben, in der er sich bereit erklärte, auf Verlangen des Gerichtes seine Virilität zu beweisen. Das Dokument wurde dem Gericht nie vorgelegt und blieb siebzig

Jahre lang im Schreibtisch des Rechtsanwaltes. Diese Selbstverteidigung ist seltsam anrührend, in seiner kindischen, einäugigen Gewißheit ebenso wie in seiner bestürzten Unfähigkeit, den Zerfall der Ehe nachvollziehen zu können.

> Hätte sie mich wie eine liebevolle, hingebungsvolle Ehefrau behandelt, dann hätte ich mich sehr bald danach gesehnt, sie zu besitzen, in Leib und Herz. Aber mit jedem Tag, den wir miteinander verbrachten, wurde die Sympathie zwischen uns geringer, und bald begann ich Eigenschaften zu bemerken, die mir soviel Kummer und Sorgen machten, daß ich in einem Brief an ihren Vater schrieb, sie könnten nicht anders zu erklären sein als durch eine mutmaßliche leichte, nervöse Beeinträchtigung des Gehirns. Es ist nutzlos, das Fortschreiten der Entfremdung nachzuzeichnen. Vielleicht war die Hauptursache – gleich nach ihren entschiedenen Bemühungen, mich von meinen Eltern zu entfremden –, daß sie immer glaubte, ich hätte mich um *sie* zu kümmern, nicht sie sich um *mich*.

Ruskin war weder der erste noch der letzte, der angesichts unakzeptablen Verhaltens den Vorwurf der Geisteskrankheit erhob, aber in diesem Fall wies der Rechtsanwalt das als mögliche Verteidigung zurück, und zwar aus Gründen, die ein interessantes Schlaglicht auf das viktorianische Sexualverständnis werfen: er argumentierte, Effies Gehirnleiden könne ebensogut als *Resultat* des mangelnden ehelichen Vollzuges verstanden werden wie als seine Ursache.

Als die Wahrheit über die Ruskinsche Ehe bekannt wurde, ließ die allgemeine Entrüstung, die sie auslöste, erkennen, daß für gewisse Segmente der Londoner Gesellschaft kein Sex nach der Eheschließung genauso schockierend war wie Sex vor der Ehe. Ruskin wurde Schuft, Schurke, Bösewicht genannt, geradeso, als hätte er sich einen ganzen Stall von Mätressen oder eine zweite Frau und Familie in Chelsea gehalten. Es gab tatsächlich Leute, wie die alte Lady Charlemont, Hofdame der Queen und Ehefrau eines notorisch treulosen Mannes, die sich gar nicht genau vorstellen konnten, um was für eine sexuelle Missetat es eigentlich ging. Als Lady Eastlake sie besuchte, um ihr die Neuigkeit zu berichten (wie Lady Eastlake das bei sehr vielen Leuten tat, in dem selbstlosen Bemühen, Effies Seite der Geschichte zu verbreiten), beschuldigte Lady Charlemont Ruskin «jeder möglichen und unmöglichen Bosheit in Motiven und Absichten, die den *roué* in den Romanen des vergangenen halben Jahrhunderts charakterisiert haben», nicht aber Ruskins ganz eigener ‹Bosheit›, die in den Romanen noch nicht vorgekommen war.

Effie saß in Perth und empfing Berichte über die Reaktionen der Leute. Millais berichtete, via Mrs. Gray, daß der Maler George Richmond, der immer mit Ruskin befreundet gewesen war, nach eigener Aussage durch die Neuigkeit alles auf den Kopf gestellt sehe, und nachdem er Effie früher für oberflächlich und einer solchen Geistesgröße unwert gehalten habe, denke er nun immer besser von ihr. Der ernste, gute Dr. Acland in Oxford, dessen Angewohnheit, das Baby mit den Erwachsenen zusammen frühstücken zu lassen, John Ruskin soviel Übelkeit verursacht hatte, wenn die Ruskins zu Besuch waren, brauchte viel Zeit, um sich zu entscheiden. Effies Misere tat ihm leid, und er glaubte, daß Ruskin schuldig sei, doch sein Gewissen zwang ihn, Matthäus zu zitieren, in dem es heißt, es gebe keinen Scheidungsgrund, außer einem: Unzucht. Thomas Carlyle, dessen eheliche Situation der Ruskinschen so ähnlich war, hatte interessanterweise dies zu sagen: Keine Frau, meinte er, habe das Recht, sich über irgendeine Behandlung zu beklagen, und sollte sich geduldig jedwedem Schmerz und Leid unterziehen, die ihr von ihrem Manne auferlegt würden.

In diesem Jahr war der April ein ausgezeichneter Monat, um in der Londoner Kunstwelt Neuigkeiten zu verbreiten: am 28. April veranstaltete die Royal Academy die Privatbesichtigung ihrer alljährlichen Ausstellung, wo *jeder* erschien, der Rang und Namen hatte. Die Geschichte wehte nur so durch die Räume. Lady Eastlake sprach mit dem errötenden Millais über Effie. Kaum einem entging die Ironie, daß sie im vergangenen Jahr über den *Entlassungsbefehl* diskutiert hatten und nun über das Modell, den Maler und den Kritiker diskutierten.

Bei der Aquarellausstellung am 29. April entdeckte der Landschaftsmaler David Roberts John Ruskin, in Begleitung seines

Vaters. Roberts drängte sich durch die Menge zu ihnen hin, zog sie in ein Gespräch und scheute vor dem delikaten Thema nicht zurück. Ruskin wollte nicht zugeben, daß etwas nicht stimmte, und sagte nur, seine Frau sei in Schottland, doch der alte Mr. Ruskin lieferte eine ausführliche Beschreibung der Ehe seines Sohnes: John sei mit dieser Ehe in eine Falle gegangen – zu jenem Zeitpunkt einer französischen Gräfin zugetan, die ihn aber abgewiesen habe, sei es nicht schwer gewesen, ihn einzufangen; sie hätten darüber hinweggesehen; sie hätten auch über Mr. Grays Mangel an Vermögen hinweggesehen; sie hätten über Effies Extravaganzen hinweggesehen. Mr. Ruskin erzählte Roberts noch mehr über Effies Jähzorn und die Eisenbahnaktien ihres Vaters, und dann sagte er: «Komm jetzt, John. Wir werden dafür *zahlen* müssen – aber das macht nichts, dafür haben wir dich jetzt für uns.» Natürlich brachte der Hinweis auf die französische Gräfin Effie zum Lächeln, denn sie kannte die Dame nur als einfache Miss Domecq, deren *fortune* ihr einen französischen Baron fragwürdigen Charakters zum Ehemann beschert hatte. Über den ganzen Klatsch befand Millais dies: «Eine große Schlacht mit den Russen wird das bißchen Gerede erst einmal wegschwemmen.»

Millais hatte für den 27. April eine Sitzung mit Ruskin geplant, das war zwei Tage nach Effies Flucht; doch Ruskin schrieb ihm und bat um einen neuen Termin, eine Woche später. Auch diesen Termin sagte er ab und verschob die letzten Sitzungen – nur seine Hände mußten noch gemalt werden –, bis er mit seinen Eltern von der Reise auf den Kontinent zurückkam. Millais arbeitete mit der größten Zurückhaltung. Er hatte noch einiges am Hintergrund zu malen, und statt zu der erinnerungsschwangeren Stelle in Glenfinlas zurückzugehen, wollte er einen ähnlichen Wasserfall in Wales suchen und den Hintergrund dort fertigstellen. Ruskin wollte davon nichts hören. Naturtreue war Naturtreue, und man konnte den schottischen Gneis nicht von einem anderen Gestein in Wales abmalen. In einem weiteren Versuch, die leidige Angelegenheit hinter sich zu bringen und Ruskin aus dem Weg zu gehen, schlug Millais vor, für die Hände ein anderes Modell zu benutzen. Wieder zeigte sich Ruskin indigniert und bestand auf striktester präraffaelitischer Naturtreue. Seine Hände seien einzigartig, sagte er, und es wäre absurd, die Finger anderer Leute an seinen Körper zu kleben. Was es ja wohl auch gewesen wäre.

Es gab Augenblicke, da dachte Millais daran, sich zu weigern, die Hände überhaupt zu malen – seine Hände würden sich weigern, Ruskins unsterblich zu machen. In der Phantasie sah er sich Ruskin mit diesen Händen erwürgen, statt ihn zu malen. Dann wieder tröstete er sich damit, daß niemand auf der Welt ein besseres Gemälde schaffen konnte. Er würde erst glücklich sein, wenn das Bild vollendet war. «Es ist wirklich eine Qual für mich und hält mich davon ab, an andere Dinge zu denken. Manchmal kommt es mir vor, als würde es nie fertig, als würde ich mein ganzes Leben dazu brauchen.» Man weiß von Stämmen, bei denen Männer rituell die Geburtswehen miterleben; hier aber erlebt ein Mann schmerzlich die Trennung einer Frau mit: Millais mußte seine eigene Scheidung von Ruskin vollziehen.

Effies Scheidung ging schnell über die Bühne. In Begleitung ihres Vaters kehrte sie heimlich nach London zurück, um vor Gericht ihre Erklärung abzugeben. Als 1857 das Ehescheidungsgesetz verabschiedet wurde, sollte ein besonderer Gerichtshof für Scheidungsfälle eingerichtet werden, doch bis dahin war Scheidung nur durch einen Parlamentsakt möglich – ein sehr teures und seltenes Verfahren – oder in besonderen Fällen, wie dem Effies, durch kirchliche Gerichte, die darüber entschieden, ob eine Ehe überhaupt rechtsgültig war. Kläger und Beklagte erschienen nicht im Gerichtssaal, sondern machten ihre Aussagen vor den *proctors*, die diese Erklärungen dann dem Gericht unterbreiteten. Dieses Verfahren ersparte den Beteiligten den Schmerz und die Scham, die jeder unweigerlich empfindet, der seine erbärmliche Geschichte öffentlich erzählen muß; aber es bedeutete auch, daß die Dramatik des öffentlichen Prozesses entfiel. Effie gab ihre Erklärung ab und wurde von gerichtlich beauftragten Ärzten untersucht (darunter Dr. Locock, der Geburtshelfer der Königin); dann fuhr sie nach Schottland zurück, um die Entscheidung abzuwarten. Von der Schweiz aus tat Ruskin das Seinige und reichte ein Dokument ein, in dem er gewisse Grundtatsachen der Angelegenheit bestätigte – daß die Ehe nicht vollzogen worden sei und daß er glaube, seine Frau sei noch Jungfrau. Am 20. Juli erhielt Effie ein Schreiben, das sie für «frei aller ehelichen Bande» erklärte. Legal hatte die Ehe nie bestanden. Sie war unter falschen Voraussetzungen eingegangen worden, denn, so das offizielle Annullierungsschreiben, «John Ruskin war auf Grund unheilbarer Impotenz unfähig, dieselbe zu vollziehen».

Ruskin nahm den Vorwurf der Impotenz übel. Er hatte angeboten, die Virilität, die in seiner Ehe zu zeigen er sich weigerte, vor Gericht zu beweisen. Alles andere war ihm gleichgültig. Sein Verhalten in der Ehe hielt er für töricht, nicht für schuldhaft, und die Torheit bestand darin, daß er Effie überhaupt geheiratet hatte. Sie war eine verwöhnte, oberflächliche Frau, die ihn schließlich haßte, weil er sich weigerte, ihre albernen gesellschaftlichen Ambitionen zu unterstützen. Er war sicher, daß ihr Benehmen sich in den sechs Monaten, bevor sie ihn verließ, verschlechtert hatte, weil sie sich leidenschaftlich in jemanden verliebt hatte, den sie möglicherweise zu heiraten gedachte, wenn sie eine Scheidung von ihm erlangen konnte. Was betrachtete er als schlechtes Benehmen? Nun, zum Beispiel, wenn er zeichnete, kam sie nicht und setzte sich neben ihn, sondern ging ihren eigenen Beschäftigungen nach und beschwerte sich dann, daß er sie die ganze Zeit allein ließ. Aber das alles kümmerte ihn im Grunde nicht sonderlich. Seine häuslichen Probleme waren ihm hundertmal weniger wichtig als Turners Tod und die Zerstörung gewisser italienischer Gebäude aus dem 13. Jahrhundert; das waren seine *wirklichen* Sorgen der letzten Jahre gewesen. Und schließlich lag ihm viel mehr an Millais als an Effie. In Millais' Interesse hoffte er nur, daß der Künstler sie nicht aus falscher Ritterlichkeit heraus heiraten würde. Daß er Millais als Freund verlieren könnte, kam ihm überhaupt nicht in den Sinn.

Die Ruskins kehrten im Oktober vom Kontinent zurück, und Ruskin saß noch einige Male für sein Porträt, das im folgenden Monat endlich fertig wurde. Es war eine Zeitlang in Millais' Atelier ausgestellt, bevor es den Ruskins nach Denmark Hill geschickt wurde. Mr. Ruskin zahlte Millais ein Honorar von 350 Pfund. Wie jeder, der es sah, hielten es die Ruskins für ein wundervolles Gemälde, wenn John auch im Scherz die Figur kritisierte, die den Blick auf die Landschaft versperre, und meinte, Millais habe ihn fälschlich schielen lassen. Seine Eltern fanden, er sehe ein wenig zu gelb und gelangweilt aus. Doch die Eastlakes verkündeten, es sei eines Van Eyck würdig.

John Ruskin bedankte sich schriftlich bei Millais und fragte nach seiner neuen Adresse, weil er ihm, wie er sagte, sicher oft schreiben wolle. Millais antwortete nicht. Ruskin schrieb erneut: «Warum antworten Sie nicht auf meinen Brief – es ist langweilig von Ihnen und beunruhigt mich.» Der Maler schickte seine Adresse, fügte aber hinzu: «Ich verstehe wirklich nicht, wie Sie es für möglich halten können, daß mir daran gelegen sein könnte, mit Ihnen weiterhin engere Beziehungen zu unterhalten. Vielmehr war ich der Überzeugung, Sie selbst hätten die Notwendigkeit erkannt, nach Vollendung Ihres Porträts von weiterem Verkehr abzusehen.» Ruskin war erstaunt – und verletzt. Er antwortete Millais förmlich. Für Millais' Desinteresse an der Weiterführung ihrer Freundschaft gebe es wohl nur zwei Erklärungen: entweder glaube Millais, er – Ruskin – habe unfreundliche Absichten gehabt, als er ihn ins Hochland einlud, oder aber Millais selbst habe gute Gründe, sich wegen seines Verhaltens schuldig zu fühlen. Er danke Millais für diese letzte Lehre in menschlicher Torheit und Undankbarkeit.

Millais wollte Effie im Juli aufsuchen, sobald sie das Annullierungsschreiben erhalten hatte, doch ängstlich auf Schicklichkeit bedacht und von dem Wunsch beseelt, den Leuten keinen Anlaß zum Klatsch zu geben, weigerte sie sich, ihn vor dem kommenden Frühjahr zu sehen. Effie sagte, sie zögere, sich wieder zu verheiraten. Sie sagte, sie habe Bedenken, besonders gegen eine Ehe mit Millais, der in die ganze häßliche Angelegenheit auf so unfaire Weise hineingezogen worden sei. Dennoch kamen sie sehr schnell überein und heirateten Anfang Juli 1855.

Die Hochzeit fand im Elternhaus der Braut in Perth um zwei Uhr nachmittags statt. Mr. Anderson, der neue Pfarrer von Kinnoull, vollzog die Trauung. Brautjungfern waren Effies zwei jüngere Schwestern und ihre Cousine Eliza Jameson. Der Raum war *nicht* derselbe, in dem ihre erste Trauung stattgefunden hatte. Nach der Zeremonie wurde das Paar mit der Kutsche nach Glasgow zum Zug gefahren. Die Vorhänge der Kutsche waren zugezogen, so daß niemand hineinschauen konnte. Dies war gut so, denn der Bräutigam war durcheinander.

Es sei alles wie ein Traum, sagte er. Bereits vor der Trauung hatte er sich fiebrig und unwohl gefühlt, überreizt wie ein Fünfzehnjähriger, der zu einer Abendgesellschaft geht. Sein Kopf und seine Seele waren erschöpft vom ständigen Nachgrübeln über alle möglichen unangenehmen Dinge, die passieren könnten. Als sie den Ehevertrag unterschrieben, hätte Millais am liebsten die Feder hingeworfen. Er kam sich vor, als spiele er eine Rolle in einer Farce. Bis sie den Zug bestiegen hatten, war es klar, daß die Aufregung zuviel für ihn gewesen war. Statt die liebevolle Zuwendung zu empfangen, die eine Braut in solchen Momenten erwarten darf, mußte Effie ihrem neuen Ehemann ihr ganzes Mitgefühl zuteil werden lassen. Er weinte schrecklich. Er sagte, er wisse nicht, wie er das alles durchgestanden habe. Er sagte, er sei dadurch um zehn Jahre gealtert. Effie betupfte sein Gesicht mit Eau de Cologne, hielt seinen Kopf, öffnete ein Fenster. Schließlich erholte er sich ein wenig; doch seine Furcht ist verständlich. Ungeachtet der romantischen, melodramatischen Geschichte, in die er verwickelt gewesen war, wußte er ebensowenig über Frauen und Sex wie Ruskin, als er heiratete. Und was war Ruskin passiert!

Doch zwei Monate nach der Hochzeit war Effie schwanger. Sie hatten in Perth in der Nähe von Effies Eltern ein Haus gemietet, in dem sie während der ersten zwei Jahre ihrer Ehe wohnten. Sie sollten schließlich acht Kinder haben – vier Jungen und vier Mädchen. Er sollte Sir John Everett Millais werden, Präsident der Royal Academy. Ihre Ehe scheint glücklich gewesen zu sein; nur wenn sie in Italien reisten, war Everett (so nannte ihn Effie, um ihn von ihrem ersten Mann zu unterscheiden) für Effie nie enthusiastisch genug; sie war und blieb italophil. Später ließen sie sich eine prunkvolle Neo-Renaissance-Villa gegenüber den Kensington Gardens erbauen. Sein Einkommen stieg auf 25 000 Pfund pro Jahr. Von seinem Totenbett aus bewegte er die Königin sogar dazu, seine Frau wieder bei Hofe zu empfangen. Doch obwohl er überaus populär und kommerziell erfolgreich wurde, schätzten die Kritiker seine Werke nicht mehr so hoch wie früher. Der peinlich genaue Präraffaelit war schludrig, hastig und sentimental geworden; er gab der häuslichen Frömmelei seiner Zeit visuelle Gestalt. Mit dem Talent, das er einst dazu benutzt hatte, den

Schaum der Wasserfälle bei Glenfinlas zu malen, malte er jetzt Seifenblasen, die ein kleines Mädchen entzücken, und dieses Bild *Bubbles* wurde wahrhaftig als Reklame für *Pears*-Seife verwendet – zu Millais' eigenem Entsetzen.

Ruskin lobte weiterhin Millais' Arbeiten in den Akademieausstellungen von 1855 und 1856 und bewies damit für die meisten Leute seine Objektivität; dies war kein kleinlicher, boshafter Mann. Doch als er Millais 1857 anzugreifen begann, hatte seine Kritik desto größeres Gewicht. Millais selbst meinte, dies könne mit ihren persönlichen Komplikationen nichts zu tun haben. Andere Kritiker, ob sie sich Ruskins Argumente zu eigen machen oder nicht, datieren Millais' Abstieg ab 1857, dem Jahr, in dem er *Sir Isumbras at the Ford* ausstellte; und dieses Jahr kommt so bald nach seiner Heirat, daß es den Menschen – die (wie Millais meinte) immer etwas Schlechtes sagen, wenn sie nur können – sehr schwerfiel, *nicht* den Schluß zu ziehen, daß Effie für den Verrat ihres Mannes an seinem Talent verantwortlich war. Eine böse Zunge ging so weit zu behaupten, daß Ruskin, wäre er mit Effie zusammengeblieben, vermutlich *Bubbles* geschrieben hätte. Doch man sollte vielleicht an George Eliot denken, die daran erinnert, daß es in Lydgate «Flecken des Gewöhnlichen» gab, die ihn für Rosamunds banalisierenden Einfluß empfänglich machten und die erklären, daß es nicht nur die Schuld seiner Frau war (wenn es auf Schuld überhaupt ankommt), daß er als Modearzt endete und die hohen Ideale seiner Jugend aufgab. So, wie Ruskins Beharrlichkeit und Millais' Talent dazu nötig waren, das *Glenfinlas*-Porträt zu vollenden, gehörten wahrscheinlich zwei – oder vielleicht sogar drei – dazu, um *Bubbles* zu malen.

Harriet Taylor
und
John Stuart Mill

1830–1858

Vorspiel

Carlyle und J. S. Mills Hausmädchen

Fünf Monate lang hatte Carlyle während seines ersten Winters in London an seiner *Geschichte der französischen Revolution* gearbeitet. Er schrieb sie fast in einem Zustand der Besessenheit. Er las zwanghaft, versenkte sich ganz in das Thema und schrieb dann mit rasender Geschwindigkeit alles nieder, wobei er seine Notizen immer gleich wegwarf. Natürlich gab es damals keine Schreibmaschinen, kein Durchschlagpapier, keine Kopiermaschinen.

Oberflächlich gesehen wäre eigentlich Carlyles guter Freund John Stuart Mill viel eher derjenige gewesen, von dem man eine Auseinandersetzung mit der französischen Revolution erwartet hätte. Carlyles intellektuelles Terrain war Deutschland; der Frankreichexperte war Mill. Doch Mill überließ Carlyle das Projekt, half ihm dabei mit Hinweisen, lieh ihm Bücher. Als Carlyle den ersten Band seines ehrgeizigen Werkes vollendet hatte, schickte er John Stuart Mill das Manuskript mit der Bitte um seinen Kommentar.

Am 6. März 1835 erschien Mill im Carlyleschen Salon – leichenblaß und völlig aufgelöst. Bevor er nur ein Wort gesagt hatte, wußten die Carlyles, daß irgend etwas geschehen war, und als er Mrs. Carlyle bat, zu seiner Kutsche hinunterzugehen und mit seiner Freundin Mrs. Taylor zu sprechen, glaubte Mrs. Carlyle zu wissen, was passiert war. «Gütiger Gott», flüsterte sie ihrem

Mann zu, bevor sie die Treppe hinunterrannte, «er ist mit Mrs. Taylor durchgebrannt!»

In der Kutsche konnte Mrs. Taylor, ebenso aufgelöst wie Mill, nur immer wieder sagen: «Sie werden ihm nie verzeihen.» Mrs. Carlyle glaubte noch immer, sie hätten endlich beschlossen, durchzubrennen. Diese Vorstellung war so entsetzlich und die Carlyles hatten es mit solcher Sicherheit erwartet, daß sie für einen Augenblick sogar erleichtert waren, als sie von der Katastrophe erfuhren, wegen der Mill gekommen war.

Mills Hausmädchen hatte beim Reinemachen den Papierhaufen in seinem Wohnzimmer gesehen, für Abfallpapier gehalten und das Ganze verbrannt. Der erste Band der *Französischen Revolution* existierte nicht mehr.

Wie banal ist doch so mancher Handlungsablauf, in den wir die Lebensgeschichten anderer pressen. Wieviel erfinderischer ist das Unbewußte als das Bewußtsein. Wer hätte 1835 *nicht* erwartet, daß John Mill mit Mrs. Taylor durchbrennen würde? Wer aber hätte sich vorstellen können, daß er das einzige Exemplar des Meisterwerks seines Freundes verbrennen könnte?

Die Arbeit von fünf Monaten mußte wiederholt werden, und in welch einem Nebel der Entmutigung! Es wäre nicht schwer zu verstehen, wenn die Carlyles Mill nicht verziehen hätten. Aber der Mann war an jenem ersten schrecklichen Abend so außer sich, daß die Carlyles Stunden damit verbringen mußten, *ihn* wieder aufzuheitern, den Verlust zu verharmlosen, weil zu befürchten war, er würde sich aus Reue und Verzweiflung etwas antun. Mit der Zeit übertrugen die Carlyles ihren Ärger, so scheint es, auf die unschuldige Mrs. Taylor, statt Mill zu beschuldigen, und erfanden die phantastische Geschichte, das Manuskript sei verbrannt, als sie es bei sich hatte; ja, sie äußerten sogar den Verdacht, sie habe es mit Absicht getan.

Vernünftig leben

Die schöne neunzehnjährige Harriet Hardy heiratete 1826 in London John Taylor, den wohlhabenden Juniorpartner einer Großhandelsfirma für Drogerieprodukte. Er war zehn Jahre älter als Harriet. Seine Familie gehörte, wie auch ihre, den Unitariern an. Es war eine passende Verbindung. Das Paar schien glücklich zu sein. John Taylor hatte offensichtlich sehr viel mehr zu bieten als seinen Reichtum. Er war klug, gutmütig und gastfreundlich, interessierte sich für radikale politische Strömungen, war an der Gründung der Universität London beteiligt und gehörte zu den Gründungsmitgliedern des Reform Clubs. Er machte es sich zur Gewohnheit, politische Flüchtlinge vom Kontinent willkommen zu heißen. Er betete seine dunkeläugige, lebhafte Frau an und verwöhnte sie, wo er nur konnte. In der Konversation war er nicht so brillant wie sie, nicht so geistreich und kühn, doch er hatte nichts dagegen einzuwenden, daß Harriet alle bezauberte und beeindruckte. Ja, er genoß es. John Taylor hatte nichts von einem Haustyrannen. Er fand, Harriet sei genau die Frau, auf die ein Mann stolz sein könne – attraktiv, kultiviert, temperamentvoll.

In den ersten vier Ehejahren wurden ihnen zwei Kinder geboren, beides Jungen. (Eine Tochter sollte 1831 folgen.) John Taylor war weiterhin völlig glücklich und zufrieden mit Harriet, doch sie wurde langsam immer unzufriedener mit ihm. Als die aufregende Neuheit des Ehelebens allmählich verblaßte, als das Vergnügen am Erwachsensein und daran, als Erwachsene behandelt zu werden, nachließ, wurde ihr klar, daß der Mann, den sie geheiratet hatte, sie nicht wirklich interessierte. Obgleich er ein Mann war, war sie klüger als er; sie war geistig beweglicher und wesentlich gebildeter. Wenn er abends nach Hause kam, war sie nicht sonderlich froh, ihn zu sehen. Sie fühlte sich belästigt von dem, was ihn beschäftigte, von seinen Scherzen, seinen Berichten über die Geschäfte des Tages. Sie fühlte sich auch in intimerer Hinsicht belästigt. Da sie eigentlich nie richtig Lust verspürte, mit ihm zu schlafen, empfand sie sein Bedürfnis danach immer mehr wie eine Forderung. Anfangs fügte sie sich resigniert, doch nach und nach wuchs ihr Unmut. Die Tatsache, daß er sich ihr in dieser Weise aufzwang, die ihr so aggressiv und brutal vorkam – das viktorianische Wort dafür lautete «rücksichtslos» –, verstärkte ihre Abneigung gegen ihn.

Im vergangenen Jahrhundert waren Frauen gezwungen, sehr findig zu werden, wenn ihnen klar wurde, daß ihnen ihre Ehemänner eigentlich widerwärtig waren. Seelische Grausamkeit als Scheidungsgrund existierte nicht. Selbst eine Trennung war schwer durchzusetzen, denn eine Frau hatte ohne ihren Mann kein gesetzliches Recht auf Besitz und konnte keinen Haushalt selbständig finanzieren. Auch wenn dies bedeutete, ein Leben lang mit einem Menschen verbunden zu sein, dessen Geist oder Körper ihr zuwider waren, schuldete eine Frau ihrem Ehemann «eheliche Rechte». Sie mußte sich jener wohl widerwärtigsten aller sich wiederholenden menschlichen Aktivitäten unterwerfen – Sex ohne Zuneigung, Sex gegen den eigenen Willen. In *The Subjection of Women* (zumindest teilweise durch Harriets eheliche Erfahrungen inspiriert) nannte Mill es «die tiefste Degradierung eines menschlichen Wesens, gegen seine Neigung zum Instrument einer animalischen Funktion gemacht zu werden». Um dem zu entkommen, konnte sich eine Frau allerlei Ausreden einfallen lassen: Kopfschmerzen, Unpäßlichkeit, Frauenleiden, religiöse Skrupel. Sie konnte fast ununterbrochen schwanger sein oder stillen und sich darauf berufen, sexuelle Aktivität sei in solchen Zeiten gefährlich. War sie sehr kühn und ungewöhnlich vorurteilslos, konnte sie sich vielleicht mit einem Geliebten trösten; wenngleich zu bezweifeln ist, ob eine Frau, deren erste sexuelle Erfahrungen unangenehm waren, sich mit Sex darüber hinwegtrösten kann. War sie am Ende ihrer Kraft, völlig amoralisch und gar ein wenig wahnsinnig, ging sie vielleicht so weit, ihren Ehemann umzubringen. Mary S. Hartmans faszinierendes Buch *Victorian Murderesses* schildert die Geschichten von Frauen der Mittelschicht, die durch die Härten ihres Familienlebens dazu getrieben wurden, ihnen nahestehende Menschen zu töten. Ein immer wiederkehrendes Motiv in diesen Geschichten ist der Ekel, den diese Frauen empfanden, weil sie sich den sexuellen Avancen

Wie sich die Zeiten . . .

... ändern. Noch im vorigen Jahrhundert hatten Frauen kein Recht auf eigenen Besitz. Ohne ihren Ehemann waren sie mittel- und rechtlos.

Keiner käme heute auf die Idee, einer Frau vorzuschreiben, was sie mit ihrem Geld anzufangen hat.

ihrer Männer unterwerfen mußten – ein Ekel, der gelegentlich zu radikalen Einsichten führte. Wären diese «lady killers» Intellektuelle gewesen, dann hätten sie möglicherweise ihre Wut analysieren und sie in eine produktive Kraft verwandeln können. Doch wie die Dinge lagen, handelten sie sprachlos-dumpf und unbewußt und erreichten nichts, als sich und anderen zu schaden.

Harriet Taylor war eine Intellektuelle. Als ihr nach vier Ehejahren klar wurde, daß ihr Mann ihr in vieler Hinsicht widerwärtig war, zog sie ihren Pfarrer zu Rate. Sie erklärte ihm, ihr Mann sei ihr intellektuell nicht ebenbürtig. Sie sagte, sie langweile sich. Sie erwähnte nicht, daß ihr Sex mit ihm zuwider war; vielleicht aus Scham, vielleicht auch in der Annahme, Sex sei grundsätzlich und immer unangenehm. Aber sie dachte weiter über Taylors irritierende Anmaßung nach, die ihm angeblich das Recht gab, mit ihr zu schlafen, wann immer er wollte. Diese Rohheit bei einem ansonsten so gütigen und rücksichtsvollen Mann machte aus Harriet schon in sehr jungen Jahren eine scharfe Kritikerin der Ehe, die sie als sexuellen Vertrag betrachtete, bei dem einer der Vertragspartner, die notwendigerweise jungfräuliche Frau, keine Ahnung haben konnte, auf was sie sich da einließ. Vom rechtlichen Standpunkt aus war das unerhört. Bei keinem anderen Vertrag wären solche Umstände möglich – daß nämlich einer der Unterzeichnenden nicht weiß, worum es bei dem Vertrag geht.

Die Reaktion des Pfarrers auf ihre Klagen läßt erkennen, wie aufgeschlossen und fortschrittlich die unitarischen Kreise waren, in denen Harriet sich bewegte. Dieser bemerkenswerte Mann, William Johnson Fox, Herausgeber der Zeitschrift *Monthly Repository*, später Theaterkritiker und Freund von Charles Dickens, schalt sie nicht und riet ihr auch nicht zur Unterordnung; statt dessen nahm er ihre Sehnsucht nach intellektuellem Austausch völlig ernst und bot ihr an, sie John Stuart Mill vorzustellen.

Mill war ohne Frage nicht nur brillant, er teilte auch – und das taten nur sehr wenige Männer – Mrs. Taylors Hauptanliegen: die Gleichberechtigung der Frauen. In gewissem Sinne brachte sie also der Feminismus zusammen.

Als sie sich während einer Abendgesellschaft bei Mrs. Taylor kennenlernten – auch Fox und Harriet Martineau zählten zu den

Gästen –, war Mill vierundzwanzig, ein Jahr älter als sie, unge-
bunden und attraktiv. Mag sein, daß er sichtlich ein bißchen
Aufheiterung brauchte. Sein Vater hatte ihn der Reform geweiht
wie andere ihre Söhne der Kirche. James Mill hatte die Erziehung
seines Sohnes persönlich überwacht, weil er beweisen wollte,
wieviel Zeit mit den herkömmlichen Methoden verschwendet
werde. Folglich konnte Mill mit drei Jahren Griechisch, Latein
wenig später, und in einem Alter, in dem die meisten Kinder kaum
mehr im Sinn haben als Fahrradfahren, war er es gewohnt, Bücher
zu lesen und deren Argumentationen für seinen Vater auf ihren
täglichen Spaziergängen zusammenzufassen. Er lernte, bei jeder
Frage beide Standpunkte zu vertreten, und er lernte auch, daß
man kein Recht auf eine Überzeugung hat, solange man nicht die
Argumente versteht, die dagegen sprechen. Sein Verstand wurde
zu einer raffinierten Maschine geformt – einer Logikmaschine –,
die in den Dienst radikalen Denkens und praktischer Reformen
gestellt werden sollte. Doch vier Jahre bevor Mill Mrs. Taylor
kennenlernte, war die Maschine defekt geworden.

> Es kam mir in den Sinn, die Frage direkt an mich selbst
> zu stellen: «Nimm einmal an, daß alle Ziele deines Le-
> bens erreichbar wären; daß alle Veränderungen der In-
> stitutionen und Meinungen, die du dir erhoffst, in die-
> sem Augenblick in die Tat umgesetzt werden könnten:
> Wäre das für dich eitel Glück und Freude?» Und eine
> nicht unterdrückbare Selbsterkenntnis antwortete:
> «Nein!» Da sank mir das Herz: das ganze Fundament,
> auf dem mein Leben aufgebaut war, fiel in sich zusam-
> men. All mein Glück hätte in der ständigen Verfolgung
> dieser Ziele liegen sollen. Das Ziel hatte seinen Zauber
> verloren, und wie sollte es da jemals wieder ein Interesse
> an den Mitteln geben? Mir schien, als hätte ich nichts
> mehr, für das es sich zu leben lohnte.

Er war ein gut ausgerüstetes Schiff mit einem Steuer, aber ohne
Segel; er war ohne Wünsche, überwältigt von einer «schlaffen,
erstickenden, leidenschaftslosen Trauer». Daß er eine Anleihe bei
Coleridge machen mußte, um seine Depression zu beschreiben, ist
bedeutsam, denn der Utilitarismus hielt kein Vokabular für emo-

tionale Zustände bereit – außer der grob quantitativen Formulierung «das größte Glück für die größte Anzahl». Und das war Teil des Problems.

Mills Beschreibung seiner emotionalen Struktur und Entwicklung in seiner Autobiographie mag einem bekannt vorkommen: allzu früh und rigoros in logisch-analytischem Denken ausgebildet, entstand bei ihm ein bedenklicher emotionaler Mangel. Langsam wuchs in ihm die Überzeugung – ganz im Widerspruch zum orthodoxen Utilitarismus –, daß es ebenso wichtig sei, den inneren Menschen zu kultivieren, wie seine äußeren Lebensbedingungen zu erleichtern oder die Gesetze zu verbessern, die seine Lebensumstände bestimmen. Zum Glück für Kinder überall kam Mill zu dem Schluß, sein Nervenzusammenbruch sei das Resultat seiner unnachgiebigen Erziehung gewesen, und es gebe im Leben noch anderes als das, was der Philosophie seines Vaters vorschwebte. Gegen seine Depression verschrieb er sich in den späten zwanziger Jahren Lyrik von Wordsworth wie eine Medizin. Die Poesie erschien ihm nun als «die Kultur der Gefühle», nach der er suchte; denn ohne Gefühle konnte die Logikmaschine nicht funktionieren, wie er selbst herausgefunden hatte. Gedanken konnten Ziele und die Mittel zu ihrer Erreichung liefern, doch nur das Gefühl konnte die Motivation, die Kraft, den Wunsch vermitteln, diese Ziele zu erreichen. Glücklicherweise war die belebende Macht der Dichtung manchen Menschen mitgegeben.

1831 brach Carlyle aus der Isolation in Craigenputtock in London ein, fest entschlossen, sich einen Platz in der literarischen Welt zu erobern; und einer der Leute, die er aufsuchte, war der junge John Stuart Mill, dessen im *Examiner* veröffentlichter Essay *The Spirit of the Age* ihn so beeindruckt hatte. Weil Mill mit den Dingen, wie sie waren, unzufrieden war, weil er ebenso wie Carlyle in historischen Zyklen von Verfall und Wandel zu denken schien, glaubte Carlyle, Mill teile seine Ansichten, und war bereit, sich ihm als Jünger unterzuordnen. Sie lernten einander im Hause von Mrs. Austin kennen, zu deren Freundeskreis sowohl Radikale wie auch Romantiker gehörten, pragmatische Benthamiten wie Mill und Idealisten wie Carlyle. Jeder erkannte im andern sofort eine ihm ebenbürtige Brillanz, und die Begegnung beflügelte sie geradezu. Intellektuell standen sie sich im Grunde so fern, wie dies

Menschen nur tun können, doch nur Mill erkannte das damals, und es störte ihn nicht sehr. Er betrachtete Carlyles Ideen als nebulös und metaphysisch, war aber fasziniert von seiner starken, leidenschaftlichen Persönlichkeit. Er gab Mill das Gefühl, ein Strohmännchen zu sein. «Ich hatte das Gefühl, daß er ein Dichter war und ich nicht; daß er ein Mann der Intuition war, die ich nicht besaß; und daß er als solcher nicht nur Dinge lange vor mir erkannte – Dinge, die ich nur sah, wenn man mich darauf hinwies. so daß ich ihnen hinterherstolpern und sie beweisen konnte –, sondern daß er wahrscheinlich viele Dinge sehen konnte, die für mich unsichtbar blieben, selbst wenn man mich darauf hingewiesen hätte.» Was er suchte, fand er in noch größerer Vollendung in Harriet Taylor verkörpert.

Größer als er selbst, größer als Carlyle – mit einem Akt des Willens und des Glaubens sah er in ihr die Überwindung des ewigen Dualismus von Denken und Fühlen – die Vollendung von beidem. «Ich hatte mir immer eine Freundin gewünscht, die ich ganz und gar, rückhaltlos und ohne Einschränkung, bewundern konnte, und nun hatte ich eine gefunden. Um dies möglich zu machen, war es notwendig, daß das Objekt meiner Bewunderung einem von mir ganz verschiedenen Typus angehörte; im Charakter sollte das Gefühl vorherrschen, doch in Verbindung mit einem lebhaften und kühnen spekulativen Intellekt, wie ich es zuvor noch nie erlebt hatte.» Er mißtraute den Vorstellungen von angeborenen Unterschieden viel zu sehr, stand sexuellen Stereotypen viel zu ablehnend gegenüber, um die Frau, die er liebte, als einen Menschen darzustellen (oder sich vorzustellen), der weibliche Gefühle gegen seine männliche Rationalität ausspielte, und so machte er aus Harriet mit einem rhetorischen Trick eine ebenso große Denkerin wie «Poetin». Daran glaubte er fest.

Es gibt auch andere Erklärungen dafür, daß Mill auf Mrs. Taylor mit einer solchen Gefühlsexplosion reagierte – Carlyles Erklärung zum Beispiel. «Dieser Mann, der bis dato noch keinem weiblichen Wesen, nicht einmal einer Kuh, ins Gesicht geschaut hatte, sah sich plötzlich diesen großen, dunklen Augen gegenüber, in denen unaussprechliche Dinge aufblitzten, während er über das Unaussprechliche nur philosophierte.» Ruskin sagte später, der große Fehler seiner Erziehung sei es gewesen, daß sie ihm kein

Liebesobjekt angeboten habe; so daß die Liebe, als er ihr endlich begegnete, mit einer Macht über ihn kam, die er nicht im geringsten kontrollieren konnte. Dasselbe ließe sich von Mill behaupten. Ebenso könnte man sagen, daß ihm sein Vater nie eine Mutter gestattet hatte, und er fand sich schließlich selbst eine, wie verspätet und um welchen Preis auch immer.

1832 hatten Mill und Mrs. Taylor bereits eine intensive Beziehung, sahen sich täglich, wechselten glühende Briefe. Die Zeitschrift *Monthly Repository* hatte bei ihrer Verbindung gewissermaßen Pate gestanden, denn Harriet Taylor hatte begonnen, Rezensionen und Artikel für das Blatt zu schreiben, und Mill arbeitete mit ihr daran – sprach sie mit ihr durch, feilte an ihrem Stil. Er akzeptierte ihre Vorschläge, entwickelte ihre Gedanken weiter und sagte ihr aus ehrlicher Überzeugung, sie sei eine ebenso große Denkerin wie er. Das war die ideale Gemeinschaft, nach der sie sich gesehnt hatte, als sie wegen ihres Unbehagens in der Ehe bei Fox Rat suchte.

Schon ihr Aussehen ließ erkennen, wie sehr sie einander ergänzten. Was man an Harriet zuerst bemerkte, waren ihre Augen – blitzend – und in ihrem Körper die Andeutung von Beweglichkeit, während seine Gesichtszüge, häufig als gemeißelt und klassisch bezeichnet, eine innere Starre ausdrückten. Sein Handschlag kam von der Schulter. Er sprach mit Sorgfalt. Gab man ihm Fakten, sortierte er sie, wägte ab, formulierte mögliche Interpretationen, kam zu einem Schluß. Wo er vorsichtig war, war sie kühn. Wo er desinteressiert und abwägend war, war sie intuitiv, parteiisch und selbstsicher. Ihr ging es um Ziele und Voraussetzungen; ihm ging es um Argumentationen. Sie urteilte und verallgemeinerte schnell, und weil ihm das nicht lag, schätzte er ihren intellektuellen Stil als wagemutig und kraftvoll, während ein anderer, ihr ähnlicherer Mensch sie vielleicht für vorschnell und zu Vereinfachungen neigend gehalten hätte.

Sie lasen gemeinsam Gedichte, besonders Harriets Lieblingsdichter Shelley. Natürlich verabscheuten sie den zynischen Byron. Harriet liebte das Feurige, Romantische; auf Schönheit reagierte sie intensiv. Sie ging mit Mill in Ausstellungen und lehrte ihn, auf Bilder und Skulpturen um ihrer Schönheit willen einzugehen, anstatt nach ‹Bedeutung› oder Nützlichkeit in ihnen zu suchen.

Mill hatte das Gefühl, es öffne sich ihm eine ganz neue Welt. Dies war es, was er in jenen trockenen Jahren so vermißt hatte: Schönheit, Emotion, leidenschaftliche Reaktionen. Harriet schien alles nahezugehen; an Ideen ging sie mit leidenschaftlichem Interesse heran, nicht mit der ruhigen Logik, die man ihn gelehrt hatte. Das mochte er an ihr. Irgendein wesentliches Element schien ihm zu fehlen, so daß er zwar gewissenhaft nach dem Guten und Wahren strebte – doch ohne dabei aus seiner tiefsten Vitalität zu schöpfen. Er bewunderte spontane, enthusiastische Menschen, die das, was sie glaubten, aus dem Gefühl heraus glaubten, nicht nur als unvermeidliches Ergebnis einer logischen Gedankenkette. Aus diesem Grund war er in Harriet Taylors Gesellschaft glücklich und hörte nie auf, sie für den besseren Menschen zu halten. Sein Leben, das ihm so ohne Form und Ziel erschienen war, begann Gestalt anzunehmen und sich um Harriet herumzuschmiegen.

Auf Harriets Bitte tauschten sie «Positionspapiere» zur Ehe aus, «das Thema, das von allen, die mit menschlichen Institutionen zu tun haben, ihrem Glück am nächsten steht». Harriet ließ die ganze Bitterkeit, die sich in sechs Ehejahren in ihr angesammelt hatte, überfließen. «Frauen werden auf ein einziges Ziel hin erzogen, nämlich sich durch Heirat ihren Lebensunterhalt zu verdienen – (ein paar arme Seelen schaffen das auch ohne den Gang in die Kirche. Es ist dasselbe – sie kommen mir kein bißchen schlechter vor als ihre ehrbaren Schwestern).» – «Man sieht nur sehr wenige Ehen, in denen echte Sympathie oder Freude oder Gemeinschaft zwischen den Partnern besteht.» Und außerdem, sagte sie,

> ob die Natur nun Unterschiede zwischen dem Wesen des Mannes und dem der Frau gemacht hat oder nicht – mir scheint, daß alle Männer, mit Ausnahme von einigen wenigen hochgeistigen, heute mehr oder weniger Sensualisten sind – Frauen dagegen fehlt diese Eigenschaft ganz.

Bei dem Versuch, Philosophie zu schreiben, schrieb Harriet in Wirklichkeit die Geschichte ihres Lebens. In ihren Augen war die Ehe nichts anderes als die Übertragung eines sexuellen Gebrauchsgegenstandes, wobei die Männer das ganze Vergnügen und die Frauen all die «Unbequemlichkeiten und Schmerzen» hatten. Sie befürwortete emphatisch die Scheidung auf Verlangen.

Was Mill für Mrs. Taylor schrieb, war eine sorgfältig durchdachte Argumentation gegen die Unauflösbarkeit der Ehe, in der er, charakteristisch für ihn, ebenso überzeugende Gedanken gegen wie für die Scheidung anführte. Ich zitiere daraus, weil ich den Text für ein bemerkenswertes Stück vernünftigen Denkens halte und weil er den Charakter des Mannes zeigt.

> Die meisten Menschen haben nur eine sehr mäßige Fähigkeit zum Glücklichsein; doch niemand findet das ohne entsprechende Erfahrung heraus, und nur wenige sogar mit Erfahrung: und die meisten Menschen lassen ihre Unzufriedenheit, deren Ursache im eigenen Innern sitzt, an äußerlichen Dingen aus. Daher erwarten sie in der Ehe ein weit größeres Maß an Glück, als sie gewöhnlich finden, und da sie nicht wissen, daß die Schuld in der eigenen, geringen Glücksfähigkeit liegt – bilden sie sich ein, sie wären mit jemand anderem glücklicher geworden: oder die Enttäuschungen, die sie allenthalben erleben, verbinden sich in ihren Köpfen mit dem Geschöpf, auf das sie all ihre Hoffnungen gesetzt hatten – und so empfinden sie eine Zeitlang eine gegenseitige Abneigung – und während dieser Zeit trennen sie sich manchmal: doch wenn sie zusammenbleiben, verblaßt das Gefühl der Enttäuschung nach einiger Zeit, und sie verbringen ihr Leben zusammen ganz genauso glücklich, wie sie allein oder in jeder anderen Verbindung gewesen wären – ohne sich der Zermürbung durch wiederholte und erfolglose Experimente ausgesetzt zu haben.

In seinem Plädoyer für die Scheidung führt Mill an, es sei unwahrscheinlich, das Glück bei einer ersten Wahl zu finden, wenn Entscheidungen von Menschen getroffen werden, die jung und unerfahren sind und noch viel zu sehr unter dem Einfluß der Eltern stehen. Tatsächlich sind die statistischen Chancen, das Glück in der Ehe zu finden, in jedem Lebensalter recht mager. «Die Ehe ist wirklich das, als was man sie zuweilen bezeichnet hat: eine Lotterie, und wem der Sinn danach steht, die Chancen einmal ruhig zu kalkulieren und korrekt einzuschätzen, der dürfte wohl kaum ein Los kaufen. Diejenigen, die erst nach sehr genauen Überlegungen heiraten, zahlen gewöhnlich nur einen höheren Preis für ihre Enttäuschungen.» Vorausgesetzt, daß keine Kinder in Mitleidenschaft gezogen werden, sollten wir daher die Freiheit besitzen, die Partner zu wechseln, bis wir einen gefunden haben, der zu uns paßt.

Mill erkannte, daß das Problem der Ehegesetze unentwirrbar mit der Stellung der Frau verflochten war. Sie regelten nicht eine Verbindung von Gleichberechtigten, sondern eine von Herr und Sklavin, Beschützer und Abhängiger. So schlecht diese Gesetze auch waren – sie waren immer noch besser als ein Naturzustand, in dem ein Mann, im Vertrauen auf seine körperliche Überlegenheit, sich einfach eine Frau nahm und sie wieder fallenließ, wenn es ihm paßte. Während Harriet den Ehevertrag im wesentlichen als eine der Frau auferlegte Verpflichtung betrachtete, jederzeit auf Verlangen sexuelle Gunst zu gewähren, sah Mill die Verpflichtung im wesentlichen dem Mann auferlegt: er muß bei seiner Frau bleiben, auch wenn sein Verlangen nach ihr längst gesättigt ist und er in frischere sexuelle Gefilde aufbrechen möchte. Die Ehegesetze, sagte er, wurden «*von* Sensualisten *für* Sensualisten und um Sensualisten *zu verpflichten*» geschaffen, und worin sich Mill und Mrs. Taylor in ihren Essays vor allem einig sind (gleich nach ihrer Überzeugung, daß die Ehe ein Vertrag zwischen Gleichberechtigten sein und wie jeder andere Vertrag auch auflösbar sein sollte), ist ihre Verachtung der Sensualität. Wenn die meisten Menschen aus den richtigen Gründen heraus heiraten würden, nämlich um der intellektuellen und emotionalen Gemeinsamkeit willen und nicht nur aus körperlichem Verlangen – dann gäbe es keinen Grund, durch Gesetze die Freiheit der Vereinigung oder Trennung einzuschränken.

Um die Geschichte der Liebesbeziehung zwischen Mill und Harriet Taylor ganz zu verstehen, muß man den Abscheu gegen Sex verstehen, mit dem sie aus ihrer Ehe gekommen war, die Geringschätzung sexuellen Tuns, die beiden gemeinsam war, und ihre Überzeugung, daß sie miteinander die höchste menschenmögliche Form der Gemeinschaft gefunden hatten; eine Liebe, die nur aus Geist und Intellekt bestand, weit über dem Unrat der

Erde, eine Liebe auf der höchsten Stufe der platonischen Leiter – das höchste Gut, das das Leben zu bieten hatte.

Der arme John Taylor versuchte, wie ein vernünftiger Mann zu handeln. Er glaubte den Beteuerungen seiner Frau, daß ihre Beziehung zu Mill völlig unschuldig sei, einzig auf Geistesverwandtschaft beruhte. Freilich, Grund sich zu beklagen hatte er, denn wenn sie auch nicht mit Mill schlief – mit ihrem Mann schlief sie ebenfalls nicht, und in späteren Jahren brüstete sie sich damit, sie sei von dem Augenblick an, in dem sie Mill kennenlernte, beiden Männern in ihrem Leben nur Seelenfreundin gewesen. Ihrem Mann erklärte sie mit brutaler Offenheit (die sie zweifellos für philosophische Aufrichtigkeit hielt), daß sie bei Mill eine Gemeinsamkeit gefunden habe, die ihr bisher fehlte, und daß sie Mill mehr liebe als ihn.

Einmal bat er sie, Mill nicht wiederzusehen, und sie willigte ein. Sie schrieb Mill einen Abschiedsbrief, und er unterwarf sich ihrem Entschluß in einem herzzerreißenden Brief in Französisch, einer Sprache, die ihm zur Erörterung von Herzensangelegenheiten angemessener schien als die englische. Doch die Lösung sollte weder so dramatisch noch so einfach zu erreichen sein – und ganz gewiß nicht schnell. Harriet stellte fest, sie könne ohne ihren Freund nicht auskommen, und ihr Mann konnte es nicht ertragen, sie unglücklich zu machen. Nach und nach wurde der frühere Zustand wiederhergestellt, mit Mill in der Rolle des geduldeten platonischen Geliebten. Fast jeden Abend verbrachte er bei den Taylors. Nur den Mittwoch ließ er aus, denn mittwochs empfingen die Taylors Gäste, und dann hätte er Harriet mit anderen teilen müssen. Die anderen Abende verbrachte Mr. Taylor häufig in seinem Club, um den beiden aus dem Weg zu gehen.

In dieser Situation gab der Ehemann, über den so wenig bekannt ist, vermutlich am meisten und erhielt am wenigsten. Soweit er sich durch seine Briefe zu erkennen gibt, zerbricht er sich ständig den Kopf, versucht das Verhalten seiner Frau und die Feinheiten der Sensibilität zu begreifen. Harriet gab ihm ziemlich deutlich zu verstehen, sie und John Mill seien aus feinerem Zeug gemacht als er, ihr Denken bewege sich auf einer höheren Ebene, und ein Junior-Partner in einer Großhandelsfirma für Drogeriewaren und Arzneimittel müsse sich schon sehr anstrengen, um mit ihnen Schritt zu halten, egal wie wohlhabend er sei. Also rannte er und rannte. Und die Männer in seinem Club, sowie viele andere, wußten die Feinheiten im Verhalten seiner Frau nicht so zu würdigen, wie er es gelernt hatte, und lachten ihn aus.

Endlich erreichte Taylor den Punkt, an dem er sich entschloß, Harriet lieber aufzugeben, als die Demütigung ihrer Liaison mit Mill, wie unschuldig sie auch sein mochte, noch länger zu ertragen. Er stellte ein Ultimatum. Wenn Harriet ihre Freundschaft mit Mill nicht beende, wolle er eine Trennung. Harriet willigte in die Trennung ein. Sie würde für sechs Monate allein nach Paris gehen. Dort würde sie zu einer Entscheidung darüber kommen, ob sie künftig mit ihrem Mann, mit Mill oder vielleicht allein in Paris leben wollte. Dies war der Augenblick der Entscheidung. Wenn Harriet jemals ihren Mann verlassen und den revolutionären Schritt tun würde, mit Mill zu leben – dann jetzt, 1833. Es wäre tollkühn, aber Harriet Taylor und John Mill waren kühne Menschen. Sie bekannten sich zu Robert Owens radikaler Definition, Keuschheit sei Geschlechtsverkehr mit Zuneigung, Prostitution Geschlechtsverkehr ohne sie. Was sexuelle Verhaltensweisen anging, so betrachteten sie «die gesellschaftlichen Verordnungen zu einer so ganz und gar persönlichen Angelegenheit nicht als bindend».

Mill zögerte wesentlich stärker als Mrs. Taylor, eine unverzeihliche gesellschaftliche Sünde zu begehen. «Was für mich eigentlich sehr viel leichter sein sollte als für sie, ist in Wirklichkeit schwieriger, kostet mich einen härteren Kampf: der Meinung der Umwelt den Rücken zu kehren und damit auch meiner früheren Lebensgewohnheit, mich vor ihr als gut zu erweisen.» Dahin wäre sein guter Ruf, dahin aller Einfluß, wenn er öffentlich mit Harriet davonzog. So unwert ihm 1826 ein Leben für die Reform erschienen war – ein Leben für die Liebe schien ihm 1833 ebenso unwürdig. Es würde ihn zur «Obskurität und Bedeutungslosigkeit» verdammen. Leichtsinnigerweise gestand er Harriet seine Ängste. «Gütiger Himmel», erwiderte sie. «Bist du endlich so weit gekommen, daß du dich vor ‹*Obskurität* und *Bedeutungslosigkeit*› fürchtest! Was kann ich dazu sagen, außer ‹geh um alles in der Welt deiner brillanten, bedeutenden Karriere nach›. Bin *ich* denn jemand, der schuld daran sein wollte, daß der Mensch, den ich liebe, sich zu ‹Obskurität und Bedeutungslosigkeit› verdammt sieht! Mein Gott, was hat die Liebe zwischen zwei Gleichrangigen mit ‹Obskurität und Bedeutungslosigkeit› zu tun.» Sie nannte sein Zögern, die eigene Karriere zu zerstören, kaum mehr als «ganz gewöhnliche Eitelkeit». Kein Wunder, daß diese gebieterische Frau Mill das Gefühl gab, endlich lebendig zu sein. Ihre Empörung ist albern – und völlig unwiderstehlich für einen, der so stark auf pure Energie und Leidenschaft reagiert wie Mill.

Harriet fand, sie könne den Skandal, den eine Flucht mit Mill bedeuten würde, riskieren, aber wäre er letzten Endes besser als ihr Ehemann? Nach ihrer Ankunft in Paris empfand sie plötzlich große Dankbarkeit und Zuneigung für Mr. Taylor, der sich (innerhalb seiner Grenzen) bemerkenswert gut hielt. (Natürlich zahlte er für alles.) Paßten sie und Mill wirklich zueinander? Sie hatten so wenig Zeit miteinander verbracht und waren in ihrer Beziehung so eingeschränkt gewesen, so nahe sie sich auch standen. Nicht lange nach ihrer Ankunft in Paris gesellte sich Mill ihr zu – und brach damit sein Versprechen, mit Carlyle seine Ferien in Craigenputtock zu verbringen. Es war seine Pflicht, versicherte er Carlyle, einem Menschen gegenüber, «dem ich von allen Lebenden wohl am meisten verpflichtet bin». Sie verbrachten zwei Wochen in vollkommener Harmonie zusammen. «Wir hätten uns unter früheren Umständen niemals so nahe sein können, in solcher Intimität – wir hätten niemals in zahllosen kleineren Angelegenheiten so zusammensein können wie hier – wir hätten niemals über alles so geprochen, in jeder Stimmung und mit soviel Freiheit und ohne Zurückhaltung.» Vermutlich war es zu dieser Zeit, daß ein französischer Freund der Carlyles Mill und Mrs. Taylor Beeren von derselben Weintraube essen sah, «wie Turteltauben». Das Ergebnis dieser zwei Wochen war, daß Harriets Zweifel zur Ruhe kamen. Sie war überzeugt, daß sie glücklich zusammen leben konnten und tatsächlich mehr für «jene perfekte als für diese imperfekte Gemeinschaft» geeignet waren.

Die Entdeckung war vielleicht eine theoretische, denn die Barriere, die ihrem Zusammenleben im Wege stand – Harriets Mann –, existierte noch. Harriet schrieb ihm oft; Briefe voll der Zuneigung, die sie, wie sie behauptete, immer für ihn empfunden hatte.

Beim Schreiben ließ sie sich hinreißen. Sie war liebevoller, überschwenglicher als je in seiner Gegenwart. Mr. Taylor war entzückt von ihren Briefen und glaubte, er habe sie wiedergewonnen. Toleranz war die richtige Strategie gewesen; die Trennung hatte der Liebe tatsächlich gutgetan. Mill mußte das Ganze dem eher verwirrten Pastor Fox erklären, der seinerseits von London aus versuchte, diesem häuslichen *pas de trois* zu folgen. «Weil ihre Briefe an Mr. Taylor die starke Zuneigung, die sie immer empfunden hat, ausdrücken und er nicht mehr den täglichen Beweis ihrer weit stärkeren Gefühle für einen anderen vor Augen hat, glaubt er, ihre Zuneigung sei *zurückgekehrt* – er hätte sie ebenso deutlich schon früher sehen können; nur weigerte er sich, daran zu glauben. *Ich* habe sie gesehen und ihre enorme Macht über sie gespürt . . . Ihre Zuneigung für ihn, die schon immer allem zugrunde lag, ist jetzt das einzige Hindernis für unser Zusammensein – gegenwärtig scheint überhaupt keine Aussicht zu bestehen, es zu überwinden. Sie glaubt – und sie kennt ihn ja besser als irgendeiner von uns –, daß es sein ganzes künftiges Leben zerbrechen würde, und die Verantwortung *dafür* will sie auf keinen Fall auf sich nehmen.» Mill war kein Mann, der sie einfach überrumpelt hätte. Taylor war kein Mann, der sie gezwungen hätte. Wenn einer der drei zu extremen Handlungsweisen fähig war, dann Harriet, und sie lagen vermutlich nicht in ihrem Interesse. Die Situation gab auch so schon genug Anlaß zum Nachdenken.

Das Dreieck ist ein sonderbar stabiles Arrangement, und es war nichts Außergewöhnliches, daß es Harriet Taylor tiefe Befriedigung bereitete, die Spitze des Dreiecks zu sein. Es war auch nicht ungewöhnlich, daß sie glaubte, ihr Mann werde daran zerbrechen, wenn sie ihn verließe. Doch nur selten ist soviel spekulative Umsicht, soviel scheinbare Vernunft in Überlegungen darüber eingeflossen, welches Verhalten auf eine – vorausgesetzte – Leidenschaft zu folgen habe. Systematisch, philosophisch erwogen sie, ob Mrs. Taylor ihren Mann verlassen und mit Mill zusammenleben solle. In das Drama des eigenen Lebens brachten sie die ganze Gewissenhaftigkeit ein, mit der sie sich den theoretischen Problemen der gesellschaftlichen Gerechtigkeit widmeten; und so kamen Mrs. Taylor und Mill zu dem Schluß, es gebe keine Rechtfertigung dafür, Mr. Taylor eine so tiefe Kränkung zuzufügen, es sei denn, es ließe sich klar erkennen, daß ein Zusammenleben nicht nur ihr Glück garantierte, sondern daß anderenfalls einer von ihnen oder beide unerträglich unglücklich würden. Hier wird das utilitaristische Prinzip des größtmöglichen Glücks in einer stoischen Variante auf die private Ethik angewandt: wie läßt sich die größte Menge an Unglück vermeiden? Diese Menschen mit ihrem starken Willen, ihrer Vernunft und nicht geringen Leidenschaft entschieden am Ende, das geringste Unglück würde entstehen, wenn Harriet bei Taylor bliebe, falls sie weiterhin Mills Gesellschaft genießen konnte. Das würde alle drei frustrieren und stören, aber keinen in abgrundtiefes Elend stürzen. Harriet legte ihrem Mann den Fall so überzeugend dar, daß er zugab, er sei bislang selbstsüchtig gewesen, und schwor, in Zukunft weniger an sich selbst und mehr an andere zu denken. Er würde ihr gestatten, mit Mill zusammenzutreffen, wenn sie sich bereit erklärte, den Schein einer Ehe zu wahren. Mit anderen Worten: nach all den qualvollen Überlegungen und Gesprächen beschlossen sie, genauso weiterzumachen wie zuvor, wobei Taylor sich damit zufriedengab, für seine Frau nicht mehr zu sein als «Freund und Gefährte».

Man muß Harriet schon alle Achtung zollen. Sie hatte einen gediegenen Ehemann, neben dessen Gelassenheit ihr eigener Witz desto blendender zur Geltung kam. Aus einer unbefriedigenden Ehe, in der sie sich sexuell unterdrückt fühlte, hatte sie eine Situation gemacht, in der sie die emotionale und finanzielle Unterstützung ihres Mannes hatte, ohne dafür den sexuellen Preis zu zahlen, den sie so verabscheute. Sie gestattete sich den Luxus zu glauben, sie opfere ihm ihr Glück. Einer der brillantesten Männer Londons war ihr enger und ergebener Freund, und auch er war davon überzeugt, daß sie ihm ein Opfer brachte. Sie besaß die Liebe ihrer drei Kinder, die sie anbeteten, zweifellos aus demselben Grund wie Mill – wegen ihrer mit Wärme und Spontaneität gepaarten Klarheit und Festigkeit. Sie war eine ausgezeichnete Mutter und behielt den Ruf, eine ausgezeichnete Mutter zu sein, auch während all dieser komplizierten häuslichen Manöver. Und sie hatte sogar ihr gesellschaftliches Ansehen bewahrt – wenn auch nur um Haaresbreite. Sie war offensichtlich eine Frau von außergewöhnlichen Talenten, wie John Mill immer sagte.

Natürlich redete man über sie, und am ausgiebigsten tat das die leidenschaftliche Klatschbase Thomas Carlyle, der sich damals als guten Freund von Mill betrachtete. Doch obwohl die beiden Männer seit 1831 korrespondierten, mehr oder weniger jeden Monat lange Briefe wechselten, und obwohl Mill 1833 sogar einen Besuch in Craigenputtock machen wollte (jenen Besuch, den er wegen Mrs. Taylor und Paris dann absagte), hatte er Carlyle nichts über Mrs. Taylor erzählt, was beide Carlyles um so mehr schockierte, als sie 1834 nach London zogen und von der Angelegenheit hörten. Carlyle berichtete seinem Bruder:

> Mrs. Austin hatte eine tragische Geschichte (über Mill) zu erzählen, der sich unsterblich in irgendeine junge philosophische Schönheit verliebt hat (freilich wie Täubchen, die noch nicht flügge sind) und all seinen Freunden und sich selbst verloren ist.

Und Jane schrieb weniger liebenswürdig: «Eine junge Mrs. Taylor hat, obwohl verheiratet und mit Kindern, John Mill so erfolgreich schöne Augen gemacht, daß er rettungslos verliebt war.»

Als sie Mrs. Taylor vorgestellt wurden, fanden beide Carlyles sie faszinierend. «Sie ist eine lebende romantische Heldin, von klarstem Verstande, königlicher Willenskraft, sehr interessant, und ihr Geschick ist gefährdet.» Jane machte ihr einen Besuch, und sie dinierten bei ihr in Gesellschaft von W. J. Fox und John Taylor, «einem beschränkten, überaus fröhlichen Mann, dem Inbegriff geselliger Gastfreundschaft». Doch Platonica – wie Carlyle Mrs. Taylor zu nennen begann – verlor bald ihren Schmelz. Ihr Gebaren war den Carlyles ein wenig zu königlich. Sie trug «die Hoheit einer Sultanin» zur Schau, was sie nicht mochten, und dazu ein «kleinmädchenhaftes Schmollen». Sie billigten auch die liberalen politischen Ansichten Mrs. Taylors und ihrer Freunde nicht; Carlyle nannte den Kreis boshaft «die Freunde der Spezies». «Jane und ich sagen oft: ‹Von allen Sterblichen, hüte dich vor einem Freund der Spezies!› Die meisten dieser Leute schauen auf die Ehe und ähnliche Dinge herab; und häufig müssen sie sich von ihren Frauen scheiden lassen, oder sie werden geschieden: denn obwohl die *Welt* bereits in der Blüte ewig währenden ‹Glückes für die größte Anzahl› steht (oder eines Tages stehen wird), ist das eigene *Heim* dieser Leute (finde ich immer) eine kleine Hölle von Leichtsinn, Streit und Unvernunft.»

Nach und nach begannen sie, sich um ihren Freund Mill zu sorgen und Platonica zu mißtrauen; «eine gefährlich aussehende Frau», sagte Jane jetzt, «von einer gefährlichen Leidenschaft erfüllt», zwischen der und ihr sich keine «brauchbare Beziehung» entwickeln könne. Als der schreckliche Zwischenfall mit dem verbrannten Manuskript sich ereignete, scheinen die Carlyles allen Ärger, den sie verständlicherweise gegenüber Mill hätten empfinden können, auf Mrs. Taylor übertragen zu haben. Sie ruinierte Mills Leben, und das deutlichste Anzeichen dafür war in Janes Augen die Tatsache, daß sein Intellekt ihn am entscheidenden Punkt im Stich ließ – nämlich ihrem Mann gegenüber. Dennoch schwankten Carlyles letztlich nie in ihrer Freundschaft; vielleicht aufgrund ihrer eigenen Beziehung bezweifelten sie nie, daß Mills Beziehung zu Mrs. Taylor sexuell unschuldig war.

> Ist es nicht sonderbar, dieses Dahinschmachten unseres armen Mill bis zum Austrocknen, zur Selbstauflösung, wenn, wie alle seine Freunde sagen, diese Circe der Grund ist? Noch nie habe ich ein Rätsel menschlichen Lebens gesehen, zu dem ich so schwer eine Theorie bilden konnte. Sie sind unschuldig, sagt die Barmherzigkeit: sie sind schuldig, sagt der Skandal: warum sterben sie dann an gebrochenem Herzen? Nur eins ist mir schmerzlich klar, daß es dem armen Mill ganz miserabel geht.

Tatsächlich litt der arme Mill unter Schwindsucht, und später sollte eine Reise auf den Kontinent ihn auf wunderbare Weise von dieser Krankheit heilen. Doch Thomas Carlyle – aus seiner Unfähigkeit heraus, in der hingebungsvollen Liebe eines Mannes zu einer Frau etwas anderes als komische Vernarrtheit zu sehen, aus Eifersucht, weil Mrs. Taylor ausgerechnet den Freund, den er haben wollte, gewonnen hatte, und zum Teil aus angeborener Bosheit, die fast alle seine Beobachtungen an Zeitgenossen färbte –, Thomas Carlyle trug zu der populären Version von Mills Romanze mit Mrs. Taylor bei, der Geschichte vom naiven Philosophen, der von einer *femme fatale* ruiniert wird.

Niemand wirkt schuldbeladener als Menschen, die von ihrer eigenen Unschuld überzeugt sind. Mill und Mrs. Taylor versuchten, ganz offen gemeinsam in London aufzutreten, doch sie schockierten zu viele. John Roebuck zum Beispiel beobachtete ihre Ankunft auf einer Dinnerparty bei der Mutter von Charles Buller. Mill trat mit Mrs. Taylor am Arm ein. «Das Benehmen der Dame, die offensichtliche Devotion des Herrn zogen alsbald die allgemeine Aufmerksamkeit auf sich, und ein unterdrücktes Gekicher ging durch den Raum.» Roebuck, einer von Mills engsten Freunden, suchte ihn am nächsten Tag auf und bat ihn inständig, diese kompromittierende Liaison aufzugeben. Mill weigerte sich, je wieder mit ihm zu sprechen. Mills Vater, der alte Utilitarist, erklärte seinem Sohn klipp und klar, er begehre das Weib eines anderen Mannes, was genauso schlimm sei, wie dessen Hab und Gut zu begehren. Mill erwiderte, seine Gefühle für Mrs. Taylor unterschieden sich in nichts von denen, die er für einen kompetenten Mann hegen würde, und mehr wurde in seiner Familie niemals über seine engste Freundin gesagt.

John Taylor rettete die Situation wieder einmal, indem er für Harriet ein Haus auf dem Lande mietete, wo sie ungestört mit Mill zusammensein konnte und aus dem Mr. Taylor sich leichter entfernen konnte als aus seinem Haus in London. So diskret wie nur möglich fuhr Mill regelmäßig nach Kingston oder Walton hinaus und verbrachte Wochenenden mit Mrs. Taylor. Ebenso heimlich reisten sie zusammen auf den Kontinent, gewöhnlich ihrer Gesundheit wegen, die sich bei beiden langsam verschlechterte. Zuweilen begleitete Mr. Taylor seine Frau bis Paris, wo er sie dann dem Schutze von Mr. Mill übergab. Auf einer Reise, 1836, wurden sie von Harriets Kindern und Mills jüngeren Brüdern begleitet. Die jungen Leute wurden in der Schweiz zurückgelassen, während Mill und Mrs. Taylor nach Italien weiterfuhren und zwei Monate an der Bucht von Genua verbrachten. In seiner Autobiographie sagt Mill in einer von Harriet stark überarbeiteten und auf ihren Vorschlag hin geschriebenen Passage über jene Jahre: «Ich . . . war überaus dankbar für die Charakterstärke, die sie befähigte, mögliche Mißdeutungen meiner häufigen Besuche bei ihr – während ich doch gewöhnlich getrennt von ihr lebte – und unserer gelegentlichen gemeinsamen Reisen zu ignorieren; wenn auch in jeder anderen Hinsicht unser Verhalten während dieser Jahre nicht die geringste Ursache für irgendwelche Mutmaßungen gab, außer der Wahrheit, daß nämlich unsere Beziehung damals allein auf großer Zuneigung und engster Vertrautheit beruhte.»

Zu ihrer Zeit war ihre Unschuld nicht so offenkundig, und zwischen 1840 und 1850 führte der Skandal dazu, daß Mill und Mrs. Taylor sich fast völlig von der Gesellschaft zurückzogen. In diesem schwierigen Jahrzehnt arbeiteten sie eng zusammen an den *Principles of Political Economy* und anderen Schriften von Mill. Mrs. Taylor hatte zu schreiben aufgehört und fand es befriedigender, mit – und durch – Mill zu arbeiten. Er war so dankbar für ihre Hilfe bei der Arbeit an *Principles of Political Economy*, daß er dem Buch eine öffentliche Widmung zufügen wollte:

Mrs. John Taylor, der am hervorragendsten qualifizierten aller dem Autor bekannten Personen, welche Gedanken über gesellschaftliche Verbesserungen hervorbringen oder zu schätzen wissen, ist dieser Versuch, Ideen zu erklären und zu verbreiten, von denen viele zuerst von ihr gelernt wurden, mit größtem Respekt und höchster Achtung gewidmet.

Vielleicht war das übertrieben; indiskret war es gewiß. Harriet beriet sich mit ihrem Mann darüber, ob sie die Widmung annehmen sollte oder nicht, und war überrascht, einen seiner seltenen Ausbrüche von Ärger zu erleben. John Taylor fand Widmungen ganz allgemein geschmacklos, aber diese verriet einen Mangel an Geschmack und Takt, den er nicht für möglich gehalten hatte. «Es sind nicht nur ‹ein paar gewöhnliche Leute›, die vulgäre Bemerkungen machen werden, sondern alle, die uns kennen – die Widmung wird bereits vergessene Erinnerungen wiederaufleben lassen und Bemerkungen und Gerede hervorrufen, die für mich jedenfalls außerordentlich unangenehm sein werden.» Es war niemals angenehm, anderer Meinung zu sein als Harriet, und er bedauerte den Verdruß, den seine Meinung ihr bereitete (sie wollte die Widmung annehmen), doch seine Verletzung war so ernsthaft, daß er bereit war, ihren Unmut zu riskieren. Nach langem Hin und Her wurde die Widmung allen Exemplaren eingefügt, die Freunden geschenkt wurden.

Im Dezember 1848 entschloß sich Harriet, den Winter in Südfrankreich zu verbringen, teils ihrer Gesundheit wegen, teils aber auch, um ihrem ungeliebten Bruder, der aus Australien nach London kam, aus dem Wege zu gehen. Mr. Taylor war sehr betrübt, als er von ihren Plänen hörte. Er fühlte sich gar nicht wohl und hätte sie lieber nicht ganz so weit entfernt von sich gehabt. Doch Harriet blieb ungerührt. «Ich kann Dir versichern, ich tue das nicht zu meinem Vergnügen, ganz im Gegenteil, und nur nach den *ängstlichsten* Überlegungen – tatsächlich bin ich halb tot vor *intensiven Angstzuständen*. Nahe Beziehungen zu Menschen, die den meinen völlig entgegengesetzte Prinzipien haben, produzieren übermäßige Peinlichkeiten.» Sie meinte ihren Bruder. Wenn sie blieb, würde sie seinetwegen sicher in Schwierigkeiten geraten, die sie einfach nicht ertragen konnte. «Deine Bemerkung, es mache Dich traurig, daß ich gehe, hat mir, seitdem ich Deinen Brief erhielt, so *intensive* Kopfschmerzen bereitet, daß ich kaum sehen kann, was ich schreibe – doch das ist wohl nur eine der Peinigungen, die ich wie vielleicht jeder zu ertragen habe.»

Harriet fand alles, was sie tat, rational gerechtfertigt, so daß sie, als sie im März des folgenden Jahres in Pau einen Brief ihres Mannes erhielt, in dem er ihr schrieb, er sei krank und sie möge doch zu ihm nach Hause kommen, seine Bitte glatt ablehnte, mit der Begründung, Mr. Mill komme Mitte April *seiner* Gesundheit wegen auf den Kontinent, und sie habe versprochen, mit ihm zusammenzutreffen. Nichts als ein «Gefühl, das Richtige zu tun», schrieb sie, halte sie davon ab, sofort nach Hause zu kommen. Sie war sicher, daß ihre Verpflichtung Mill gegenüber, der an schwindender Sehkraft und einer Unfähigkeit zu schreiben litt, stärker war als die Verpflichtung ihrem Mann gegenüber, der in Wirklichkeit Krebs hatte und im Sterben lag, was sie freilich nicht wissen konnte. Als sie endlich nach Hause zurückkehrte, war er dem Tode nahe. Zwei Monate lang pflegte sie ihn und blieb ständig an seiner Seite. «Es gibt nichts auf der Welt, was ich nicht für ihn tun würde, und nichts auf der Welt, was ich tun *kann*.»

Vielleicht spürte sie nun doch einmal, daß sie ihn nicht immer gut behandelt hatte. Aber sie hatte immer Zuneigung für ihn empfunden und er für sie. Auf ihre Weise waren auch sie platonische Liebende. Im Juli 1849 starb er und hinterließ ihr seinen gesamten Besitz.

Am nächsten Tag begannen Mill und Mrs. Taylor darüber zu diskutieren, ob Mill bei der Beerdigung erscheinen sollte. Sie schrieb:

> Meine erste Reaktion war ein Gefühl von «lieber nicht», wegen dieser gewissen Distanz, die in letzter Zeit bestand. Doch nun, nach gründlichem Nachdenken, scheint mir, daß Dein Kommen vor allem doch ein Zeichen von Respekt ist, nicht wahr? Und daß also Dein Nichtkommen ein Mangel daran wäre. Außerdem hat die Öffentlichkeit, und auch *seine* Öffentlichkeit, einiges gehört . . . von unserer Intimität. . . . Würde Deine Abwesenheit daher nicht viel stärker bemerkt werden als Dein Kommen? Andererseits trifft auf die gewöhnliche Welt nichts so sehr zu wie der Ausdruck: Aus den Augen, aus dem Sinn.

Ein typisches Beispiel dafür, wie das Beste in ihnen zuweilen ins Schlimmste abglitt. Spricht dies für ein bewußt gelebtes Leben? Oder nur für den Mangel an jener Spontaneität, die einer Entscheidung, wie sie auch aussehen mag, Anmut verleiht?

Kühn im Denken, war Harriet doch in mancher Hinsicht in ihrem Verhalten zutiefst konventionell. Nach John Taylors Tod verging die konventionelle Trauerzeit von zwei Jahren, bis Harriet sich, wiederum konventionell, bereit erklärte, Mrs. Mill zu werden. Daß eine Heirat für sie der nächste Schritt sein würde, war gar nicht so selbstverständlich. Sie wollten zusammenleben, wollten das ständige Kommen und Gehen beenden, das jede geringfügige Meinungsverschiedenheit zwischen ihnen verschärfte. Doch Harriet verband bedrückende Erlebnisse mit dem Wort Ehe, und beide hegten Abneigung gegen die Institution, die ihrer Meinung nach die zutiefst unmoralische Übertragung aller Macht und allen Eigentums auf den Mann legalisierte. Während 1852 ihre Hochzeit näher rückte, verfaßte Mill ein bemerkenswertes Dokument, in dem er auf alle Rechte, die ihm als Ehemann zufallen würden, Verzicht leistete.

> Falls ich das Glück habe, ihre Einwilligung zu erlangen, dann stehe ich jetzt an der Schwelle zur Verehelichung mit der einzigen Frau von allen, die ich je kannte, mit der ich in diesen Stand eintreten wollte; und da das ganze Wesen der vom Gesetz definierten ehelichen Beziehung dergestalt ist, daß sowohl sie als auch ich sie voll und ganz und nach bestem Gewissen ablehnen, und zwar unter anderen aus dem Grunde, daß sie einem der Vertragspartner legale Macht und Kontrolle über Person, Besitz und Bewegungsfreiheit des anderen verleiht, ungeachtet der eigenen Wünsche und Ziele der Partnerin; so fühle ich, der ich keine Möglichkeit besitze, mich legal von dieser hassenswerten Macht zu befreien ... mich verpflichtet, schriftlich und förmlich Protest gegen das bestehende Eherecht hinsichtlich der Erteilung solcher Macht niederzulegen; sowie das feierliche Versprechen, niemals, in keinem Fall und unter keinen Umständen davon Gebrauch zu machen. Und im Fall einer Eheschließung zwischen Mrs. Taylor und mir erkläre ich hiermit, daß es mein Wille, meine Absicht und die Voraussetzung unserer Verbindung ist, daß sie in jeder Hinsicht absolute Handlungsfreiheit behält sowie die Freiheit, über sich selbst und alles, was ihr zu irgendeiner Zeit gehören mag, so zu verfügen, als ob eine solche Heirat gar nicht stattgefunden hätte; und ich verzichte darauf und verschmähe es, durch diese Heirat irgendwelche Rechte gewonnen zu haben.

Harriet verstand ganz gewiß, daß Mill mit diesen trockenen, uneleganten Sätzen nicht nur auf die Eigentumsrechte, die eine Ehe ihm verlieh, Verzicht leistete, sondern auch auf die sexuellen Rechte, die ihre erste Ehe so zur Qual gemacht hatten. Sexuelle Handlungen würden zwischen ihnen keine Angelegenheit von Recht und Pflicht sein.

Sie heirateten unauffällig, auf einem Standesamt außerhalb von London, mit zwei von Harriets Kindern als Zeugen. Mill unterschrieb das Dokument wie gewöhnlich mit «J S Mill» und mußte sich sagen lassen, daß sein vollständiger Name erforderlich sei, er mußte also die ausgelassenen Buchstaben dazwischenquetschen, was seine Unterschrift am Ende ziemlich komisch aussehen ließ. Der Zwischenfall nagte so an ihm, daß es schwerfällt, ihn nicht ernst zu nehmen. Einige Zeit später erklärte er seiner Frau den Fehler in einem formellen Brief. Der Brief selbst hatte, wie es scheint, eine quasi-legale Funktion, denn als er ihn schrieb, wohnten sie zusammen. Er bat sie, ihn noch einmal zu heiraten, so daß niemand die Rechtmäßigkeit ihrer Ehe bezweifeln konnte. Als Administrator und Gesetzesreformer hatte er großen Respekt vor dem Buchstaben des Gesetzes, und verheiratet zu sein beunruhigte ihn so, daß er jetzt sogar befürchtete, gar nicht verheiratet zu sein.

Mill wirkte immer wie ein Mann, der Wut nicht kennt. Laut seinem Freund und Biographen, dem Logiker Alexander Bain, geriet er nie in Zorn, und Haß und Beschimpfungen waren, um Bains sonderbare Formulierung zu gebrauchen, in ihm «gekreuzigt». Im Streit war sein stärkstes Zeichen von Erregung ein leises Auflachen. Doch jetzt, nach seiner Heirat, fing er an, auf einige seiner früheren engsten Freunde einzuschlagen, freilich nicht in eigener Sache, sondern um Harriets willen. Bis zum Tage seiner Hochzeit hatte Mill mit seiner Mutter und zwei seiner Schwestern zusammengewohnt; doch dann brach er jede Verbindung zu ihnen ab, weil sie Harriet nicht sofort nach der Verlobungsankündigung einen Besuch abgestattet hatten. Sein Zorn war so unfair und bar jeder Vernunft wie die plötzliche Bewegung von Magma beim Ausbruch eines Vulkans. Er wirkte niederschmetternd auf die liebevollen Damen in Kensington, die nie etwas anderes getan hatten, als auf den Mann, der seit dem Tod von James Mill das geliebte Oberhaupt der Familie gewesen war, stolz zu sein und ihm in allem nachzugeben. In zwanzig Jahren der Freundschaft hatten Mill und Mrs. Taylor ein verstohlenes Leben geführt, ihre Treffen verheimlicht, die Leute über ihre Reisepläne in die Irre geführt, bösartigen Klatsch ertragen. Vielleicht hatte sich da viel Zorn angesammelt, der nur darauf wartete, zum Ausdruck zu kommen, sobald sie anständig verheiratet waren. Dieser vernünftige Mann, der gar nicht zornig werden konnte, der nie gelernt hatte, Gefühle auszudrücken, ließ sich jetzt vom Zorn genauso hinreißen, wie er sich Jahre zuvor von der Liebe hatte hinreißen lassen – so sehr, daß er im Zorn und in der Liebe wie ein schlechter Schauspieler wirkte, der einen Liebenden oder einen Zornigen zu spielen versucht.

Einer der Menschen, die Mills und Mrs. Taylors Entschluß zu heiraten überraschte, war Mills jüngerer Bruder George, ein Seidenhändler in Madeira. Er bewunderte seinen ältesten Bruder und die Frau, von der er gehört hatte. Er bewunderte ihre Prinzipien, die er zum Teil für eine nonchalante Mißachtung gesellschaftlicher Formen hielt. Er begriff nicht, was diese beiden Menschen, die konventionelle Institutionen verachteten, durch Heirat gewinnen könnten. Viele Jahre lang waren sie miteinander glücklich gewesen, ohne verheiratet zu sein. (George Eliot sollte übrigens bei freidenkenden Freunden dieselbe enttäuschte Reaktion erleben, als sie, nachdem ihre unkonventionelle Liaison mit Lewes durch seinen Tod endete, J. W. Cross heiratete.)

Einen Monat nach der Hochzeit schrieb Mill an seinen Bruder, ohne die Veränderung in seinem Leben zu erwähnen. George erfuhr die Neuigkeit schließlich von seiner Mutter und den Schwestern in London und schrieb höflich einen kurzen Brief an seine neue Schwägerin und einen an ihren Sohn Haji. Er erwähnte seine Überraschung. Er sagte, er verstünde nicht, warum sie etwas getan hätten, was so gar nicht mit ihren Prinzipien in Einklang stände. Er wisse nicht, was für Veränderungen, wenn überhaupt welche, die Heirat in ihrer Lebensweise bewirke, doch er wünsche ihnen alles Gute. Denkt man an das Dokument, in dem Mill auf seine Rechte als Ehemann verzichtete, mag Georges Verwunderung verständlich erscheinen. Doch Mills böse Erwiderung ließ keine Ambivalenz gegenüber der Institution der Ehe erkennen.

Ich habe längst aufgehört, mich über den absoluten Mangel an Einsicht oder guten Manieren bei allem, was von Dir kommt, zu wundern – Du bist anscheinend zu gedankenlos oder zu ignorant für solche Dinge –, aber auf einen derartigen Mangel an Feingefühl, gepaart mit arroganten Vermutungen, wie er sich in Deinen Briefen an meine Frau und an Haji zeigt, war ich doch nicht gefaßt. ... Du warst «überrascht», wahrhaftig, über unsere Heirat, und Du «weißt nicht genug über die genauen Umstände, um Dir eine Meinung darüber bilden zu können». Wer hat Dich eigentlich darum gebeten, Dir eine Meinung zu bilden? Eine Meinung, worüber? Bittet ein Mann, der heiratet, gewöhnlich um die Meinung seines zwanzig Jahre jüngeren Bruders? Oder, in meinem Alter, überhaupt um die Meinung eines Bruders oder irgendeines anderen Menschen? Aber obgleich Du Dir keine «Meinung» bildest, erlaubst Du Dir, Haji in bezug auf seine Mutter etwas vorzupredigen, und sie vor Deinem Tribunal für die Übereinstimmung zwischen ihrem Verhalten und ihren Prinzipien zur Rechenschaft zu ziehen.

Entweder schießt Mill hier mit Kanonen auf Spatzen, oder es steckt mehr dahinter, als man zunächst annehmen könnte. Ich meine, daß hier in der Tat ein Konflikt verborgen liegt, und zwar nichts Geringeres betreffend als die Bedeutung, die Mill der Geschichte seiner Beziehung zu Harriet beigemessen sehen wollte: die Bedeutung der Geschichte seines Lebens.

Man braucht kaum zwischen den Zeilen zu lesen, um zu erkennen, daß George selbstverständlich annahm, ihre Beziehung sei immer auch eine sexuelle gewesen. Er bewunderte sie als sexuelle Radikale – etwa wie Shelley –, als Helden der freien Liebe, die über die Ehe und gesellschaftliche Sanktionen nur lachten. Nichts konnte weiter von der Moral entfernt sein, die Mill und Harriet aus ihrer Geschichte abgeleitet sehen wollten. Sie wollten keineswegs als Menschen betrachtet werden, die Handlungen aus Leidenschaft guthießen. Warum sonst hätten sie sich in all diesen Jahren die Freuden des Zusammenseins versagt, wenn nicht aus rationaler Rücksicht auf John Taylors Gefühle? Sie wollten nicht als die philosophischen Erben eines Shelley mit seiner absurden und kindischen Romantik betrachtet werden, sondern als fortschrittlich auf eine spezifisch moderne Weise, mit stärkerer Betonung auf Selbstbeschränkung, moralischer Charakterstärke, Fortschritt durch Selbstdisziplin – auf eine Weise, die ich ‹viktorianischer› nennen möchte. Wie ein fleißiger, aber nicht sehr begabter Schuljunge hatte George Mill seine Lektionen gelernt, aber daraus die falschen Schlüsse gezogen; aus einer komplexen, subtilen Moral hatte er eine vulgäre und simplistische gemacht, und Mill ging mit dem frustrierten Zorn des Lehrers auf ihn los, dem es nicht gelungen ist, das Wesentliche zu vermitteln.

Mr. und Mrs. Mill glaubten, ihre persönliche Geschichte beweise etwas, das die Welt sehr nötig habe: daß nämlich die Rationalität eine stärkere Bindung zwischen Männern und Frauen schaffen kann als die Sensualität; daß Sex in der Liebe weniger wichtig ist als intellektuelle Gefährtenschaft; daß man sogar ohne Sex auskommen kann. Als Mill anfing, seine Autobiographie zu schreiben, bat ihn Harriet, darin auch die Geschichte ihrer Beziehung von 1830 bis zu ihrer Heirat zu schildern und dabei den Blick besonders auf die starke Zuneigung zwischen ihnen, die Intimität ihrer Freundschaft und die Abwesenheit alles Unschicklichen zu lenken. «Das erscheint mir als ein lehrreiches Bild für jene armseligen Geschöpfe, die sich eine Freundschaft nur als sexuelle vorstellen können – und nicht glauben, daß ein Gespür für das Angemessene und Rücksicht auf die Gefühle anderer die Sinnlichkeit besiegen können.» Mill befolgte ihre Anweisungen so gewissenhaft, wie er ihre Wünsche stets beachtete, und schrieb:

Wie jeder Mensch, der nicht Sklave seiner animalischen Gelüste sein will, verachteten wir den niedrigen Gedanken, daß die stärkste und zärtlichste Freundschaft zwischen Mann und Frau nicht ohne sinnliche Beziehung bestehen kann oder daß Impulse dieser niedrigen Art nicht beiseite geschoben werden können, wenn Rücksicht auf die Gefühle von anderen, oder auch nur Klugheit und persönliche Würde, dies erfordern. Sicher ist, daß unser Leben während dieser Jahre auch der strengsten Prüfung hätte standhalten können, und wenn wir für andere nicht nur dieses Opfer brachten, sondern auch das noch größere, nämlich nicht zusammenzuleben, so fühlten wir uns doch nicht verpflichtet, jene intime Freundschaft und das häufige Zusammensein zu opfern, die für mich . . . und ich darf wohl auch sagen, für sie, das größte Gut des Lebens und das Hauptziel darin waren.

Die Phrase «während dieser Jahre» könnte darauf hindeuten, daß Mr. und Mrs. Mill in späteren Jahren dem Sex *nicht* entsagten. Daß Mill die Enthaltsamkeit mit dem Wort «Opfer» andeutet, spricht sogar noch deutlicher gegen die Keuschheit ihrer Beziehung nach der Heirat. Und doch gehen die meisten modernen Wissenschaftler davon aus, daß die Ehe der Mills nie vollzogen wurde. Diese Wissenschaftler berufen sich darauf, daß die Enthaltsamkeit zum Zeitpunkt der Heirat, als beide in den späten Vierzigern waren, längst zur starren Gewohnheit geworden sein müsse. Zudem weisen sie auf Harriets Rückenprobleme hin, die von einem Kutschenunfall im Jahre 1842 herrührten; ein Unfall, der sie zur Invalidin machte, die praktisch nicht mehr gehen konnte. Alexander Bain, der einzige von Mills Biographen, der ihn persönlich kannte, befand: «In den sogenannten sinnlichen Gefühlen war er unterdurchschnittlich», also kein guter Repräsentant der Menschheit. «Er belächelte die Schwierigkeiten anderer, ihren sexuellen Appetit zu zügeln.» Der einzige winzige dokumentarische Einblick, den wir in John Mills verborgenes Leben haben, weist auf eine wirkungsvoll unterdrückte Sinnlichkeit hin. Es ist ein Traum aus dem Jahre 1857, in dem sich Mill nach einer Frau sehnt, die Freundin und «Magdalene» zugleich ist, und für diesen Gedanken von einer Frau gescholten wird, die sehr nach Harriet klingt, worauf er sich dann auf fade, abstrakte Gedanken über das Wesen des Guten zurückzieht. Keine These ist völlig schlüssig. Ich selbst möchte gern glauben, daß die Ehe vollzogen wurde. Ich möchte gerne glauben, daß Begierde Mills hyperbolische Liebe zu Platonica befeuerte. Doch Beweise gibt es weder dafür noch für das Gegenteil – keine ‹rauchende› Pistole. Fest steht allerdings, daß Sex nicht das bindende Moment in Harriets Liebe zu John war und daß John es nicht gebilligt hätte, wenn Sex eine Rolle in seiner Liebe zu ihr gespielt hätte.

Sowohl John Mill als auch Harriet verbanden Sex unweigerlich mit der ungerechten Verteilung von Macht: Genuß für Männer auf Kosten von Frauen. Wie die meisten viktorianischen Feministen sah Mill in Frauen die Opfer männlicher Sexualität und hoffte auf den Fortschritt in Form eines Zeitalters verringerter sexueller Aktivität. Wiederum wie die meisten Feministen meinte er, zu einem sexbesessenen, genußsüchtigen Zeitalter zu sprechen.

(Als Josephine Butler ihre große Kampagne gegen die Doppelmoral führte, forderte sie nicht, daß Frauen dieselbe sexuelle Freiheit zugestanden werden sollte wie Männern, sondern daß Männer sich dem Maßstab sexueller Reinheit unterordnen sollten, an dem die Frauen gemessen wurden.) Der viktorianische Feminismus sprach sich im allgemeinen gegen Geburtenkontrolle aus, weil damit die Frauen einen der wenigen Schutzzäune gegen den Sex, den sie noch hatten, verlieren würden – die Angst vor der Schwangerschaft – und sie das für noch längere Zeit der männlichen Sexualität ausliefern würde.

Für Mill bestand eine Verbindung zwischen dem Ziel der Gleichberechtigung von Mann und Frau und dem Ziel, die Sinnlichkeit zu überwinden. Aber seit seiner Zeit neigt die Hauptströmung des Feminismus eher dazu, die sexuelle Erfüllung aufzuwerten. Heute, da so viele von Mills Ideen über die Stellung der Frau und die Ehe akzeptiert sind, ist es schwer, der Versuchung zu widerstehen, seine Beziehung zur Mrs. Mill als Vorwegnahme des zeitgenössischen feministischen Ideals einer heterosexuellen Beziehung zu betrachten, in der «Sex und Intellekt, Familie und Arbeit eine Einheit bilden». Alice Rossi bekennt freimütig, daß sie eine überholte Utopie heraufbeschwört, indem sie die Ehe der Mills als Ideal hinstellt. Sie versucht, in der Vergangenheit Modelle zu finden, die sie als Feministin, der heterosexuelle Beziehungen wichtig sind, gerne in der Gegenwart wiederholt sähe. Doch das ist kein guter Ansatz. Die Mills waren keine so perfekte Einheit.

Während Mill sein Leben als Beweis für die Richtigkeit seiner Theorien anzubieten suchte, benutzten es seine Feinde ironischerweise, um ihn zu diskreditieren. Als 1883 eine junge Wienerin ihrer Bewunderung für Mills Gedanken über die Ehe Ausdruck gab, beeilte sich ihr Verlobter, sie eines anderen zu belehren.

Dies ist wirklich ein Thema, zu dem sich Mill nicht ganz menschlich äußert. Seine Autobiographie ist so prüde oder so weltfremd, daß man daraus niemals lernen könnte, daß sich die Menschheit in Männer und Frauen aufteilt und daß dieser Unterschied ein sehr wichtiger ist. Auch die Beziehung zu seiner eigenen Frau kommt einem unmenschlich vor. Er heiratet sie sehr spät im

Leben, hat keine Kinder mit ihr, die Liebe, so wie wir sie verstehen, wird nie erwähnt ... In all seinen Schriften erscheint nie etwas darüber, daß die Frau sich vom Mann unterscheidet, was nicht heißen soll, daß sie weniger ist, aber doch das Gegenteil. Da findet er zum Beispiel eine Analogie zur Unterdrückung der Frauen in der des Negers. Da hätte ihn jedes Mädchen – auch ohne Wahl- und andere Rechte –, deren Hand von einem Mann geküßt wird, welcher für ihre Liebe alles zu riskieren bereit ist, ohne weiteres korrigieren können.

Freud (denn er war es) schloß streng: «Die Stellung der Frau kann nicht anders sein, als sie ist: ein angebeteter Schatz in der Jugend, eine geliebte Ehefrau in der Reife.» Wie er mit seinem biologischen Determinismus in der herrschenden naturwissenschaftlichen Tradition des 19. Jahrhunderts stand, so gehörte er auch der Mehrheit an, wenn er Mills Beziehung zu seiner Frau – «unmenschlich», «weltfremd» – als Mittel dazu benutzte, um seine Theorien über die Lage der Frauen anzugreifen. Mills Kritiker des späten 19. Jahrhunderts wiesen mehr oder weniger boshaft auf die ‹Geschlechtslosigkeit› seines Lebens oder auf seinen natürlichen Mangel an Maskulinität hin. «Denn wenn man ihn auch nach seinem Tode mit vernünftigen Argumenten nicht widerlegen konnte», schreibt Mills Biograph Michael St. John Packe, «so konnte man doch behaupten, er sei mehr Frau als Mann gewesen, und einer Frau brauchte man schließlich kein Gehör zu schenken.»

Es ist wohl nicht verwunderlich, daß wir bei dem Versuch, uns das Eheleben dieser stark geistig orientierten Geschöpfe, Mr. und Mrs. Mill, vorzustellen – dieser so ganz und gar in ihrem Experiment eines vernünftigen Lebens aufgehenden Menschen –, uns dazu gedrängt fühlen, widersprüchlichen Ideen über sie nachzugehen; unseren, ihren und denen anderer. Und mir scheint, daß ihre Vorstellung von der Moral und Form ihres gemeinsamen Lebens nicht weniger Erfindung war – und auch keine überzeugendere Erfindung – als die von George Mill oder Freud oder Alice Rossi oder mir. Sie klammern sich aneinander in Londoner Salons, die der aufgeklärten Diskussion gewidmet sind. Sie bummeln durch die Straßen von Paris und diskutieren dabei über die

Ethik ihres Verhaltens. Sie stellen überlegen und genießerisch jene exklusive Präferenz für die Gesellschaft des anderen zur Schau, die man gemeinhin *Liebe* nennt. Wie die Liebenden im *Sommernachtstraum*, wie Liebende überall in der Welt, die das geistige Leben achten, sind sie vernarrt ineinander und beglückwünschen einander zu ihrer Vernunft.

Eine Ehe von Gleichrangigen

Sie nahmen sich ein abgelegenes Haus in Blackheath Park, etwa acht Meilen außerhalb von London, mit einem Pachtvertrag auf zwanzig Jahre. Jeden Tag machte sich Mill kurz nach neun auf den Weg zu seinem Büro, wobei er die halbe Meile vom Haus bis zum Bahnhof und dann die beträchtliche Entfernung von Charing Cross Station bis zur Leadenhall Street zu Fuß zurücklegte. Dort hatte er seit seinem siebzehnten Lebensjahr im India House gearbeitet, und dort sollte er weiterhin arbeiten, bis der East India Company die Regierung Indiens aus den Händen genommen wurde. Bis zu seinem zweiundfünfzigsten Lebensjahr bestand seine Arbeit – wie die seines Vaters vor ihm – darin, die Berichte der Agenten der Gesellschaft in Indien zu lesen und Antworten darauf zu entwerfen, in denen er sie – von der anderen Seite des Erdballs aus – darin unterwies, wie die Geschäfte eines Landes zu führen seien, das er nie zu Gesicht bekommen hatte. Er machte seine Sache gut. Seine Dienste wurden von der Gesellschaft hochgeschätzt, und zur Zeit seiner Heirat verdiente er 1200 Pfund im Jahr. Für einen Schriftsteller wie ihn, fand er, war diese Position geradezu ideal. Intellektuell gerade interessant genug, um ihn nicht zu langweilen, war seine Tätigkeit im Büro eine Art Entspannung nach den Mühen des philosophischen Denkens und Schreibens. Hätte er versucht, seinen Lebensunterhalt allein mit der Feder zu verdienen, dann hätte er seine Ansichten mäßigen oder sich kaputtarbeiten müssen. So aber opferte er nur Zeit, in der er sonst mehr hätte reisen und die Freiheit des Landlebens genießen können. Das war die Sache wert.

Indien zu regieren, beschäftigte ihn nicht den ganzen Tag, und die Zeit, die ihm blieb, bevor er zum Sechs-Uhr-Tee heimfuhr, verbrachte er mit seiner eigenen Schriftstellerei, mit Briefeschreiben oder im Gespräch mit Freunden, die zu Besuch kamen, wie George Grote, der seine klassische Geschichte Griechenlands schrieb, und Alexander Bain. Manchmal gingen Grote und Bain mit Mill zurück zur Charing Cross Station, aber nach seiner Heirat begleiteten sie ihn nie weiter. Sie waren Freunde, die er während seiner Arbeitszeit, auf seinem Territorium sah. Nach Blackheath wurden nur die Leute eingeladen, die mit beiden Mills befreundet waren, und das waren nicht viele – W. J. Fox, der sie zusammengebracht hatte, und der italienische Patriot Giuseppe Mazzini, im Exil in London, der durch John Taylor in ihr Leben gekommen war. Diese und zwei ausländische Wissenschaftler, Theodor Gomperz aus Österreich und Pasquale Villari aus Italien, waren die einzigen, die in Blackheath wirklich willkommen waren während der Jahre, in denen die Mills dort wohnten – freilich nicht in völliger Abgeschiedenheit, denn Harriets Sohn lebte mit Ausnahme der letzten beiden Jahre dort und ihre Tochter Helen die ganze Zeit.

Mills Freunde waren enttäuscht; sie hatten gehofft, daß die Heirat auch seine Rückkehr ins gesellschaftliche Leben bedeuten werde. Doch er lebte nach der Hochzeit noch zurückgezogener als vorher. Weder ihm noch Harriet fiel es schwer, auf die eher lauwarmen Freuden der Gesellschaft zu verzichten – sie fanden einander einfach faszinierend. Beide hatte ihre außergewöhnliche Intelligenz einsam gemacht, und so freuten sie sich aneinander wie zwei Riesen oder zwei Zwerge oder eben wie zwei Menschen, die schon gefürchtet hatten, daß ihre Eigenartigkeit ihnen jede enge Beziehung zu einem anderen Menschen unmöglich machen würde. Sie waren ein glückliches Paar, diskutierten alles, teilten alles miteinander. Vor allem aber teilten sie seine Arbeit miteinander – oder das, was die Nachwelt seine Arbeit nennt, obgleich Mill immer wieder betonte, daß praktisch alles, was unter seinem Namen veröffentlicht wurde, ebenso von Harriet wie von ihm war.

Mill war der Ansicht, daß alle Schriften, die entstehen, wenn zwei Menschen jedes interessante Thema zusammen untersuchen, wenn sie alle Gedanken und Überlegungen teilen, dann auch deren gemeinsame Produkte sind. Derjenige, der weniger Text beigesteuert hat, hat vielleicht die meisten Ideen geliefert. Es ist von geringer Bedeutung, wer gerade die Feder geführt hat. In diesem Sinne «sind nicht nur während unserer Ehejahre, sondern auch während der vielen vorangegangenen Jahre vertrautester Freundschaft meine sämtlichen veröffentlichten Schriften ebenso das Werk meiner Frau wie das meine». Das 1843 veröffentlichte Werk *System of Logic*, das den Grundstein für Mills Ruhm legte, hatte außer einigen glücklichen Formulierungen noch wenig mit Harriet zu tun, aber danach war alles, was wir Mill zuschreiben, eine Gemeinschaftsproduktion: *Principles of Political Economy*, *On Liberty*, *The Autobiography*, *The Subjection of Women*, die Essays zur Religion. Einige dieser Werke wurden erst nach Harriets Tod veröffentlicht, doch sie waren lange vor ihrer tatsächlichen Veröffentlichung mit ihr durchdiskutiert, von ihr skizziert, geplant und in einigen Fällen von ihr diktiert worden.

Harriet als Mitautorin des Millschen Werkes – das war ein schwer zu schluckender Brocken, und noch viele Jahre, nachdem Mill dies in seiner Autobiographie erklärt hatte, bemühten sich Kritiker angestrengt zu beweisen, daß Mill sich hier im Irrtum befände, und zu begründen, wie er sich denn in einer Frage, in der er sich doch eigentlich hätte auskennen müssen (der Autorschaft seiner Werke), hatte irren können. Alice Rossi hat den Widerstand eines Jahrhunderts gegen den bloßen Gedanken, daß Harriet mit einem so klaren, logischen und starken Kopf wie Mill hätte zusammenarbeiten können, untersucht und kommt zu dem Schluß, daß dieser Widerstand sexistisch ist: Harriet zieht die Feindseligkeit der Mill-Spezialisten auf sich, weil sie – brillant und aggressiv, wie sie ist – nicht ihren Vorstellungen von Weiblichkeit entspricht. Überdies haben auch alle möglichen politischen Vorurteile die Einschätzung von Harriets Rolle in Mills Karriere beeinflußt. Die Unitarier im 19. Jahrhundert – Harriets Freunde – waren begeistert von ihrem Einfluß auf Mill, während die Utilitaristen in ihr eine Kraft sahen, die Mill ihrem Dunstkreis entzog, und sie eher negativ beurteilten; später spielte Harold Laski Harriets Bedeutung für Mills Denken herunter, weil er nicht wollte, daß man etwa annehmen könnte, Mills Sozialismus sei lediglich auf den Einfluß einer Frau zurückzuführen. «Man spürt bei Mill-Spezialisten hinter der distanzierten Wissenschaftlichkeit den Widerstand gegen den Gedanken, daß Harriet Taylor fähig war, auf irgendeine bedeutsame Weise zu Mills kraftvollen Analysen politischer und sozialer Fragen beizutragen; es sei denn, es findet sich eine Einstellung oder politische Idee, die dem Wissenschaftler nicht paßt; dann wird dieses ungeliebte Element auf Harriets Einfluß zurückgeführt.» Neuerdings akzeptiert jeder ernsthafte Wissenschaftler, der sich mit Mills Leben und Werk befaßt, was Mill über Harriets Anteil an seinem intellektuellen Leben sagt. «Wenn sich Mills Einfluß in Theorie oder Praxis auf die Entwicklung der westlichen Welt oder der Menschheit ausgewirkt hat», schreibt Packe, «ist seiner Frau dafür mindestens ebensosehr zu danken wie ihm selbst.»

Man denke etwa an die ungeheuer einflußreichen *Principles of Political Economy*, begonnen 1845 und druckreif Ende 1847, als Harriet noch mit John Taylor verheiratet war. Mrs. Taylor las und kommentierte jeden Absatz. Sie war der Meinung, daß im ersten Entwurf ein Kapitel über die Zukunft der Arbeiterklasse fehle, also schrieb Mill eines, nach ihren Angaben. Sie half ihm auch beim Korrigieren der Fahnen, kümmerte sich um den Einband und um die Verhandlungen mit dem Verleger. Als eine zweite Auflage erscheinen sollte, verlangte Harriet noch mehr als nur die Einfügung eines neuen Kapitels. Sie wollte, daß Mill eine langgehegte, wohldurchdachte Ansicht änderte – seinen Glauben nämlich an den Kapitalismus als das wünschenswerteste System der Eigentumsordnung.

In der ersten Auflage hatte Mill seine Opposition gegen Sozialismus und Kommunismus (damals wurden kaum Unterschiede zwischen beiden gemacht) mit der Überzeugung begründet, daß Menschen am besten arbeiteten, wenn sie im eigenen Interesse arbeiteten, in der Hoffnung, sich durch eigene Anstrengung zunehmend besser belohnen zu können. Er fürchtete, die Motivation zu arbeiten werde schwinden, wenn der Lebensunterhalt garantiert wäre. Er argumentierte aber auch, daß Menschen, die niemals frei von Angst um die Mittel zu ihrem Lebensunterhalt wären, dazu neigen, diese als Mittel zum Glück zu überschätzen. «Unter dem Sozialismus würde die Arbeit das verlieren, was sie hauptsächlich versüßt, nämlich die Idee, daß jede Anstrengung merklich die eigenen Interessen des Arbeiters beeinflußt oder die eines Menschen, mit dem er sich identifiziert.» Als Harriet diesen Absatz wieder las, lehnte sie ihn vehement und ohne Einschränkung ab. Vielleicht hatten die revolutionären Ereignisse des Jahres 1848 etwas mit dieser Veränderung ihrer Einstellung zu tun. Vielleicht hatten die Chartisten sie optimistischer werden lassen hinsichtlich der Fähigkeiten der Arbeiterklasse, ihr eigenes ökonomisches und politisches Leben zu bestimmen. Was auch der Grund gewesen sein mag – sie war nun davon überzeugt, daß es das Wichtigste sei, den Menschen einen Lebensunterhalt zu garantieren und sie von ihrer Angst um das Notwendigste zu befreien.

Mill war erstaunt. Der beanstandete Paragraph war auf ihren Wunsch und in ihren eigenen Worten eingefügt worden. Überdies hielt er ihn für den überzeugendsten Bestandteil der Argumentation. Mit ihm würde das zwingendste Argument gegen den Sozialismus verschwinden, und er müßte sich diesen, in einer Kehrtwende, zu eigen machen. Dennoch drängte er Harriet weder, ihren Sinneswandel zu erklären, noch versuchte er, seine frühere Position zu untermauern. Gelassen akzeptierte er die Korrektur. «Dies ist vermutlich nur der Fortschritt, den wir schon immer gemacht haben, und wenn ich nur genug darüber nachdenke, komme ich wahrscheinlich zu demselben Schluß – wie das fast immer der Fall ist, immer, glaube ich, wenn wir lange genug nachdenken.» An die Stelle seiner komplexen Darstellung einiger Schwächen des Sozialismus traten also frömmelnde Banalitäten zu seiner Verteidigung: «Es würde ein Ende aller Ängste um den Lebensunterhalt geben; wodurch für das menschliche Glück viel gewonnen wäre.» Und so schlich sich in die *Politische Ökonomie* ein Utopismus ein, der viel typischer für Mrs. Taylor als für Mill war, und eine Billigung des Sozialismus, die über die Jahrzehnte eine enorme Wirkung zeitigte und so ein wenig dazu beitrug, aus England das zu machen, was es heute ist – nur weil Harriet Taylor 1849 ihre Meinung änderte.

Der Mann, der seit seinem fünften Lebensjahr darauf trainiert worden war, selbst zu denken, ließ Mrs. Taylor wissen, daß er jede Meinung ändern werde, wenn sie ihn darum bäte, «selbst wenn es keinen anderen Grund dafür gäbe als meine innere Gewißheit, daß ich nie bei einer Meinung bleiben würde, die sich von Deiner unterscheidet, wenn es um ein Thema geht, das Du ganz durchdacht hast». Er hielt sich nur für fähig zu interpretieren, aufzuschreiben, was andere glaubten, und versicherte in seinem privaten Tagebuch, in Briefen und in seiner Autobiographie immer wieder, Mrs. Taylor sei die Quelle all seiner Weisheit und er nur ihr Sprachrohr. «Was nützte es, wenn ich Dich überleben würde!» schrieb er ihr. «Ohne Deine Anregung könnte ich nichts schreiben, für das es wert wäre, am Leben zu bleiben.» Sie war sein Publikum und seine Inspiration; er schrieb aus ihr heraus und für sie. Auf sich gestellt, schien er unfähig zu sein, sich zwischen den Fragen zu entscheiden, die seiner Aufmerksamkeit wert waren, und so stellte sie ihm Themen. Beim Schreiben einiger seiner bedeutendsten Werke nahm er die Haltung eines Schuljungen ein, der seine Aufgaben macht. «Ich will, daß mir mein Engel sagt, welchen Essay ich als nächsten schreiben soll. Für das letzte Thema, das sie mir zuwies, habe ich alles getan, was ich kann.» Und:

> Sonntag habe ich, wie erwartet, die *Natur* beendet. Ich bin mir gar nicht sicher, was ich als nächstes versuchen soll – ich werde einfach der Liste der Themen, die wir aufgestellt hatten, in derselben unordentlichen Reihenfolge folgen, in der wir sie aufgeschrieben hatten. Unterschiede des Charakters (Nation, Rasse, Alter, Sex, Temperament). Liebe. Geschmacksbildung. Religion de l'avenir. Plato. Verleumdung. Basis der Moral. Nützlichkeit der Religion. Sozialismus. Freiheit. Doktrin, daß Ursächlichkeit Wille sei.

Man kann praktisch das gesamte spätere Werk Mills in dieser Stichwortliste erkennen. Es war nicht so wichtig, wo er begann, solange er überhaupt begann, und Harriet war nur zu gern bereit, ihm zu sagen, was er tun sollte. Sie war die Exekutive. Sie traf die Entscheidungen. Ungehindert durch die gedanklichen Subtilitäten und Nuancen, die Mill zuweilen zurückhielten, ohne Scheu vor Widersprüchen, ging sie, ein wenig ungehobelt vielleicht, aber begeistert und praktisch, ohne Umschweife auf die wichtigen

Dinge zu. In diesem Fall wählte sie die Religion aus dem Wirrwarr möglicher Themen. «Zu den Essays, Lieber – wäre nicht Religion, die Nützlichkeit der Religion, eines der Themen, über die Du am meisten zu sagen hättest?» Er könne (schlug sie vor) doch die nahezu universelle Existenz irgendeiner Art von Religion begründen; könne zeigen, wie Religion und Dichtung die gleichen Wünsche erfüllen, das Bedürfnis nach Trost, den Hunger nach höheren Dingen; könne andeuten, wie dies alles in einer Moral aufgehoben werden muß, die ihre Autorität von der Zustimmung von Menschen, die wir respektieren, erhält und nicht von der Hoffnung auf Belohnung in einem Leben nach dem Tode. Es waren mehr oder weniger die gewohnten, positivistischen Gedanken, aber Mill reagierte ekstatisch. «Dein Programm eines Essays über Religion ist wunderbar, aber es erfordert Deinen Beitrag – ich kann es versuchen, aber nach ein paar Absätzen werde ich schon am Ende dessen sein, was ich zu diesem Thema zu sagen habe.» Doch er schrieb den Essay, der postum als *The Utility of Religion* veröffentlicht wurde.

Nahezu alle Menschen, die mit Mill sprachen, waren sich darüber einig, daß sein Geist zu den erstaunlichen Phänomenen der Zeit gehörte: so klar, so produktiv, so gerecht, so unerbittlich. (In der Tat heißt es, sein Schädel habe das größte der Wissenschaft bekannte Gehirn enthalten.) Doch dieser Geist hatte einen Defekt, den nur Mill wahrnahm. Er setzte nichts in Gang. Er war wie ein Automat, der perfekt funktionierte, sobald er auf eine Richtung eingestellt war, der aber weder seine eigene Richtung bestimmen noch sich selbst anschalten konnte. Und so setzte Harriet, spontan, gebieterisch, leidenschaftlich intellektuell, ohne Selbstzweifel, die Logik-Maschine in Bewegung. Sie war das geheimnisvoll energiespendende «Gefühl», das notwendig war, um das «Denken» zu mobilisieren. Sie diente als der Teil von ihm, der sich engagierte. Sie konnte ihre Meinung ändern. Sie konnte sich in einem Jahr für den Kapitalismus einsetzen und im nächsten für den Sozialismus. Aber immer war sie mit dem Herzen dabei. Als sie starb, sagte er, die Sprungfeder seines Lebens sei zerbrochen, und die Metapher stimmte genau. Sie zog ihn auf. Sie katapultierte ihn in die Höhe. Mit ihren gemeinsamen Interessen, ihrem grundsätzlichen Glauben an die Idee der Verbesserung der

Menschheit und mit ihren dennoch so unterschiedlichen geistigen Fähigkeiten, waren sie das perfekte intellektuelle Team.

Die Welt hat wenig Sympathie für die erfolgreiche Zusammenarbeit eines verheirateten Paares. Als John Lennon darauf bestand, gemeinsam mit Yoko Ono Platten zu machen, bezichtigte man ihn der Vergötterung einer minderwertigen Künstlerin, und ihr warf man vor, sie zerstöre eine großartige Gruppe von Künstlern. Alice Rossis feministische Erklärung der Feindseligkeit, die Harriet Taylor auf sich zog, könnte zum Teil auch auf die heftigen Debatten um Yoko Ono zutreffen. Doch es gibt Fälle, in denen man es Männern verübelt, daß sie Frauenkarrieren unterbrochen haben. Opernliebhaber werden sich vielleicht an den anfänglichen Widerstand erinnern, den man Joan Sutherland entgegenbrachte, als sie verlangte, daß ihr Mann Richard Bonynge immer dirigieren sollte, wenn sie sang, und – am anderen Ende des kulturellen Spektrums – an den Widerstand gegen Barbra Streisand, als sie ihren Geliebten vom Friseur zum Produzenten beförderte. Was hier vorgeht, scheint mir kollektive Eifersucht zu sein. Das Publikum, dessen Beziehung zu jeder Berühmtheit (Autor, Philosoph oder Filmstar) zum Teil erotisch ist, nimmt es übel, wenn sich eine andere Person zwischen es und das Objekt seiner Zuneigung schiebt, und jeder Künstler, der darauf besteht, der oder dem Geliebten mehr Ehre zu erweisen, als das Publikum für angemessen hält, riskiert, daß sein Geliebter oder seine Geliebte unter dem Zorn des Publikums zu leiden hat.

Genau das war der taktische Fehler, den John Stuart Mill beim Verfassen seiner Autobiographie beging. Als er sich drei Jahre nach der Heirat dazu entschloß, seine Lebensgeschichte niederzuschreiben, war es seine Absicht, für die Nachwelt in Worten festzuhalten, wieviel er einer Frau schuldete, «deren Intellekt soviel tiefgründiger als meiner und deren Herz edler» war. Zu jener Zeit litt er schwer an Schwindsucht. Er glaubte, er werde sterben. Es war seine letzte Chance, die Welt dazu zu bringen, daß sie Harriet so sah und schätzte, wie er sie sah und schätzte. Die meisten Autobiographien werden zur Selbstverteidigung geschrieben; Mill schrieb die seine zur Verteidigung seiner Frau. Dieses Buch wird zumeist als Bekehrungsgeschichte oder politisches Testament gelesen, doch mir erscheint *The Autobiography of John Stuart Mill* vielmehr als ein Monument in den Annalen viktorianischer Häuslichkeit. Sie fordert den Vergleich mit einem Roman wie *David Copperfield* heraus, in dem gleich im ersten Satz danach gefragt wird, ob David schließlich zum Helden seines eigenen Lebens werden wird, und am Ende deutlich ist, daß es ihm nicht gelungen ist – daß seine Frau diese Rolle spielt.

Bei seinem Versuch, Anerkennung für Harriet zu gewinnen, tat Mill des Guten zuviel und erntete nur Unglauben und Spott. Alexander Bain war der Ansicht, Mill hätte nur gewissenhaft aufzuzeichnen brauchen, auf welche Weise seine Frau mit ihm zusammengearbeitet hatte, und man hätte ihm geglaubt und Harriet respektiert. Leider aber «verspielte er alle Glaubwürdigkeit, indem er ihren beispiellosen Genius schilderte, ohne die geringsten Beweise dafür liefern zu können». Als Bain 1873 die Fahnen der Autobiographie las, flehte er Mills Testamentsvollstreckerin Helen Taylor an, einige der allzu überschwenglichen Sätze über ihre Mutter zu streichen. Die ungläubige Welt, meinte er, würde von dem, was dann übrigbliebe, immer noch verblüfft genug sein. Bain dachte an Passagen wie die folgende, in der Mill Harriet Taylor so beschreibt, wie sie 1832 war, und die ihre Tochter stehenließ:

> So, wie sie damals war, habe ich sie häufig mit Shelley verglichen: doch in Gedanken und Intellekt war Shelley, soweit sich seine Kräfte in seinem kurzen Leben entfalten konnten, nur ein Kind im Vergleich zu dem, was sie letztlich wurde. In den höchsten Regionen der Spekulation wie auch in den kleineren, praktischen Angelegenheiten des täglichen Lebens war ihr Geist stets das perfekte Instrument, das bis in Herz und Mark der Dinge durchstieß; stets die wesentliche Idee oder das entscheidende Prinzip packte.

Peinlich fand Bain auch die Behauptung, daß James Mill in seiner Wirkung auf das fortschrittliche Denken unter Männern nicht seinesgleichen gehabt habe, und unter den Frauen nur eine. Auch gefiel ihm die Passage über Carlyle nicht, die damit endet, daß Mill Harriet «eine, die uns beiden weit überlegen ist» nennt – «eine, die mehr Dichterin als er und mehr Denker als ich war –

deren Geist und Natur seine in sich trug und noch unendlich mehr».

Es ist möglich, einen Zusammenhang herzustellen, innerhalb dessen solche Passagen weniger aufdringlich wirken. Ich habe angedeutet, daß Mill Harriets geistige Qualitäten überschätzte, weil sie sich von den seinen so sehr unterschieden. Außerdem neigte er dazu, Menschen zu allegorisieren, Denker oder ‹Fühler› aus ihnen zu machen, und für einen solchen Mann war es natürlich das höchste Lob, wenn er schrieb, der oder die Gepriesene besitze beide Tugenden. Da Mill Lyrik als Äußerung des Gefühls betrachtete, nicht als Meisterleistung des Schreibens, nahm er gar nicht wahr, wie lächerlich es war, Harriet als Dichterin mit Shelley zu vergleichen. Was er meinte, war, daß sie so tief empfand wie Shelley, nicht, daß ihre Gedichte so gut waren wie seine. Doch glücklicherweise fand die haarsträubendste aller Millschen Übertreibungen zum Thema Harriet nicht den Weg in seine Autobiographie und kam auch dem trockenen Schotten Alexander Bain nicht unter die Augen: in einem Brief aus Italien schickte Mill 1855 Neujahrsgrüße an «den einzigen lebenden Menschen, der es wert ist zu leben».

Es wäre sinnlos, in Harriets spärlichen Versen zu lesen, um einen stumm und ruhmlos gebliebenen Shelley zu entdecken. Ebenso sinnlos ist es, die fragmentarischen Essays, die wir kennen, mit Carlyles Prosa zu vergleichen. Selbst ihre noch vorhandenen Briefe – die meisten wurden, ihrem Wunsch gemäß, vernichtet – bieten keine überzeugenden Beweise für ihre Genialität. Sie sind häufig wirr, widersprüchlich; Harriet wirkt darin herrisch, den Fehlern anderer gegenüber intolerant, aber ohne Einsicht in ihre eigenen. Mills Zeitgenossen konnten keine Ähnlichkeit zwischen dem in der Autobiographie beschriebenen Genie und der ihnen bekannten Frau erkennen. Einige sagten, Mill sei buchstäblich der einzige gewesen, der von ihr im geringsten beeindruckt war. Andere behaupteten, sie sei nicht einmal gescheit gewesen. Wieder andere meinten, sie habe Mills eigene Gedanken und Worte wie ein Papagei wiederholt, und deshalb habe er geglaubt, sie sei so brillant. Alle waren sich einig, daß zwischen der wirklichen Frau und dem Bild, das sich John von ihr machte, ein Abgrund lag, und man betrachtet seine Autobiographie, soweit als sie Harriet beschreibt, eher als Zeugnis für die Stärke seiner Gefühle denn als genaues Porträt.

Natürlich erfand er sie, so wie wir alle die Menschen erfinden, die wir lieben. Bain nannte seine Wahrnehmung eine «außergewöhnliche Halluzination». Diana Trilling sah darin den Beweis für eine Neurose. Aber was der eine Halluzination oder Neurose nennt, ist für einen anderen Liebe, die schließlich nichts Geringeres ist als die geniale und glückliche Verdrehung des eigenen Wahrnehmungsapparats zugunsten der wahrgenommenen Person. Mills Selbsttäuschung im Hinblick auf Harriet ist seine Liebe zu ihr, die sich durch seine ganze Autobiographie zieht; und das macht dieses Buch, mit Sympathie gelesen, zu einer der bewegendsten Liebesgeschichten des 19. Jahrhunderts. Je durchschnittlicher Harriet Taylor in Wirklichkeit gewesen sein mag, desto eindrucksvoller das Schauspiel eines Mannes, der die Umrisse eines inneren Bedürfnisses auf die Welt projiziert.

Wenn es Mills Autobiographie auch nicht gelingt, uns die Frau vor Augen zu führen, die er sah, so vermitteln uns die Kapitel über seine Kindheit doch ein Verständnis dafür, warum er sie so – und nicht anders – sehen mußte. Das Grundmuster für die Liebe wurde von seinem Vater entworfen – und zwar kraftvoll entworfen, der seinen Sohn auf einer Ebene lehrte, selbständig zu denken, ihm auf einer anderen Ebene aber das genau entgegengesetzte Verhalten einbleute, ihn mit jeder Lektion zwang, seinen Willen einem Wesen zu unterwerfen, das stärker war als er. Wie gut Mill die Erfahrung von Unterdrückung verstand, sollte sich in seinem Mitgefühl zeigen, als es um die Unterdrückung der Frauen ging. Aufgrund seiner frühen Erfahrungen war ihm Unterdrückung zuwider, aber zugleich erlebte er sie als die intensivste Verbindung zwischen zwei Menschen. Es scheint daher unausweichlich, daß Mill sich zu einer Frau hingezogen fühlte, die reichlich Gebrauch von Vorwurf und Tadel machte, die stärker war als er, dominierend; zu einem Menschen, den er mit all den Eigenschaften ausstatten konnte, die er in sich selbst vermißte: tiefe Gefühle, Intuition, Leidenschaft.

Im phantasievollen Erfinden des Menschen, in den er sich verliebte, mag Mill wie die meisten Menschen gewesen sein, aber darin, daß er sie der Welt als philosophisch und politisch bedeutend präsentieren konnte, unterschied er sich. Philosophisch repräsentierte Harriet das Heilmittel gegen die geistige Leere des Rationalismus im 18. Jahrhundert. Politisch verkörperte sie das Schicksal intelligenter Frauen, deren Intelligenz man nicht nutzte, die man nicht genügend respektierte, die man stets daran hinderte, das zu leisten, was sie hätten leisten können, wenn das Talent über Positionen bestimmt hätte und nicht ein Zufall der Geburt. Wären die Umstände ermutigend gewesen, dann *hätte* Harriet eine große Künstlerin werden *können*. Sie *hätte* eine große Rednerin werden *können*. Ihre Kenntnis der menschlichen Natur und ihre Klugheit in Dingen des praktischen Lebens «hätten sie, in Zeiten, zu denen solch eine Karriere Frauen offenstünde, unter den Herrschern der Welt herausragen lassen».

Die Französische Revolution erlaubte es, und das Beispiel Napoleons ermutigte Männer bescheidener Herkunft dazu, gehobene Positionen zu erreichen (*la carrière ouverte aux talents*); damit war eine Fessel der Menschheit und eine Form der Sklaverei beseitigt. Doch Frauen blieben noch immer die Türen verschlossen, die sich den Niedriggeborenen durch die Revolution und den Schwarzen durch die Emanzipation geöffnet hatten. In dem maßlosen Lobgesang auf seine Frau scheint sich Mill zuweilen für die kollektive Benachteiligung des weiblichen Geschlechts entschuldigen und die Kollektivschuld des Mannes auf sich nehmen zu wollen. Und wenn die haarsträubenden Behauptungen zu Mrs. Mills Genialität nicht bloß ein taktisches Manöver sind, mit dem er auf das Potential der Frauen und ihre systematische Entmutigung hinweisen möchte, dann könnten sie auf eine Weise kalkuliert sein, die nicht nur von naiver Liebe zeugt. Als einer der scharfsichtigsten Analytiker der Macht in der Neuzeit kann es Mill im täglichen Umgang mit Harriet nicht entgangen sein, daß er die übliche Machtverteilung zwischen den Geschlechtern veränderte. Er muß erkannt haben, daß es für einen Mann seines Formats ungewöhnlich war zu behaupten, er habe nur niedergeschrieben, was eine Frau ihm zu schreiben aufgetragen hatte.

Mill glaubte, daß nichts angeboren sei, daß der Charakter durch die Umstände geformt werde und daher auch keine Klasse, kein Geschlecht und keine Rasse einer anderen «von Natur aus» überlegen sei. Frauen dienten ihm als zentrales Beispiel. Solange kleine Mädchen nicht ganz genauso wie kleine Jungen aufgezogen wurden, mit denselben Erwartungen, derselben Ermutigung, sogar demselben Spielzeug, ließ sich keine Aussage darüber machen, wie Frauen wirklich waren. Sie würden eben weiterhin dekorative, abhängige Geschöpfe aus sich machen, wofür sie schließlich im Lauf der Geschichte schon immer belohnt worden waren. So stand der Feminismus im Zentrum von Mills Denksystem, und seine Überzeugung, daß, abgesehen von kulturellen Umständen, Frauen in Fähigkeiten und Leistung Männern gleichrangig sein könnten, wurde ihm zum Prüfstein von philosophischem Gewicht.

Der wichtigste Theoretiker des Feminismus im 19. Jahrhundert wollte sichergehen, daß er in seinem eigenen Leben nicht die historischen Ungerechtigkeiten seines Geschlechts wiederholte. Er würde nicht der konventionelle Ehemann sein, der die Herrschaft in der Familie übernahm, nicht Herrscher in einem kleinen Abbild des Staates, in dem Harriet Untertanin war – jene Situation, die Dickens als Apologet der patriarchalischen Familie in seinen Romanen idealisierte. In Mills Familie sollte die Macht geteilt, sollten die Zügel gemeinsam gehalten werden. Die Mills hatten sich auf ein großes Experiment eingelassen, auf etwas Neues in der Geschichte der Beziehungen zwischen Mann und Frau – wahre echte Ehe zwischen Gleichberechtigten. Doch die Situation war so ungewöhnlich, daß Harriet, um auch nur halbwegs gleichberechtigt zu sein, «mehr als gleichberechtigt» sein mußte.

Damit Gleichberechtigung erreicht wurde, mußte Harriet mehr Macht zugestanden werden – als Entschädigung für die Ungleichheit ihrer tatsächlichen Lebensbedingungen.

Mill wollte sowohl die Tatsache als auch die schriftliche Darstellung ihrer Freundschaft – und später, ihrer Ehe – als provokatorischen Akt verstanden wissen. Doch während er mit der Erhebung der Frau zur Herrscherin eine revolutionäre Tat vollbringen wollte, folgte er tatsächlich einem uralten Muster, das gewöhnlichen Sterblichen viel näherlag: der liebestrunkene Mann, der die Herrschaft einer Frau überläßt; Herkules am Spinnrocken, seit Jahrhunderten ein komische Figur. Was Mill als kühne politische

Geste betrachtete, erschien anderen nur als ein trauriger Fall von Pantoffelheldentum. Bains Worte betonten den politischen Verstoß, der in dem peinlichen Schauspiel steckt: «Eine solche Unterordnung unter den Willen eines anderen Menschen, wie er sie ganz offen bekennt und auf die er noch stolz ist, kann nicht als rechter Stand der Dinge akzeptiert werden. Dies beleidigt unser Gefühl für das richtige Maß in menschlichen Beziehungen.» Man fragt sich, ob etwa die Unterordnung eines weiblichen Willens unter den eines Mannes Bains Gefühl für das richtige Maß gleichermaßen beleidigt hätte. Und schriebe eine Frau über ihren Ehemann so überschwenglich wie Mill über seine Frau, würde man sie wohl ebenso brutal der Halluzinationen bezichtigen? Dennoch sieht Bain etwas Richtiges. «Eine derartige Unterordnung . . . kann nicht als rechter Stand der Dinge akzeptiert werden.» Wie großartig wäre es, wenn wir in der Ehe der Mills das finden könnten, was sie zu bieten gehofft hatten – ein beispielhaftes Modell. Doch in der Praxis traf Harriet die Entscheidungen. Harriet führte Regie. So ersetzte nur ein weiblicher Alleinherrscher den üblichen männlichen.

Im täglichen Leben wie in ihrer Zusammenarbeit gehorchte er ihr in allem. Wenn er bereit war, auf ihren Wunsch seine Ansichten zu Themen wie der relativen Vorteile von Sozialismus und Kapitalismus, zur geheimen Wahl und zur Todesstrafe zu ändern, dann war er ganz gewiß auch bereit, den Verkehr mit Mrs. Grote und Mrs. Austin abzubrechen, als Harriet ihn darum bat. In seiner Jugend hatte er ihnen nahegestanden. Nach Harriets Tod sollte er sie wiedersehen. Aber sie mochte sie nicht, und das genügte für Mill, um sich von ihnen zurückzuziehen, solange Harriet lebte. Als seine Mutter starb und ihr Nachlaß unter die Kinder aufgeteilt wurde, dachte Mill daran, auf seinen Anteil zu verzichten, da seit seiner Heirat sein Verhältnis zu Mutter und Schwestern so schlecht gewesen war. Aber Harriet rügte ihn. Vier- oder fünfhundert Pfund zurückzuweisen, das wäre eine Art von Eitelkeit, die sich nur ein reicher Mann erlauben könnte. Natürlich sollte er das Geld annehmen. Natürlich. «Da dein Gefühl genau entgegengesetzt ist, muß meines falsch sein, und ich gebe es ganz auf», sagte er.

Dieses regelmäßige Muster von Rüge und Nachgeben wiederholt sich in den winzigsten Haushaltsangelegenheiten. Während Harriets Abwesenheit ließ ihr Nachbar Mill wissen, daß sich Ratten in ihrer gemeinsamen Gartenmauer eingenistet hatten. Mill bestätigte unverbindlich den Empfang der Nachricht und berichtete Harriet von seiner Tat. Sie war wütend. Mill hätte aggressiv erwidern sollen, die Ratten dem Nachbarn gleichsam an den Kopf werfen, ihn dafür verantwortlich machen sollen. Also tat das Mill in seinem nächsten Schreiben. Er wußte nie, wie Harriet reagieren würde; das war es, was ihn (zumindest zum Teil) so an ihr faszinierte. Erwartete er Tadel, so wurde er gelobt; erwartete er Lob, wurde er getadelt.

Wenn sie getrennt waren, befragten sie einander zum Stand ihrer Gesundheit und gaben sich gegenseitig peinlich genaue Anweisungen. «Wie kommt es, mein Liebling», fragte Mill, «daß Du sagst, Du habest die Gewohnheit des Expektorierens aufgegeben? Wenn Du hustest, mußt Du dann nicht etwas hinunterschlucken, wenn Du es nicht ausspuckst?» Harriet erwiderte in dem für sie charakteristischen Ton der Selbstgerechtigkeit: «Wenn Du versuchen würdest, so ernsthaft wie ich seit Oktober, das Expektorieren zu vermeiden, dann würdest Du es Dir auch, genau wie ich, ganz abgewöhnen.» Sie hatte es sich in den Kopf gesetzt, daß Mill von Phlegma geplagt wurde, weil er die Angewohnheit hatte, auszuspucken – nicht, daß er zum Ausspucken gezwungen war, weil er von Phlegma geplagt wurde. Vielleicht hatte sie recht.

Es war keine unwichtige Sache, denn Mills Sputum enthielt etwas Blut. Er hatte Tuberkulose; wahrscheinlich hatte er sich bei seinem Vater angesteckt (obwohl Mill die Krankheit für erblich hielt), der daran gestorben war, so wie viele ihrer Freunde und Verwandten daran sterben sollten. In den ersten zwei Jahren nach ihrer Heirat erkrankten die Mills nacheinander oder gleichzeitig so oft und Kuren wurden so dringend, daß dieses glücklichste und in der Zweisamkeit zufriedenste aller Ehepaare aus Gesundheitsrücksichten immer wieder zu Trennungen gezwungen war. Zuerst mußte Harriet einen Winter im milderen Klima Südfrankreichs verbringen, während John aus Geschäftsgründen in London bleiben mußte. Dann verschlechterte sich sein Gesundheitszustand so sehr, daß die East India Company ihm einen Kururlaub gab, damit er den Winter 1854–55 außerhalb Englands verbringen konnte. Aber zu diesem Zeitpunkt war Harriet zu geschwächt, um eine Reise auf den Kontinent zu unternehmen, und Mill war gezwungen, sie in der Küstenstadt Torquay zurückzulassen, im mildesten Klima Englands. In jenem Winter schickte er ihr 49 Briefe, die einen ganzen Buchband für sich ausmachen. Zwischen ihnen bestand eine Form der Intimität, die sich auch über weite Entfernungen aufrechterhalten ließ, und während Mill Rom, Sizilien, dann Griechenland bereiste, fuhren sie fort, miteinander über ihren Haushalt zu reden und gemeinsam an seiner Karriere zu wirken.

Sie starb zuerst, nur sieben Jahre nach ihrer Heirat. Doch da Harriet ohnehin weitgehend eine Gestalt seiner Phantasie war, endete die Ehe nicht mit ihrem Dahinscheiden. Mill entpuppte sich als Grab-Fetischist. Wie Königin Victoria, die ihrem Albert auch nach seinem Tode noch das Rasierwasser hinstellte, konnte auch er nicht loslassen. Harriet war auf einer ihrer jährlichen Reisen nach Südfrankreich in Avignon gestorben. Mill kaufte ein Haus mit Blick auf den Friedhof, auf dem sie begraben lag, und verbrachte dort jedes Jahr immer längere Zeit. Er beauftragte einen Architekten, eine Grabstätte zu entwerfen, für die eigens Marmor aus Carrara importiert wurde. Der perfekte Stein, der langsam per Schiff nach Marseille und dann die Rhone aufwärts nach Avignon reiste, erwies sich schließlich als nur groß genug für die Deckplatte, und so mußte für die Seiten weiterer Marmor bestellt werden. Als die Grabstätte im März 1860 fertig war, hatte sie etwa 1500 Pfund gekostet, für Mill das Gehalt eines ganzen Jahres.

Er verfaßte eine weitere Serie hoffnungslos übertriebener Lobgesänge auf Harriet, die in den Stein geschnitten wurden – und denen letztlich genausowenig Glauben geschenkt wurde wie jenen in seiner Autobiographie. Mill hat nie schlechter geschrieben, als wenn sein Herz voll war. «Ihr klarer, machtvoller, einmalig alles umfassender Intellekt.» Bombastische, scheppernde Phrasen. «Gäbe es nur einige Herzen und Köpfe wie die ihren, dann wäre die Welt jetzt schon der Himmel, auf den wir hoffen.» Das Monument wurde zur obligatorischen Sehenswürdigkeit auf der Grand Tour der Viktorianer, und Marian Evans, die 1861 mit Mr. Lewes zu Recherchen für *Romola* nach Italien reiste, war gerührt vom Anblick der riesigen Marmorplatte, die doch zu klein schien für Mills hingebungsvolle Worte.

Wenn er in Avignon war, verbrachte Mill jeden Tag eine Stunde am Grab. Wenn er nicht dort war, leistete er die Arbeit, die Harriet von ihm erwartet hätte. Sie blieb die leitende Hand in seinem Leben. In einem gewissen Sinne war das befriedigend. Überdies hinterließ Harriet zu Mills großem Trost eine Tochter, Helen Taylor, die zum Zeitpunkt des Todes ihrer Mutter siebenundzwanzig Jahre alt war. Sie sollte Mill bis zu seinem Lebensende Begleiterin sein. «Sicherlich hatte noch niemals jemand soviel Glück wie ich, der ich nach einem solchen Verlust noch einmal einen Gewinn in der Lotterie des Lebens gezogen habe – noch einmal eine Gefährtin, stimulierende Ratgeberin und Lehrerin von seltenster Qualität.» Ob sie die «Erbin eines Großteils von Harriets Weisheit und ihres ganzen Edelmutes» war, wie Mill behauptete, das soll dahingestellt bleiben. Jedenfalls nahm sie Harriets Platz dort ein, wo sie Mill am meisten fehlte – sie stellte sich als jemand zur Verfügung, dem er gehorchen konnte.

Eines von Matthew Arnolds Lieblingsbeispielen für große Dichtung war Dantes Zeile *«In la sua volontade è nostra pace»* – in Deinem Willen liegt unser Frieden –, eine Zeile, deren Schönheit ebenso in der beruhigenden Versicherung göttlichen Schutzes liegen muß wie in dem an sich bereits poetischen Klang. Wir haben von der Säkularisierung der Liebe im 19. Jahrhundert gehört, in dem die Liebe zu Gott als höchste Lebenserfahrung durch die Liebe zu einem Menschen ersetzt wurde. Man könnte auch sagen, daß es mit dem «Verschwinden Gottes» für ernsthafte Denker, die ihrem Wesen nach religiös waren, aber durch das Versagen des Glaubens keinen Zugang zur Religion mehr hatten, fast unausweichlich war, eine persönliche, frei erwählte Autorität zu suchen, um ihrem Leben einen Sinn zu geben; wie etwa Th. H. Huxley an Stelle von Gott eine Abstraktion namens Faktum setzen sollte. Die Geistesgeschichte des 19. Jahrhunderts ist eine Chronik der Bemühungen, eine Ersatzautorität zu finden. John Mill, aufgezogen von einem Atheisten und darauf eingeschworen, jeder von außen kommenden Autorität zu mißtrauen, ein Mann, der den Gedanken, daß ein Mensch seinen Willen einem anderen unterordnete, in jeder Hinsicht verabscheute, trug dennoch das tiefe Bedürfnis in sich, genau das zu tun – seinen Willen unterzuordnen. Indem er sich einbildete, daß ein Zustand, den andere den eines Pantoffelhelden nennen würden, die Utopie einer Ehe zwischen Gleichberechtigten verwirklichte, schuf er einen Wahn, den er und seine Frau glücklich miteinander teilen konnten. Er erfand eine Rolle für sie, die ihr sowohl in der Theorie (die Idee der Gleichheit gefiel ihr) als auch in der Praxis (das Gefühl der Dominanz behagte ihr) zusagte. Ihr Untertan war willig. Mills Verstand war für Gleichberechtigung, doch seine Seele hungerte nach Beherrschung. Er sühnte für die Unterdrückung der Frauen durch die freiwillige, ja enthusiastische Selbstunterwerfung eines Mannes und beschrieb das Ergebnis als beispielhafte Ehe von gleichen.

Catherine Hogarth
und
Charles Dickens

1835–1858

Vorspiel

Die Carlyles und der magnetisierte Körper

Um 1830 wurde eine neue Therapie, Mesmerismus oder Magnetismus genannt, in England populär. (Heute nennen wir sie Hypnose.) Sie machte sich anheischig, Nervenprobleme zu heilen, die immer deutlicher zur charakteristischen Krankheit des 19. Jahrhunderts zu werden schienen. Durch Manipulation des elektrischen Feldes, das angeblich zwischen Menschen existiert, das heißt durch den Gebrauch bestimmter Handbewegungen, *«passes»* genannt, konnte der Therapeut das Subjekt in einen magnetischen Schlaf oder in Trance versetzen. Das war ein seltsamer Zustand, dem Tode so ähnlich wie dem Schlaf, in dem das Subjekt Dinge vollbringen konnte, die ihm im normalen Leben nicht möglich waren, ein Zustand, in dem es Dinge sagen konnte, die es im normalen Leben niemals geäußert hätte, und in dem es überaus empfänglich für Suggestionen war. (Der Therapeut war fast immer männlich, das Subjekt meist weiblich.) An Schlaflosigkeit Leidende konnten zum Schlafen gebracht werden. Ein von Angst- und Schreckensbildern verfolgter Mensch konnte dazu gebracht werden, darüber zu sprechen – und sich so von ihnen befreien. Der Mesmerismus schien enorme Heilkraft zu besitzen, doch sorgten sich viele Menschen um die Möglichkeit des sexuellen Mißbrauchs.

Charles Dickens war ein früher und enthusiastischer Anhänger des Mesmerismus. Englands führender Praktiker des Mesmerismus, Dr. John Elliotson, wurde sein enger Freund. Von ihm und Chauncey Hare Townshend lernte Dickens, die *passes* auszuführen. Sein erstes Subjekt im Jahre 1841 war seine Frau, die er in wenigen Augenblicken erfolgreich in einen hysterischen Anfall und dann in eine magnetische Trance versetzte. Später behandelte er andere Familienmitglieder und Freunde. Während eines Urlaubs vom Schreiben, den er 1844–45 in Genua verlebte, verbrachte Dickens drei Monate mit der Behandlung von Madame de la Rue, der in England geborenen, leicht verstörten Frau eines Schweizer Bankiers, die in der Nähe lebte. Obwohl er sich selbst niemals mesmerisieren ließ, war Dickens fasziniert von den Geheimnissen des Geistes und der Seele, die sich dabei enthüllten, und von dem merkwürdigen Einfluß, den eine Persönlichkeit auf eine andere ausüben zu können schien.

Jane Carlyle lehnte das strikt ab. Sie rümpfte die Nase über alle Modeerscheinungen und Liebhabereien der Massen. Eines Abends im Jahre 1847 waren sie und Mr. Carlyle zu Gast bei Mrs. Buller und wurden Zeugen einer Demonstration von Magnetismus. Der Magnetiseur war ein Mensch aus der Unterschicht, der Dialekt sprach und Mrs. Carlyle mit der Bemerkung irritierte, der Mesmerismus beruhe auf «moralischer und intellektueller Überlegenheit». Gleichwohl gelang es ihm innerhalb einer Viertelstunde, eine Miss Bölte in einen tiefen, magnetischen Trancezustand zu versetzen, indem er ihr in die Augen starrte und eine ihrer Hände hielt. Sie sah aus wie eine Marmorstatue: blaß, kalt, bewegungslos. Auf ihrem Antlitz lag jener schöne Ausdruck, der nur auf den Gesichtern von Toten oder Mesmerisierten zu finden ist. Der Mann brachte Miss Böltes Arme und Beine in unnatürliche Positionen, die sie normalerweise keinen Moment lang hätte halten können, und ließ sie dann eine Stunde lang so verharren. Mrs. Carlyle näherte sich dem magnetisierten Körper und berührte die Arme. Sie fühlten sich entsetzlich an, steif. Mit ihrer ganzen Kraft konnte sie sie nicht geradebiegen. Andere Leute pikten Miss Bölte mit einem Taschenmesser in die Haut, aber sie zeigte nicht das geringste Zeichen von Schmerz.

Der Magnetiseur triumphierte. «Sind Sie *jetzt* überzeugt?» fragte er die Carlyles.

«Ja», sagte Carlyle. «Es besteht gar kein Zweifel, daß Sie die arme Miss Bölte auf ganz schreckliche Weise versteift haben.»

«Ja», stimmte Mrs. Carlyle zu. «Aber schließlich wollte sie magnetisiert werden; was ich bezweifle, ist, daß jemand *gegen seinen eigenen ausdrücklichen Willen* in einen solchen Zustand versetzt werden kann. Ich möchte doch mal sehen, ob jemand zum Beispiel mich magnetisieren könnte!»

«Sie glauben, ich könnte das nicht?»

«Ja. Allerdings.»

Also gab Mrs. Carlyle ihm ihre Hand, und er machte einige *passes* darüber, und sie dachte bei sich: «Sie, mein Herr, sollten erst mal die richtige englische Aussprache lernen, bevor Sie eine Frau wie mich beeinflussen können!» Und dann spürte sie zu ihrem Entsetzen, wie ihr Körper von Kopf bis Fuß von einem galvanischen Stoß erfaßt wurde. Glücklicherweise behielt sie genug Selbstkontrolle, um zu verhindern, daß er ihren Zustand wahrnahm, und widerlegte damit seine Theorie von der Macht durch Überlegenheit. Denn hatte es nicht der Überlegenheit bedurft, ihn daran zu hindern, daß er ihre Reaktion bemerkte? Zugleich war es aber auch beunruhigend, erkennen zu müssen, daß auch ihre Theorie von der Notwendigkeit einer Willensbereitschaft Unsinn war.

Paterfamilias

Als er dreiundzwanzig wurde, gab Charles Dickens, damals junger Reporter für den *Morning Chronicle*, eine Geburtstagsparty in seinem Logis im Furnival's Inn. Er hatte guten Grund zum Feiern, denn man fing an, ihm als Autor von Skizzen aus dem Londoner Leben, die im *Chronicle* und im *Monthly Magazine* unter dem Pseudonym *Boz* veröffentlicht wurden, immer mehr Beachtung zu schenken. Nicht lange zuvor war er wegen seines Mangels an «Aussichten» von Maria Beadnell verlassen worden, einer Frau, die er verzweifelt geliebt hatte. Der junge Dickens dachte nicht daran, jetzt gestärkt durch seine wachsende Berühmtheit, erneut um sie zu werben, aber ein bißchen Schadenfreude konnte er sich schon gestatten. Er konnte sich an seinem Geburtstag eine Party geben. Es war ein Samstagabend. Es wurde getanzt. Seine Mutter und seine Schwestern fungierten als Damen des Hauses, und die reizende, talentierte Fanny Dickens, eine seiner Schwestern, beglückte die Gesellschaft mit ihrem Gesang. Unter den Gästen war George Hogarth, ebenfalls Journalist am *Morning Chronicle*, mit einigen seiner Angehörigen. Dickens empfand besonderen Respekt vor diesem älteren Mann, einem ausgezeichneten Stilisten und anregenden Menschen, der in seiner Heimatstadt Edinburgh Sir Walter Scotts Freund und Ratgeber gewesen war. Dickens war der Sohn eines Lohnbuchhalters der Marine, der sich nur dadurch auszeichnete, daß er seine Familie nicht ernähren konnte. George Hogarth dagegen schien sicher und sogar glanzvoll in jener literarischen Welt etabliert zu sein, in die Dickens einzudringen hoffte. Der junge Mann war stolz auf die Freundschaft des Älteren und besuchte diesen sehr gern zu Hause. Hogarths Älteste, die zwanzigjährige Catherine, genoß Dickens' Geburtstagsparty ganz besonders. Der Gastgeber gefiel ihr. «Mr. Dickens gewinnt sehr, wenn man ihn kennenlernt, er ist sehr *gentlemanlike* und liebenswürdig», berichtete sie später einer schottischen Verwandten.

Am Ende jenes Frühlings 1835 waren Catherine Hogarth und Charles Dickens verlobt. Sie war drei Jahre jünger als er, hübsch, mit blauen Augen unter schweren Lidern und frischer, straffer Haut, gutmütig und liebevoll. Er mochte und schätzte ihre Familie. Obwohl sie in ihm nicht die Leidenschaft weckte, die er für Maria Beadnell empfunden hatte, schien sie doch großartig zu ihm zu passen. Dickens hatte die Absicht, sich einen Platz in der Welt zu erobern. Er gedachte, intensiv zu leben, und er war von Natur aus schnell. Er wollte eine Frau und eine Familie. Seine leidenschaftliche Natur band sich an die gewählte Gefährtin. Sie waren ein Team. Sie war «seine bessere Hälfte», «die Missis», «Mrs. D.» In den frühen Jahren ihrer Ehe warf er begeistert mit solchen Bezeichnungen für sie um sich. Offensichtlich war er stolz auf sie und stolz auf sich selbst, weil er sich solch einen Würde verleihenden Satelliten angeschafft hatte – eine Ehefrau.

Sie heirateten im April 1836, und um so billig wie möglich zu leben, entschlossen sie sich, weiterhin in Dickens' Räumen im Furnival's Inn zu wohnen, die zwar klein, aber geschmackvoll möbliert waren – der Salon in Rosenholz und das Eßzimmer in Mahagoni. Im Haushalt ging es lebhaft und beengt zu, denn Dickens' jüngerer Bruder Frederick und Catherines siebzehnjährige Schwester Mary zogen zu ihnen. Die von allen geliebte, bezaubernde Mary war eine ebenso gute Gefährtin für Dickens wie für ihre Schwester. Die drei gingen überall zusammen hin, genossen alle Vergnügungen gemeinsam. Mary bezeugte, was für ein glückliches junges Paar die Dickens' waren. «Sie ist eine unübertreffliche Hausfrau und so glücklich, wie der Tag lang ist – ich glaube, wenn das überhaupt möglich ist, lieben sie einander seit ihrer Heirat mehr denn je.» Sie müssen so viel Spaß gehabt haben wie Studenten, wenn sie das Elternhaus verlassen und in ein Studentenheim ziehen – Spaß an der Freiheit und einfach daran, miteinander jung zu sein. Nicht lange danach sollte Dickens bereits voller Wehmut über diese frühen Tage ihrer Ehe schreiben: «Ich werde nie wieder so glücklich sein wie in jenen Räumen im dritten Stock – niemals, auch wenn ich in Reichtum und Ruhm schwimme.»

Sehr schnell kamen Kinder. Ihr erstes, Charles jr., wurde neun Monate nach ihrer Hochzeit, Anfang Januar 1837, geboren – im

Jahr der Thronbesteigung von Königin Victoria. Mary Hogarth und Charles' Mutter Elizabeth Dickens standen Catherine bei der Geburt zur Seite. Sie erholte sich schnell, konnte aber das Baby nicht stillen, was sie sehr unglücklich machte. Jedesmal, wenn sie das Baby anschaute, fing sie an zu weinen und bildete sich ein, wenn sie ihren Sohn nicht stillte, würde er sie nicht liebhaben. «Wenn sie das doch nur vergessen könnte», schrieb Mary Hogarth philosophisch an ihre Cousine in Schottland, «sie hat alles in der Welt, um zufrieden und glücklich zu sein – ihr Mann ist die Güte selbst und ständig bemüht, ihr alles so angenehm und bequem wie möglich zu machen – seine literarische Karriere entfaltet sich jeden Tag glänzender, und alle wichtigen Leute dieser großen Stadt hofieren ihn und schmeicheln ihm von allen Seiten – seine Zeit ist so völlig ausgefüllt, daß es für die Gentlemen der Literatur geradezu eine Gnade ist, wenn sie ihn überreden können, etwas für sie zu schreiben.»

Wie Mary Hogarth festhielt, war Dickens schon 1837 eine Berühmtheit. Viele erkannten bereits sein literarisches Genie. Seine Erfindungskraft war erstaunlich. In seinem Kopf schien eine Welt voller vergnüglicher Gestalten und Episoden zu existieren, und er brauchte nur genug Zeit, um alles zu Papier zu bringen. Im Jahr von Charleys Geburt schrieb Dickens *The Pickwick Papers* und *Oliver Twist* – beide in Fortsetzungen, die alsbald veröffentlicht wurden. Kaum hatte er *Pickwick* beendet, da begann er schon mit *Nicholas Nickleby*, den er gleichzeitig mit *Oliver Twist* schrieb. Mir fällt in der Geschichte der Literatur kein Beispiel ein, das diesem erstaunlichen Springquell an Erfindungsreichtum vergleichbar wäre – dem schieren Umfang der großen Werke, die Dickens in seinen zwanziger Jahren produzierte. Als er dreißig war, hatte er außer den *Sketches by Boz* bereits *Pickwick*, *Oliver Twist* und *Nickleby*, *Barnaby Rudge* und *The Old Curiosity Shop* veröffentlicht. Eine Zeitlang gab er auch noch eine Zeitschrift heraus, *Bentley's Miscellany*, und schrieb zudem noch viel Gelegenheitsprosa. Er war ein unerbittlicher Arbeiter, der seine Texte auf die monatlichen, die späteren Romane dann auf die noch anstrengenderen wöchentlichen Veröffentlichungstermine hin schrieb. Die dazu notwendige Energie war immens, die schiere Plackerei grauenhaft. Menschen arbeiten nicht so schwer, wenn sie nicht etwas dazu treibt. Sie können nicht so intensiv arbeiten, wenn sie bei dieser Anstrengung nicht von denen, die ihnen nahestehen, unterstützt werden.

Warum ist das heute eigentlich so: Wenn sich ehrgeizige junge Frauen, die eine Ehe aufgeschoben haben, um erst einmal ihre Karriere in Gang zu bringen, endlich nach einem Mann zum Heiraten umschauen – warum sind dann plötzlich keine mehr da?

Vielleicht, weil ehrgeizige Männer jung heiraten. Ehe und Karriere, Familie und Arbeit zerren eine Frau häufig in entgegengesetzte Richtungen; aber für einen Mann fördert das eine das andere. Dickens ist ein gutes Beispiel dafür. Beruflich half ihm seine Ehe. Der Haushalt wurde für ihn geführt. Seine Bedürfnisse nach Sex und menschlicher Gesellschaft wurden befriedigt. Keine zeitraubende Werbung, kein Verdruß wegen einer Zurückweisung, kein Herumjagen, keine unnützen Phantasien. Und vor allem hatte er einen Grund, sich voll und ganz seiner Arbeit zu widmen. Er arbeitete ja nicht nur zu seinem eigenen Vorteil und um seinen eigenen Ehrgeiz zu befriedigen, sondern für sie, für sie alle, für ihre Kinder. Das Schuldgefühl, das eine Künstlerin empfinden mag, wenn sie sich von ihrer Familie zurückzieht, um schöpferisch zu arbeiten, sucht weit seltener einen Mann heim, der sich wie Dickens einbildet, daß er *für* seine Familie arbeitet.

Dickens' Kinder erblickten fast so regelmäßig das Licht der Welt wie seine Bücher. Nach Charley kam 1838 Mamie, dann 1839 Kate und 1841 Walter. (Zwischen Charley und Mamie hatte Catherine eine Fehlgeburt.) Erst nach Walters Geburt begann Dickens, ironische Bemerkungen über weitere Neuankömmlinge zu machen. Auf jeden Fall machten ihn die ersten vier sehr glücklich. Während der Entbindungen sorgte er sich sehr um Catherines Gesundheit und Sicherheit. Er genoß die Rolle des Familienvaters im Zentrum eines wachsenden Kreises ergebener Menschen. Er war stolz darauf, wie gut er für sie sorgen konnte. Mit seiner wachsenden Familie zog er aus den kleinen Räumen im Furnival's Inn in ein größeres Haus in der Doughty Street und dann in ein noch größeres und imposanteres an der Devonshire Terrace in der Nähe des Regent's Park.

Seine Romane beendete er regelmäßig mit einem Bild häuslichen Glückes, mit einem glücklichen, Kinder produzierenden Ehepaar. Für Dickens war die Familie, deren Population sich wie Bakterien in einer Petrischale teilt und wieder teilt, die perfekte emotionale Lösung für alle Zwietracht. Seine frühen Romane endeten so zuverlässig mit einer häuslichen Vignette, wie im alten Western der Cowboy am Ende allein der sinkenden Sonne entgegenreitet. Die folgende Passage, gegen Ende von *Barnaby Rudge*, steht exemplarisch für die meisten:

> Es dauerte nicht sehr lange, dessen darf man sicher sein, bis Joe Willet und Dolly Varden Mann und Frau wurden und, mit einem schönen Sümmchen auf der Bank, das Maypole wiedereröffneten. Es dauerte nicht sehr lange, auch dessen dürfen wir sicher sein, bis man einen rotwangigen kleinen Jungen in der Einfahrt herumstolpern und auf dem Rasen vor der Tür Purzelbäume schlagen sah. Und es dauerte nicht sehr lange, wenn man die Jahre zählt, bis ein rotwangiges kleines Mädchen, dann ein rotwangiger kleiner Junge und ein ganzer Trupp von Mädchen und Jungen da waren: so daß man nach Chigwell kommen konnte, wann man wollte – man konnte entweder auf der Dorfstraße oder auf dem Rasen oder fröhlich im Bauerngarten herumtollend . . . mehr kleine Joes und kleine Dollys sehen, als man so ohne weiteres zählen konnte.

Dieser sentimentale Zug in Dickens' Werk ist für zeitgenössische Leser schwer zu schlucken. Northrop Frye tat die Momente in Dickens' Romanen, in denen er Heim und Herd als Werte in den Himmel hebt, als «Werbespots» ab. Seit Edmund Wilson 1941 sein eindrucksvolles Bild von einem düsteren, zerquälten Dickens schuf, ist es verschiedenen Lesern in den Sinn gekommen, daß diese häuslichen Passagen bei Dickens darum schlecht sind, weil er nicht mit dem Herzen dabei ist, da seine wärmsten Sympathien eher dem Anarchischen und Rebellischen gelten. Ressentiments gegen die Familie als Form der Gefangenschaft zwingen ihn – innerlich dazu getrieben und von außen dazu ermutigt –, sie zu lobpreisen. Doch ich bin der Ansicht, daß Passagen wie die aus *Barnaby Rudge* aus tiefster Überzeugung heraus produziert wurden. Wenn solche Szenen mißlingen, dann nicht, weil Dickens in seiner Beschreibung des Familienglücks unehrlich ist, sondern weil er allzusehr daran glaubt.

Seine eigene Kindheit war düster gewesen – wegen des Leichtsinns seines Vaters, des zeitweiligen Lebens im Schuldgefängnis (der Familie war es freundlicherweise gestattet, mit dem Schuldner zusammen im Gefängnis zu leben) und wegen seiner Zwangsarbeit in einer Fabrik für Schuhputzmittel –, was er seiner Mutter übrigens noch mehr anlastete als seinem Vater. Als Dickens seinen Eltern berichtete, wie elend es ihm in der Fabrik erging – von der Familie getrennt, zu erniedrigender Arbeit mit erniedrigenden Gefährten gezwungen, ohne jede Hoffnung auf eine Verbesserung –, war sogar sein stets schwankender Vater bereit, ihn die Arbeit aufgeben und heimkommen zu lassen. Doch seine Mutter bestand darauf, daß sie das Geld brauchten, und ließ ihn in seinem Elend weiter schuften und die Eltern unterstützen, die doch eigentlich ihn hätten ernähren sollen. So schätzte Dickens eine Familie hoch – vielleicht zu hoch –, in welcher der Vater arbeitete und den Lebensunterhalt verdiente, während die Mutter Haus und Kinder versorgte und die Kinder nichts weiter zu tun hatten, als das Leben zu genießen. Dickens bewunderte das Familienleben. Es machte ihn glücklich. Es war keine Heuchelei, wenn er in seinen frühen Romanen die Häuslichkeit besang. Er sang ein Loblied auf das, was er besaß, was er respektierte. Er und Catherine waren einander so zugetan wie jedes junge Paar, das gemeinsam ein besseres Leben geschaffen hat als jenes, das jeder von ihnen als Kind im Elternhaus kannte. Ich betone hier ihr Glück, weil Dickens in seinem späteren Schmerz leugnete, daß es je eine glückliche Zeit mit Catherine gegeben habe. Aus Fairness Catherine gegenüber möchte ich darauf bestehen, daß es eine solche Zeit gab.

In späteren Jahren sagte Dickens dann immer wieder, er und Catherine hätten nie Gemeinsamkeiten gehabt. Er stellte sich als mißverstandenes Genie hin, das mit einer dumpfen, verständnislosen Frau zusammengespannt war. Und es mag wohl stimmen, daß ihm im Zusammenleben mit Catherine kein ideales intellektuelles Zusammenspiel beschieden war. Wie viele gescheite Leute finden das je mit ihren Gefährten? Doch Dickens hatte enge

Freunde – den Anwalt und Schriftsteller John Forster; den Maler Daniel Maclise und den Tragödiendichter William Charles Macready, mit denen allen er häufig dinierte und denen er jeweils sämtliche Einzelheiten seines Berufslebens mitteilte, vor allem Forster. Er schätzte die Geselligkeit unter Männern sehr, und in seinen frühen Jahren, als er noch entschlossen war, mit seinem Leben zufrieden zu sein, beklagte er sich nicht über das Fehlen idealer Gefährten.

In Wirklichkeit hatten er und Catherine eine Menge miteinander gemein – vor allem ihre Kinder, aber auch einige außerhäusliche Interessen. Er probierte seine Texte an ihr aus, und ihre außergewöhnliche Reaktion auf Nancys Ermordung durch Sikes in *Oliver Twist* zeigte Dickens früh, was für ein gewaltiger Erfolg dieser Szene beschieden sein würde. Wenn man ihm Bücher zum Lesen schickte, gab er sie gelegentlich an Catherine weiter. Er gab ihr Lady De Lanceys rührenden Bericht über den Tod ihres Mannes in der Schlacht von Waterloo, und Catherine brach darüber in Tränen aus, während Dickens einen Brief des Danks an den Bruder der Autorin schrieb, in dem er Catherines Reaktion schilderte. Ihre Trauer lieferte ihm Material für den Brief und uns Beweise dafür, daß das junge Ehepaar Dickens doch einiges mehr zusammen tat, als Kinder zu produzieren und mit ihnen zu spielen. Catherines Stolz auf den begabten Ehemann in einer Einladung, die sie einer entfernten Cousine schickt, klingt geradezu rührend: «Was für eine Freude es für mich wäre, Dich in meinem eigenen Hause willkommen zu heißen, und wie stolz wäre ich, Dich Charles vorzustellen. Der Ruhm seiner Talente ist jetzt schon über die ganze Welt verbreitet, doch sein gütiges, zärtliches Herz ist mir teurer als alles andere.»

Eine Tragödie warf einen Schatten auf das Glück der frühen Jahre, aber das war jene Art von Tragödie, die Menschen gewöhnlich eher näher zusammenbringt, als sie auseinanderzutreiben. Beide – Catherine und Charles – liebten Catherines Schwester Mary Hogarth zärtlich; sie war in mancher Hinsicht das Maskottchen ihres Haushalts. Im Mai 1837, nicht lange nach Charleys Geburt, gingen Mr. und Mrs. Dickens sowie Mary ins Theater und sahen eine Aufführung von *Is She His Wife?*. Gegen ein Uhr nachts kamen sie nach Hause. Mary ging in bester Laune und gesund wie immer hinauf und erlitt beim Ausziehen plötzlich einen Schwächeanfall. Sie wurde rapide schwächer und starb am folgenden Nachmittag in Dickens' Armen. Es hatte keine Anzeichen für eine Krankheit gegeben, doch sie starb vermutlich an einer Herzkrankheit. Dickens war völlig vernichtet. Es war das einzige Mal in seiner Karriere, daß er unfähig war zu arbeiten und seine monatlichen Termine verpaßte. Es gab im Juni 1837 weder bei *Pickwick* noch bei *Oliver Twist* eine Fortsetzung. Monatelang träumte er von Mary. Catherine erlitt eine Fehlgeburt, die sie und ihr Mann auf ihren Schmerz zurückführten, und Dickens mußte sie von dem Haus, das sie mit Mary gemeinsam bewohnt hatten, fort und ins ruhige Hampstead (damals ein Dorf) bringen, damit sie sich erholen konnte. Beide hatten das fast abergläubische Gefühl, daß ihr Glück zu groß gewesen war, um von Dauer zu sein. Marys Tod beendete eine für beide idyllische Zeit. Nicht, daß die Dinge nach ihrem Tod bergab gingen, aber – man nimmt solche Ereignisse nun einmal als Meilensteine – er markierte einen Höhepunkt, der sich nicht wieder erreichen ließ.

Manche fanden Dickens' starke Zuneigung zu seiner jungen Schwägerin unnatürlich. Mir scheint es eher zu zeigen, wie leidenschaftlich er ihm nahestehenden Menschen zugetan war; und Mary war ihm die nächste nach Catherine und die erste, die starb. Gerade wegen ihrer Jugend und Schönheit war ihr Tod besonders schockierend und grausam. Wie allem im Leben, begegnete Dickens auch dem Tod in jungen Jahren und erfuhr mit fünfundzwanzig Jahren das herzzerreißende Leid, einen geliebten Menschen unwiderruflich zu verlieren; etwas, was keine noch so große Anstrengung, kein Genius, kein Erfolg wettmachen kann. Der Tod junger Menschen wurde – neben dem Familienglück, und häufig als Kontrast danebengesetzt – zu einem für Dickens charakteristischen Thema.

Im Juni 1841, als Dickens neunundzwanzig war, unternahm er eine Reise nach Schottland; ein bemerkenswertes Ereignis für dieses Kind Londons, das gewöhnlich lieber in der eigenen Nachbarschaft blieb. Wie sich herausstellte, war es ein Probelauf für die triumphale Amerikatour, die er im nächsten Jahr unternehmen sollte. Catherine begleitete ihn. Sie war in Edinburgh geboren und besuchte die Stadt nun zum erstenmal seit ihrer Kindheit. In ihrer Geburtsstadt wurde ihr Mann mit einem riesigen Festbankett geehrt. Begleitet von einhundertfünfzig Damen, trat Catherine nach dem Bankett auf die Galerie, um den Festreden zu lauschen. John Wilson, Mitarbeiter des *Blackwood Magazine* und hochgeschätzte literarische Persönlichkeit in Edinburgh, hielt die Hauptrede, in der er Dickens den größten lebenden Schriftsteller nannte, einen Schriftsteller, der seine Popularität durch seine fast göttlichen Einblicke in das menschliche Herz gewonnen habe. Der einzige kleine Mangel in Dickens' Werk (sagte Wilson überflüssigerweise) sei es, daß er den weiblichen Charakter nicht in seiner ganzen Fülle und Vielfalt darstellte. Aber wem außer Shakespeare sei das schon gelungen? Mrs. Dickens hatte das Vergnügen zu hören, wie der Bildhauer Angus Fletcher einen Toast auf sie ausbrachte und liebenswürdig erklärte, Dickens schulde viel der Tatsache, daß er eine Schottin zur Lebensgefährtin erwählt habe. Wenn dies für Dickens ein großer Augenblick war – der erste öffentliche Tribut, der seiner außergewöhnlichen Popularität gezollt wurde –, so muß es erst recht für Catherine ein großer Augenblick gewesen sein, so warm und unüberhörbar in die Apotheose ihres Mannes mit eingeschlossen zu werden.

Sie gingen von einem Dinner zum anderen. Jeder wollte den populärsten lebenden Schriftsteller und seine Frau zu Gast haben. Es war für Dickens das erste Mal, daß er als Berühmtheit gefeiert und herumgereicht wurde, und seine Reaktion war – daß er sein Heim und seinen kleinen Freundeskreis vermißte. Seinem besten Freund, John Forster, schrieb er: «Die Moral von all dem lautet, es ist nirgends so schön wie zu Hause; und ich danke Gott von Herzen, daß er mir ein ruhiges Gemüt und ein Herz gegeben hat, in dem nicht für viele Menschen Platz ist.» Er sehnte sich nach seinem Haus an der Devonshire Terrace und nach Broadstairs, der Küstenstadt, in die er mit Catherine und den Kindern jeden Sommer fuhr. Er wollte Federball spielen und ein zwangloses rustikales Essen mit seinen Kumpanen Forster, Maclise und Macready genießen. «Das einzige, was ich bei dem Bankett in Edinburgh empfand (und ich empfand es sehr stark), war, daß es außer Kate niemanden gab, der mir etwas bedeutete.»

Es war nicht der Wunsch, gefeiert zu werden, der Dickens nach Amerika zog. Er suchte nach neuen Erfahrungen und hoffte, eine gänzlich klassenlose, demokratische Gesellschaft zu finden – die Republik seiner Träume. Ganz sicher brauchte er auch eine Erholung vom Schreiben. Fünf Jahre lang hatte er unter täglichem Produktionszwang gestanden und fünf große Romane vollendet. Vielleicht würde er in Amerika neues Material finden. Es gab eine ganze Anzahl von Gründen, dorthin zu fahren. Als er seine Idee zum erstenmal Catherine gegenüber erwähnte, war sie beunruhigt. Sie konnte den Gedanken nicht ertragen, monatelang von ihm getrennt zu sein, aber auch einer Trennung von ihren Kindern erschien ihr undenkbar. Jedesmal, wenn er Amerika erwähnte, fing sie an zu weinen. Dickens nahm ihren Kummer sehr ernst und fragte Macready, ob er es für ratsam hielte, die Kinder mitzunehmen. (Macready hatte Kinder und war schon zweimal in Amerika gewesen und also die richtige Person, die man um Rat bitten konnte.) Macready riet nachdrücklich davon ab und schlug statt dessen vor, daß er und Mrs. Macready sich doch während der Abwesenheit der Dickens' um die Kinder kümmern könnten. So kam allmählich ein Plan zustande, der Catherine zufriedenstellte. Das Haus an der Devonshire Terrace würde man vermieten und für die Kinder mit ihren Kinderschwestern ein kleineres in der Osnaburgh Street, in der Nähe der Macreadys, anmieten. Frederick Dickens würde bei den Kindern bleiben, und sie würden die Macreadys jeden Tag besuchen. Sobald dieser Plan bestand, fühlte sich Catherine wieder wohl und machte sich alsbald gemeinsam mit ihrem Mann heiter an die Reisevorbereitungen. Sie hatte die ausgezeichnete Idee, Maclise um eine Zeichnung der vier Kinder zu bitten, und dieses geheiligte Objekt war ihr (wie es heute eine Fotografie von geliebten Menschen sein würde) ein echter Trostspender auf ihren Reisen.

Sie reisten im Januar 1842 von Liverpool aus ab. Es war keine gute Jahreszeit für eine Seereise, und sie hatten rauhes Wetter zu erwarten, doch sie waren beide aufgeregt und glücklich. Forster hatte sie zum Schiff gebracht und berichtete Maclise über Catherines Fröhlichkeit. Über viereinhalb Monate beschwerlichen Reisens waren Catherine und ihre Zofe Anne Brown Dickens' einzige Gesellschaft. Obwohl sie physischen Wagemut nie gelernt hatte, sich leicht ängstigte und es sicher auch schwerer für sie war als für Dickens, sich an die Beschwerlichkeiten und Gefahren des Reisens zu gewöhnen, bewährte sich Catherine glänzend.

Das Schiff war überfüllt, die Überfahrt grauenhaft, und fast alle Passagiere wurden seekrank. Sogar Dickens. «Unsere Überfahrt dauerte achtzehn Tage», schrieb Catherine später an Dickens' Schwester Fanny, «und wir erlebten den ganzen Schrecken eines Sturmes auf See, der eine ganze Nacht lang furchtbar tobte und sämtliche Ruderboxen und Rettungsboote in Stücke brach. Ich war fast außer mir vor Angst und weiß nicht, was ich getan hätte, ohne die große Fürsorglichkeit und ruhige Haltung meines lieben Charles.» Die ganze schreckliche Nacht hindurch erwarteten sie jeden Moment zu sterben. Der Schornstein schien augenblicklich in die Luft gehen zu wollen, und wäre das geschehen, dann hätte das Schiff unvermeidlich Feuer gefangen. Charles und Catherine dachten nur an ihre Kinder und fürchteten, sie nie wieder zu sehen. Charles muß mit sich zufrieden gewesen sein – wenn das an der Grenze des Todes möglich ist –, daß er in weiser Voraussicht eine besondere Versicherung für die Zeit seiner Reise abgeschlossen hatte. Wenigstens würden die Kinder versorgt sein. Indes, gegen Morgen ließ der Sturm nach, und ihr Leben war gerettet.

Als Catherine Fanny Burnett den Sturm beschrieb, waren sie bereits sicher an Land und im Begriff, die Erfahrung zu machen, daß man auch durch Liebenswürdigkeit umgebracht werden kann. Überall schienen die Menschen Dickens geradezu anzubeten, und ihre Tage bestanden aus einer ununterbrochenen Folge von Dinners, Besuchen und Empfängen. (Catherine versagte sich den Versuch, Fanny die Sitten und Gebräuche der Leute zu beschreiben – «und so weiter, denn meine Fähigkeiten, etwas zu beschreiben, sind nicht besonders, und Du wirst es eines Tages ohnehin von Charles viel besser lesen».) In den Annalen des zeitgenössischen literarischen Lebens gibt es nichts, was sich mit Dickens' Empfang in Amerika im Jahre 1842 vergleichen ließe. Dickens besaß enorme Energien und die Fähigkeit, Trinksprüche und fröhliche Festessen intensiv zu genießen, aber selbst für ihn war dieser amerikanische Empfang erschöpfend und letztlich bestürzend. Er klagte, sogar sein Mantel sei von Leuten in Fetzen gerissen worden, die ihn anfassen oder ein Stückchen Stoff als Souvenir haben wollten.

Hätte er all den Bitten um eine Locke seines Haares nachgegeben, so wäre er jetzt völlig kahl. Etwas Vergleichbares würde heute nur ein Rock-Star erleben, nicht ein Schriftsteller. Der Mob, der die Beatles auf ihrer ersten Amerikareise bedrängte, oder die völlig außer Kontrolle geratene Masse auf dem Konzert der The Who in Ohio – derlei entspricht etwa den Folgen populären Ruhmes, die Dickens in Amerika erfuhr. In Boston und New York schüttelten er und Catherine jeden Tag Hunderte von Händen. Dickens beschrieb sich und Catherine als eine Art Königin Victoria mit Gemahl Albert, die hofhielten, wo immer sie gerade waren. Und wohin sie auch gingen und ihre Bewunderer empfingen, überall wurde das gerahmte Porträt ihrer Kinder aufgestellt. Das amerikanische literarische Establishment nahm sie auf etwas vornehmere Weise unter die Lupe als die Massen, und Mr. und Mrs. Dickens bestanden die Prüfung. Jedermann bemerkte Dickens' Jugend, sein schönes langes Haar und seine lebhaften Gesichtszüge. Selbst die Leute, die sich über seine eher proletarischen Merkmale mokierten, waren von seiner Brillanz und seinem Witz geblendet. Catherine wurde ebenso bewundert: wegen ihrer bescheidenen Art, ihrer offensichtlichen Liebenswürdigkeit und ihrer Dankbarkeit für alles, was man für sie tat.

Sobald sie die Ostküste hinter sich ließen, wurde die Reise physisch anstrengender; die Schrecken der Natur ersetzten nun die Schrecken der Menschenmengen. Anne Brown, die Zofe, stolperte über einen Pflasterstein und fiel hin, verletzte sich aber nicht. «Ich will nichts über Kates Schwierigkeiten sagen», schrieb Dickens an Forster, «aber erinnerst Du Dich an ihre Unart? Sie fällt in jeden Wagen und jedes Boot, das wir besteigen – hinein oder hinaus; sie schrammt sich die Haut von den Beinen; bekommt große Wunden und Schwellungen an den Füßen; schlägt sich große Löcher in die Knöchel; und ist ganz blau von Prellungen. Doch seitdem wir die ersten großen Schwierigkeiten dieser neuen und so ermüdenden Umstände überwunden haben, ist sie in jeder Hinsicht eine *ganz bewundernswerte* Reisende geworden. Niemals hat sie aufgeschrien oder Furcht gezeigt, selbst unter Umständen nicht, die das auch in meinen Augen gerechtfertigt hätten; hat nie verzagt oder sich von Müdigkeit überwältigen lassen, obwohl wir jetzt doch schon über einen Monat ständig unterwegs sind, durch sehr rauhes Land . . . hat sich immer gut und fröhlich in alles gefügt; und hat mir sehr viel Freude gemacht, immer bereit, alles mitzumachen.» Ich zitiere den ersten Teil dieses Berichts so ausführlich, um zu belegen, daß Catherine Dickens ungewöhnlich ungeschickt war und daß dies Dickens bereits 1842 irritierte; doch im ganzen klingt der Brief dankbar, anerkennend und liebevoll. Dickens versteht offensichtlich, daß keine auf körperliche Zaghaftigkeit und Unbeweglichkeit hin erzogene Frau es leicht haben konnte, mit ihm Schritt zu halten – wie übrigens auch die meisten Männer. Selbst in seinen Augen und an seinen Erwartungen gemessen scheint sie Schneid zu besitzen.

Die Beschwerlichkeiten der Reise führten dazu, daß sie sich, ganz wörtlich, aneinander klammerten. In Ohio mußte der Wagen, in dem sie reisten, lange Zeit über eine «Cord-Straße» fahren – eine Straße aus Baumstämmen, die quer über den matschigen Untergrund gelegt wurden, bis sie irgendwie festgefahren waren und den Rädern einen gewissen Halt boten. Dickens verglich die Fahrt über eine solche Straße mit dem Versuch, mit einem Omnibus eine Treppe hinaufzufahren. Im einen Augenblick wurden sie gegen die Wagendecke geworfen, im nächsten purzelten sie übereinander auf den Boden. Während eine Seite des Gefährts im Schlamm versank, klammerten sie sich trostsuchend aneinander. Dickens versuchte sogar, Kate festzubinden, damit sie es etwas bequemer hätte. «Und doch war der Tag wunderschön, die Luft köstlich, und wir waren *allein*: ohne Tabakspeichel oder die Langeweile endloser prosaischer Gespräche über Dollars und Politik. Im Grunde genossen wir die Fahrt; machten Witze darüber, wie wir durchgerüttelt wurden; und waren wirklich fröhlich. Um zwei Uhr machten wir in einem Wäldchen halt, öffneten unseren Picknickkorb und dinierten; und wir tranken auf unsere Lieblinge und alle Freunde daheim.»

Als die Dickens' Ende Juli 1842 heimkehrten, waren ihre Freunde und Kinder überglücklich, sie wiederzusehen. In der Tat bekam Charley, der Älteste, vor lauter Freude Krämpfe, die dann von einem eilig herbeigerufenen Arzt behandelt werden mußten. Die Kinder waren in Abwesenheit der Eltern wohlauf, aber nicht glücklich gewesen. Der Macreadysche Haushalt wurde strikter geführt als der Dickenssche, und die Kinder fanden ihn steif, düster und freudlos. Ihre täglichen Besuche dort hatten ihnen wenig Spaß gemacht. So kann man sich vorstellen, wie glücklich sie über die Rückkehr der Eltern waren.

In *My Father As I Recall Him* bezeugt die unverheiratet gebliebene Mamie Dickens, was für ein hinreißender Vater Charles Dickens war; von Natur aus ein Mensch, der sein Heim liebte. Ja, nie habe es einen Mann gegeben, dem es so lag, sein Glück ganz am heimischen Herd zu finden, und je größer sein Ruhm wurde, desto mehr Freude fand er im Kreise seiner Lieben, besonders der Kinder. Er befaßte sich leidenschaftlich mit allem, was sie interessierte. Er half ihnen beim Ausschmücken ihrer Zimmer (die er täglich inspizierte). Er brachte Überraschungen mit. Er arrangierte Spiele und Sport und Geburtstagsfeiern. Doch am eindrucksvollsten zeigte sich sein genialer Erfindungsreichtum zu Weihnachten, dem Familienfest *par excellence*, zu dessen Säkularisierung und Wandlung zum großen Familienfest seine eigenen Weihnachtsgeschichten übrigens beitragen sollten.

Der Dreikönigsabend fiel mit Charleys Geburtstag zusammen, und nach seiner Rückkehr aus Amerika begründete Dickens 1843 eine Familientradition: am Dreikönigsabend wurden fortan Zauberkunststücke vorgeführt. Er und Forster hatten einem Zauberkünstler, der sein Geschäft aufgab, das Warenlager abgekauft, und zusammen – Dickens als Zauberer und Forster als sein Assistent – versetzten sie am Dreikönigsabend und an einigen anderen Geburtstagen während der Weihnachtszeit jung und alt in Erstaunen. Dickens verwandelte Uhren in Teebüchsen, ließ Geldstücke durch die Luft fliegen, verbrannte Taschentücher, ohne sie zu versengen. Er ließ eine winzige Puppe verschwinden und dann mit kleinen Botschaften und Nachrichten für verschiedene Kinder im Publikum wieder auftauchen. Doch sein größter Trick, der Höhepunkt der ganzen Vorstellung, war es, aus einem ganz gewöhnlichen Herrenhut einen Plumpudding hervorzuzaubern.

Am 26. Dezember 1843 besuchte Jane Carlyle eine dieser Zauberabende, ein Geburtstagsfest für die kleine Nina Macready. Sie fand im Macreadyschen Hause statt, wurde aber, wenigstens zum Teil, von Dickens organisiert, um Mrs. Macready und die Kinder während der Abwesenheit des Hausherrn, der sich auf Amerikatournee befand, aufzuheitern. Jane nannte dies die erfreulichste Party, die sie je in London besucht habe. Dickens und Forster, berichtete sie, mühten sich so ab, daß ihnen der Schweiß von der Stirn lief, ja, sie schienen fast trunken vor Anstrengung. Dickens spielte eine ganze Stunde lang den Zauberer und war der beste, den Jane je gesehen hatte, einschließlich derer, die zu sehen sie Geld bezahlt hatte. Er verwandelte Damentaschentücher in Kerzen. Er verwandelte eine Kleieschachtel in ein Meerschweinchen. Und dann führte er sein Glanzstück vor: er schüttete rohe Eier, Mehl und andere passende Zutaten in einen Hut, und in Sekunden wurde daraus ein fertig gekochter, dampfender Plumpudding– vor den erstaunten Augen von Kindern und Erwachsenen, einschließlich der skeptischen ehemaligen höheren Tochter aus Haddington.

Nach dem Zaubern wurde getanzt. Der riesige Mr. Thackeray, der alte Jerdan von der *Literary Gazette* und viele andere Herren aus der Welt der Künste tanzten herum «wie die Mänaden». Jane mochte nicht tanzen, obgleich Dickens sie geradezu anflehte, Walzer mit ihm zu tanzen. Sie zog es vor, sich zu unterhalten. Folglich redete sie den aberwitzigsten Unsinn mit Dickens, Thackeray, Forster und Maclise. Nach dem Abendessen wurden sie immer ausgelassener, zogen Knallbonbons, tranken Sekt, hielten Reden. Jane meinte, daß es nirgends in London, auch nicht in den höchsten Adelskreisen, mehr Witz und Brillanz und Vergnügen gäbe als an diesem Abend in jenem Raum. Man schlug einen Ländler vor. Forster faßte Jane Carlyle um die Taille und zwang sie zu tanzen. War man erst einmal auf der Tanzfläche, mußte man sich weiterbewegen, sonst wurde man zerdrückt wie in einer Tretmühle, so voll war der Raum. Jane schrie auf: «Um Himmels willen, lassen Sie mich los! Sie werden mir an den Falttüren dort den Kopf einschlagen!» Und Forster erwiderte: «Ihren Kopf! Wer kümmert sich *hier* schon um seinen Kopf? Dann verlieren Sie ihn eben!» Der Trubel wurde zu einem Tumult, der (in Janes Sicht) einem «Raub der Sabinerinnen» glich – als jemand bemerkte, daß es Mitternacht geschlagen hatte. Worauf jedermann sich auf die Garderobe stürzte. Doch Dickens war nicht bereit, jetzt schon aufzuhören, und verließ die Party mit seiner Frau, Thackeray und Forster, fest entschlossen, zu Hause weiterzufeiern.

Doch selbst während er auf Nina Macreadys Geburtstagsparty herumtollte, wie eine Mänade tanzte und aus Hüten Plumpudding zauberte, hatte er den Kopf voll Sorgen. Oder besser, er hatte Sorgen, die er sich durch seine wilden Kapriolen aus dem Kopf schlagen wollte. Er hatte sich gerade der unglaublichen Anstrengung unterzogen, gleichzeitig *A Christmas Carol* und die regelmäßigen Fortsetzungen von *Martin Chuzzlewit* zu schreiben. Er war fast zweiunddreißig, sieben Jahre älter als zu der Zeit, als er gleichzeitig *Pickwick* und *Oliver* verfaßte. Es wurde langsam schwieriger, *solche* Puddinge aus Hüten zu zaubern. Mit Ausnahme der Amerikareise, die in anderer Hinsicht anstrengend gewesen war, hatte er in diesen sieben Jahren wie eine Arbeitsmaschine funktioniert. Und was hatte er dafür vorzuweisen? Die Verkaufsziffern von *Martin Chuzzlewit* blieben enttäuschend. Und die *Weihnachtsgeschichte*, auf die er finanziell die größten Hoffnungen gesetzt hatte, brachte viel weniger Geld ein als erwartet. Wieder hatte er den Verleger gewechselt, in der Hoffnung, seine Einnahmen zu erhöhen, doch daraus war nichts geworden. Er grollte seinen Verlegern, einem nach dem anderen, denn er glaubte, sie – nicht aber sich selbst – reich gemacht zu haben. Das Gespenst Sir Walter Scotts, der bankrott gestorben war, verfolgte ihn.

Seine finanziellen Verpflichtungen waren enorm – nicht nur gegenüber Catherine und seinen Kindern, sondern auch gegenüber seinen Eltern und Brüdern, was viel ärgerlicher war. Insbesondere sein Vater quälte ihn, denn er wußte nie, wann man ihm wieder einmal einen überfälligen Schuldschein präsentieren würde, den John Dickens unterschrieben hatte. Er brachte seine Eltern in einem Landhaus unter, doch sein Vater, weit entfernt davon, dankbar zu sein, wollte lieber in Paris oder London wohnen. Schließlich vermietete John Dickens (ohne Einwilligung seines Sohnes) das Haus, das sein Sohn für ihn gepachtet hatte, und behielt das Geld. Er schrieb dauernd an Charles Dickens' Verleger und Bankiers und ersuchte sie um Darlehen. Nichts, was Dickens für seinen Vater tat, stellte diesen zufrieden. «Der Gedanke an ihn läßt mich Tag und Nacht nicht los; und ich weiß wirklich nicht, was ich mit ihm machen soll. Eins ist klar: je mehr wir tun, desto empörender und unverschämter wird er.» Er meinte, daß sie alle

– Vater, Mutter, Brüder – ihn als etwas ansahen, das sie zu ihrem Vorteil rupfen und zerstückeln konnten. Ihre Zuneigung galt einzig und allein dem Ernährer. Ihre ständigen Forderungen und die Angst vor immer neuen Wünschen deprimierten ihn, lagen ihm wie Mühlsteine auf der Seele, hielten ihn von der Arbeit ab. Was ihn dabei am meisten erboste, war, daß er nichts daran ändern konnte. Die Ursache dieses Ärgernisses würde er nie abstellen können. «Meine Seele wird ganz krank, wenn ich nur an sie denke.»

Auch sein Publikum war ständig hinter ihm her, mit Bitten um Ansprachen, Gefälligkeiten, Empfehlungen, Ratschläge. Er schrieb jeden Tag ein Dutzend Briefe und war mit seiner Korrespondenz doch immer im Rückstand. Gegen Ende 1843 begann er sehnsüchtig mit dem Gedanken zu spielen, England ganz zu verlassen. Er könnte einen langen Studienurlaub auf dem Kontinent machen, in Frankreich oder Italien; irgendwo, wo es sich billig leben ließ. Vielleicht konnte er seine Ausgaben verringern und sich finanziell ein bißchen erholen, wenn er das Haus an der Devonshire Terrace wieder vermietete und billig auf dem Kontinent lebte. So berühmt und erfolgreich, wie er war, hätte er eigentlich wie ein reicher Mann leben können – und doch mußte er zu seiner Verbitterung immer wieder feststellen, daß er das nicht konnte. Zu seinem Kummer entdeckte der alte Gegner der *Political Economy*, daß zumindest für ihn eine Variante des Malthusianischen Prinzips zu stimmen schien. Es war, als ob sich die Zahl der von ihm abhängigen Angehörigen potenzierte, seine Mittel sich jedoch nur linear vergrößerten. Und nun war auch noch Catherine wieder schwanger. Ungewöhnlich für sie, wirkte sie teilnahmslos, ja deprimiert und hatte Angst vor der Geburt. Kein Wunder, wo die mangelnde Freude ihres Mannes auf das Ungeborene so offensichtlich war. Ihr fünftes Kind, Francis Jeffrey Dickens, wurde Anfang 1844 geboren. Bis zum Jahre 1852 sollten ihm noch fünf weitere folgen.

Dickens' Unruhe

Wir wissen nicht genau, was Mrs. Henry Winter nach vierund-zwanzig Jahren des Schweigens dazu führte, mit dem Mann in Verbindung zu treten, der sie so hingebungsvoll geliebt und den sie verschmäht hatte, als sie beide jung waren; aber wir wissen, was für eine Wirkung ihr Brief auf ihn hatte. Charles Dickens erkannte die Handschrift der Frau, die er in den Jahren vor seiner Heirat als Maria Beadnell gekannt hatte. «Drei- oder vierund-zwanzig Jahre verflogen wie ein Traum, und ich öffnete ihn mit der Hand meines verliebten jungen Freundes David Copperfield.» Er schrieb ihr einen langen Antwortbrief – und dann noch einen und noch einen. Vierundzwanzig Jahre waren verflogen, und er war wieder verliebt, verliebt in die achtzehnjährige Maria Bead-nell.

Ein langer Blick zurück auf die Rolle, die sie in seinem Leben gespielt hatte, überzeugte ihn, daß sie seine Heldin gewesen war. Nie wieder hatte er so geliebt wie damals. Was er an Phantasie, Energie, Leidenschaft, Ehrgeiz und Entschlußkraft besaß – es war von ihr inspiriert worden. Sie war es, für die er im Grunde all die Anstrengungen auf sich genommen hatte, um sich aus Armut und Unbekanntheit emporzuarbeiten. Er hätte alles für sie getan – sogar sein Leben hätte er gegeben. Doch sie hatte ihn verschmäht. Die Enttäuschung war so groß, daß Dickens nun glaubte, eine Seite seiner Natur sei dadurch gänzlich erstarrt. Niemals, seit Maria ihn hatte abblitzen lassen, war er fähig gewesen, offen und rückhaltlos Zuneigung auszudrücken – außer seinen Kindern gegenüber und auch das nur, solange sie sehr klein waren.

Mrs. Winter war keineswegs schockiert darüber, rückwirkend zur Heldin im Leben eines großen Romanschriftstellers gemacht zu werden. Sein Aufbranden inspirierte sie zu Geständnissen ähnlicher Gefühle. Auch sie war inzwischen eine Frau mittleren Alters geworden und dachte genau wie Dickens darüber nach, daß ihr Leben auch anders hätte verlaufen können. Das Leben, für welches sie sich entschieden hatte, kam ihr ein wenig glanzlos vor, und so sah sie den unbeschrittenen Pfad in romantischem Licht. Selbst ehrbare Matronen mit einem wohlhabenden Geschäfts-mann als Gatten und zwei reizenden Töchtern verspüren in den

Dreißigern oder Vierzigern gelegentlich den Drang, mit einer alten Liebe wieder Kontakt aufzunehmen; sich vorzustellen, daß die Dinge befriedigender geworden wären, wenn sie jenen statt diesen gewählt hätten; sich zu fragen, ob es nicht möglich wäre, die Vergangenheit auszulöschen, zum Wendepunkt zurückzukehren und es noch einmal zu versuchen. Das Leben muß Mrs. Winter wie ein schlechter Witz vorgekommen sein – aus Vernunft hatte sie ihren Mann gewählt, und aus Vernunft hatte sie einen der erfolgreichsten Männer der Zeit abgewiesen, gerade zwei Jahre, bevor sein Erfolg offenkundig wurde. Wie angenehm, sich vorzustellen, daß er sie, wie er sagte, noch liebte, daß ihr Bild, seine Liebe zu ihr, hinter allem stand, was er geleistet hatte.

Mrs. Winter machte sich freilich weniger Illusionen als Dickens. Als er sie drängte, einem heimlichen Treffen ohne ihre Ehepartner zuzustimmen, warnte sie ihn, sie sei «zahnlos, fett, alt und häßlich», doch er glaubte ihr nicht. Maria war fünfundvierzig. Es war zwar richtig, daß seine Frau Catherine, jetzt vierzigjährig, alt und dick geworden war – und langweilig, albern und lethargisch. Aber sie war ein ungewöhnlicher Fall, eine ganz besonders irritierende Frau. Daß Catherine so unattraktiv alterte, war ihre eigene Schuld; irgend etwas Verdorbenes in ihrem Charakter fand Ausdruck in ihrem Körper. Maria Beadnell, die charmante, mädchenhafte, lachende Maria – sie konnte nicht gealtert sein.

Sie trafen sich wie vereinbart an einem Sonntag und zu einer Stunde, in der Catherine mit Gewißheit nicht zu Hause war. Mrs. Winter traf zwischen drei und vier im Haus der Dickens' ein, fragte nach Mrs. Dickens, man sagte ihr, diese sei nicht zu Hause, bot ihr jedoch an, statt dessen Mr. Dickens zu rufen, genau wie Dickens es vorausgesagt hatte. Doch das Phantasiebild von seiner Jugendliebe wurde mit einem Blick zerstört. Vielleicht gab es da irgendwo unter der Masse von Mrs. Winter eine jugendliche Maria, die sich herauszuzwängen versuchte, aber Dickens konnte sie nicht wahrnehmen. Man fragt sich, in welche sentimentalen Platitüden er sich gerettet haben mag, um das peinliche Interview hinter sich zu bringen, das er sich fraglos als Beginn einer Verführung vorgestellt hatte. Die Vergangenheit – wie lange vergangen. Die Kinder – was für ein Segen. Und doch, wer hätte sich vorgestellt, daß man sie haben würde. Altwerden – wer hätte das vorausgesehen. Irgendwie brachte er die Zeit hinter sich. Dann mußte er ein Abendessen mit Mr. und Mrs. Winter und Mrs. Dickens über sich ergehen lassen, das die heimlichen Liebenden bereits vor ihrem Wiedersehen arrangiert hatten. Aber danach nahm Dickens seine ganze rhetorische Kunst zu Hilfe, um ein Wiedersehen mit seiner romantischen Vergangenheit zu vermeiden. «Wer sich der Kunst widmet», sagte er ihr, «muß damit zufrieden sein, sich ihr ganz und gar hinzugeben und darin seinen Lohn zu finden. Es schmerzt mich, wenn Sie den Verdacht hegen, daß ich Sie nicht sehen will, doch das kann ich nicht ändern; ich muß ohne Zaudern meinen Weg gehen.»

Die Frau, die David Copperfields Liebe zu Dora Spenlow inspiriert hatte, inspirierte nun Arthur Clennams entsetzte Reaktion auf Flora Finching:

> Kaum fiel Clennams Blick auf das Objekt seiner alten Leidenschaft, als diese sich schüttelte und zerbarst. Flora, die Hochgewachsene, war auch in die Breite gegangen und kurzatmig geworden. Flora, die er als Lilie verlassen hatte, war zur Pfingstrose geworden; aber das war nicht so schlimm. Flora, die in allem, was sie sagte und dachte, so bezaubernd schien, war redselig und albern. Das war schlimm. Flora, die vor langer Zeit verwöhnt und natürlich gewesen war, tat jetzt alles, um verwöhnt und raffiniert zu sein. Das war zuviel.

Mit ihrer unzusammenhängenden Redseligkeit, ihren wenig Sinn enthaltenden Sätzen, ohne Punkt und Komma, ist Flora eine der erfolgreichsten Gestalten in *Little Dorrit*. «Ich freue mich so, daß Sie Flora mögen», schrieb Dickens an den Herzog von Devonshire. «Es kam mir eines Tages in den Sinn, daß wir alle unsere Floras haben (meine lebt und ist außerordentlich fett) und daß dies eine halb ernste, halb lächerliche Wahrheit ist, die noch nie ausgesprochen wurde.» Die Wahrheit war die Wahrheit von der Macht der Zeit. Mädchenhafter Charme, unverändert nach vierundzwanzig Jahren, ist eben kein mädchenhafter Charme mehr, sondern exzentrische Affektiertheit. Schöne Frauen altern, gehen in die Breite und sind nicht mehr attraktiv. Die Träume der

Jugend verwandeln sich deprimierend in die Realität der mittleren Jahre und werden lächerlich. Man kann berühmt und erfolgreich werden, ohne dabei glücklich zu sein. Man kann mit dreiundzwanzig eine Frau geheiratet haben, die man sehr geliebt hat, und dann mit dreiundvierzig erkennen, daß man nichts mit ihr gemein hat, es sei denn, im gleichen Haus verbrachte Jahre und zehn Kinder, die man eigentlich gar nicht will.

Psychologen sagen uns, daß es für einen Mann zwischen fünfunddreißig und fünfundvierzig ganz normal ist, eine Periode akuter Veränderungen zu durchlaufen, in der er sein ganzes Leben neu zu definieren sucht und als Ergebnis einer rückblickenden Analyse den Wunsch empfinden mag (in der Sprache von Sozialwissenschaftlern), «eine einengende Lebensstruktur zu modifizieren». Die einengende Lebensstruktur kann der Beruf, kann aber auch die Ehe sein. Aus dem wirklichen Gefängnis entkommt man jedoch vermutlich viel schwerer als aus einem Job oder einer Ehe. Angesichts der monumentalen Aufgabe, die eine seelische Umerziehung in der Mitte des Lebens stellt, bedauerte es Jung, daß es keine Hochschulen gäbe, an denen sich Vierzigjährige auf die zweite Hälfte des Lebens vorbereiten können. «Völlig unvorbereitet tun wir den ersten Schritt in den Nachmittag des Lebens; schlimmer noch, wir tun diesen Schritt in der falschen Annahme, daß uns unsere Wahrheiten und Ideale wie bisher dienen werden. Aber wir können den Nachmittag des Lebens nicht nach dem Vormittagsprogramm des Lebens gestalten; denn was am Morgen groß war, ist am Abend klein, und was morgens noch Wahrheit war, ist bis zum Abend Lüge geworden.» In der Vergangenheit, sagte Jung, fungierten Religionen als jene Hochschulen für Vierzigjährige, die er sich so spielerisch vorgestellt hatte; doch Religionen haben heute keine Macht mehr über das Denken der Menschen.

Ohne Hilfe der Religion (denn für Dickens war das Christentum bereits zu wenig mehr als einer organisierten Form von Gefühlen und von praktischer Mildtätigkeit geworden), ohne die Hilfe der nützlichen, wenn auch unschönen Formulierungen der Sozialwissenschaftler, stand Dickens dem Zerfall seines Glücks allein gegenüber, ohne sich bewußt zu sein, daß die radikale Unzufriedenheit, die er empfand, in gewisser Hinsicht normal war. Es zu wissen wäre freilich noch keine Lösung und für einen Mann wie Dickens vielleicht nicht einmal tröstlich gewesen. Vielleicht hätte ihn der Gedanke, daß seine Empfindungen nicht unbedingt einzigartig waren, irritiert. Vielleicht hätte er es nicht einmal geglaubt. Denn darin liegt zum Teil seine Größe als Schriftsteller – wenn auch vielleicht das, was an ihm als moralischem Wesen klein war –, daß er sein eigenes Leben so intensiv empfinden und seine Phantasie so machtvoll auf das übrige Leben projizieren konnte, daß er in einer Welt zu leben schien, in der es nur eine wirkliche Person gab: ihn selbst. Er konnte gütig und freundlich zu allen anderen sein, doch sie spielten letztlich immer Nebenrollen.

Dickens' Art zu schreiben veränderte sich merklich nach der Veröffentlichung von *David Copperfield* im Jahre 1850, als er achtunddreißig war, und Kritiker vergleichen häufig Dickens' frühe Werke mit seinen späteren. Die frühen Werke sind humorvoller und optimistischer als die späteren. Die späteren Werke sind komplizierter, symbolischer. Es gibt stilistische und inhaltliche Unterschiede. Sogar seine Manuskripte sahen anders aus, zeigten in den späteren Jahren eine neue, weitaus weniger spontane Art der Komposition; die Passagen wurden immer wieder überarbeitet, wie er das in seiner Jugend nicht getan hatte. Es fiel ihm schwerer zu schreiben, doch in vieler Hinsicht war seine Phantasie machtvoller denn je, wenn sie auch weniger spontane Einfälle hervorbrachte. Dickens' Karriere liefert ein ausgezeichnetes Beispiel für Elliott Jacques' Hypothese, daß Stil und Inhalt im Werk künstlerischer Genies sich in der Mitte des Lebens radikal verändern, daß sie sich verändern müssen, wenn ein Künstler seine Kreativität weiterhin voll ausschöpfen soll. In seiner Kunst war es Dickens möglich, sich zu verändern und zu wachsen. Mit seinem Beruf als Romancier befand er sich keineswegs in einem Gefängnis. Es war seine häusliche Situation, die ihm so unerträglich schien, als das Wiederauftauchen der Maria Beadnell im Jahre 1855 in dem Dreiundvierzigjährigen die Hoffnung erweckte, er könne sein Leben noch einmal neu beginnen.

Wonach er hungerte, war eine Gefühlsintensität mit einem anderen Menschen, die er bei seiner Frau nicht finden konnte. Catherine Dickens war eine liebenswürdige, wenn auch etwas beschränkte Person. Man könnte sagen, sie sei Dickens an Komplexität, Energie und Brillanz nicht gleichrangig gewesen, doch das ließe sich praktisch von allen Frauen ihrer Schicht und ihrer Zeit in England sagen. «Meine Mutter war vollkommen in Ordnung», schrieb ihre Tochter Kate später. «Sie hatte natürlich ihre Fehler, wie wir alle – aber sie war eine liebenswürdige, gütige, friedliebende Frau, eine Dame – eine geborene Dame.» Hans Christian Andersen pries ihre «frauliche Harmonie» und erwähnte, daß ihre porzellanblauen Augen beim Sprechen zu leuchten begannen und daß ihre Stimme zauberhaft war. Sie erinnerte ihn an Agnes Wickfield. Das zeigt, was für ein begriffsstutziger Hausgast Andersen war, denn gerade weil es Catherine an Agnes Wickfields organisatorischen Talenten mangelte, war Dickens sich zum erstenmal seiner Unzufriedenheit mit ihr bewußt geworden.

Mit seiner Ordnungsliebe und seinem Hang zu bürgerlichem Komfort verlangte Dickens einen gut organisierten Haushalt. Aber Catherine besaß die Energie oder das Interesse nicht mehr, um diese Aufgabe zu meistern: Dienstboten waren anzuleiten, mit Geschäftsleuten mußte verhandelt und Kinder mußten diszipliniert werden. Sie hatte in sechzehn Ehejahren zehn Kinder geboren und einige Fehlgeburten gehabt. Fast ständig schwanger oder mit der Pflege eines Neugeborenen beschäftigt, war sie jetzt müde. Das Leben mit einem der vitalsten und temperamentvollsten Männer Englands hatte sie erschöpft. Catherine scheint aufgegeben zu haben – zumindest das Regiment über ihren Haushalt –, und ihre Schwester Georgina Hogarth, die seit ihrem fünfzehnten Lebensjahr bei ihnen gelebt hatte (wie Mary Hogarth in den Anfangszeiten ihrer Ehe), übernahm etwa ab 1856 Catherines Rolle. Die Kinder wandten sich nun mit ihren Problemen an Tante Georgina. Und Catherine lag apathisch auf dem Sofa, wurde langsam in ihrem eigenen Hause nicht mehr wahrgenommen.

Ihr blieb allein die sexuelle Rolle, eine Rolle, für die sie von ihrem Mann wenig Applaus erntete. Sie war für ihn längst nicht mehr so erregend wie einst. Und sie wurde immer wieder schwanger und produzierte all diese Babies! Dickens, der jeden neuen Posten auf der Liste seiner finanziellen Verpflichtungen mit wachsendem Groll betrachtete, beklagte sich über die Fruchtbarkeit seiner Frau, als hätte er selbst gar nichts damit zu tun. Überdies hinterließen die vielen Geburten, wie auch das Alter und vielleicht auch zuviel des guten Essens, ihre Spuren an ihrem Körper. Dickens muß sich selbst ein wenig verachtet haben, weil er ihr dennoch nicht widerstand, doch die Schuld daran gab er ihr. *Sie* war diejenige, die ständig Babies zur Welt brachte.

Catherines Gefühle in dieser Situation können wir uns nur vorstellen. Nur wenige ihrer Briefe sind erhalten (im Gegensatz zu seinen). Sie wußte genau, daß er sie nicht mehr anziehend fand und daß sie seinen Bedürfnissen auch sonst nicht mehr entsprach – triviale Gesten zeigten es ihr. Was früher einmal absolut befriedigend für ihn gewesen war, war irgendwie jetzt nicht mehr befriedigend. In ihrer eigenen Vorstellung war sie noch genau die gleiche Person, in die er sich verliebt und die er geheiratet hatte – gutmütig, großzügig, nicht brillant, aber beständig in ihrer Liebe –, und sie wußte nicht, warum ihm das nicht mehr genügte. Catherine konnte nicht verstehen, was sie falsch gemacht oder worin sie versagt hatte, doch sie wußte, *daß* sie versagt hatte, und war unglücklich. Sie konnte nichts dagegen tun, nichts sagen, denn ihr Mann bestimmte die Regeln ihrer Ehe und ihres täglichen Lebens. Sie hatte sich ihm anzupassen. «Meine arme Mutter hatte Angst vor meinem Vater», sagte Kate Dickens. «Sie durfte nie eine Meinung äußern – durfte nie sagen, was sie fühlte.» Und an ihrer stummen Ergebenheit fand er zweifellos noch mehr auszusetzen. Wenn nur ein Mensch seiner Energie etwas Entsprechendes entgegensetzen könnte! Wenn sie ihn nur provozieren oder reizen oder sich ihm widersetzen würde!

In seinen Augen war Catherine kalt, mürrisch, unbeweglich, ja nahezu unmenschlich geworden. Hatte sie sich wirklich verändert? Sicherlich war sie gealtert. Er hatte eine junge Frau geheiratet, und sie war älter geworden. Vielleicht war der Abstand zwischen ihnen in den Jahren, in denen sie sich den Babies und er sich seinen Büchern widmete, größer geworden. Vielleicht hatte es schon immer eine Kluft zwischen ihnen gegeben, und er war nur zu beschäftigt gewesen, um das zu bemerken – zu beschäftigt mit seiner Karriere, zu beschäftigt damit, die Welt zu erstürmen, um Unvollkommenheiten zu Hause wahrzunehmen. Doch die

Wut, die er an ihr ausließ, scheint durch nichts in ihrem Verhalten gerechtfertigt, selbst wenn man einräumt, daß sie sich gehenließ und unattraktiv und faul geworden war. Vielleicht wurde Catherine, als sie kein junges Mädchen mehr war, für ihn immer mehr zur verhaßten Mutter, von der er sich betrogen fühlte; die schuld daran gewesen war, daß er als Zehnjähriger weiter arbeiten mußte. Jetzt zwang ihn Catherine, immer weiter zu arbeiten, indem sie immer mehr Kinder produzierte, die er ernähren mußte. Und sie weigerte sich, die Verantwortung für ihren eigenen Haushalt zu übernehmen, schob sie auf andere ab, auf ihn und Georgina. Wäre Catherine heute am Leben, würde sie möglicherweise (wie andere Frauen) glauben, daß der Zorn ihres Mannes gar nichts mit ihr, dafür aber sehr viel mit seiner Mutter zu tun hatte. Doch im Jahre 1855 konnten Catherine solch tröstliche Gedanken nicht in den Sinn kommen.

Als die erträumte Wiedervereinigung mit Maria Beadnell und die erhoffte Wiedergeburt seines Gefühlslebens sich als Fiasko herausstellten, war Dickens unfähig, über sich selbst zu lachen oder die Situation resignierend hinzunehmen. Im Gegenteil, die Sache trieb ihn in noch tiefere Verzweiflung. Sollte er nie wieder die Erregung mit einer Frau verspüren? Sollte er in den Zwängen der Häuslichkeit wie in einem Käfig eingesperrt bleiben und ersticken? War es fair, daß einem der größten Romanciers seiner Zeit im Leben die emotionale Intensität versagt bleiben sollte, die er in seiner Kunst erschaffen konnte? Er beneidete französische Schriftsteller wie Balzac und George Sand, die in ihren Schriften nicht so von den Moralvorstellungen ihrer Nation eingeengt waren wie er. Er beneidete sie um die Offenheit, die in ihrem Erzählen möglich war, und zweifellos auch um die legendäre sexuelle Freiheit ihres Lebens.

Vor allem verspürte er eine fast metaphysische Unruhe. Manchmal setzte er sich zur Arbeit hin, stand wieder auf, wanderte zwölf Meilen, plante eine Reise in die Pyrenäen, ging zurück in sein Zimmer, setzte sich hin, stand auf, tigerte auf und ab, machte Termine aus und hielt sie dann nicht ein. Er fuhr nach Paris. Er fuhr nach Boulogne. Er war im Begriff, mit *Little Dorrit* anzufangen, und etwas von seiner Ruhelosigkeit war der normale Überschuß an Energie zu Beginn eines Projektes. Doch Dickens brachte die quälende Unruhe mit seinem unglücklichen Familienleben in Zusammenhang, mit den Irritationen des Zusammenlebens mit einer nicht zu ihm passenden Frau und mit frustrierter Sexualität. Seine Gedanken kreisten unablässig um die eigene Ruhelosigkeit; er wollte sich selbst davon überzeugen, daß dies irgendwie nützlich war, daß dies unberechenbare Gefühl der Haltlosigkeit, das ihm so zusetzte, auch Teil des Nährbodens seiner lebendigen Phantasie war – kurzum, daß sein Elend eng mit seiner Genialität verbunden war. Doch warum war seine Genialität in früheren Jahren so frei von Irritationen gewesen? Hatte er seine Unruhe unterdrückt, indem er wie ein Dragoner über sie hinwegritt? Warum konnte er seine Unzufriedenheit nicht weiterhin begraben? «Die alten Zeiten – die alten Zeiten! Werde ich jemals, frage ich mich, den Gemütszustand wiedererlangen, den ich damals besaß?» Was er seine Leiche im heimischen Keller nannte – seine heimliche Unzufriedenheit –, schien zu wachsen und drohte zum Vorschein zu kommen.

Ein Ventil für Dickens' rastlose Energie lieferten die Amateuraufführungen, die er in seinem Haushalt organisierte. 1855 hatte er im Kindertheater in Tavistock House, seinem Londoner Wohnsitz, ein Melodram von Wilkie Collins auf die Bühne gebracht. Es hieß *The Lighthouse*. Dickens, ein elektrisierender Schauspieler, der sich mit Haut und Haar in seine Rollen hineinversetzte und seine Stimme hinreißend zu benutzen verstand, hatte die Hauptrolle des Leuchtturmwächters gespielt, der von dem Gedanken verfolgt wird, daß er jemanden ermordet habe. Am 6. Januar 1857 inszenierte Dickens zum Geburtstag seines ältesten Sohnes wieder ein Melodram von Wilkie Collins, *The Frozen Deep*. Er, Collins, Charley, Mamie, Kate Dickens und Georgina Hogarth hatten das Stück monatelang zweimal wöchentlich geprobt. Dickens hatte den Bau von Kulissen beaufsichtigt, die sein Freund Clarkson Stanfield von der Royal Academy bemalte. Zutritt war nur mit Einladung möglich, und Dickens mußte darauf bestehen, daß Einladungen nicht auf andere übertragbar waren, denn der Platzmangel war äußerst akut (zum Teil wegen der voluminösen Krinolinen der Damen). Er mußte mit der zuständigen Behörde wegen einer Sondererlaubnis für die Gasbeleuchtung verhandeln und dabei eine Erhöhung seiner Steuern zu vermeiden suchen. Er führte in jeder Hinsicht Regie.

Dickens war ein begeisterter Schauspieler – es gibt ein Bild von ihm in der Rolle des Aufschneiders Bobadil in Ben Jonsons Stück *Every Man in His Humour* –, und seine Amateuraufführungen, ebenso wie seine späteren öffentlichen Lesungen, erfüllten auf komplizierte Weise seine emotionalen Bedürfnisse. Zum einen war die Schauspielerei für ihn, wie sie es für Shakespeare gewesen war, ein Ausdruck menschlicher Freiheit und Wandlungsfähigkeit. Shakespeare betrachtete das Theater auch noch als Schatten-Aktivität, als Symbol der Eitelkeit allen irdischen Lebens. Doch Dickens kam das Theater nun oft wahrer vor als das Leben. In seiner Jugend war sich Dickens (wie in *Nicholas Nickleby* zum Ausdruck kommt) der komischen Beschränktheit von Schauspielern und Schauspielerei bewußt gewesen; doch als er älter wurde, fühlte er sich immer mehr von den gar nicht so komischen Beschränkungen seines Lebens unterdrückt. Das Leben wurde seiner Sehnsucht nach Intensität weitaus weniger gerecht als das Theater.

Das Theater erfüllte auch sein Bedürfnis nach Herrschaft, denn es war nicht nur die Schauspielerei, die ihm Spaß machte. Er koordinierte gern die Arbeit vieler Menschen – Autoren, Kulissenmaler, Schauspieler; es machte ihm Freude zu sehen, wie ein Kunstwerk in kollektiver Arbeit Gestalt annahm und einmal nicht in der Einsamkeit seines Arbeitszimmers. Ein Stück auf die Bühne zu bringen war so ähnlich, wie ein Buch in Gesellschaft von Menschen zu schreiben, und darin aufzutreten erlaubte ihm, seine «Wirkung ganz frisch zu spüren, wie sie vom Leser zu mir zurückkommt». Sein Auftritt war ein Text, dessen Wirkung er im Gegensatz zu der seiner Bücher sofort miterlebte. Die eigene Wirkung auf ein Publikum zu beobachten, seine Macht über eine wachsende Anzahl von sichtbar vor ihm sitzenden Menschen auszuüben – das wurde für Dickens immer wichtiger.

Collins' Melodramen mit ihren überhöhten Gefühlen waren auf ganz besondere Weise dazu geeignet, ihm Erleichterung von den monotonen, deprimierenden Ärgernissen am heimischen Herd zu verschaffen. In *The Frozen Deep*, das in vielfacher Hinsicht eine wichtige Rolle in Dickens' Leben spielen sollte, spielte er einen Mann, der sein eigenes Leben hingibt, um seinem Rivalen das Leben zu retten. Richard Wardour sieht sich auf einer arktischen Eisscholle ausgerechnet mit Frank Aldersley zusammen, dem Mann, dessentwegen Clara Burnham ihn verschmäht hat und den zu töten er sich geschworen hat. Wardour trägt den Kranken über Schneewehen und Eisschollen, bricht unter der Last fast zusammen, bringt ihn schließlich in Sicherheit und bezahlt dafür mit dem eigenen Leben. Und so opferte nun Dickens immer wieder, während der Proben und bei den vier Aufführungen, sein Leben, um einen verhaßten Mann zu retten. Es war die Rolle, in der er sich in seinem eigenen Leben sah. Er fühlte sich zerrissen zwischen dem inneren Zwang, sein eigenes Glück dafür aufzuopfern, was er anderen zu schulden glaubte, und dem Drang, auszubrechen und sein eigenes Glück zu suchen, koste es, was es wolle. Dieser Konflikt, das Thema von Selbstaufopferung und Zügellosigkeit, prägt auch die Romane dieser Periode, *Little Dorrit* und *A Tale of Two Cities*.

Als Wardour triumphierte er. Der größte Teil des Publikums und viele Schauspieler waren in Tränen. «Oh, welche Reaktion, welche Reaktion», schrieb er an Collins, als die öffentlichen Aufführungen zu Ende waren. Er konnte sich von dem Stück nicht trennen. Als sein Freund Douglas Jerrold im Juni starb, setzte Dickens drei weitere Vorstellungen des Melodrams für zahlende Gäste an, zugunsten der Witwe und ihrer Familie. Das Stück wurde in breiten Kreisen bekannt. Die Queen höchstpersönlich bat um eine Sondervorstellung, die natürlich stattfand. Dann hatte Dickens, der in der Provinz öffentliche Lesungen für Wohltätigkeitszwecke gehalten hatte, die Idee, mit dem Stück auf Reisen zu gehen. In Manchester sollte es aufgeführt werden, in einem Theater mit dreitausend Plätzen! Er selbst würde den Richard Wardour spielen, aber es kam nicht in Frage, daß Georgina Hogarth und die Dickens-Töchter auch weiterhin die weiblichen Rollen spielten. Ihre Stimmen waren zu dünn für ein so großes Theater. Man mußte sie durch Berufsschauspielerinnen ersetzen.

Daß Dickens nicht sofort an Mrs. Ternan und ihre interessanten Töchter dachte, läßt vermuten, daß die Geschichte über sein Zusammentreffen mit Ellen Ternan im Frühjahr zuvor – hinter der Bühne, wo er sie angeblich wegen des allzu knappen Kostüms, das sie tragen mußte, in Tränen fand – wohl doch eher ein Gerücht ist oder, falls sie sich wirklich kennengelernt hatten, daß der Eindruck, den die weinende Schöne auf den Romancier gemacht hatte, nicht sonderlich groß war. Vielleicht war er von ihr auch besonders angetan und versuchte gerade deshalb, eine andere Schauspielerin zu finden. Er fragte Mrs. Henry Compton, ob sie für die Aufführung in Manchester dem Ensemble beitreten könne, aber sie hatte keine Zeit. Dann bat er, auf Empfehlung des Managers des Olympic Theaters, Mrs. Ternan und ihre Töchter, Maria und Ellen. Maria, die begabtere Schauspielerin, spielte die Clara Burnham, in deren Armen Richard Wardour stirbt. Obwohl ihr Rücken dem Publikum zugewandt war und niemand außer Dickens es wahrnehmen konnte, waren der Schmerz und die heftige Bewegung in ihrem Gesichtsausdruck, als sie Wardour erkannte, ganz außergewöhnlich. Sie hatte über ihm zu knien, während er im Sterben lag und sie von ihm Abschied nahm. Dickens, der die Rolle des Sterbenden spielte, bezeugte, daß die Tränen aus ihren Augen in seinen Mund und über seinen Bart flossen, über seine zerrissenen Kleider und über seine Arme, während er sie umfangen hielt. «Und dabei schluchzte sie herzzerreißend und wurde vom Schmerz geschüttelt. Es nützte nichts, daß der mitleidige Wardour ihr zuflüsterte: ‹Mein liebes Kind, in zwei Minuten ist es ja vorbei – es ist ja nichts Schlimmes – regen Sie sich doch nicht so auf!› Sie konnte nur aufschluchzen: ‹Oh! Es ist so traurig. Oh, es ist so traurig!› und brachte dabei auch Mr. Lemon zum Weinen. Als endlich der Vorhang fiel, weinten wir alle miteinander.»

Der Tribut, den Dickens' Bericht von der Manchester Aufführung Marias bewegender Schauspielkunst und ihrem lebendigen Mitgefühl zollt, legt ebenso Zeugnis ab von seiner eigenen machtvollen Persönlichkeit, seiner Wirkung als Schauspieler und der Rolle des sich aufopfernden Mannes, die er gewählt hatte.

Dickens rührte die Abhängigkeit und Schwäche von Frauen – aber es mußte eine aktive, vibrierende, sensible Schwäche sein; eine Schwäche, die seine Stärke widerspiegelte, nicht die schwerfällige, dumpfe Schwäche seiner Frau. Und doch überrascht es nicht gänzlich, daß er am heftigsten nicht auf Maria Ternan, sondern auf ihre jüngere, weniger begabte Schwester reagierte, die genauso alt war wie seine Lieblingstochter Kate, achtzehn (das Alter, das Maria Beadnell in seiner Phantasie nie überschritten hatte), und die vor Monaten bei dem Gedanken, in viel zu wenig Stoff auf der Bühne erscheinen zu müssen, geweint hatte – falls die Geschichte stimmt. Nach der zweiten der beiden Vorstellungen in Manchester, nach drei Tagen Proben in London und einer Bahnfahrt zusammen mit den Ternans hinauf in die Midlands, gab es einen neuen Wendepunkt in Dickens' Leben. Er wurde besessen von dem Gedanken, daß Ellen Ternan die Alternative zu seiner häuslichen Misere war. Er war verliebt.

Wenn ein Mann, der in seiner Ehe unzufrieden ist, genug Zeit und Geld besitzt und wenn er ein Ehrenmann ist, der eine konfliktreiche Affäre vermeiden will, dann gibt es für ihn viele Möglichkeiten, sich seinem Problem zu entziehen – ganz andere, als sich in Amateurtheateraufführungen zu stürzen. Er kann intensiv arbeiten. Er kann kurze Reisen unternehmen. Er kann sich schon mal ein kurzes Abenteuer leisten. Er kann das soziale Milieu wechseln und sich in Kneipen der Unterschicht herumtreiben. Dickens tat alles dies, gewöhnlich zusammen mit Wilkie Collins, seinem Lieblingskumpanen bei Abenteuern und einem Mann von beträchtlicher moralischer Laxheit (er hielt sich eine Geliebte). Ein Mann, der sich seinen ehelichen Problemen nicht ernstlich stellen will, kann sie zu lösen oder beiseite zu schieben versuchen, indem er ein neues Haus kauft. Auch das hatte Dickens im Frühjahr 1857 getan, als er Gad's Hill Place in der Nähe von Rochester übernahm, ein Haus, das er schon als Kind begehrt hatte, nachdem sein Vater es ihm gezeigt und gesagt hatte, dort könne er eines Tages wohnen, wenn er erfolgreich wäre. Aber das eindeutigste Zeichen (wenn auch nur für ihn selbst), daß ein Mann in seiner Ehe seine Bedürfnisse nicht mehr erfüllt sieht, und die klassische Problemlösung ist es, sich in eine andere Frau zu verlieben.

Jetzt wuchs seine Verzweiflung, denn es gab keine Alternative. Er stellte sich ein ganz bestimmtes Glück vor, an dem ihn seine Frau und seine familiäre Verantwortung hinderten. Dickens begann nicht sofort eine sexuelle Beziehung mit Ellen Ternan, doch das verstärkte nur seine sentimentale Bindung an sie. Er fing an, sein

Leben so zu polarisieren, daß die ganze Spannung sich im geheimen Teil abspielte. Sein Familienalltag kam ihm immer mehr wie leere Maskerade vor, wie eine einengende Verpackung seines wahren, leidenschaftlichen Selbst. Seine inneren Qualen erreichten ein neues Stadium, im Vergleich zu dem seine frühere Verzweiflung geradezu milde schien, und später sagte er, seit dem letzten Abend von *The Frozen Deep* habe er keinen Augenblick lang mehr Ruhe und Frieden gehabt. Während er sich bislang auf vage Andeutungen über die Ursache seines Elends beschränkt hatte, begann er bald nach Ende der Aufführungen über seine häusliche Unzufriedenheit zu reden (oder besser, zu schreiben, in sorgsam formulierten Briefen). Dieser Sommer 1857 markiert den Beginn seiner jahrelangen Bemühungen, sein Privatleben in eine fiktive Erzählung umzuformen, und zwar in die schwierigste, die er je erdachte.

Zum Vertrauten wählte er sich John Forster, einen seiner ältesten und engsten Freunde. Als Ratgeber in literarischen und juristischen Angelegenheiten hatte er Forster schon immer am meisten vertraut. (Forster hatte eine juristische Ausbildung, und obwohl er selbst Schriftsteller war, fungierte er als eine Art literarischer Agent, zu einer Zeit, als solche eigentlich noch nicht existierten, für Dickens und andere befreundete Schriftsteller.) In Anbetracht dessen, was er später schreiben sollte, war das, was Dickens Forster über die Situation zwischen sich und seiner Frau mitteilte, noch milde:

> Die arme Catherine und ich sind nicht füreinander geschaffen, und dafür gibt es kein Heilmittel. Nicht nur, daß sie mich nervös und unglücklich macht, ich habe auf sie die gleiche Wirkung – sogar noch schlimmer. In ihrer Liebenswürdigkeit und Umgänglichkeit ist sie genauso, wie Du sie kennst; aber für die Bindung, die zwischen uns besteht, sind wir seltsam ungeeignet. Gott weiß, sie wäre tausendmal glücklicher geworden, wenn sie einen Mann anderer Art geheiratet hätte ... Es schneidet mir oft ins Herz, wenn ich daran denke, was für ein Jammer es für sie ist, daß ich ihr je über den Weg gelaufen bin; und wenn ich morgen krank oder behindert wäre, weiß ich, wie bekümmert sie wäre und wie tief ich selbst

darüber trauern würde, daß wir einander verloren hätten. Doch sobald es mir wieder gut ginge, wäre genau dieselbe Unvereinbarkeit wie zuvor wieder da; und nichts auf der Welt könnte sie dazu bringen, mich zu verstehen oder uns füreinander geschaffen machen. Ihr Temperament paßt einfach nicht zu meinem. Es machte nicht soviel aus, solange es nur um uns ging, doch mittlerweile sind Gründe erwachsen, die es nahezu hoffnungslos erscheinen lassen, überhaupt noch so weiterzukämpfen. Was jetzt über mich kommt, habe ich langsam, aber sicher kommen sehen, schon seit der Zeit, Du erinnerst Dich, als Mary geboren wurde, und ich weiß nur allzu gut, daß weder Du noch irgend jemand mir helfen kann. Ich weiß kaum, warum ich überhaupt geschrieben habe; aber es ist eine Art trauriger Trost zu wissen, daß Du wenigstens weißt, wie die Dinge stehen. Die bloße Erwähnung der Tatsache, ohne Klage der Schuldzuweisung irgendwelcher Art, bedeutet eine Erleichterung in meinem gegenwärtigen Seelenzustand – und ich kann dies nur von Dir erhalten, denn ich kann darüber mit niemand anderem sprechen.

Es ist ein prägnantes Dokument. Dickens' Mitgefühl für Catherines Leiden klingt echt («es schneidet mir oft ins Herz, wenn ich daran denke, was für ein Jammer es für sie ist, daß ich ihr je über den Weg gelaufen bin»), wenn auch die andere Seite – sein Selbstmitleid – so offensichtlich ist, daß es kaum der Erwähnung bedarf. Obwohl sie nicht zusammenpassen – mit der Zeit immer weniger, da Ruhm und Erfolg ihn stärker und expansiver machten, während sie immer hilfloser und beschränkter wurde –, haben die zwanzig Jahre ihrer Ehe eine emotionale Bindung zwischen ihnen geschaffen. Doch er kann die ganze Stärke der Bindung nur erkennen, indem er sich einen plötzlichen Bruch vorstellt, eine Krankheit oder Behinderung. Und wie interessant, daß er sich vorstellt, selbst krank zu werden und nicht Catherine, als ob eine Lösung ihres Problems in einer Minderung seiner Stärke, seiner Gesundheit, seines Erfolges, seiner Lebensfülle zu finden wäre – oder als sollte er für seinen Wunsch, sie los zu sein, bestraft werden.

Forster war nicht ganz auf seiner Seite. Er erwiderte, Unzufriedenheit gehöre zur Ehe; sie müsse ertragen werden; Dickens habe die Neigung, zu ungeduldig zu sein; er solle einmal seine eigenen Charakterschwächen betrachten und versuchen, sie zu bessern und damit vielleicht sein Verhältnis zu Catherine. Das waren frustrierende Ratschläge, wo er sich doch nach Mitgefühl sehnte und nach Verständnis für die Klaustrophobie, die er zu Hause empfand; aber Dickens war so froh, über alles, was ihm wirklich auf der Seele lag, reden zu können, daß er Forsters Antwort mit Gleichmut akzeptierte. «Ich stimme mit Dir überein hinsichtlich der durchaus möglichen Zwischenfälle, die nicht weniger erträglich als meine sind und häufig in einer sehr jung eingegangenen Ehe vorkommen, ja vorkommen müssen. Ich bin mir der wundervollen Erfahrung des Lebens und seiner höchsten Empfindungen immer zutiefst bewußt, und ich sage mir selbst seit Jahren, und glaube das auch ehrlich und wahrhaftig: Dies ist die Schattenseite einer solchen Karriere, und man darf sich nicht darüber beklagen... Doch die Jahre haben es für uns beide nicht leichter erträglich gemacht; und um ihretwillen ebenso wie um meinetwillen drängt sich mir der Wunsch auf, daß etwas getan werden könnte. Daß es unmöglich ist, weiß ich nur zu gut.»

In diesem Jahr, 1857, passierte das Gesetz, das in England die weltliche Ehescheidung ermöglichen sollte, die verschiedenen parlamentarischen Hürden. Dickens muß Berichte über die Debatten in den Zeitungen gelesen haben und muß die verführerische Vorstellung vor Augen gehabt haben, ganz legal und für immer von Catherine frei zu sein; sogar frei, sich wieder zu verheiraten. Aber es war unmöglich. Denn selbst wenn die Vorlage Gesetz wurde, und das erschien immer wahrscheinlicher, basierte es auf der Fiktion, daß ein Partner in der Ehe schuld an ihrer Auflösung war, und der Beweis für diese Schuld war Ehebruch. Wenn Catherine Ehebruch beginge, könnte er von ihr freikommen. Doch das war absurd. Die unbewegliche, konventionelle Catherine würde niemals etwas so Waghalsiges tun. Auf der anderen Seite war es gleichermaßen unmöglich, daß Dickens sich der Welt als der Angreifer, der Schuldige, der Ehebrecher präsentierte. Darin war er kaum ungewöhnlich. Selbst nachdem das Scheidungsgesetz in Kraft getreten war, machten in der Zeit vor dem Ersten Weltkrieg relativ wenige Leute Gebrauch davon. Und erst nach dem Ersten Weltkrieg entwickelte die Oberschicht die sexuelle Nonchalance und Verachtung für die Absurdität des Gesetzes, die man haben mußte, um die Ehebrüche vorzutäuschen, die dann bei einvernehmlichen Scheidungen eine Zeitlang zur Routine wurden. Für Dickens, wie für viele andere, war also eine Scheidung keine Lösung für die eheliche Misere. Das Beste, worauf er hoffen konnte, war eine Trennung von seiner Frau; das würde ihn von ihrer täglichen Gegenwart befreien, ihm aber nicht den Trost einer Wiederverheiratung gestatten. Es sah so aus, als werde er den vitalen Teil seines Wesens jener grotesken Fiktion häuslicher Harmonie opfern müssen, die er mit seinen Romanen England selbst aufgeschwatzt hatte.

In den Jahren 1857–58, während Dickens eine Trennung von seiner Frau zu erwirken suchte, schien er wildwütig entschlossen, sein Leben zu einem Theaterstück à la *The Frozen Deep* zu machen. Auf einer Wandertour durch Cumberland, im Sommer 1857, die seinen Kummer und seine Rastlosigkeit ein wenig lindern sollte, schritt er die Hügel mit einer derartigen Geschwindigkeit hinauf, daß sein Begleiter Collins nicht mithalten konnte, schließlich stolperte, sich den Knöchel verstauchte und von Dickens – wie dieser sagte – «à la Richard Wardour» getragen werden mußte. Dickens scheint jeden seiner Begleiter fertiggemacht und dann auf ihn herabgeschaut zu haben, weil er nicht mit ihm Schritt halten konnte. Das war seine Art, Collins ebenso wie Catherine gegenüber. Collins fand das erschreckend: «Ein Mann, der nichts in Maßen tun kann, erscheint mir furchterregend.» Außerdem betrachtete Forster diese ganze Bergstürmerei als Ausdruck von Ungeduld, Impulsivität und Mangel an Innerlichkeit bei Dickens.

Das Melodram hat seine eigene Macht, aber zum besseren Verstehen ehelicher Zwistigkeiten ist es nicht sonderlich geeignet. Gefangen von den melodramatischen Szenen, die sich im eigenen Kopf abspielten, projizierte Dickens all seine Probleme auf äußerliche Umstände, deren schlimmste Verkörperung Catherine darstellte, während er sich selbst wider alle Glaubhaftigkeit in der Rolle des Opfers sah. Vielleicht war sein Kindheitstrauma der

Verlassenheit, für die er seiner Mutter die Schuld gab, die Ursache dafür, daß sich Dickens weiterhin mit dem schutzlosen, zerbrechlichen Kind identifizierte und diese Identifikation einigen seiner größten Werke zugrunde legte. Doch in seiner Ehe hinderte ihn diese fruchtbare Phantasievorstellung daran, seine eigene Macht wahrzunehmen. Er war ein Mann, mit all den Privilegien seines Geschlechts; er war erfolgreich; er war reich, wenigstens im Vergleich zu seiner Frau. Und doch erschien sie in seiner Phantasie als die verletzende, pflichtvergessene Mutter. Sein eigenes Los war das der Selbstaufopferung. Auf Kosten des eigenen Glücks hatte er die Familie zusammengehalten. Sie hatte sich fallenlassen, war zusammengebrochen. Hätte er sich nur (in diesem Dualismus von Selbstaufopferung und Eigensucht) als offenen, ehrlichen Egoisten sehen können, dann hätte er sich in dem, was folgte, Catherine gegenüber vermutlich rücksichtsvoller verhalten.

Die erste Geste, die er sich ausdachte, um die Trennung von Catherine, die in seinem Herzen bestand, auch nach außen hin sichtbar werden zu lassen, war von bemerkenswerter Doppeldeutigkeit. Er wies den Diener auf Tavistock House an, für sich und seine Frau getrennte Schlafzimmer einzurichten. Seine Anweisungen waren sehr detailliert. Mrs. Dickens sollte das Schlafzimmer bekommen, das sie bislang geteilt hatten. Sein Ankleidezimmer sollte in ein Schlafgemach für ihn selbst umgewandelt werden. Die Verbindung zwischen beiden Räumen sollte zugemauert und mit Bücherregalen verdeckt werden. Er sollte ein neues, eisernes Bettgestell bekommen. Wer sollte eingemauert werden? Wer sollte vor wem zurückgehalten werden? Die Geste ist ein bißchen altjüngferlich, als ob Catherine auf sexuelle Raubzüge aus gewesen wäre und man sich vor ihr schützen müßte. Und doch, sollte er daran denken, zu Catherine zurückzukehren, dann wären die Bücherregale vor seinen Augen und das eiserne Bett, auf dem er liegen mußte, Gedächtnishilfen, die ihn daran erinnern würden, sich die sexuellen Tröstungen zu versagen, denen er in den vielen unglücklichen Jahren doch nur schwer hatte widerstehen können.

Doch für Catherine war die Geste nicht doppeldeutig. Es war eine harte, niederschmetternde Zurückweisung. Das Weihnachtsfest 1857, das im ganzen Lande mit besonderer Freude gefeiert wurde, weil aus Indien die Nachricht kam, daß Lucknow befreit war, wurde auf Tavistock House kaum gefeiert. Keine Aufführung im Kindertheater. Mrs. Dickens begann weinend darüber nachzudenken, ob es nicht besser für sie wäre, wenn sie nicht mit ihrem Mann im gleichen Haus lebte und so seinen Kränkungen nicht mehr ausgesetzt wäre. Dickens konnte sie aus Tavistock House nicht hinauswerfen, aber er arrangierte die Dinge so, daß sogar diese passive Frau (von ihren Eltern darin unterstützt) es schließlich vorzog zu gehen.

Im Frühjahr 1858 traf ein für Ellen Ternan bestimmtes Armband auf Tavistock House ein. Es war ein Geschenk von Dickens, das vom Juwelier irrtümlich an Dickens' eigene Adresse geliefert worden war. Dickens behauptete, Ellen Ternan sei nicht seine Geliebte, ja, er schicke jungen Damen, die in seinen Aufführungen mitwirkten, häufig Schmuckstücke als Geschenk. Man kann ihn zwar nicht beschuldigen, diesen Zwischenfall, über den sich seine Frau schrecklich aufregte, arrangiert zu haben, aber man hätte von ihm besondere Sorgfalt erwarten können, wenn es um die Adresse einer so beschenkten jungen Dame ging, ob sie nun tatsächlich seine Geliebte war oder nicht. Doch Dickens brachte es fertig, die Episode gegen Catherine zu wenden, als Beweis für einen Charakterzug von ihr, dessen Vorhandensein sich immer mehr in seinem Kopf festsetzte und von dem er neuerdings auch andere zu überzeugen suchte: sie sei krankhaft eifersüchtig. Vor Jahren, als sie in Italien lebten, hatte er die Frau eines Freundes, Madame de la Rue, mit Magnetismus behandelt. Sie waren einander so nahe gewesen, wie Analytiker und Patientin, deren Beziehung der ihren in vieler Hinsicht ähnelte, und Catherine hatte sich durch ihre Intimität und die beträchtliche Zeit, die sie miteinander verbrachten, beunruhigt gefühlt. Dickens sagte damals, ihr Mißtrauen habe die Beziehung zu den de la Rues vergiftet, und zwang sie schließlich, sich bei Madame de la Rue für sie beide zu entschuldigen. Also schrieb Dickens jetzt an die de la Rues und entwickelte ihnen gegenüber seine Gedanken zur krankhaften Eifersucht seiner Frau: «Ich komme mit einer gewissen armen Dame, die Sie kennen, heute immer noch nicht viel besser aus als in den früheren Tagen auf der Villa Peschiere. Viel schlechter. Viel schlechter. Und die Kinder auch nicht, die älteren und die jüngeren. Sie kommt freilich mit sich selbst nicht aus und kann nichts anderes sein als unglücklich. (Seitdem wir Genua verließen, hat sie auf mindestens fünfzehntausend Frauen, unter den verschiedensten Umständen, die qualvollste Eifersucht verspürt und besitzt natürlich Beweise, daß ich mit ihnen den vertrautesten Umgang gepflegt habe. Bitte zollen Sie mir Ihren Respekt für diese enorme Leistung.)»

Als die Sache mit dem Armband passierte, beschuldigte Catherine ihren Mann, mit Ellen Ternan eine Affäre zu haben. Er leugnete das und beschuldigte sie krankhafter Eifersucht. Er erinnerte sie an die Episode bei den de la Rues. Sie lege jetzt die gleiche niedrige Gesinnung an den Tag, wiederhole ihre schmutzigen Anspielungen. Er habe sie gezwungen, sich bei Madame de la Rue für ihre Verdächtigungen zu entschuldigen, die für die Dame so beleidigend gewesen seien wie für ihn – und er verlange jetzt, daß sie sich bei Miss Ternan entschuldige. Kate Dickens kam am Schlafzimmer ihrer Mutter vorbei und fand sie in Tränen, während sie ihren Hut aufsetzte. «Dein Vater hat mich zu Ellen Ternan geschickt», schluchzte Mrs. Dickens, und ihre Tochter behauptet, mit dem Fuß aufgestampft und gesagt zu haben: «Du wirst nicht gehen!» Aber Mrs. Dickens ging. Als sie ihren Eltern die Geschichte von Ellen Ternans Armband und der Entschuldigung erzählte, sagten die Hogarths, sie solle auf einer Trennung bestehen. Dickens widersetzte sich diesem Vorschlag zunächst, akzeptierte ihn aber nach und nach. Da er die Dinge so manipuliert hatte, daß der Trennungsvorschlag nicht von ihm ausging, brauchte er sich nicht schuldig zu fühlen.

Nun konnte er seine Energie ganz dafür einsetzen, die anderen von seiner Unschuld zu überzeugen. Ganz besonders wichtig war es, Angela Burdett-Coutts zu überzeugen, denn er hegte nicht nur persönlichen Respekt vor ihr; mit ihrem Reichtum und ihrer Macht verkörperte sie auch die feine Gesellschaft. Es ist schon bemerkenswert, wie sein an Miss Coutts gerichteter Bericht über seine häusliche Misere als neutrale Geschichte einer Unverträglichkeit beginnt – und als Geschichte einer Unterdrückung endet. «Ich glaube, meine Ehe ist schon seit Jahren und Jahren so unglücklich, wie eine Ehe nur sein kann. Ich glaube, daß es keine zwei Menschen gibt, die mit einer solchen Unmöglichkeit von gemeinsamen Interessen, Sympathie, Vertrauen, Gefühl, zärtlicher Bindung irgendeiner Art geschaffen wurden, wie meine Frau und ich.» Die Natur habe eine unüberwindliche Barriere zwischen ihnen errichtet. Catherine sei der einzige Mensch seines Lebens, mit dem er nicht auskommen, mit dem er keine gemeinsamen Interessen finden könnte. In der Tat könne niemand mit ihr auskommen. (An diesem Punkt sieht es verdächtig nach Karikatur aus.) Ihre eigene Mutter könne nicht mit ihr zusammenleben. Ihre eigenen Kinder könnten sie nicht ausstehen. «Sie hat sie nie eng an sich gezogen, nie mit ihnen gespielt, als sie klein waren, nie ihr Vertrauen gewonnen, als sie größer wurden, und sich ihnen niemals wie eine richtige Mutter dargestellt. Ich habe sie in einem natürlichen – nicht *un*natürlichen – Prozeß der Entfremdung von ihr abfallen sehen, und ich glaube, daß heute Mary und Katey . . . zu Stein verhärten, wenn sie in ihre Nähe kommen.»

In Wahrheit scheint es so gewesen zu sein, daß Georgina, die intelligentere, phantasievollere und energischere der beiden Schwestern, den Kindern eine attraktive Alternative bot und so ihre Liebe und Zuneigung auf sich zog. Dickens meinte, daß sein Haushalt ohne Georgina nie hätte funktionieren können, aber ohne Georgina hätte sich Catherine vielleicht der Herausforderung gestellt und wäre als Mutter mehr aus sich herausgegangen. (Ihre Kinder scheinen ihr nicht entfremdet und ihr gegenüber nicht feindselig gewesen zu sein, sondern einfach zurückhaltend.) Doch Dickens, in seinem eigenen rührenden Märchen befangen, kann es sich nicht verkneifen, das Bild einer monströsen Catherine, vor der selbst die eigenen Kinder zu Stein werden, noch weiter auszumalen. «Es ist ihr Unglück, sich in irgendeiner fatalen Atmosphäre zu bewegen, die jeden, dem sie eigentlich das Liebste sein müßte, erschlägt.» Seine eigene Rolle, heißt das, ist völlig passiv; er ist die Unschuld im Land der Monster; Una oder Schneewittchen oder Rotkäppchen – oder Oliver Twist, der unbeschädigt einer Räuberhöhle entkommt.

Miss Coutts nahm lakonisch zur Kenntnis, daß die Dickens' sich trennten. Sie war beruhigt, daß es nicht um etwas «Kriminelles» ging, und mehr interessierte sie nicht. Ihre Sympathie neigte jedoch eher Mrs. Dickens zu. Dickens hatte in Büchern wie *Dombey and Son*, *David Copperfield*, *The Old Curiosity Shop* ein verletztes, ein sterbendes Kind gezeigt, und die Welt hatte geweint. Er hatte Kinder gezeigt, die von Märchenmonstern der Art, wie er sich Catherine vorstellte, unterdrückt wurden – unnatürliche, dem Tode verbundene Mörder wie Murdstone und Dombey. Aber er war kein hilfloses Kind. Und seine «Unterdrückerin» Catherine war alles andere als eine mächtige, autoritäre Gestalt. Diesmal brachte er Miss Coutts nicht zum Weinen. Der Schuh paßte nicht.

Während die Trennung juristisch fixiert wurde, zog Dickens in das Büro seiner Zeitschrift *Household Words*. Forster vertrat Dickens, und Mark Lemon, der Herausgeber des *Punch*, den Dickens einmal den weichherzigsten Mann der Welt genannt hatte, vertrat Catherine. Sie sollte 600 Pfund pro Jahr erhalten. Sie sollte ihr eigenes Haus haben, und Charley, ihr ältester Sohn, sollte bei ihr leben. Aber alle anderen Kinder sollten bei Dickens bleiben. Sie konnten ihre Mutter besuchen, wenn sie wollten, aber Dickens ermutigte sie nicht dazu – ganz im Gegenteil. Kate und Mamie hatten Musikstunden gegenüber von Mrs. Dickens' Haus, doch sie besuchten ihre Mutter nie. Zu Kates Hochzeit wurde sie nicht eingeladen. In späteren Jahren hatte Kate deswegen Schuldgefühle. «Es war sehr böse von uns allen, daß wir ihr nicht beistanden; Harry ist nicht dieser Ansicht, aber er war damals erst ein kleiner Junge und versteht nicht, wie schmerzhaft es für unsere Mutter war, nachdem sie all ihre Kinder geboren hatte, fortzugehen und uns zurückzulassen. Meine Mutter hat mich nie gescholten. Ich habe sie nie zornig gesehen.» Dickens zwang seine Kinder nicht, sich zwischen ihm und ihrer Mutter zu entscheiden. Er nahm ganz einfach an, daß sie bei ihm bleiben würden, wie es das Gesetz erlaubte. Und das taten sie auch. Sie taten es übrigens sehr gern. Er war dynamisch, lustig, berühmt, charismatisch und mächtig. Daß sie bei ihrem Vater statt bei ihrer Mutter blieben, kommt *uns* so ungewöhnlich vor, daß wir uns fragen, ob die Mutter nicht vielleicht wirklich das Monster war, das der Vater aus ihr machte. Aber da sollten wir uns erinnern, daß Kinder damals Eigentum ihrer Väter waren. Nach dem Gesetz war auch die Frau ihres Mannes Eigentum. Verheiratete Frauen hatten keinen legalen Status, ja keine legale Existenz. Sie hatten kein Anrecht auf irgend etwas. Als sich die Schriftstellerin Caroline Norton von ihrem verkommenen Mann trennte, mußte sie sogar

Besuchsrechte bei ihren Kindern erkämpfen. Alles Geld, das Mrs. Norton mit Schreiben verdiente, ging an ihren nichtsnutzigen Ehemann, ob sie nun mit ihm zusammenlebte oder nicht. Daher gingen Kinder in Scheidungs- oder Trennungsfällen damals sehr viel häufiger zum Vater als heute. Außerdem beteten die Dickens-Kinder ihren Vater an. Neben ihm mag sich die Mutter geradezu ärgerlich unscheinbar ausgenommen haben. Besonders für Mamie und Kate muß die normale Neigung junger Mädchen, ihre Väter zu überschätzen, durch die Zustimmung der Außenwelt noch verstärkt worden sein. Sie glaubten, ihre Mutter sei ihres Vaters nicht würdig. Sie warfen ihr vor, daß sie ihn und seine Liebe nicht hatte halten können.

Im Rückblick glaubte Kate, Ellen Ternan sei die Ursache aller Probleme gewesen. Wie ein Großteil der Londoner Gesellschaft nahm sie an, daß es da eine andere Frau gegeben haben mußte (es war damals noch nicht Mode, die *andere Frau* als Symptom statt als Ursache zu sehen). Aber Leute, die die Situation im Dickens-schen Haushalt nicht so gut kannten wie die Töchter, glaubten, die *andere Frau* sei Georgina Hogarth, die so viele Jahre lang die Kinder großgezogen und den Haushalt geführt hatte. Das war ein ungewöhnlich schockierender Verdacht, denn damals war es in England immer noch ungesetzlich für einen Mann, die Schwester seiner verstorbenen Frau zu heiraten; eine solche Beziehung wurde als Inzest betrachtet. Um wieviel schlimmer war es dann, mit der Schwester einer noch lebenden Frau eine Affäre zu haben! Thackeray glaubte sich loyal vor Dickens zu stellen, als jemand im Garrick Club sagte, Dickens habe eine Affäre mit seiner Schwägerin. «Kein Wort wahr daran», meinte Thackeray. «Er hat's mit einer Schauspielerin.» Als Dickens von dieser Episode hörte, war er wütend auf Thackeray, weil dieser eine (seiner Meinung nach) große Verleumdung verbreitet hatte, obwohl dies sicher die geringere von zwei Verleumdungen war und vermutlich der Wahrheit näherkam. Er konnte einfach keine andere Version der Geschichte seiner Trennung akzeptieren als seine eigene. Keine Schuld. Keine Schuld. Wenigstens keine Schuld auf seiner Seite. Mit Leuten, die er nicht zu seiner Sicht der Dinge bringen konnte, wie Thackeray und Mark Lemon, brach er.

Zu dieser Zeit trennten sich auch andere. George Lewes verließ

Agnes, unterstützte sie und ihre Kinder (auch die unehelichen) aber weiterhin. Die Autorin Anna Jameson lebte für den größten Teil ihres Lebens von ihrem Mann getrennt und ernährte sich mit Schreiben. Mrs. Norton machte ihre Trennung zur Basis einer Kampagne für Frauenrechte. Andere männliche Autoren, die von ihren Frauen getrennt lebten, waren Frederick Marryat und Edward Bulwer-Lytton. Die Trennungen der Bulwers und von Mrs. Norton waren kaum diskret zu nennen – Mrs. Norton brauchte die öffentliche Aufmerksamkeit, um die von Frauen unter englischem Gesetz erlittenen Ungerechtigkeiten zu dramatisieren. Bei der Dickensschen Trennung waren keine Themen von öffentlichem Interesse im Spiel, doch Dickens versuchte, seine Geschichte mit ebenso großer Eindringlichkeit anzubringen wie Mrs. Norton. Hinter seinen verzweifelten Versuchen der Selbstrechtfertigung muß das Gefühl gesteckt haben, daß er sich nicht richtig verhielt. Aber wem gegenüber fühlte er sich schuldig? Catherine gegenüber, weil er seine Rolle als Ehemann hingeworfen, oder seinem Publikum gegenüber, weil er seine Rolle als Barde des häuslichen Glücks verraten hatte? Andere Leute trennten sich, aber nur wenige waren in einer so vertrackten Situation wie Dickens, der so erfolgreich die Rolle des Vorbilds und moralischen Lehrers für sich in Anspruch genommen hatte. Der Londoner Korrespondent der *New York Times* schrieb, daß Gerüchte, Dickens sei mit einer Schauspielerin nach Frankreich durchgebrannt, ein verlogener Skandal wären, den man im Keim ersticken müsse, damit das Vertrauen der Leser zu den nützlichen Lehren in *Pickwick*, *Master Humphrey's Clock* und den Weihnachtsgeschichten nicht durch die Unfähigkeit des Autors, in seinem eigenen Leben die von ihm beschriebenen Ideale von Frieden und Harmonie zu verwirklichen, ins Wanken gerate.

Drei Tage nachdem Catherine im Juni 1858 das Trennungsschreiben erhalten hatte – nach komplizierten und bitterbösen Verhandlungen –, unternahm Dickens einen ganz außergewöhnlichen Schritt. Es war eine ungeheure Rebellion gegen die Gesellschaftsstrukturen, in die sein Leben eingebettet war, eine absolute Bejahung der Einzigartigkeit seines Lebens und des Primats seiner Vorstellungskraft über alle Fakten. Er schrieb eine Erklärung über die Trennung von seiner Frau, in der er sich selbst darstellte und versuchte, seinen guten Namen wiederherzustellen. Dann ließ er die Erklärung zuerst in der *Times* und später in seiner eigenen Zeitschrift *Household Words* abdrucken. «Dreiundzwanzig Jahre sind vergangen, seitdem ich meine gegenwärtige Beziehung mit dem Publikum eingegangen bin», so begann er die Erklärung und setzte dann die Beschreibung seiner Bindung ans Publikum in einer fast bizarren, ehebezogenen Terminologie fort. Er habe versucht, «dem Publikum so treu zu sein, wie es ihm gegenüber gewesen sei». Nie habe er leichtfertig mit dem Publikum gespielt oder es getäuscht oder seine Gunst ausgenutzt. Immer habe er versucht, ihm gegenüber seine Pflicht zu tun. Das Dokument läßt seine Beziehung zum Publikum als die wichtigste in seinem Leben erkennen, seine Ehe als bloße Nebenerscheinung. Seine größte Sorge ist, daß das Publikum schlecht von ihm denken könnte.

Ein gewisses häusliches Problem, das schon lange existiert und über das ich nichts weiter sagen will außer, daß es von geheiligter privater Natur ist, wurde kürzlich in einem Arrangement gelöst, das weder Zorn noch Böswilligkeit irgendwelcher Art enthält – ein Problem, dessen Ursprung, Fortschreiten und Nebenumstände sich die ganze Zeit hindurch mit Wissen meiner Kinder abgespielt haben. Es wurde alles freundschaftlich geregelt, und die Details sollen nun von allen Beteiligten vergessen werden.

Auf irgendeine Weise, vielleicht aus Bosheit, aus Torheit oder aus einem unvorstellbar wilden Zufall heraus oder aus allen diesen Gründen, hat man aus diesem Problem eine Gelegenheit für Entstellungen gemacht, gröbste Fälschungen, monströs und grausam – die nicht nur mich, sondern auch mir ans Herz gewachsene, unschuldige Menschen und unschuldige Menschen, die ich gar nicht kenne, wenn sie überhaupt existieren, betreffen –, und diese Entstellungen hat man so weit verbreitet, daß ich bezweifle, daß auch nur ein Leser dieser Zeilen unter tausend existiert, an dem der Odem dieser Verleumdungen nicht wie übelriechende Luft vorbeigeweht ist.

Die monströsen und grausamen Entstellungen, auf die er anspielt, waren natürlich die Vermutungen, daß er mit einer anderen Frau liiert sei, ob nun mit Georgina Hogarth oder Ellen Ternan, und die Vorstellung, daß es unter tausend Lesern nicht einen gebe, der davon nicht gehört hatte, läßt ahnen, wie stark sich Dickens in der Phantasievorstellung verfangen hatte, sein Privatleben sei öffentlich, allen sichtbar und von zentraler Bedeutung für seine Leser. Was die Veröffentlichung seiner Erklärung erreichte, war natürlich genau dies – die Gerüchte über sein Privatleben weit über die relativ kleine Gruppe von Leuten in London hinaus zu verbreiten, die sie bereits gehört hatte. Und sie zu verbreiten, ohne jemanden von ihrer Unwahrheit zu überzeugen. Wie konnte dem meisterlichen Manipulator öffentlicher Reaktionen ein derartiger Mißgriff unterlaufen?

In gewisser Weise kann man alles in seinem erwachsenen Leben als Vorbereitung auf dieses Debakel sehen, auf diese Fehleinschätzung menschlicher Reaktionen. Im Gebrauch der Macht seiner Persönlichkeit war er zu erfolgreich gewesen. Bei seiner Beförderung zum Idol, gleich nach der Veröffentlichung der *Pickwick Papers*, bei seinen Experimenten mit dem Mesmerismus, die ihm Kontrolle über den Willen eines anderen Menschen gaben, in seinen öffentlichen Lesungen und Auftritten, bei denen sich eine fast hypnotische Wechselbeziehung mit seinem Publikum herstellte – immer wurde er in einer Phantasievorstellung von Allmacht gewiegt. Er war überzeugt davon, daß zwischen ihm und dem Publikum eine «besondere Beziehung (persönlicher Zuneigung und wie zu keinem anderen Mann)» existierte – das Publikum war für ihn eine Frau, die aufs Stichwort weinte, in Ohnmacht fiel und lachte. Er brauchte diese Reaktionen des Publikums auch weiterhin. Er brauchte seinen Applaus. Er brauchte seine Liebe. Er mußte seine Macht über das Publikum behalten. Er hatte noch eine weitere Ehe gestaltet, seine erfolgreiche Ehe mit dem britischen Publikum.

Der Erklärung in *Household Words* folgte Mitte August ein noch ausführlicherer Bericht von Dickens über die Trennung. Er hatte ihn Ende Mai geschrieben und Arthur Smith, dem Manager seiner öffentlichen Lesungen, gegeben, der ihn benutzen sollte, wie er es für richtig hielt, um die Gerüchte zum Schweigen zu bringen. Was Smith für richtig hielt, war, den Brief der *New York Times* zu übergeben, worauf dann Nachdrucke in vielen anderen amerikanischen und englischen Zeitungen erschienen, welche die Neuigkeit von Dickens' häuslicher Misere noch weiter in der Welt verbreiteten. Dickens behauptete, er sei verärgert darüber, und nannte das Dokument später «den mißbrauchten Brief», doch seine Freundschaft mit Smith beendete er nicht, wie er das mit so vielen anderen getan hatte, die sich seinen Wünschen in bezug auf die öffentliche Darstellung seines Privatlebens widersetzt hatten. So liegt denn der mißbrauchte Brief als weiteres Beispiel für Dickens' widersprüchliche Wünsche vor, zu dominieren und Macht auszuüben und gleichzeitig als Opfer zu erscheinen.

«Mrs. Dickens und ich haben viele Jahre lang unglücklich miteinander gelebt», so begann diese erstaunliche Erklärung, wie die Parodie eines Märchens. «Kaum jemandem, der uns sehr gut kannte, kann es entgangen sein, daß wir in allen Aspekten von Charakter und Temperament auf geradezu wundersame Weise ungeeignet füreinander sind. Vermutlich gibt es keine zwei miteinander verbundenen und an sich nicht bösartigen Menschen, die größere Verständigungsschwierigkeiten und weniger Gemeinsamkeiten hatten.» Es ist eine elegant überarbeitete Version seines Briefes an Miss Coutts, die Catherines Pflichtvergessenheit im Haushalt betont und Georgina Hogarth als Retterin der Familie verherrlicht, als die Person, an der alle Kinder hängen und die größeren Anspruch auf Dickens' Zuneigung, Respekt und Dankbarkeit hat als irgend jemand auf der Welt. Mit einer Nebenbemerkung über eine «geistige Störung, unter der Mrs. Dickens zuweilen leidet» – zweifellos ihre Eifersucht –, fährt er fort, unverkennbar, aber ohne ihren Namen zu nennen, Ellen Ternans Schuld zu bestreiten. Zwei «bösartige Personen» (Catherines Mutter und Schwester) hätten Ellen mit der Trennung in Verbindung gebracht. Doch «bei meiner Seele und Ehre», schrieb er, «es gibt auf dieser Erde keine tugendhaftere und unbeflecktere Person als diese junge Dame. Ich weiß, daß sie unschuldig und rein ist und so gut wie meine eigenen lieben Töchter». Der «mißbrauchte Brief» stellt den Mythos von Dickens' Ehe so dar, wie er ihn haben wollte, wahrscheinlich glaubte er auch daran. Aber es ist schon bemerkenswert, welche Rolle er sich selbst zuschreibt. Er hat nichts getan. Er ist zerrissen zwischen zwei Frauen, die eine gut, die andere schlecht. Das Problem ist Haushaltsführung und Familienfürsorge. Es geht überhaupt nicht um erotische Bedürfnisse oder sexuelle Befriedigung. Dickens' Ehe mit dem Publikum war auf ihre Weise auch eine Art Gefängnis; waren Dickens' Beziehungen zur Öffentlichkeit patriarchalisch, so war die Öffentlichkeit gleichwohl gebieterisch und setzte ihm Grenzen: er konnte ihr nicht jede Geschichte erzählen. Das Publikum würde ihm die Erwähnung von Dingen, die ein junges Mädchen erröten ließe, nicht gestatten. Beim Erzählen seiner Lebensgeschichte, sogar sich selbst gegenüber, mußte er Zugeständnisse an die Wünsche biederer Leser machen. Bei der Darstellung von Krisen im Leben von Erwachsenen mußte er auf Strukturen und Geschichten von Kindheitskrisen zurückgreifen. Er bat das Publikum, auf seine häusliche Misere so zu reagieren, wie es auf die Geschichte von Oliver Twist, von Paul Dombey und des jungen David Copperfield reagiert hatte.

Doch die Öffentlichkeit war weniger Sklave der populären Fiktionen als Dickens. Sie weigerte sich zu glauben, daß der am meisten bewunderte Romancier seines Landes und seiner Zeit, derjenige mit all dem Ruhm, dem Geld, den Kindern, der Zeitschrift – und vielleicht sogar mit der Geliebten –, das Opfer war. Jane Carlyle spöttelte, wenn man ein neues Wort suche, mit dem man einen Mann beschreiben könnte, der seiner Frau übel mitgespielt hatte, dann könnte man vielleicht sagen, er haben den ‹dickens› – den Teufel – bei ihr gespielt. Viele andere sahen die ganze Ironie der Situation, wie zum Beispiel der Verfasser dieses zeitgenössischen Kommentars: «Das Gerücht behauptet, der große Romancier des heimischen Herdes sei mit einer Schauspielerin davongelaufen; und die Trennung von seiner Frau ist zwar kein Beweis für diese Geschichte, aber sie zeigt doch, daß er daheim in Wirklichkeit nicht glücklich war, obwohl er derlei so gut beschrieben hat.» Aber die Ironie seiner Position ist Dickens völlig entgangen. Andere Leute mußten ihn darauf hinweisen, daß es einfach unmöglich war, seiner neuen Zeitschrift den Namen *Household Harmony* zu geben. (Er nannte sie schließlich *All the Year Round*.) Er glaubte zu unerschütterlich an die Fiktion seiner eigenen Unschuld – daß nämlich allein Catherines Charakter und nicht seine eigene Natur das häusliche Ideal verhindert hatte, das er immer noch propagierte –, als daß er den Witz verstanden hätte.

Catherine zog in den Gloucester Crescent, für eine Weile wenigstens, mit Charles jr., und Dickens' Qualen waren vorüber. Das unerträgliche Jucken war weg, er hatte sich genug gekratzt. Bald nach der Trennung unterstützte er die Familie Ternan mit größeren Summen und kümmerte sich um Ellen und Maria. Gelegentlich ließ er sich seine Fahnen an Ellens Adresse schicken. Kate Dickens glaubte, sie hätten ein gemeinsames Kind gehabt, das bald nach der Geburt gestorben sei. Auf jeden Fall empfand er eine tiefe Zuneigung zu dieser siebenundzwanzig Jahre jüngeren Frau, die für ihn immer die Verkörperung ewiger Jugend bleiben sollte. Unglücklich war er nur, wenn er sie verlassen mußte, wie 1867 zum Beispiel, als er auf eine Vortragsreise nach Amerika fuhr. Dann hatte er die Idee, daß sie dort zu ihm stoßen könnte. Er wollte sich umschauen und dann entscheiden. Wenn er kurz nach seiner Ankunft in Amerika telegrafieren würde «All well», dann sollte Ellen kommen. Telegrafierte er aber «Safe and well», dann sollte sie zu Hause bleiben. Das Telegramm würde er an W. H. Wills schicken, seinen Redaktionsassistenten bei All the Year Round, der es sowohl an Ellen in Italien und an Georgina in Gad's Hill weiterleiten würde, aber natürlich wüßte nur Ellen, was es wirklich bedeutete. Das Telegramm «Safe and well» traf ein, und Ellen blieb mit ihrer Schwester in Florenz, wo sie über Wills Briefe von Dickens erhielt, damit zwischen den Liebenden keine direkte Kommunikation existierte. Darin war Dickens von beispielhafter Diskretion. Tatsächlich zwang die Affäre mit Ellen Ternan ihn zu einer geheimen, unterirdischen Existenz. Er konnte ihr nicht gestatten, sich mit ihm in der Öffentlichkeit zu zeigen (wenn er auch mit ihr zusammen reiste und sie und Mrs. Ternan bei einem Eisenbahnunglück in Staplehurst mit ihm zusammen waren), und auf Gad's Hill Place konnte sie nicht empfangen werden und mit seinen Töchtern Umgang pflegen.

Ein beeindruckender neuer Typus von Gestalten taucht in

Dickens' Spätwerk auf, ein zerrissener, zerquälter Mann. Bradley Headstone, der Schulmeister in *Our Mutual Friend*, dessen enttäuschte Leidenschaft für Lizzie Hexam ihn dazu führt, den Mord an dem Mann, den Lizzie liebt, zu planen, ist eine dieser eindrucksvollen Gestalten des späten Dickens, die zwei voneinander getrennte Leben zu führen scheinen – ein unter der Oberfläche brodelndes, vulkanartiges Gefühlsleben und ein stilles, verdrängtes, dienendes Leben in der Öffentlichkeit. Bei John Jasper in *Edwin Drood* – dem Chordirektor einer ruhigen Domstadt, der Opium raucht, möglicherweise seinen eigenen Neffen umgebracht hat und wahrscheinlich ein Anhänger von Kali, der indischen Göttin der Zerstörung ist – grenzt der Kontrast zwischen Untergrundexistenz und dem ehrbaren Leben an der Oberfläche schon an Schizophrenie. In beiden Fällen nimmt der Mann eine öffentlich geachtete Stellung in seiner Gesellschaft ein; das leidenschaftliche emotionale Leben ist sein Geheimnis. Er findet keinen Weg, beides in Einklang zu bringen. Die emotionalen Impulse – der Trieb zur emotionalen und sexuellen Befriedigung – werden als destruktiv und mörderisch hingestellt. Mit der Beschreibung dieser Männer, die ihre Achtbarkeit wie eine Last mit sich herumschleppen, zeigte Dickens, daß er in seinen späteren Jahren auf dem Wege der Phantasie jene Wahrheit erkannt hatte, die Freud in *Das Unbehagen in der Kultur* formulieren sollte, daß nämlich die Errungenschaften der Kultur Triebunterdrückung erfordern, daß Lust und Aggression niedergeritten und in Grund und Boden gestampft werden müssen, damit Bücher geschrieben werden, Gesetze in Kraft treten und Familien überleben können. Und er verstand auch, daß dies mit zunehmendem Alter schwerer, nicht leichter wird.

Ich habe den Verdacht, daß *The Frozen Deep* als Muster für den doppelten Weg in Dickens' späterem Leben diente, die Grundstruktur für nur dunkel empfundene Emotionen und Impulse. Zwei Männer, durch ihre Liebe zu einer Frau verbunden, tödliche Rivalen, von denen sich einer für den anderen opfert: Dickens sollte dieses Dreiecksmuster in *A Tale of Two Cities* wiederholen. In *Our Mutual Friend* wird die andere Möglichkeit durchgespielt, Bradley Headstone plant tatsächlich den Mord an seinem Rivalen. Doch diese Dreiecksstruktur wird am interessantesten, wenn die zwei Rivalen im Innern eines Mannes existieren, wie in John Jasper, dessen wache, rationale Seite schwört, die andere Seite, den von Drogen berauschten, mörderischen Kali-Anbeter, zu zerstören. Indem er die beiden Instinkte – den der Selbstaufopferung und den der Selbstbefriedigung – in einer Person verschmolz, indem er die beiden Liebesrivalen zu einer Gestalt machte, entwickelte Dickens eine psychologische Dichte, die an Subtilität weit über sein Frühwerk hinausgeht. Er findet hier zu einer psychischen Ökonomie, die dem späten 19. Jahrhundert und unserem post-freudianischen Zeitalter besonders liegt; und in jüngster Zeit betonen Dickens-Biographen unweigerlich, wie sehr Dickens bei seinen öffentlichen Lesungen Nancys Ermordung durch Sikes genoß – wie sein Pulsschlag gefährlich in die Höhe schoß, wenn er die Passage vorlas. Sie betonen die Sympathien des Autors für die Verbrecher und zeigen auf, wie er als Erzähler und Schauspieler seine erotischen und mörderischen Energien sublimierte. Dem wäre hinzuzufügen, daß die Frau, für die er den dunkleren Teil seines Ich opfern mußte, damit der andere Teil überleben konnte, sicherlich weder Catherine noch Ellen Ternan war. Es war die britische Öffentlichkeit, seine weibliche Abstraktion, jene ewig fordernde Frau, die er sich selbst geschaffen hatte und die er nie ganz befriedigen konnte.

Dickens mag das Gefühl gehabt haben, sich selbst einzuengen, sein Glück der Ehrbarkeit zu opfern; aber in Wirklichkeit unterdrückte er sich weder selbst, noch brach er selbstzerstörerisch aus: er schrieb weiter. Trotz all der Geheimniskrämerei – vielleicht sogar deswegen – hatte er mit Ellen Ternan ein befriedigenderes Leben als mit seiner Frau. Wie stümperhaft und wirr seine Methode auch war, er baute sich ein neues, ihm gemäßes Leben für den «Lebensnachmittag» auf, der ihm noch verblieb. (Nach seiner Trennung von Catherine lebte er noch zwölf Jahre, bis er im Alter von achtundfünfzig Jahren starb.)
In späteren Jahren sympathisierte er mit jedem unglücklich verheirateten Mann, den er kennenlernte. Und in seinen Schriften manifestierte sich Verständnis für Verdrängung bei Männern und für die Vielschichtigkeit erotischer Anziehungskraft von Frauen. Darüber hinaus liegt etwas sehr Bewegendes in der gigantischen, offenherzigen Theatralik, mit der Dickens sich gegen Gesetztheit

und Häuslichkeit zur Wehr setzte. Es liegt etwas Großartiges darin, so zu leben, als hätte vorher noch niemand gelebt. Er stellte seine Not im großen Stil auf die Bühne, in der Hoffnung auf eine ebenso grandiose Sympathiewelle – die ihm nie entgegenflutete.

Doch es muß gesagt werden, daß Dickens aus seinen Leiden nur wenig über sich selbst gelernt zu haben scheint – und noch weniger über die Leiden anderer. So wie er alle Schuld in Eheangelegenheiten seiner Frau in die Schuhe schob, so machte er im späteren Leben seine männlichen Kinder für die meisten seiner Kümmernisse verantwortlich und bezichtigte sie einer Unzuverlässigkeit und Energielosigkeit, die sie – wie er glaubte – von ihrer Mutter geerbt hätten. Dickens' emotionale Entwicklungsgeschichte ist nicht inspirierend. Es ist nur die Geschichte eines Überlebens und beweist nicht mehr, als was Jung über sein eigenes tadelnswertes Verhalten einer jungen Frau gegenüber sagte –, daß es manchmal notwendig ist, nichtswürdig zu sein, um weiterzuleben.

Während für Dickens der Aufruhr des Jahres 1858 letztlich gut war, sein Weiterleben ermöglichte, war der Preis, den seine Frau dafür zahlte, eine Art von lebendigem Tod. Sein Verhalten ihr gegenüber, verschlimmert durch sein selbstgerechtes Posieren, kommt einem geradezu mörderisch vor. Der Kinder, ja irgendeiner Rolle beraubt, lebte Catherine nach der Trennung noch zwanzig Jahre lang. Still und damenhaft wohnte sie in dem bescheidenen Haus am Gloucester Crescent. Sie blieb sehr dick. Als ihr gemeinsamer Sohn Walter 1864 plötzlich starb, benachrichtigte sie Dickens nicht einmal. Als Dickens selbst starb, machte sich niemand die Mühe, sie zur Beerdigung einzuladen, wenn auch die gewissenhafte Miss Burdett-Coutts Catherine einen formellen Kondolenzbesuch abstattete und nicht, wie andere, Georgina Hogarth auf *Gad's Hill* aufsuchte. Catherine war überzeugt, daß ihr Unrecht geschehen war, und hoffte, daß die Nachwelt ihr Gerechtigkeit angedeihen lassen würde. Dem Ende ihres Lebens nahe, übergab sie die Briefe, die ihr Dickens im Laufe ihres gemeinsamen Lebens geschrieben hatte, ihrer Tochter Kate, mit der Bitte, sie zu veröffentlichen. Sie glaubte, die mit Worten der Zuneigung und Zärtlichkeit gefüllten Briefe bewiesen, daß es wenigstens eine Zeit gegeben hatte, in der Dickens sie liebte.

Kate war anderer Meinung. Sie fand die Worte der Liebe in den Briefen nichtssagend. In ihren Augen zeigten sie, daß Dickens sich schon vor seiner Heirat damit abgefunden hatte, ohne jene Art der Partnerschaft auskommen zu müssen, nach der er sich sehnte. Sie konnte sein Herz und seine Seele in diesen Briefen nicht finden und fürchtete, daß eines Tages andere auftauchen würden – an Ellen Ternan –, in denen sich Herz und Seele wirklich zeigten, was die Briefe an Catherine um so heuchlerischer erscheinen lassen würde. Ende 1890 war sie drauf und dran, die Korrespondenz, die ihre Mutter ihr anvertraut hatte, zu verbrennen.

Es bedurfte eines Bernard Shaw, den sie in der Angelegenheit um Rat fragte, um Kate dazu zu überreden, die Briefe aufzuheben und dem Britischen Museum zu schenken. Und es bedurfte eines Shaw, um ihr klarzumachen, daß es viele Argumente für die Sache ihrer Mutter gab. Denn Kate war eine altmodische Romantikerin, und ihr gefiel die Geschichte von dem großen Mann, der eine Mesalliance eingegangen und von einer ihm unterlegenen Frau hinabgezerrt worden war. Nicht so Shaw. Er argumentierte, daß «das sentimentale Mitleid des 19. Jahrhunderts mit dem an eine gewöhnliche Frau gebundenen Genie durch einen Schriftsteller namens Ibsen sehr rüde entkräftet worden» sei. Er sagte voraus, daß die Nachwelt viel eher Mitleid mit der Frau empfinden würde, die der Ergebenheit dem Manne gegenüber so sehr geopfert wurde, daß sie in sechzehn Jahren dreizehn Kinder gebären mußte, als mit dem Mann, dessen einziger Anlaß zur Klage darin bestand, «daß sie kein weiblicher Charles Dickens war». Es scheint, daß Shaw Kate gründlich überzeugt hat, denn später arbeitete sie mit Gladys Storey zusammen an dem ersten Versuch, die Geschichte der Dickensschen Trennung aus der Sicht von Mrs. Dickens zu erzählen. *Dickens and Daughter*, 1939 auf der Basis von Gesprächen zwischen Gladys Storey und Kate Dickens Collins Perugini aus dem Jahre 1923 veröffentlicht, ist dem Andenken von Mrs. Perugini und ihrer Mutter, Mrs. Charles Dickens, gewidmet.

Obwohl er sich für einzigartig hielt, war Charles Dickens mit seiner inneren Unruhe und seinem Impuls, die Schuld dafür bei dem Menschen zu suchen, den er sich zum Lebensgefährten gewählt hatte, wahrscheinlich repräsentativ für viele andere. Mit seinem Versuch, gut zu sein, seinem Wunsch, geliebt zu werden, lieferte er seiner Zeit ein Beispiel für ein Verhalten, das man damals «eines Gentleman unwürdig» genannt hätte. Uns liefert er ein ausgezeichnetes Beispiel dafür, wie man eine Ehe nicht beenden soll.

George Eliot
und
George Henry Lewes

1854–1878

Vorspiel

Die Carlyles und der Besuch
des Australiers

Eines Nachmittags hatten die Carlyles in ihrem Haus in der Cheyne Row Besuch aus Australien. Sie kannten Gavan Duffy schon seit zwanzig Jahren, seit der Zeit, als er sich als Agitator für die nationalistische irische Politik betätigte und für die Rechte von Pächtern kämpfte. Sie kannten ihn schon, als er von den Engländern wegen Verrats eingesperrt wurde. Zehn Jahre zuvor war er, an Irland verzweifelnd, nach Australien gegangen, dem Kalifornien der Briten, dem Land aller Möglichkeiten; entschlossen zu beweisen, daß ein Mann, den die Engländer in Irland einen Verräter nannten, in einer freien Kolonie an die Spitze der Regierung gelangen konnte. Als er 1865 nach London kam, hatte er dies bereits bewiesen. Er war Minister für Ländereien in diesem riesigen Kontinent. Später sollte er noch höher aufsteigen, bevor er sich zur Ruhe setzte, um sich literarischen Arbeiten zu widmen, deren eine, *Conversations with Carlyle*, jedes Wort, an das er sich erinnern konnte, enthalten würde, das der Weise von Chelsea während der Jahrzehnte ihrer Freundschaft von sich gegeben hatte.

Als die drei sich an diesem Tag im Salon im ersten Stock unterhielten, vor Zugluft geschützt durch den Paravent, den Jane Carlyle mit ausgeschnittenen heroisch-pathetischen Szenen geschmückt hatte, war Duffy ganz Ohr, um für Carlyle den Eckermann zu spielen. Goethe-Carlyle war übelster Laune. Dreizehn Jahre lang hatte er an seiner Biographie Friedrichs des Großen gearbeitet, und jetzt, da er sich dem Ende näherte, war er nicht erleichtert, sondern fürchtete, daß niemand das Buch lesen würde, das sein Leben verpestet hatte, weil er schon so lange daran arbeitete. Als Duffy ihn fragte, ob er noch ein weiteres historisches Werk schreiben wolle, wenn *Frederick* vollendet sei, antwortete Carlyle mürrisch. Niemand sollte heutzutage überhaupt noch zum Bücherschreiben ermutigt werden, denn nur Schund finde Beifall – Schundautoren wie Lamartine mit seinen windigen Platitüden und George Sand mit ihrer als Moralität verbrämten Erotik.

Von George Sand war es nur ein kleiner Schritt zu einem Gespräch über Sex und jene weibliche George, die es auch in London gab.

War es konsequent, fragte Mrs. Carlyle, George Sand als Morallehrerin anzugreifen und zugleich George Eliot auf diesem Gebiet so viel Bedeutung zuzumessen? George Eliot, eine Moralistin! Mrs. Carlyle konnte da nur lachen. «Als wir zum erstenmal hörten, daß die starke Frau von der *Westminster Review* mit einem Mann, den wir alle kennen, durchgebrannt war, klang das so überraschend, als ob wir gehört hätten, eine Frau unserer Bekanntschaft sei mit dem starken Mann im Zirkus durchgebrannt. Doch daß die Partner bei diesem Unterfangen sich auch noch als Moralisten hinstellten, war noch überraschender. Eine wunderbare Morallehrerin, fürwahr, und noch wunderbarer in jener anderen Eigenschaft, für die die Natur sie nicht mit der notwendigen Ausstattung versorgt hat.»

Duffy fand diese Anspielung auf die persönliche Erscheinung von Londons berühmtestem sündigen Liebespaar schmeichelhaft. Er wurde also zu den Informierten gezählt.

«Und der Kavalier», sagte er (auf Lewes anspielend), «der Kavalier ist für die Rolle des Adonis oder Herzensbrechers ebenso schlecht ausgestattet.»

«Der häßlichste kleine Bursche, den man je gesehen hat», sagte der Weise von Chelsea. «Aber lebhaft und nett.»

Um seinen Gast ins Bild zu setzen, erzählte Carlyle, daß Lewes mit der hübschen Tochter eines verrufenen Parlamentsmitglieds aus Wales verheiratet gewesen sei. Doch sie habe ganz unbeküm-

mert all diese schmutzigen, dunkelhäutigen Kinder zur Welt gebracht, deren Vater Thornton Hunt war. Der Haushalt war längst
in alle Richtungen auseinandergebrochen, als er Miss Evans kennenlernte. Wenn er jetzt also mit ihr in Sünde lebte, konnte man
wenigstens nicht sagen, er habe dafür ein glückliches Heim zerstört.

«Sein Umgang mit Miss Evans verdient keinen Beifall, aber
man kann kaum sagen, er habe sich verschlechtert.»

Eine zweite Geburt

Im Rückblick ist es so einfach, die herrlichen Früchte eines Lebens zu erkennen, vorauszusetzen, daß der Glanz stets deutlich erkennbar war, daß der für die Unsterblichkeit bestimmte Mensch voll Zuversicht seinem oder ihrem Erfolg entgegenblickte, daß die Zeitgenossen sich dem gegenüber, den die Nachwelt großartig finden würde, stets ehrerbietig und hilfreich verhielten. Nichts davon ist wahr, was das Leben von George Eliot angeht, die zu dem Zeitpunkt, an dem wir ihre Geschichte beginnen, nicht George Eliot, sondern schlicht Marian Evans war, eine Frau mittleren Alters, körperlich unattraktiv, einsam.

Nachdem sie die ersten dreißig Jahre ihres Lebens in den Midlands, in und in der Nähe von Coventry, verbracht hatte, begann sie 1851 in London für die *Westminster Review* zu arbeiten, eine recht bedeutende liberale Zeitschrift, die besonders unter der Eigentümerschaft von John Stuart Mill einen hervorragenden Ruf genoß und die jetzt dem Verleger und Buchhändler John Chapman gehörte. Die gesamte Redaktion der *Westminster* bestand aus Chapman und Marian Evans, und da Chapman von seinen anderen Geschäften stark beansprucht war, gab Miss Evans das Magazin praktisch allein heraus. Sie bestimmte die Themen und gab Artikel in Auftrag, redigierte, korrigierte die Fahnen und schrieb manches selbst – insbesondere die verbindenden Texte für die langen Überblicke über neue Arbeiten auf dem Kontinent und in England. Die Arbeit war zwar unbezahlt, und sie mußte von den Zinsen einer Erbschaft von 2000 Pfund leben, die ihr Vater ihr hinterlassen hatte, doch sie erwarb dadurch ausgezeichnete Kenntnisse in zeitgenössischer Ideen- und Literaturgeschichte.

Oberflächlich gesehen, führte sie ein erfülltes Leben. Sie hatte Kost und Logis bei den Chapmans, die ein großes Haus an der Strand besaßen. Sie nahm an ihrem komplizierten Familienleben teil: Chapmans Geliebte war die Gouvernante seiner Kinder und lebte im Haus; Ehefrau und Geliebte betrachteten beide Miss Evans als zusätzliche Komplikation und warteten ständig auf Anzeichen dafür, daß sich ihre Anhänglichkeit an Chapman über die Grenzen des Erträglichen hinaus entwickeln könnte. Die Situation im Chapmanschen Haushalt war sicher interessant, kann aber für die Frau, die weder Ehefrau noch Geliebte war, kaum befriedigend gewesen sein. Und doch gab es da sehr angenehme, gesellige Abende. Die Chapmans gaben fast jede Woche Abendgesellschaften, und Miss Evans war stets dazu eingeladen. Einige der Leute, die sie dort kennenlernte – Sir James Clark, zum Beispiel, der Arzt der Königin –, waren von ihr so angetan, daß sie sie zu sich zum Dinner einluden.

Die meisten Leute waren von ihrer Intelligenz, ihren grauen Augen und von ihrer tiefen Stimme beeindruckt, einem wundervollen Instrument, dem im Internat der provinzielle Akzent ihrer Jungmädchenzeit abdressiert worden war. Ralph Waldo Emerson sagte von ihr: «Diese Dame hat eine ruhige, ernste Seele.»

Durch ihre Arbeit an der *Westminster Review* lernte Miss Evans Herbert Spencer kennen, der ungefähr ihres Alters war und eine ähnliche Position beim *Economist* innehatte. Sein erstes Buch, *Social Statics*, war gerade erschienen. Zufällig wohnte er den Chapmans direkt gegenüber. Da sie so viele Gemeinsamkeiten hatten – naturwissenschaftliche und philosophische Interessen, außergewöhnliche Intelligenz, Musikliebe –, verbrachten er und Miss Evans viel Zeit zusammen. Als Kritiker bekam er Freikarten für Oper, Theater und Konzerte, und Miss Evans war seine liebste Begleiterin.

Sie waren so gern zusammen, daß es zum Problem wurde. Spencer, der sich nicht gerade durch gesellschaftliche Kühnheit auszeichnete, fürchtete, man würde sie für Verlobte halten, weil sie in der Öffentlichkeit so oft zusammen zu sehen waren. Schlimmer noch, auch Miss Evans könnte ja glauben, er sei in sie verliebt. Er wußte, daß er nicht in sie verliebt war und es aller Wahrscheinlichkeit nach nie sein würde. Nicht ganz zu Unrecht fand er sie physisch nicht anziehend, und das war entscheidend. So sehr ihm sein Verstand auch dazu riet, sie zu lieben, seine Instinkte weigerten sich. Er unternahm den außergewöhnlichen Schritt, sie zu warnen, daß er sie nicht liebe und auch nicht die

Absicht habe, sie zu lieben. Dann war ihm seine eigene Taktlosigkeit peinlich, und er schrieb ihr einen zweiten Brief, in dem er sich dafür entschuldigte, daß er sie gekränkt habe.

Miss Evans' Erwiderung war von einer für sie typischen Selbstunterschätzung. «Ich bin enttäuscht, nicht ‹gekränkt›, daß Sie meinen Charakter nicht genügend erahnt haben, um wahrzunehmen, wie weit entfernt es von meinem gewöhnlichen Sinneszustand ist, mir vorzustellen, daß sich irgend jemand in mich verliebt.» Aber trotz der Warnung, daß ihre Liebe nicht erwidert werden würde, verliebte sie sich in ihn, oder genauer, ihr leidenschaftlicher Wunsch, daß es in ihrem Leben Liebe geben möge, konzentrierte sich auf Spencer. Er war verfügbar. Er war ihr gleichrangig. Er war angemessen. Er sollte es sein.

Im vollen Bewußtsein der Unkonventionalität ihres Benehmens, offenbarte sie ihm ihre Gefühle, bat um seine Liebe. Er sagte, er könne sie ihr nicht geben. Dann bat sie ihn darum, wenigstens ihr Freund und Begleiter zu sein und ihr zu versprechen, daß er sich nicht an jemand anderen binden und sie verlassen würde. Wenn das geschähe, sagte sie, müsse sie sterben, sonst aber könne sie aus seiner Freundschaft den Mut ziehen, mit ihrer Arbeit fortzufahren und etwas Nützliches aus ihrem Leben zu machen.

> «Ich bitte Sie nicht, etwas aufzuopfern – ich würde sehr
> brav und fröhlich sein und Sie nie belästigen. Doch unter
> anderen Bedingungen fände ich das Leben unvorstellbar. Diejenigen, die mich am besten kennen, haben
> schon immer gesagt, wenn ich jemals einen Menschen
> voll und ganz liebte, dann müßte mein ganzes Leben sich
> auf dieses Gefühl einstellen, und ich sehe, daß sie die
> Wahrheit gesagt haben. Sie verfluchen das Geschick, das
> dies Gefühl auf Sie gelenkt hat – doch wenn Sie nur
> Geduld mit mir haben, werden Sie es nicht lange verfluchen. Sie werden sehen, daß ich mit sehr wenig zufrieden
> sein kann, wenn ich von der Angst erlöst bin, es zu
> verlieren.»

Ich will den starken Eindruck dieses Briefes nicht abschwächen, der sicherlich einer der traurigsten ist, die ich je gelesen habe; aber damit Marian Evans nicht ganz und gar wie eine liebeshungrige alte Jungfer klingt, die sich mitleiderregend selbst erniedrigt, um nur einen Krümel von Zuneigung zu erhaschen, muß ich auf den Schluß des Briefes hinweisen, der einen anderen Ton anschlägt. «Vermutlich hat Ihnen noch nie eine Frau einen solchen Brief geschrieben, doch ich schäme mich dessen nicht, denn ich bin mir bewußt, daß ich im Licht der Vernunft und wahrer Bildung Ihres Respekts und Ihrer Zärtlichkeit würdig bin – was immer unfeine Männer oder vulgär denkende Frauen von mir denken mögen.» Das Bedürfnis nach Liebe war charakteristisch für sie, aber ebenso charakteristisch war der Stolz auf ihre radikale Vorurteilslosigkeit, was das richtige Leben angeht, und der Stolz auf den Abstand zwischen ihrer Moral und derjenigen der meisten Männer und Frauen. Ihre Sehnsucht, zu lieben und geliebt zu werden, war so stark wie die Energie und Kühnheit, die sie einzusetzen gewillt war, um diese Sehnsucht zu befriedigen.

Doch sie war verschmäht worden, und das war schwer zu ertragen. Ihr Selbstwertgefühl hätte kaum niedriger sein können. Als sie einer Freundin in Coventry erzählte, daß sie in die Oper ausgeführt wurde (denn Spencer leistete ihr weiterhin diesen wichtigen Dienst), sagte diese: «Siehst du, wie gut es ist, sich Leute zu angeln, die kurzsichtig genug sind, um einen zu mögen.» Es sah so aus, als sollte ein Opernbesuch das einzige sinnliche Vergnügen sein, das sie jemals kennenlernen würde. «Was für ein elender Haufen verschrumpelter, alter Geschöpfe wir doch über kurz oder lang sein werden.»

Nicht alle Dreiunddreißigjährigen würde man als Frauen mittleren Alters bezeichnen, aber von Marian Evans hätte man das im Sommer 1852 gewiß gesagt. Sie hatte das Gefühl, das Beste liege hinter ihr; sie blickte in die Zukunft und sah keinen Jungbrunnen. Sie fürchtete, daß alte Freunde sterben würden und sie nicht die Kraft hätte, neue zu gewinnen. Sie fürchtete, das Leben sei an ihr vorbeigegangen. «Sie wissen, wie traurig man ist, wenn eine große Prozession an einem vorbeigerauscht ist und die letzten Klänge der Musik verhallt sind, und man bleibt mit den Feldern und dem Himmel allein. Manchmal habe ich dieses Gefühl, wenn ich an mein Leben denke.» Eine Passage aus Margaret Fullers Tagebuch paßte schmerzlich zu ihrer Stimmung. «Durch meinen Verstand werde ich immer obsiegen, doch das Leben! Das Leben! Oh, mein Gott! Wird das niemals süß sein?»

In ihrem fortgeschrittenen Alter konnte sie kaum noch auf eine Ehe hoffen. Selbst als sie jung war, hatten ihr Vater und Bruder ihr keine guten Aussichten gegeben. Sie war zu häßlich. Ihr einziges Plus auf dem Heiratsmarkt war ihre Frömmigkeit, und als sie die verlor, tobte ihr Bruder; zum Teil war sein Zorn der des empörten religiösen Konservativen, zum Teil der eines Landbesitzers, dessen Pächter an eine Wohlfahrtsfamilie untervermietet. Als ihr Vater starb, muß er die Hoffnung aufgegeben haben, daß ein Ehemann Marians Versorgung übernehmen würde – daher die Hinterlassenschaft, die ihre finanzielle Unabhängigkeit sichern sollte. Marian muß sich selbst aufgegeben haben.

Und doch war sie von Natur aus sehr warm und liebevoll, und ihre philosophische Überzeugung, daß Menschen sich dem Glück anderer widmen sollten, bestärkte sie noch darin. Um die Worte zu gebrauchen, mit denen sie später einige ihrer Heldinnen beschrieb – sie war leidenschaftlich, voller Sehnsucht, sich an andere Menschen, andere Ziele zu binden. Wie lange kann solch ein Mensch nur als willkommener Gast auf den Dinnerparties anderer Leute überleben? Sie sehnte sich nach engeren Beziehungen, nach einer emotionalen Verbindung, die im Zentrum ihres Lebens stünde, der neue Interessen und Aktivitäten so natürlich entspringen würden wie Kinder der Liebe. Obwohl sie schon viel geleistet hatte (ihre Übersetzung von Strauss' *Leben Jesu* war ein bedeutender Beitrag zum progressiven Denken), obwohl sie eine beachtliche Position im literarischen London einnahm, obwohl sie den Respekt und die Zuneigung aller genoß, die sie kennenlernten, obwohl ihr Geschick also im Vergleich zu dem der meisten unverheirateten Frauen im viktorianischen England beneidenswert war, war sie einsam. Mit ihrer starken Phantasie konnte sie sich ein viel reicheres Leben vorstellen als dasjenige, was sie führte. So aktiv sie auch war, hatte sie das Gefühl, sie könne mehr tun – und die Ereignisse sollten ihr recht geben. Sie würde auf diese Jahre einmal als auf eine Zeit der Stagnation und des Leidens zurückblicken. Ihre enorme Energie, die darauf brannte, anders genutzt zu werden – zum Hegen und Pflegen, zu Intimität und Kreativität –, richtete sich in Ermangelung eines Objekts nach innen, auf sie selbst zurück. Untätig grübelte sie; grübelnd verzweifelte sie.

Um Selbstmitleid zu vermeiden, versuchte sie, ihre Gefühle ganz aus dem Bewußtsein zu verdrängen. «Wenn Sie darauf bestehen, daß ich über ‹Gefühle› schreibe», schrieb sie einem Freund, «nun, dann muß ich eigens zu diesem Zweck welche aufkommen lassen. Doch ich gebe zu, ich täte es lieber nicht, denn es ist der große Wunsch, ja das Ziel meines Lebens, diese soweit wie möglich loszuwerden, da sie mir bereits mehr als genug nervliche Energie geraubt haben.» Mit entschlossener Fröhlichkeit, wenn auch nicht mit echter Freude, machte sie weiter, und es ist kaum anzunehmen, daß in einem Leben des entschlossenen «Weitermachens» das Schreiben von Romanen eine Rolle gespielt hätte. Die Seiten ihrer Persönlichkeit, die sie zum Romanschreiben brauchen würde – Leidenschaft, Einfühlung, dramatische Kraft –, waren viel zu eng mit den Seiten ihres Ich verbunden, die sie hätte unterdrücken müssen, um eine wackere alte Jungfer zu bleiben.

Herbert Spencer hatte ein so schlechtes Gewissen, daß er Miss Evans gegenüber von Heirat sprach, als eine Art Wiedergutmachung dafür, daß er ihre Emotionen auf sich gezogen hatte. Aber sie war nicht an einer nur formalen Intimität interessiert. Und doch sahen sie sich weiterhin, und eines Tages fragte George Henry Lewes, ob er Spencer begleiten könne, als der Miss Evans besuchte. Ein andermal entschloß sich Lewes zu Spencers großer Erleichterung, noch allein bei Miss Evans zu bleiben, als Spencer sich verabschiedete.

John Chapman hatte sie 1851 einander vorgestellt. Er und seine Assistentin trafen den Literaturjournalisten zufällig in einem Buchladen der Burlington-Arkade. Lewes und Thornton Leigh Hunt hatten kurz zuvor begonnen, *The Leader* herauszugeben, eine radikale Wochenzeitschrift, für die Hunt den politischen Teil schrieb und Lewes über Theater, Musik und Bücher. Trotz seiner Stellung in der literarischen Welt der Hauptstadt machte Lewes keinen sonderlichen Eindruck auf Miss Evans. Seine äußere Erscheinung war wenig einnehmend – klein und ein wenig schäbig. Und wenn er auch für bestimmte wissenschaftliche Themen der beste Autor war, den man bekommen konnte (genau der richtige zum Beispiel für einen Essay über Lamarck), schätzte ihn die Redakteurin Miss Evans als Autor und Denker weniger als viele andere, die für die *Westminster Review* schrieben. Er besaß auch nicht im entferntesten das intellektuelle Format eines John Stuart Mill, nicht einmal das eines Froude, F. W. Newman oder James Martineau. Er war ein geistreicher Mann, der sich gerne ein wenig leichtfertig gab, und auch dies machte auf die ernsthafte Miss Evans keinen guten Eindruck. Und natürlich war er verheiratet. Mrs. Lewes hatte kürzlich ihr sechstes Kind geboren.

Aber bis zum Frühjahr 1853 hatte Miss Evans ihre Meinung über Lewes geändert. Jetzt fand sie ihn anregend und unterhaltend. «Wie einige andere Menschen auf der Welt ist auch er viel besser, als er scheint, ein Mann mit Herz und Gewissen, der eine Maske der Leichtfertigkeit trägt.» Wie Spencer war auch Lewes stets mit Karten für Theater, Oper und Konzerte eingedeckt und nahm Miss Evans mit. Irgendwann muß Lewes ihr die Wahrheit über seine Ehe entdeckt haben, und das – mehr als seine Güte und Aufmerksamkeit, mehr als die Freikarten – hat wohl zu ihrem Sinneswandel geführt. Hier war ein Mann, der sie brauchte.

Lewes hatte Agnes Jervis 1841 geheiratet. Damals war sie eine neunzehnjährige Schönheit mit auffallend blondem Haar, und die beiden schienen sehr verliebt zu sein. Mrs. Carlyle zum Beispiel freute sich am Anblick der beiden. Doch 1849 fiel ihr eine Veränderung auf. «Ich dachte immer, die beiden Lewes' wären die reinen Turteltauben ... doch das weibliche Täubchen scheint etwas weiter weggehüpft zu sein und nun einen etwas kritischen Blick auf ihren kleinen, zerrupften Täuberich zu werfen!» Jane Carlyle war scharfsichtig. Mrs. Lewes war in der Tat so weit von ihrem Mann fortgehüpft, daß sie jetzt mit seinem engen Freund und Partner Thornton Hunt eine Affäre hatte. (Hunt war ebenfalls verheiratet.) Das Kind, das Agnes Lewes in jenem Monat zur Welt brachte, in dem ihr Mann Miss Evans vorgestellt wurde, war nicht von Lewes, dem Vater ihrer ersten drei Kinder, sondern von Hunt. Und es war bereits ihr drittes Kind von Hunt. Agnes, ihr Mann und ihr Geliebter hatten allesamt Ansichten über Sex und Liebe, die manche Leute vermutlich «freidenkerisch» oder «fortschrittlich», andere aber «sittenlos» genannt hätten. Sie waren die Erben einer berauschenden rationalistischen Tradition des 18.

Jahrhunderts: was Religion und Gesellschaft guthießen, war nicht immer richtig; vielmehr konnte man von den überkommenen Institutionen stupide Tyrannei erwarten. Man mußte wachsam sein. Man mußte alles neu durchdenken. Man mußte sich vor Autorität hüten. Man mußte rebellieren. Mr. und Mrs. Lewes glaubten, allein die Liebe könne Menschen binden und weder Gesetz noch Religion besäßen die Macht, eine Verbindung zu zementieren, in der keine Gefühle mehr existierten. Und obwohl nach Tradition und Gesetz der Körper einer Frau ihrem Mann gehörte, meinten sie, er gehöre ihr selbst und sie könne ihn geben, wem immer sie wolle.

Als konsequenter Rationalist weigerte sich Lewes, über die Untreue seiner Frau empört zu sein. Er ließ keine Klage laut werden, als sie das Kind eines anderen Mannes zur Welt brachte, und ließ sogar zu, daß das Baby seinen Namen erhielt, vermutlich im Geiste einer Art Kommunen-Verantwortung und als beherztes «Nein» gegenüber der Pedanterie juristischer Vaterschaft. Vielleicht glaubte er, Agnes' leidenschaftliche Liebe zu Hunt werde sich mit der Zeit wieder legen; oder als ein Mann, der soviel von Sorglosigkeit hielt, müsse er imstande sein, mit der Untreue seiner Frau zu leben. Er glaubte also im Jahre 1850 an das, was man sehr viel später einmal «offene Ehe» nennen würde. Doch als Agnes im Oktober 1851 wieder ein Kind gebar, dessen Vater er nicht war, begriff Lewes langsam, daß er nicht eine offene Ehe oder eine radikal-freidenkerische Ehe führte, sondern gar keine. Anfang 1853, als Agnes schon wieder von Hunt schwanger war, hatte Lewes aufgehört, sie als seine Frau zu betrachten, unterhielt aber sie und ihre Kinder auch weiterhin.

Das englische Gesetz war auf solche Feinheiten des Denkens und Verhaltens nicht eingestellt. Es verstand sich, daß ein Mann das Recht auf den exklusiven sexuellen Nießbrauch seiner Frau hatte. Selbst vor dem Ehescheidungsgesetz von 1857 gestattete das englische Recht einem Mann, sich – wenn auch mit großen Schwierigkeiten und bei hohen Kosten – wegen Ehebruchs seiner Frau scheiden zu lassen. Doch was das Gesetz nicht berücksichtigte, waren exzentrische Versuche, rationalistisch zu leben, oder private Vereinbarungen darüber, was als Ehebruch zu bezeichnen sei und was nicht. Ein außereheliches Kind genügte völlig, um das

Gesetz davon zu überzeugen, daß eine Ehefrau den Schutz ihres Mannes verlassen hatte; und wenn ein Mann es vorzog, auf ein zweites außereheliches Kind zu warten, bis er davon überzeugt war, dann hatte er in den Augen des Gesetzes seiner Frau den Ehebruch vergeben und sein Recht auf Scheidung verwirkt. Das also war George Lewes' Situation, als er anfing, Marian Evans täglich zu sehen und sie in die Oper zu begleiten. Nach dem Gesetz hatte er eine Frau, doch in Wirklichkeit hatte er keine. Durch das Gesetz an eine Frau gebunden, von der er keine Liebe, keine Hilfe, keinen Trost zu erwarten hatte, war er über sein Gefühlsleben so verzweifelt wie – aus anderen Gründen – Miss Evans.

Im Oktober 1853, dem Monat, in dem Agnes ihr drittes Kind von Hunt gebar, zog Marian Evans aus dem Chapmanschen Hause, in dem sie sich mittlerweile geradezu umzingelt fühlte, in eine eigene Wohnung in der Cambridge Street. Jetzt hatte sie mehr Freiheit. Sie konnte empfangen, wen immer sie wollte. Als sie im folgenden Monat vierunddreißig wurde, stellte sie fest, daß sie das neue Lebensjahr heiterer als gewöhnlich begann. Manches deutet auf eine engere berufliche Verbindung mit Lewes hin. Als Chapman eine von T. H. Huxley geschriebene negative Rezension zu Lewes' Buch über Comte akzeptierte, griff Marian ein und bat Chapman, Huxleys Artikel nicht zu bringen. Und als Lewes im April krank wurde und nicht arbeiten konnte, schrieb sie einige seiner Texte für ihn. «Keine Oper und kein Spaß mehr für mich, für den nächsten Monat!» Lewes' Gesundheitszustand besserte sich ihrer Meinung nach nicht schnell oder gründlich genug, und sie überlegten, ob sie nicht seiner Gesundheit wegen auf den Kontinent reisen sollten. Im Juli 1854 verließen sie England mit dem Ziel Weimar. Ganz offen reisten sie zusammen und bezogen gemeinsame Hotelzimmer. Von diesem Augenblick an bis zu Lewes' Tod vierundzwanzig Jahre später lebten sie zusammen, als wären sie verheiratet.

Von Anfang an waren sie überaus glücklich miteinander und betrachteten ihre Verbindung als eine Wiedergeburt. «Der Tag erscheint zu kurz für unser Glück, und wir haben beide das Gefühl, daß wir das Leben noch einmal begonnen haben – mit neuen Zielen und neuen Kräften.» Von Weimar, das ihnen sehr gefiel, zogen sie nach Berlin, und mit der Selbstzufriedenheit von Liebenden bemitleideten sie jeden, der allein oder mit einem unsympathischen Gefährten in eine so häßliche Stadt kommen mußte. Für sie war sogar Berlin bezaubernd. «Ich bin jeden Tag glücklicher», schrieb Miss Evans an John Chapman, den einzigen Menschen, dem sie ihr unziemliches Glück schildern konnte (es war anzunehmen, daß den lüsternen Verleger nichts mehr schockierte), «und finde mein häusliches Leben immer reizvoller und wohltuender. Zuneigung, Respekt und intellektuelle Sympathie vertiefen sich, und zum erstenmal im Leben kann ich zu den Augenblicken sagen: ‹Verweilen sie, sie sind so schön›.»

«Das literarische Paar», schrieb Elizabeth Hardwick, «ist ein spezifisch englisches Erzeugnis, zweifellos von Nutzen in einem Land mit unangenehmen Wintern. Man kann sich diese empfindsamen Männer und Frauen vorstellen, wie sie im hellen Feuerschein beim Tee sitzen, aneinandergeschmiegt, mit Tintenfingern Händchen haltend.» Man hat Grund, Miss Evans und Lewes darum zu beneiden, daß sie intellektuell so gut zueinander paßten. Sie gingen zusammen spazieren, schrieben zusammen, lasen Homer und lernten Sprachen zusammen. Lewes' naturwissenschaftliche Interessen waren eine Quelle neuen Entzückens für Miss Evans; sie zogen sogar gemeinsam Kaulquappen auf. Jeden Abend nach dem Essen lasen sie einander vor, bis zu drei Stunden lang. An einem typischen Abend begann sie mit einem erfreulichen Buch (Boswells *Life of Johnson*, zum Beispiel), wechselte dann zu einem eher langweiligen und trockenen (etwa Whewells *History of the Inductive Sciences*), um dann mit einigen deutschen Gedichten zu schließen, von Heine vielleicht. Sie lasen sich den dritten Band von Ruskins *Modern Painters* vor und elizabethanische Dramen.

Im Zentrum ihres häuslichen Lebens stand die Arbeit. Lewes war eben dabei, sein ausgezeichnetes Buch *Life of Goethe* zu verfassen, und Marian arbeitete an einer Spinoza-Übersetzung, die freilich nie veröffentlicht werden sollte. Überdies schrieb sie Artikel und Rezensionen, da sie ständig Geld brauchten, um Agnes und ihre Kinder und natürlich sich selbst zu ernähren. Und wie produktiv sie waren! Zusammen schrieben sie fast die Hälfte des Ergänzungsheftes zum *Leader* vom 16. Juni 1855, wozu Miss

Evans einen Essay mit dem Titel *Menander and Greek Comedy* beitrug, während Lewes Artikel über Sydney Smith, Isaac Newton und Owen Meredith schrieb und ein französisches Buch über Langlebigkeit rezensierte.

Zwar haben sich längst ihre Plätze in der Rangordnung vertauscht, doch 1855, als sie aus Deutschland zurückkehrten und sich in einem Randbezirk Londons südlich der Themse niederließen, war Lewes der beruflich weitaus besser etablierte der beiden, und mit der Selbstsicherheit des Erfolgreichen hatte er größere Freude an Marians Erfolg als an seinem eigenen. Seine Ermutigungen und sein professionelles Vorbild trugen viel dazu bei, daß aus der Redakteurin ziemlich schnell eine freiberufliche Autorin wurde. Geld diente zur Motivation, und mit ein bißchen Lob verhalf er ihrer Neigung zur Schriftstellerei zum Durchbruch.

Sie hatte schon lange daran gedacht, erzählend zu schreiben, ja, sie hatte bereits das erste Kapitel eines Romans geschrieben – die Beschreibung eines Dorfes in Staffordshire und der Farmen in der Umgebung. Gordon Haight datiert den Entwurf auf 1846. Doch sie legte das Fragment wieder beiseite und schrieb nie daran weiter. «Während die Jahre vergingen, verlor ich die Hoffnung, daß ich je fähig sein würde, einen Roman zu schreiben, wie ich auch an allem anderen in meinem Leben verzweifelte.» Manche Autoren gedeihen künstlerisch nur, wenn es ihnen schlechtgeht, glaubte Freud. Sie schreiben nur, wenn und weil das Leben ihnen keine andere Befriedigung bietet. Sie schreiben, um sich in der Phantasie jene Befriedigung zu verschaffen, die ihnen die Realität zu verweigern scheint. Doch George Eliot war eine jener anderen Autoren, deren Produktivität von ihrer Zufriedenheit abhängt. In dieser Hinsicht war sie Realistin: sie konnte ihr Glück nicht erfinden, sie brauchte für ihre Arbeit das Fundament eines erfüllten Lebens.

Als sie nach Deutschland gingen, nahm Miss Evans das Kapitel mit, das sie Jahre vorher angefangen hatte, und eines Abends in Berlin las sie es Lewes vor. Ich will hier betonen, daß Lewes sie nicht dazu aufforderte, das Manuskript mitzubringen. Sie sagte, es habe sich «zufällig unter den Papieren» befunden, die sie mitgenommen hatte. Lewes forderte sie auch nicht dazu auf, es vorzulesen. «Irgend etwas brachte mich dazu, es George vorzulesen.» Sittsam und mädchenhaft verwischte sie die Spuren ihrer eigenen Initiative, und ich betone das, weil die Literaturgeschichte so leichtfertig die These weiterverbreitet hat, sie sei bei der Geburt der George Eliot der passive Partner gewesen. Aber so furchtlos, wie sie Herbert Spencer um seine Liebe bat, so aggressiv stellte sie Lewes die Möglichkeit vor Augen, daß sie Romane schreiben könnte. Zum Weitermachen brauchte sie nur die Ermutigung, die sie nach menschlichem Ermessen zu Recht von ihm erhoffen konnte.

Lewes reagierte auf ihr Kapitelfragment nicht gerade hingerissen. Auf Grund dessen, was er hörte, hielt er es für möglich, daß sie erzählerisch schreiben konnte, aber er hatte seine Zweifel. Dieser Text war reine Schilderung, und alles andere, was sie geschrieben hatte, waren Kommentare. Insgesamt wirkte ihr Intellekt so stark analytisch, daß man Kreativität von ihr nicht erwartete. Er fragte sich, ob sie die dramatische Überzeugungskraft habe, die man zum Erzählen braucht – die Fähigkeit, sich die Gedanken anderer Menschen vorzustellen und für sie Dialoge zu erfinden. Genau da lagen auch ihre Zweifel. Und doch war sie ermutigt genug, um weiterhin ans Romanschreiben zu denken; und mit der Zeit, vielleicht weil er ihre Sehnsucht danach spürte, ermunterte Lewes sie stärker: wirklich, sie müsse versuchen, eine Geschichte zu schreiben. Er dachte, sie schaffe es vielleicht allein mit ihrer Intelligenz.

Eines Morgens war ihr Wunsch zu schreiben endlich genauso stark wie ihr Selbstvertrauen, und so faßte sie den Entschluß zu beginnen. «Als ich im Bett lag und darüber nachdachte, was das Thema meiner ersten Geschichte sein sollte, gingen meine Gedanken in eine Art Tagtraum über, und ich stellte mir vor, ich sei dabei, eine Geschichte mit dem Titel ‹Das traurige Geschick des Pastors Amos Barton› zu schreiben.» Als sie Lewes davon erzählte, sagte er: «Oh, was für ein kapitaler Titel!» Und so machte sie sich an die Arbeit. Zu Lewes' größtem Erstaunen überzeugte ihn bereits das erste Kapitel von *Amos Barton*, daß sie ausgezeichnete Dialoge schreiben konnte. Die einzige, noch offene Frage war – konnte sie ihre Leser ergriffen machen? Stimmte es, daß ein Mensch von starker Intelligenz entsprechend schwach im Fühlen war, daß ein analytischer Verstand keine wild-blühende Phantasie besaß? Eines Abends im Herbst 1856 ging Lewes absichtlich in die Stadt, um ihr Ruhe zum Schreiben zu geben, und sie machte sich daran zu beweisen, daß sie Gefühle evozieren konnte – in ihrer Darstellung des Todes von Milly, Amos Bartons Frau. Sie war entschlossen, endlich die alten Vorurteile aus der Welt zu schaffen, nach denen man entweder Intelligenz oder Gefühle besitzt. Sie kannte sich selbst als überaus intelligente Frau mit tiefen Gefühlen. Als Lewes zurückkehrte und laut las, was sie geschrieben hatte, waren beide zu Tränen gerührt. Er ging zu ihr hin, küßte sie und sagte: «Ich glaube, deine Einfühlung ist sogar noch besser als dein Humor.»

Lewes schickte *Amos Barton* an John Blackwood in Edinburgh, der zurückhaltend wie immer meinte, das Stück sei «brauchbar». Er druckte es in *Blackwood's Magazine* und veröffentlichte die ganze Serie später als *Scenes of Clerical Life*. Obwohl Blackwood wußte, daß «George Eliot» ein Pseudonym war, hielt er seinen neuen Autor für einen Mann, wahrscheinlich in kirchlichen Diensten.

Es ist mehr als ein Wortspiel, wenn man sagt, daß George Eliot ein Kind der außerordentlich glücklichen Verbindung von Marian Evans und George Henry Lewes war. Da literarische Jungfernzeugung für Miss Evans ebenso unmöglich war, wie es gemeinhin die biologische Art ist, hätte George Eliot wahrscheinlich ohne Lewes' Mithilfe nicht das Licht der Welt erblickt. Doch was genau war seine Rolle, sein Beitrag? Die übliche Erklärung – Marian wäre «nicht imstande gewesen, auf eigenen Füßen zu stehen», und habe jemanden gebraucht, an den sie sich anlehnen konnte – ist auf subtile Weise irreführend und läßt Englands stärkste Romanschriftstellerin unzulänglich und abhängig erscheinen.

Der Mythos von George Eliots Abhängigkeit – ein Mythos, den sie im eigenen Interesse vielleicht sogar absichtlich fortleben ließ – geht zurück auf eine phrenologische Charakteranalyse aus ihrer Zeit in Coventry. Wie viele Intellektuelle ihrer Zeit betrachtete sie die Phrenologie als einen Weg zum Selbstverständnis, ähnlich wie das heute Intellektuelle von der Psychoanalyse erwarten. Charles Bray, ihr Mentor in Coventry, nahm sie mit nach London und ließ dort einen Abguß von ihrem Kopf für eine phrenologische Ausdeutung anfertigen. Diese bestätigte, daß in ihrem Hirn der Intellekt weitaus vorherrschte. «Gefühle» drückten sich in einem anderen Teil des Schädels aus, und aus den Erhebungen in diesem Bereich konnte der geschulte Phrenologe erkennen, daß Miss Evans' animalische und «moralische» Instinkte ungefähr gleichgewichtig waren. Die moralischen Gefühle waren ausreichend entwickelt, um das ‹Tier› unter Kontrolle zu halten, doch sie waren nicht «spontan aktiv». Des weiteren waren ihre sozialen Gefühle sehr aktiv, insbesondere «Anhänglichkeit», ein phrenologischer Begriff für nicht-sexuelle Liebe. «Sie war von höchst liebevoller Wesensart», berichtete Bray, den Phrenologen zitierend, «brauchte immer einen Menschen, an den sie sich anlehnen konnte, wobei sie jenes Geschlecht, das bis dato für das stärkere gehalten wird, dem anderen, leichter beeindruckbaren vorzog. Sie war nicht dafür gemacht, auf eigenen Füßen zu stehen.»

Phrenologisch gesprochen, hatte Marian Evans schon lange gefürchtet, daß ihre moralischen und animalischen Seiten sich auf unglückliche Weise das Gleichgewicht hielten. Das heißt, sie empfand sich als sinnliche Person. Als ihr Vater noch lebte, hatte sie ihn mit dem zügelnden, moralischen Teil ihrer selbst in Verbindung gebracht, und als er plötzlich starb, litt sie an einer entsetzlichen Vorstellung, in der sie «erdhaft sinnlich und teuflisch wurde, weil jener reinigende, zurückhaltende Einfluß fehlte». Die phrenologische Interpretation bestätigte ihre Ängste in bezug auf die Schwerfälligkeit ihrer moralischen Seite: sie war «nicht spontan aktiv». Doch was die Nachwelt aus der gesamten phrenologischen Analyse auswählte und hervorhob, war ihre Abhängigkeit, die Beobachtung, daß sie jemanden zum Anlehnen brauchte, wenn möglich einen Mann, und daß sie nicht dafür gemacht war, auf eigenen Füßen zu stehen.

Zur Stützung dieser These wird uns erzählt, daß sich Marian Evans dem alten Bibelforscher Dr. Brabant zu Füßen warf und ihm anbot, sich seiner Arbeit zu widmen. Man erzählt uns, daß sie wiederholt Angebote intellektueller Freundschaft von Männern als sexuelle Liebesangebote mißverstand. Man erzählt uns, daß sie in völliger Mißachtung der Konventionen Männern wie Dr. Brabant die allergrößte Aufmerksamkeit widmete und damit in deren Familien Bestürzung hervorrief. Wir hören von der Frau und der Geliebten John Chapmans – wie eifersüchtig sie auf Miss Evans' Vertrautheit mit John Chapman waren und wie bedroht sie sich fühlten, als sie in ihren Haushalt einzog. Man erzählt uns von ihrem Versuch, sich Herbert Spencer an den Hals zu werfen, und von der Erleichterung, mit der sie in die geöffneten Arme des verheirateten George Henry Lewes sank. Und in all dem sollen wir ein «Bedürfnis» – keinen Wunsch wohlgemerkt, sondern ein neurotisches «Bedürfnis» – nach Liebe und Zuneigung sehen. Angesichts all dieser entsetzten Frauen und Familien, der Männer, die erschreckt erkennen, daß diese sanfte Frau, die sie bestrickt hat, noch mehr will, als sie dachten – angesichts dessen also sollen wir eine Frau sehen, die nicht allein stehen kann. Was ich sehe, ist eine leidenschaftliche Frau, die inmitten begrenzter Möglichkeiten darum ringt, einen Menschen zu finden, den sie lieben kann und der sie liebt; eine Frau, die ganz unkonventionell weit geht und willens ist, ungewöhnlich aggressiv zu werden – fast raubtierhaft – in ihrem Bemühen, das zu bekommen, was sie will. Aber es ist wohl kaum ein neurotisches Symptom, im Leben Liebe und Sex zu wollen. Und ist es ein Zeichen von Abhängigkeit, wenn eine Frau Liebe und Sex von einem Mann will? Es ist nur eine Frage der Betonung, aber es scheint mir doch ein Unterschied zu sein, ob wir eine der kraftvollsten Schriftstellerinnen aller Zeiten als eine von Männern abhängige Neurotikerin betrachten oder als eine Frau, die den Mut hatte, sich das zu verschaffen, was sie haben wollte.

«Unter dem Einfluß des intensiven Glücks, das ich durch den völligen moralischen und intellektuellen Einklang in meinem ehelichen Leben genieße, habe ich endlich meinen wahren Beruf gefunden, nach dem meine Natur schon immer die Fühler ausgestreckt hatte, ohne ihn zu finden.» Ich nehme diesen Bericht darüber, wie George Eliot ihre Identität als Schriftstellerin fand, ernst. Ich sehe in George Eliots «Geburt» ein bewegendes Zeugnis für die Verbindung, die möglicherweise zwischen Kreativität und Sexualität besteht. Lewes' redaktionelle Hilfestellung und seine Ermutigung zu Beginn ihrer schriftstellerischen Karriere waren sicher wichtig für George Eliots Geburt, doch es waren Reaktionen auf Gesten, die von Miss Evans ausgingen. Sie waren nicht die motivierende Kraft. Die kam aus ihrem Innern, hochgeschwemmt mit der Freude, dem Selbstrespekt und dem Gefühl der Erfüllung, die ihre verspätet errungene Liebe zeitigte. Es war ein zweiter Frühling in ihrem Leben, dessen Wärme innere Kräfte freisetzte, die sie zurückgehalten hatte, Kräfte, die sie früher aus ihrem kümmerlichen, jungfräulichen, seelischen Gleichgewicht geworfen hätten.

In Sünde leben

Wenn auch die Verbindung zwischen Marian Evans und George Henry Lewes durch Zeit und Nachkommenschaft – die literarische Karriere der George Eliot – legitimiert worden ist, war der Skandal, den sie zu ihrer Zeit verursachte, enorm. Wir haben von der indignierten Reaktion der Carlyles noch gut zehn Jahre nach dem Ereignis gehört, und wir kennen Thomas Carlyles edle Sympathie – daß man wenigstens nicht sagen könne, Lewes habe sich verschlechtert. Es gehört natürlich zu den großen, immer wiederkehrenden Enttäuschungen des Lebens, daß eine große moralische Krise in meinem Leben in deinem nichts weiter als Stoff zum Klatschen ist. Und doch finde ich es einigermaßen schockierend, daß Carlyles Reaktion auf die moralischen Konflikte der Evans-Lewes-Affäre so abschätzig-oberflächlich ausfiel. Der Mann, der so glühend davon überzeugt war, daß neue Zeiten auch neue Institutionen hervorbringen müßten, übertrug diese Überzeugung offensichtlich nicht auf die Institution der Ehe. Und er betrachtete die Beziehung zwischen einem Mann und einer Frau als Angelegenheit, die bestenfalls Stoff für eine Komödie abgab.

Für Marian Evans andererseits bedeutete die Liebe zu einem Mann, der sie nicht heiraten konnte, eine ethische Härteprobe. Für sie war die Beziehung zwischen Mann und Frau so wichtig, wie es die Beziehung zwischen Mensch und Gott einmal gewesen war – das zentrale, ernste Hauptgeschäft des Lebens, ein Maßstab dafür, mit wieviel Sinn man das Leben erfüllen konnte. «Ganz sicher, wenn es ein Thema gibt, das ich nicht leichtnehme, dann ist es die Ehe und die Beziehung der Geschlechter zueinander –

wenn es eine Handlung oder Beziehung in meinem Leben gibt, die mich jetzt wie schon stets mit tiefem Ernst erfüllt, dann ist es meine Beziehung zu Mr. Lewes.» Einem heutigen Publikum, dessen ethische Arena fast ausschließlich eine Angelegenheit von sogenannten «Beziehungen» geworden ist, sollte George Eliot eine geistesverwandte Gestalt sein.

Bis sie im Juli 1854 mit Lewes nach Deutschland ging (im gleichen Monat, in dem Effie Gray die Annullierung ihrer Ehe mit Ruskin bestätigt bekam), hatte Marian Evans viel und lange über die Ethik und Konsequenzen ihres Handelns nachgedacht. Sie nahm das Leben ohnehin nicht leicht, und dies schien ihr die wichtigste Entscheidung ihres Lebens zu sein. In ihrer Jugend fromm evangelisch, hatte sie als etwa Zwanzigjährige aufgehört, an die wörtliche Wahrheit des Christentums zu glauben, dessen Mythen, Rituale und weltliche Formen sie ablehnte, während sie an seinem Ethos festhielt. Sie praktizierte – und viele Menschen im 20. Jahrhundert sind dahin gefolgt, wohin sie und andere Gleichdenkende im 19. Jahrhundert geführt haben – ein Christentum ohne Glauben, das auf *caritas*, gute Taten und liebevolles Handeln, Wert legte statt auf Glauben. Sie glaubte an Pflichten und Selbstaufopferung. Doch wo lag die Pflicht? Darin, daß sie Familie und Freunden den Gefallen tat, sich dem konventionellen Verhaltenskodex anzupassen, oder darin, daß sie mit dem Mann zusammenblieb, den sie durch einen Akt des Willens zum Zentrum ihres Lebens gemacht hatte? Und was sollte geopfert werden – «die tiefste und ernsthafteste Freude der menschlichen Erfahrung» oder das, was gleich danach das höchste Gut des Lebens ist, nämlich Freundschaft und die Wertschätzung anderer?

Lange bevor sie Lewes kennenlernte, hatte sie eine Antwort auf dieses moralische Dilemma formuliert, als sie die Frage in *Jane Eyre* gestellt fand. Wir können *Jane Eyre* als weiblichen Bildungsroman lesen, in dem Mr. Rochester eine sekundäre Gestalt – um nicht zu sagen, eine Phantasiefigur – ist. Doch als der Roman erschien, war die wilde Geschichte von der verrückten Ehefrau auf dem Dachboden und von versuchter Bigamie lediglich die wahrheitsgetreue Darstellung eines sozialen Problems. Mr. Rochesters eheliches Dilemma kam zeitgenössischen Lesern so plausibel vor, daß viele Leute annahmen, die Autorin, «Currer

Bell», sei Gouvernante im Hause William Thackeray, dessen geisteskranke Frau in einer geschlossenen Anstalt lebte und von der er sich nicht scheiden lassen konnte. (Daß der Roman Thackeray gewidmet war, stützte diese falsche Vermutung.) Was *sollte* ein Mann denn tun, dessen Frau, wie Mrs. Thackeray, irrsinnig war oder dessen Frau, wie die von Lewes, ihn verlassen hatte, wenn auch mit seinem Einverständnis? Jedes Selbstopfer ist gut, hatte Miss Evans bei der Lektüre von *Jane Eyre* gedacht, aber man würde sich doch lieber für eine bessere Sache opfern als für «ein teuflisches Gesetz, das eines Mannes Körper und Seele an einen verwesenden Kadaver kettet». Sie fand, Jane Eyre hätte als seine Frau mit Rochester zusammenleben sollen. Sie war verwirrt von diesem falschen Pflichtverständnis, das eine Frau dazu zwang, den Mann, der sie liebte und brauchte, nur wegen einer gesetzlichen Fiktion zu verlassen. Wenn das Gesetz sagte, Rochester sei mit der Irren auf dem Dachboden verheiratet, wenn das Gesetz sagte, Lewes sei mit Agnes verheiratet, nachdem sie drei Kinder von einem anderen Mann geboren hatte, dann war das Gesetz (mit den Worten von Dickens' Mr. Bumble) ein Esel!

Für sie war also die moralische Lage klar, mochten die Konsequenzen, für die sie sich entschied, auch noch so schmerzhaft sein. Auf der einen Seite existierte ein ausgetrockneter Legalismus, der Lewes an Agnes binden und eine Legalisierung ihres Lebens mit Lewes verweigern würde; auf der anderen Seite eine radikale Neudefinition der Institution Ehe. Sie würde sich Mrs. Lewes nennen. Sie würde seine Frau sein. Ob sie nun den rituellen Treueeid leistete oder nicht – sie würden immer zusammenbleiben. In schlechten Zeiten würden sie einander helfen, und die Verantwortlichkeiten des einen würden auch die des anderen sein. Es sollte in jeder Hinsicht eine richtige Ehe sein, mit einer Ausnahme: sie bestand nur aufgrund persönlicher Verpflichtung. John Mill und Harriet Taylor hatten schon lange vorher entschieden, daß in einer so zutiefst persönlichen Angelegenheit keine Autorität außer ihnen selbst etwas zu sagen hatte, doch im Gegensatz zu ihnen waren Lewes und Miss Evans bereit, ihre Überzeugungen in die Tat umzusetzen.

Sie glaubten, daß andere rationale, von orthodoxer Moralität nicht geblendete Menschen dazu zu bringen seien, die Dinge so zu

sehen wie sie. Natürlich waren die meisten Menschen nicht rational – das wußten sie. Die meisten waren fest an einen bestimmten
restriktiven, engen Moralbegriff gebunden, den sie mit der Kirche
assoziierten. Miss Evans konnte zum Beispiel drei Jahre lang nicht
einmal bei ihrem Bruder das Thema zur Sprache bringen. Sie
wußte, daß er provinziell und konservativ war. Sie wußte, daß sie
nicht ihn und Lewes zugleich behalten konnte. Sie war bereit,
ihren Bruder, überhaupt alle aufzugeben, ihre Freunde, ihr ganzes
gesellschaftliches Leben. Das war der Preis, den sie notfalls ihrem
Schicksal zahlen würde.

Doch jeder möchte von wenigstens *einem* neutralen Menschen
verstanden werden. Als sie noch in Deutschland waren, versuchten Lewes und Miss Evans einigen ausgewählten Freunden ihre
Seite der Angelegenheit zu erklären. Vor allem wollten sie dem
Gerücht entgegentreten, Miss Evans habe Mr. Lewes seiner Frau
und seinen Kindern ausgespannt. Die Brays, Miss Evans' alte
Freunde in Coventry – Intellektuelle, Schriftsteller, Progressive –
sollten ihre Testpersonen werden. Sie erklärte, daß Mr. Lewes seit
ihrer Abreise aus London ständig mit seiner Frau korrespondiere;
daß seine Frau alles Geld erhalte, das ihm in London zufloß; daß
er beabsichtige, sich von ihr zu trennen, doch niemals die Absicht
habe, seine finanzielle Verpflichtung ihr gegenüber zu verleugnen.
Sie bat ihre Freunde, nichts von dem Klatsch über sie zu glauben,
außer, daß sie Lewes eng verbunden war und mit ihm zusammenlebte, was schon Skandal genug war. Sie erklärte, daß sie völlig
bereit sei, die Konsequenzen des von ihr bewußt unternommenen
Schrittes auf sich zu nehmen.

Wie gespannt muß sie gewartet haben, bis dieser Brief nach
England gelangte und die Antwort sie in Deutschland erreichte.
Sie konnte sich vorstellen, daß die Brays nichts mehr mit ihr zu tun
haben wollten. Sie konnte sich auch vorstellen, daß sie ihr liebenswürdig zu ihrem Glück gratulierten und alles Gute wünschten.
Beides wäre gut gewesen. Aber ich bezweifle, daß sie mit der
menschlichen Neigung, wichtigen Dingen aus dem Weg zu gehen,
gerechnet hatte – oder gar mit der Möglichkeit, daß sich die Brays,
großmütig, wie sie waren, durch etwas in ihrem Brief beleidigt
fühlen könnten, was mit dem einzigen in Miss Evans' Gedanken
gegenwärtigen Problem gar nichts zu tun hatte. In der Tat waren

die Damen verärgert, weil Marian aus übertriebenem Zartgefühl den Brief an Mr. Bray und nicht wie sonst an Mrs. Bray und Miss Hennell adressiert hatte. Zählten denn Frauen nicht? Außerdem waren sie verärgert, daß sie so leicht bereit war, sie aufzugeben, ja sich fast damit zu brüsten schien.

Lewes bat unter anderem Carlyle um Unterstützung, und auch hier gab es komische Mißverständnisse. Lewes' Erklärung seiner Trennung von Agnes wurde von Carlyle mitfühlend aufgenommen; in einem Brief stimmte er der Auflösung einer solchen Ehe durchaus zu. Er legte Lewes' Brief zu den Akten, in einem Umschlag mit der Aufschrift «G. H. Lewes und ‹Willensstarke Frau›». Doch er wollte versichert sein, daß Lewes mit der willensstarken Frau nicht durchgebrannt war, und statt dessen schrieb Lewes zurück, daß die willensstarke Frau keineswegs der Trennungsgrund gewesen sei. «Und dazu versichert er noch, daß ihre beiden Strümpfe von der gleichen Farbe sind; ein äußerst nichtiger Punkt! Keine Antwort auf diesen zweiten Brief», notierte Carlyle für sich selbst.

Die Leute, die den Test bestanden, waren so lästig wie die anderen, denn unter ihnen gab es viele Lebemänner. John Chapman, zum Beispiel, dieser geübte Schürzenjäger, akzeptierte die Lewes-Evans-Verbindung mit Leichtigkeit – und benutzte sie für seine eigenen Ziele. Als er sich in die schätzenswerte Barbara Leigh Smith verliebte und sie zu bewegen suchte, offen mit ihm zusammenzuleben, hielt er ihr das Beispiel von Marian Evans und G. H. Lewes vor. «Verlassen Sie sich darauf, wir werden noch glücklich sein. Lewes und M. E. scheinen es vollkommen zu sein.» Genau dies sagten die meisten Leute als Resultat eines Verhaltens wie das von Miss Evans voraus – ein schlechtes Beispiel, eine Aufforderung zur Anarchie, ein Keil zwischen den Quadern der Tempelmauern. Marian selbst wird wohl nur Zorn und Trauer empfunden haben, falls sie davon erfuhr. Das hatte sie nicht im Sinn gehabt. Doch wo *war* die Grenze zwischen Freidenkertum und Zügellosigkeit zu ziehen? Wann wurde unkonventionelles Verhalten durch die eigenen tiefsten Gefühle gerechtfertigt und wann war man nur selbstsüchtig?

Nur wenige Leute waren im Jahre 1854 bereit, der Position von Mr. Lewes und Miss Evans eine moralische Grundlage zuzugestehen, und wenige machten sich die Mühe, einen Unterschied zwischen Lewes' hochherzigem Verhalten und der Verworfenheit eines Thornton Leigh Hunt zu machen, der weiterhin mit seiner Frau schlief und ihr Kinder machte, während er dasselbe mit Agnes Lewes tat. (Zweimal gebaren die Frauen seine Kinder innerhalb von zwei Wochen.) Was für giftige Reaktionen das sexuelle Verhalten von Lewes und Hunt erregen konnte, wird in einem Brief von Thomas Woolner, dem Bildhauer und Mitglied der Präraffaelitischen Brüderschaft, an William Bell Scott deutlich.

> Übrigens, hast Du von diesen beiden Schurken, diesen literarischen Burschen Lewes und Thornton Hunt gehört? Sie haben anscheinend ihre Frauen nach der uralten britischen Sitte gemeinsam gebraucht: jetzt hat sich der Schuft Lewes mit einer ... davongemacht und lebt mit ihr in Deutschland. Ich glaube, es ist heutzutage gefährlich, über irgend jemanden Tatsachen zu schreiben, ich will also den Umhang nicht höher lüpfen und die schmutzige Verseuchung dieser ekelhaften Satyre und grinsenden Moralisten enthüllen – dieser Arbeiter in der Agapemone – dieser Mormoniten unter anderem Namen – Stinktöpfe der Menschheit.

George Combe, der große Phrenologe und Charles Brays Mentor in dieser Wissenschaft, war entsetzt über die Nachricht von Miss Evans' Flucht. Und da er an den physiologischen Ursprung aller Verhaltensweisen glaubte, fragte er sich, ob es in ihrer Familie vielleicht Geisteskrankheiten gegeben hätte. «Eine gebildete Frau, die im Angesicht der Welt freiwillig als Ehefrau mit einem Mann lebt, der bereits eine noch lebende Frau und Kinder hat, scheint mir einen Weg einzuschlagen und ein Beispiel zu geben, das nur zur Erniedrigung ihrer selbst und ihres Geschlechts führen kann – wenn sie denn geistig gesund ist.» Er war der Ansicht, daß Hunt, Lewes und Miss Evans (er machte keine Unterschiede zwischen ihnen) der Sache der Religionsfreiheit großen Schaden zugefügt hätten, und er seinerseits würde jedenfalls sein Abonnement auf den *Leader* kündigen.

Sein Ärger zwang seinen Jünger Bray zu einer interessanten

Verteidigung von Miss Evans. Combe glaubte, daß Anhänger der Lehre vom «größten Glück für die größte Anzahl von Menschen» ganz besonders dazu angehalten seien, die Verpflichtungen des Ehelebens zu erfüllen. In Verteidigung von Miss Evans erwiderte Bray, daß sie und Lewes durchaus die Absicht hätten, die Verpflichtungen des Ehelebens zu erfüllen: es gehe hier ja gerade um das Wesen dieser Verpflichtungen. Er zeigte, daß er Miss Evans' Argumente, wenn er ihr auch nicht zustimmte, wohl verstanden hatte, indem er die Naturgesetze heranzog, um zwischen Lewes' Beziehung zu Agnes – vor dem Gesetz verheiratet, doch unverheiratet nach dem Naturgesetz – und seiner Beziehung zu Miss Evans – vor dem Gesetz unverheiratet, doch verheiratet nach dem Naturgesetz – zu differenzieren.

Combe war nicht überzeugt. Wäre es seinem eigenen weiblichen häuslichen Kreis gegenüber fair, so fragte er Mr. Bray, diese nicht mehr makellose Frau dort wieder zu empfangen? Wie würden die anderen Damen darüber denken, wenn sie in einen Kreis kämen, in dem kein Unterschied gemacht würde zwischen Frauen, die sich selbst in Verruf bringen, und jenen, die ihre Ehre unbefleckt bewahren? Die vulgäre Implikation hier ist freilich die, daß sich eine Dame kaum bemühen würde, rein zu bleiben, wenn es keinen gesellschaftlichen Unterschied zwischen Befleckten und Unbefleckten mehr gäbe. Damals wie heute muß es viele Menschen gegeben haben, für die ihre Angst vor gesellschaftlicher Isolierung die einzige Barriere war, und viele mehr, die ganz einfach vorsichtig genug waren, ihre Indiskretionen geheimzuhalten. Es lag Marian Evans besonders am Herzen, den Unterschied zwischen ihrem Verhalten und prinzipienlosem Hedonismus herauszustellen. «Lockere und leicht gebrochene Bindungen sind etwas, was ich weder theoretisch wünsche noch im Leben praktizieren könnte. Frauen, die mit solchen Bindungen zufrieden sind, handeln *nicht* wie ich – sie bekommen, was sie wollen, und werden trotzdem zum Essen eingeladen.»

Doch simple Geschichten verdrängen komplizierte, und die bekannteste und vulgärste Version von einer Angelegenheit findet die weiteste Verbreitung. Es war nahezu unmöglich für Miss Evans und Mr. Lewes, die populäre Geschiche von der *femme fatale*, die einer anderen den Ehemann stiehlt, durch eine viel subtilere zu ersetzen – die Geschichte eines von seiner Frau verlassenen Mannes, der sich weigert, seine eigenen Verantwortlichkeiten ihr gegenüber zu verleugnen, der keine Scheidung erhalten kann, jedoch nicht bereit ist, mit ihr zu leben; der nicht wieder heiraten kann und doch eine Beziehung aufbaut, die einer Ehe gleichwertig ist. Fast niemand konnte den springenden Punkt akzeptieren, daß Lewes gar nicht *wirklich* verheiratet war.

«Ich kann so gar nicht verstehen, wie eine gute und gewissenhafte Frau mit dem Ehemann einer anderen davonlaufen kann», sagte die gutherzige Mrs. Jameson, die nach eigenem Willen von ihrem Mann schon zwanzig Jahre lang getrennt lebte. Ihrer Briefpartnerin in Deutschland, Ottilie von Goethe, Goethes Schwiegertochter, beschrieb Mrs. Jameson Lewes' Begleiterin als erstklassig, was Intellekt, Wissenschaft und überhaupt alle möglichen Leistungen anging, aber «sehr *frei* in ihren Ansichten zu Moral und Religion». Wirklich bemerkenswert an dem ganzen Klatsch, den Lewes' Flucht hervorrief, war es, wie selten die Lästermäuler eine Querverbindung zwischen der Skandalgeschichte und den Dingen in ihrem eigenen Leben herstellten. Je ähnlicher die Probleme bestimmter Leute denen von Miss Evans oder Mr. Lewes waren, desto stärker schienen sie auf die Unterschiede zu pochen. Kein Wunder, daß George Eliot in ihren Romanen immer wieder auf die moralische Notwendigkeit des Erfahrungsaustausches hinweisen sollte. Kein Wunder, daß sie die Unfähigkeit der meisten Menschen, ihr Leben als analog zum Leben anderer zu sehen, so genau verstand und dies für das schlimmste Versagen der Vorstellungskraft hielt. Vielleicht war es ihre Erfahrung als Mittelpunkt eines Skandals, die sie dazu führte, Toleranz und Mitgefühl zu den höchsten Tugenden zu erheben.

Immer wieder betonte sie, wie ernst, wie moralisch (wenn richtig verstanden) ihre Verbindung war. Sie bestand darauf, daß sie nichts zu verbergen habe. «Ich habe nichts getan, das irgend jemandem das Recht gibt, sich einzumischen. Ich besitze doch wohl die Freiheit, in Deutschland zu reisen und mit Mr. Lewes zu reisen. Niemand hier scheint es im geringsten skandalös zu finden, daß wir zusammen sind.» Dies an Chapman. Bray gegenüber betonte sie, daß sie ihre eigene Herrin sei. Sie sei zu alt, sagte sie, als daß man ihn für sie verantwortlich machen könnte. «Soweit sich meine Freunde und Bekannten bemüßigt fühlen, sich um meine Angelegenheiten zu kümmern, bin ich ihnen dankbar, und es tut mir leid, wenn sie meinetwegen bekümmert sind, doch ich kann nicht glauben, daß irgend etwas, das einer Person zustößt, um die sie sich herzlich wenig gekümmert haben, solange diese einsam und allein war, ihrer Verdauung abträglich sein wird.» Wenn ihr auch die Unkonventionalität ihres Verhaltens völlig klar war, hatte sie das Ausmaß ihres Verstoßes genau bedacht und war bereit, ohne Zorn und Bitterkeit den Preis dafür zu zahlen, den Verlust all ihrer Freunde – in der Gewißheit, daß der Mensch, dem sie sich hingab, jedes Opfer wert war. (Sicher ist auch, daß das, was sie aufgab, nicht wesentlich für sie war – «eine Person, um die sie sich herzlich wenig gekümmert haben, während sie einsam und allein war . . .») Freunde, denen sie brieflich ihr Verhalten erklärte, waren zuweilen davon unangenehm berührt, daß sie sich selbst zu beglückwünschen schien.

Daß irgendeine weltfremde, nicht abergläubische Person, die mit den Realitäten des Lebens genügend vertraut ist, meine Beziehung zu Mr. Lewes unmoralisch nennen könnte, kann ich nur verstehen, indem ich mir ins Gedächtnis rufe, wie subtil und vielfältig meinungsbildende Einflüsse sind. Aber ich erinnere mich in der Tat daran und gebe mich keinen arroganten oder unfreundlichen Gedanken über jene hin, die uns verdammen, wenn wir auch ein etwas anderes Urteil erwartet hätten. Von der Mehrheit haben wir natürlich nie etwas anderes als Verdammung erwartet. Wir führen kein eigensüchtiges Leben, doch da wir miteinander so glücklich sind, kommt uns alles leicht vor. Wir arbeiten hart, um für andere besser zu sorgen als für uns selbst und um alle Verantwortlichkeiten zu erfüllen, die uns obliegen. Leichtfertigkeit und Stolz wären keine ausreichende Grundlage dafür.

Leichtfertigkeit? Vielleicht nicht. Doch Stolz? Ganz gewiß.

Sie war stolz auf sich. Sie hatte nach ihren Prinzipien gehandelt. Sie hatte den Mut gehabt, konventionelle Verhaltensnormen, konventionelle Belohnungen, konventionelle Anerkennung zu verschmähen. Ihre Verbindung mit Lewes war ein Triumph der natürlichen Moral angesichts absurder und tyrannischer Gesetze. Diejenigen ihrer Freunde, die diese Neudefinierung moralischen Verhaltens verstehen konnten, waren es wert, behalten zu werden; mit dem Verlust der anderen konnte sie leben. Hätte sie Scham und Reue geheuchelt und sich damit dem populären Szenario von der Sünderin, die der Vergebung bedarf, angepaßt – ich glaube, ihre Verbindung mit Lewes wäre eher akzeptiert worden. Es war «die Vorspiegelung einer sanktionierten Verbindung», wie die Autorin Eliza Lynn Linton eifersüchtig formulierte, welche die Gemüter am heftigsten erregte und die, moralisch gesehen, das Ernsteste und Provozierendste an der ganzen Affäre war. Was macht eine Ehe gültig? Ihre Bestätigung durch Kirche oder Staat? Oder die gegenseitige Verpflichtung der Menschen, die sie eingehen? Das war die Frage, die ihr Verhalten aufwarf, und ihr radikaler Standpunkt hatte die Wirkung, die Moralität, wie man sie bisher verstanden hatte, zu untergraben und sie auf einer ernsteren, ja existentielleren Grundlage neu aufzubauen.

Verbündete

George Eliots Ruhm veränderte ihre und Lewes' Lebensweise kaum. Sie hatten immer sehr ruhig und für sich gelebt. Wegen der ‹Illegalität› ihrer Ehe konnte George Eliot in der Gesellschaft nicht empfangen werden, obwohl Lewes nach der seltsamen moralischen Logik jener Zeit akzeptabel war und häufig zum Essen eingeladen wurde. Anfänglich gaben sie überhaupt keine Gesellschaften und empfingen auch engste Freunde nur selten. Grundsätzlich lehnten sie Hausgäste ab.

Sara Hennell, praktisch ein Mitglied der Familie, wurde nur für eine Nacht ein Bett angeboten. Es war George Eliot klar, wie «brutal ungastlich» sie waren, aber sie behauptete, es sei im Interesse ihrer Arbeit. Die Einsamkeit, zunächst Folge der gesellschaftlichen Ächtung, hatte ihre guten Seiten, wie sich jetzt herausstellte, und es fragt sich, ob die Welt tatsächlich George Eliot verbannte oder sie die Welt. Einmal sah es so aus, als ob Lewes auf dem Kontinent eine Scheidung bekommen könnte, aber es klappte nicht, und seine Gefährtin war nicht traurig. «Ich ziehe die Exkommunikation vor. Ich habe nichts auf der Welt, das mir teuer wäre, dadurch zu gewinnen, daß ich der persönlichen Aufmerksamkeit der Leute ausgesetzt werde, und ich würde dadurch vieles, das mir teuer ist, verlieren – meine Freiheit von jenen kleinlichen weltlichen Quälereien, die man gemeinhin Vergnügungen nennt, und die Isolierung, die in Wirklichkeit meine Nächstenliebe warmhält, anstatt sie zu unterkühlen, wie das der häufige Kontakt mit oberflächlichen Frauen tun würde.»

Wie Traddles und Sophie, wie David Copperfield und Agnes, wie Walter Gay und Florence Dombey, wie das glückliche Paar am Ende fast jeden Romans von Dickens, haben diese beiden nur Freundlichkeit, Zuneigung, den Drang, sich aufzuopfern, und Dankbarkeit füreinander. Keine rosenwangigen Kinder umringen sie, wie das bei dem glücklichen Paar in einem Dickensschen Roman der Fall wäre. Statt dessen sind Bücher ihre Kinder. Sie verkörpern sämtliche Ideale und Prinzipien jenes dogmatischsten aller viktorianischen Ehetraktate, *David Copperfield*, das seinen Lesern wiederholt vorhielt: «Es kann in einer Ehe keine Unvereinbarkeiten von Geist und Ziel geben.» Wenn ein Paar je gemeinsame Ziele hatte, dann Marian Evans und George Henry Lewes, die sich der Pflicht, der Arbeit, der Liebe hingaben und Wärme und Licht von ihrem heimischen Herd aus verbreiteten – im besten, tugendhaftesten Stil viktorianischer Familienromane. Sie waren das vollkommene Ehepaar. Nur waren sie leider nicht verheiratet. Die Frage drängt sich auf, wie anders die Dinge vielleicht verlaufen wären, wenn sie nicht in Opposition gegen, sondern im Einklang mit den Sitten ihrer Kultur verheiratet gewesen wären. In welchem Maße beruhte ihr Glück auf der Regelwidrigkeit ihrer Verbindung?

Weil sie nicht respektabel waren, blieb ihnen die Last der Respektabilität erspart. Sie mußten zu den Freunden des anderen nicht nett sein. Sie mußten sich nicht mit Wochenendgästen arrangieren. Sie mußten nicht zusammen in der Öffentlichkeit erscheinen. Wie sündige Liebende behandelt, konnten sie Liebende bleiben. Da die Gesellschaft ihre Verbindung verurteilte, benutzten sie ihre Energien, um sie zu rechtfertigen, zu genießen, andere Menschen davon zu überzeugen – nicht, um sich weniger Nähe und mehr Freiheit zu wünschen. Für manche Menschen gedeiht die Stabilität erst, wenn das Gerüst der Stabilität fehlt. Simone de Beauvoir, deren lebenslange Verbindung mit Sartre in vieler Hinsicht der von George Eliot und George Henry Lewes ähnlich war, sagte, sie und Sartre betrachteten sich als verheiratet, gaben ihrer Beziehung schon einen Namen (morganatische Ehe), bevor ihre Lebensweise sich noch herausgebildet hatte, und spielten manchmal ein bestimmtes kleinbürgerliches Ehepaar, Monsieur und Madame M. Organatique, aber «indem wir im Scherz in ihre Haut schlüpften, betonten wir den Unterschied». Einmal schien es, daß sie sich eine schmerzhafte Trennung ersparen könnten, wenn sie eine Doppel-Berufung annehmen würden – wofür sie freilich hätten verheiratet sein müssen. Sartre drängte de Beauvoir, ihn zu heiraten. Sie lehnte dies sofort ab. «Jede Modifikation der Beziehung, die wir mit der Außenwelt aufrechterhielten, hätte einen fatalen Effekt auf unsere eigene Beziehung gehabt.»

George Eliot kannte ihre Prioritäten. Ihre Arbeit und ihre intime Beziehung zu Lewes waren am wichtigsten; beiden war mit dem Abgeschnittensein von der Welt nur gedient. Sie gab nichts auf als jenen oberflächlichen gesellschaftlichen Verkehr, der ihr ohnehin nicht viel Spaß machte; sie zog einen Spaziergang mit Lewes im Zoologischen Garten der läppischen Konversation über einer klaren Consommé vor. Ihre schlechte Gesundheit hielt sie außerdem viel zu Hause. Sie besaß keinen Wagen und war zu schwächlich, um in London weit zu laufen. Langsam wurde es ihnen zur Regel, keine Besuche zu machen; wer sie sehen wollte, mußte zu ihnen ins Haus kommen, und ab 1863 war das The Priory, ein zweistöckiges Gebäude in St. John's Wood, in der Nähe des Regent's Park, abgelegen genug, um Ruhe zu bieten, und von einer Ziegelmauer umgeben. Jeden Sonntag hatte sie ihren *jour fixe*, zu dem brillante Leute kamen, doch die Frauen waren entweder so emanzipiert, daß es ihnen egal war, was über sie gesagt wurde, oder sie hatten gar keine gesellschaftliche Position zu verlieren.

Einer der Gäste, der 1869 an die Tür der Lewes' klopfte, war der Amerikaner Charles Eliot Norton, später Professor in Harvard, begleitet von seiner Frau Susan. An der Tür wurden sie von Lewes mit der für ihn typischen Lebhaftigkeit empfangen. Zu diesem Zeitpunkt war die in Sünde lebende Frau bereits Britanniens Stimme der Moral geworden. George Eliot hatte *Adam Bede*, *The Mill on the Floss*, *Silas Marner* und *Felix Holt* geschrieben, und ihr Ruhm war längst größer als der ihres Mannes.

George Henry Lewes war in keiner Weise überwältigend. Er war weder würdevoll noch imposant. Was an ihm auffiel, waren rasche Bewegungen. Einem peniblen Mann wie Professor Norton kam er ein bißchen vulgär vor, wie ein altmodischer französischer Friseur oder Tanzlehrer. Er war häßlich, lebhaft und unterhaltend; man erwartete jeden Moment, er werde eine Fiedel hervorholen und anfangen zu spielen. Seine lebhafte Art zu reden und gestikulieren wirkte eher französisch als englisch, und Geist und Mund schienen ihm ständig überlaufen zu wollen. Er war erstaunlich vielseitig und konnte ebensogut über Philosophie und Naturwissenschaften wie über Literatur reden, aber vielleicht gerade deshalb mißtraute man seiner Tiefe ein wenig. Professor Norton mußte sich daran erinnern, daß sowohl Darwin als auch Lyell mit größter Hochachtung von Lewes' Leistungen gesprochen hatten. «Kein Mann, der einem mehr als mäßige Sympathie abgewinnt», schloß er. Er sagte nicht, daß ein scheinbar so leichtfertiger Mann kaum der passende Gefährte für George Eliot sein konnte, doch das dachten andere. George Eliot selbst schien sich einer Inkongruität bewußt zu sein, und wenn sie ihren Freunden gegenüber Lewes beschrieb, wies sie stets darauf hin, daß seine Wirkung nicht gewichtig sei. Tatsächlich waren es aber gerade die Leichtigkeit und Heiterkeit seines Gemüts, die ihn für sie, die so schrecklich zu Depressionen neigte, besonders anziehend machten. Manchmal mußte sie auf ihre verborgensten Kräftereserven zurückgreifen, um den kommenden Tag und die unvermeidliche Erschöpfung durchzustehen, die er bringen würde, während Lewes selbst bei schlechter Gesundheit noch guten Mutes und niemals launisch war. Seine Arbeit machte ihm Freude, und er stellte sie ohne Angst und Nervosität seinem Publikum vor. Obgleich die Lewes' viele Gemeinsamkeiten hatten und alle intellektuellen Tätigkeiten miteinander teilten – sie lasen gemeinsam Bücher, lernten Sprachen gemeinsam, verfolgten einer des anderen Arbeit –, basierte ihre gegenseitige Anziehung, wie viele erotische Bindungen, auf den Unterschieden zwischen ihnen, Unterschieden in Haltung und Temperament. Was Lewes in den Augen des amerikanischen Gelehrten ein wenig suspekt machte – seine Leichtfertigkeit, seine Fröhlichkeit, die gallische Pose der Frivolität –, hatte ihn ursprünglich auch für Marian uninteressant gemacht. Und doch mochte sie schließlich genau das am liebsten an ihm.

Bevor sie Lewes kennenlernte, hatte sie sich zu Männern hingezogen gefühlt, zu denen sie aufblicken mußte, die Opfer verlangten und nur wenig dafür zu geben bereit waren: Dr. Brabant, Chapman, Herbert Spencer. Diesen Männern gegenüber verspürte sie jenen Impuls zur Selbstunterwerfung, den sie so brillant in Dorothea Brookes Reaktion auf Mr. Casaubon darstellte – den weiblichen Impuls, die Arbeit eines Mannes zu überschätzen und die eigene Identität daraus zu beziehen. Lewes dagegen inspirierte solche Gefühle nie. «Denken Sie auch nicht einen Augenblick, daß Dorotheas Eheerfahrung meiner eigenen nachgezeichnet ist», schrieb George Eliot an Harriet Beecher Stowe nach der Veröffentlichung von *Middlemarch*. «Unmöglich, sich ein Mr. Casaubon unähnlicheres Geschöpf vorzustellen als meinen warmen, enthusiastischen Mann, dem das, was ich tue, mehr am Herzen liegt als seine eigene Arbeit.»

Er war bereit, sich ihr ganz zu widmen, und sie akzeptierte sehr viel Hingabe. Sie einigten sich darauf, daß sie ohne seine Hilfe nicht schreiben könne. Die Angst vor einem Versagen ließ sie fast verstummen; sie brauchte ihn, um die Mißbilligung der Welt von ihr abzulenken. Ihr erstes Buch, *Scenes of Clerical Life*, das aus drei Skizzen besteht, sollte eigentlich länger werden, aber ihr Verleger Blackwood gab unklugerweise zu, daß ihm die dritte Geschichte nicht so gut gefallen hatte wie die ersten beiden, und seine empfindliche Autorin bestand darauf, auf der Stelle aufzuhören. Zu Beginn ihrer Beziehung warnte Lewes Blackwood in einem Brief davor, George Eliot irgend etwas Unangenehmes zu sagen.

Wie «Oliver Twist» will er «immer noch mehr» haben. Er kommt mir wie das Gegenstück zu diesem römischen Kaiser vor, der einen Sklaven zur Seite hatte, der ihm ständig zuflüstern mußte: «Denke daran, daß du sterblich bist.» *Er* braucht einen Freund zur Seite, der flüstert: «Siehst du, George, du bist im Grunde gar keine verrückte Nudel.»

Lewes war der tröstende Sklave an ihrer Seite.

Ihre Freunde, sogar ihre engsten Freunde, mußte er während ihrer ganzen Karriere immer wieder mahnen, wie er Blackwood gemahnt hatte –, jede negative Reaktion auf ihre Arbeit zu unterdrücken. Nur das allerhöchste Lob war akzeptabel. Lewes unternahm die größten Anstrengungen, Anfeindungen von ihr fernzuhalten. Einmal ging er so weit, daß er ihr einen Brief, der einige Kritik enthielt, falsch vorlas, indem er einen Teil einfach ausließ, und ihn dann «verlor». Er fing auch die Rezensionen in den Zeitungen ab und ließ sie nur die lobenden sehen. Man kann sich leicht vorstellen, was für ein Risiko diese Art von Wachsamkeit für einen geliebten Menschen birgt: Wohltätigkeit kann zu Verachtung führen; der Beschützer kann mit der Zeit Ressentiments gegen die Ungleichheit der Belastung entwickeln – gegen seine beständige Stärke, die Schwäche des anderen. Geschieht dies nicht, dann kann man sicher sein, daß der Abhängigkeitskurs nicht nur von einem eingeschlagen wurde, und es wird zur offenen Frage, wer von wem und für was abhängig ist. Man kann es brauchen, gebraucht zu werden. George Henry Lewes scheint ein solcher Mensch gewesen zu sein, und George Eliot war klug genug, nicht allzu stark zu sein. Ihre Bedürfnisse waren mit seinen verflochten, was ihn zum gleichberechtigten Partner in ihren Schöpfungsakten machte. Vierundzwanzig Jahre lang lenkte er frohen Mutes Kritik von ihr ab, half ihr in geschäftlichen Angelegenheiten, beantwortete Post, war unersetzlich.

Schreiben ist gewöhnlich ein einsamer Beruf, doch George Eliot besaß das Geschick, aus Männern Mitarbeiter zu machen. Außer Lewes war da John Blackwood, ihr ausgezeichneter schottischer Lektor und Verleger. Ohne die Vermittlung eines Agenten, von Lewes abgesehen, korrespondierte sie mit Blackwood in Edinburgh über Inhalte, Druck, Verkauf und Vertrieb. Wenn sie es sich einmal erlaubte, stürzte sie sich mit Enthusiasmus in all diese Geschäftsangelegenheiten. Sie war eine schwierige Autorin, die jede Einmischung in ihre Texte zurückwies und in geschäftlichen Dingen manchmal ganz plötzlich und unerklärlich grollte, doch Blackwood wußte sie mit Takt und Geduld zu behandeln. Ihre Beziehung war stürmisch und sah in mancher Hinsicht nach außen hin mehr nach einer Liebelei aus als ihre Beziehung mit Lewes. Nach dem großen Erfolg ihres zweiten Buches *Adam Bede* dachte sie daran, sich einen anderen Verleger zu suchen. Sie fand, daß er sie zu sehr als Selbstverständlichkeit betrachtete. Sie glaubte, ein anderer würde sie vielleicht mehr zu schätzen wissen. Obwohl Blackwood großzügig und spontan ihre Beteiligung für *Adam Bede* verdoppelt hatte, grollte sie ihm; er hatte sich nicht eifrig genug ihrer Sache angenommen, als Gerüchte umliefen, ein Mr. Liggins sei der Autor von *Adam Bede*, und als von einem skrupellosen Verleger eine Fortsetzung des Romans angekündigt wurde.

Lewes unterstützte sie bei ihrem Versuch, Blackwood wissen zu lassen, daß andere Verleger an ihr interessiert waren. Seine Formulierung war eher ungeschickt: «Ich verbringe meine kostbare Zeit damit, Angebote von allen Seiten abzulehnen – jedermann meint, George Eliot verführen zu können.» Diese Bemerkung machte in Blackwoods Büros in Edinburgh und London die Runde und erregte überall Empörung. Es sei kein Wunder, daß so viele versuchten, George Eliot zu verführen, meinte ein Angestellter, weniger Gentleman als Mr. Blackwood – Mr. Lewes habe ja schließlich selbst den Weg gezeigt. Die Lieblingsformulierung für die ganze Angelegenheit, die in den Blackwoodschen Büros kursierte, lautete, George Eliot verkaufe sich zum Höchstgebot.

George Eliot blieb mit *The Mill on the Floss* und *Silas Marner* noch bei Blackwood, doch *Romola* gab sie, für die enorme Summe von 7000 Pfund, an Smith und Elder. Der Verlagswechsel war kein reines Vergnügen. Sie hatte Blackwood gegenüber, der sie immer gut behandelt hatte, ein schlechtes Gewissen, und Smith gegenüber hatte sie Schuldgefühle, weil sie glaubte, er habe ihr zuviel Geld gegeben. In gewisser Weise stimmte das, denn *Romola* wurde kein populärer Erfolg. Smith verlor Geld daran. Nach diesem etwas mißglückten Ausflug blieb sie für den Rest ihrer Karriere zufrieden bei Blackwood; denn wie sie ihm geschrieben hatte, als sie zum erstenmal daran dachte, den Verleger zu wechseln: «Ich ziehe in jeder Hinsicht permanente Beziehungen den wechselnden vor.»

Wenn ihre gemeinsame Einsamkeit auf der einen Seite in ihrer beider Hingabe an ihre Arbeit verankert war, war sie auf der anderen jedoch auch in ihrer gemeinsamen Liebe zu Lewes' drei Söhnen verankert, die Marian «Mutter» nannten und ihr offenbar näherstanden als ihrer natürlichen Mutter. Nachdem sie eine Schule in der Schweiz absolviert hatten, landeten zwei der Jungen in Natal, aber Charles Lewes kam nach London, um eine Stelle in der Postbehörde anzutreten, die Anthony Trollope, der Romancier und Freund der Familie, ihm hatte beschaffen können. Zu diesem Zeitpunkt hätten sie lieber auf dem Lande gelebt, denn sie waren beide überzeugt davon, daß Marian in der Stadt an Leib und Seele litt. Dennoch entschlossen sie sich, dem jungen Charles in London ein Heim zu geben. «Ich verzehr mich nach den Feldern und dem weiten Himmel; aber Pflichten müssen erfüllt werden, und Charles' moralische Erziehung erforderte, daß er sogleich in der Nähe seiner Arbeit ein Heim haben sollte.» George Eliot war ein Mensch, der sich solchen Verpflichtungen gerne unterzog. Sie bedeuteten nicht nur spirituelle Disziplin, sie brachten auch Struktur in ein Leben, das ohne sie den lähmenden Launen des Zufalls ausgeliefert war. Glücklich sind jene, sagte sie, die einen entscheidenden Grund dafür haben, an diesem und keinem anderen Ort zu leben.

Indem sie der Suche nach dem Glück im täglichen Leben den Rücken kehrten, nur füreinander, für ihre Arbeit und für ihre Pflichten da waren, schafften es die Lewes', während der vierundzwanzig Jahre ihres Zusammenlebens so glücklich zu sein, wie es zwei Menschen außerhalb der Literatur nur sein können. Natürlich war ihr Glück keineswegs das, was man in der Literatur findet: nicht leidenschaftlich und romantisch, nicht auf den höchsten Höhen des Lebens, sondern auf seinen Ebenen angesiedelt. Seine Grundlage war ein stoisches, ja tragisches Lebensgefühl. «Es kommt eine Zeit, da wir uns nicht mehr umschauen und fragen, ‹wie kann ich genießen?›, sondern wie in einem Land, das von Schwert, Pest und Hungersnot heimgesucht wurde, nur darüber nachdenken, wie wir den Verletzten helfen und Zeit für die nächste Ernte finden können – wie wir den Boden bestellen und ein wenig Freude für jene bereiten können, die geboren wurden, ohne gefragt zu werden.» George Eliots Zufriedenheit enthielt immer ein wenig Trauer. Sie kannte nicht das Hochgefühl, etwa einer Opernsängerin, die hinreißend gesungen hat und der nun Tausende applaudieren. Obwohl sie zur am höchsten gepriesenen und am meisten geachteten Romanautorin Englands wurde, fand sie, daß «die rein egoistischen Befriedigungen des Ruhmes sehr leicht durch Zahnschmerzen zunichte gemacht werden können». Ihre Freuden entsprangen dem täglichen Leben und dem Wissen um den Wert ihrer schriftstellerischen Arbeit. Kann es bessere Quellen geben?

Sie forderte wenig, zum Teil, weil sie wußte, daß sie nicht schön war; aus weltlicher Sicht betrachtete sie sich nicht als ‹Hauptgewinn›. Und sie forderte wenig, weil die Erfahrungen von Verlust und Tod ihre Erwartungen gedämpft hatten. Ihre Mutter starb, als sie siebzehn war; und ihr Vater, an dem sie noch mehr hing, wandte sich wegen ihres Glaubensverlustes von ihr ab, als sie einundzwanzig war, versöhnte sich halbherzig wieder mit ihr und starb, als sie dreißig war. Nur durch eine Ehe konnte sie das Netzwerk der Liebe rekonstruieren, das sie als Kind in ihrer Familie gekannt hatte. So näherte sie sich dieser Beziehung mit größtem Ernst. Sie und ihr zukünftiger Mann sollten zwei Säulen sein, auf denen aller Sinn im Leben ruhen würde – er als Zentrum ihres Lebens, wie sie es in seinem sein wollte. Sie suchte nichts Aufregendes. Sie suchte auch kein Glück, obwohl sie es fand. Sie wollte für irgend jemanden von Nutzen sein, der seinerseits ihr Dasein unersetzlich finden würde. Und Lewes, wenn auch aus anderen Gründen, ging auf seine zweite Ehe ebenfalls mit abgeklärten Erwartungen zu. Und so verlangten sie wenig und gewannen ein gemeinsames Leben von außergewöhnlicher Fülle.

Schlechte Gesundheit war der Zoll, den sie für ihre Zufriedenheit zu zahlen glaubten. «Wir sind so glücklich in unserer Liebe und unserem ununterbrochenem Zusammensein, daß wir unsere erbärmlichen Körper wohl als unseren Anteil an menschlichen Gebrechen akzeptieren müssen.» Und: «Es geht uns wie immer – wir sind glücklich mit allem, außer mit unseren Lebern und Mägen.» Wie Carlyle litt auch Lewes an chronischen Verdauungsstörungen und durchlebte kaum einen Tag ohne Unwohlsein. «Ach du meine Güte, wann *werden* die Menschen mit dem unsinnigen Gerede aufhören, das Schicksal aller Menschen sei gleich? Als ob irgend jemand mit einem gesunden Magen sich jemals so elend fühlen könnte wie ein Dyspeptiker.» Sie litt von Zeit zu Zeit an einer lähmenden Krankheit, die Aspirin und Antibiotika vielleicht hätten heilen können. In Ermangelung zuverlässig wirkender Medikamente, suchten sie Heilung in Kurorten auf dem Kontinent. Sobald George Eliot ein Buch vollendet hatte, gingen sie auf Reisen, denn dann hatten sie die Zeit und ein zusätzliches Motiv – den Rezensionen zu entkommen.

Ihre Gesundheit scheint sich in warmen Gegenden immer verbessert zu haben, und man fragt sich, warum sie nicht einfach England verließen, wie die Brownings. Harriet Beecher Stowe vermutete, daß es eine Geldfrage war, und sie bejubelte den Erfolg von *Middlemarch* unter anderem, weil der es ihrer Freundin ermöglichen würde, ein Haus in der Sonne zu kaufen. Aber das war nicht alles. Ihre moralischen Wurzeln waren englisch. Sie wollten sich davon nicht abschneiden. George Eliot hatte Angst, selbstsüchtig zu werden, wenn sie in einem allzu angenehmen Klima lebte. In ihrem Handelsvertrag mit dem Leben hieß es, die Demütigung des Körpers sei die Bereicherung der Seele. So, wie ihr Mangel an Schönheit mit ihrer spirituellen Ausstrahlung verbunden war, so schien ihr häusliches Glück etwas mit den körperlichen Gebrechen zu tun haben, die sie mit ihrem Mann teilte. 1873 verglich sie sich und ihren Mann mit zwei von einem sehr naiven Meister gemalten mittelalterlichen Heiligen. «Unsere Körper scheinen mit jedem Jahr des Glückes wie die *Peau de Chagrin* zu schrumpfen.»

Schon bevor Thornton Lewes 1869 mit jenem Rückenmarksleiden aus Natal zurückkehrte, an dem er in Kürze und unter Qualen sterben sollte, hatte sie sich in Gedanken mit dem Tod beschäftigt. Die 1861 verwitwete Königin trauerte im ganz großen Stil, indem sie sich von fast allen öffentlichen Pflichten zurückzog. Als ihr Tagebuch veröffentlicht wurde, las es George Eliot mit besonderem Mitgefühl, denn: «Ich bin eine Frau etwa gleichen Alters, und auch mein persönliches Glück ist eng mit einem geliebten Mann verbunden, dessen Verlust aus meinem Leben eine bloße Kette von gesellschaftlichen Pflichten und privaten Erinnerungen machen würde.» Thorntons Tod, an sich ein niederschmetterndes Ereignis, kam ihr auch wie der Anfang ihres eigenen vor. Ihr nachdenklicher, aber zutiefst fühlender Geist bewegte sich langsam auf eine andere Wahrheit im emotionalen Leben zu, und ihre Metapher dafür hatte, wie so häufig bei George Eliot, einen kommerziellen Klang: jemanden zu lieben ist wie ein wachsendes Vermögen – mit der Freude bringt es auch die Angst vor dem Verlust. Inmitten ihres Glücks weinte sie manchmal plötzlich bei dem Gedanken an die notwendige Trennung von Lewes, die in der Zukunft lag. Wie jeder Mensch auf der Welt, der mit einem anderen sehr lange harmonisch zusammengelebt hat, fragte sie sich – auch als er noch gesund war –, wie sie ohne ihn leben könnte. Sie fragte sich, wer von ihnen besser zuerst stürbe. Im großen und ganzen zog sie den Schmerz der Hinterbliebenen vor, weil sie ihn dann noch pflegen könnte. «Der Tod erscheint mir jetzt wie eine sehr nahe, realistische Erfahrung, so wie das Herannahen von Herbst oder Winter, und ich bin froh zu erkennen, daß fortgeschrittenes Lebensalter die Kraft mit sich bringt, sich die Nähe des Todes in einer Weise vorstellen zu können, die ich früher niemals hatte.» Sie dachte ständig an den Tod; er verfinsterte ihr fast das Leben, «als ob das Leben nur noch so ein schmaler Streifen wäre, daß man es kaum noch wahrnehmen kann». Für die Segnung der Liebe, meinte sie, zahlen wir den hohen Preis der Angst.

1877, als Lewes sechzig und sie fast genauso alt war, hatte sie wegen Nierensteinen entsetzliche Schmerzen auszuhalten, und er konnte kaum noch laufen. Sie erholte sich wieder, doch Lewes' Zustand schien sich zu verschlechtern. Ein Zeitgenosse berichtet, er habe damals ausgesehen wie von Ratten angefressen. George Eliot wachte mit schwerem Herzen über seine Gesundheit. Der Mann, dessen leichter Schritt sie in ihren besten Jahren so entzückt hatte, konnte sich nun kaum noch fortbewegen. Ende November 1878 starb Lewes. Er hatte Krebs.

Obwohl selbst kränklich, erwog John Blackwood, aus Schottland zu kommen und sich um die Autorin, mit der er so lange zusammengearbeitet hatte, zu kümmern. Er wußte nicht, wie sie mit sich selbst und ihrem Kummer fertig werden würde. Sie verließ das Haus überhaupt nicht. Die Dienstboten hörten sie weinen, manchmal auch schreien. Sie wollte niemanden sehen, außer Charles Lewes, der ihre täglichen Angelegenheiten regelte, genau wie es sein Vater getan hatte. Zuerst konnte sie es nicht einmal ertragen, die Kondolenzbriefe zu lesen; Charles informierte sie nur darüber, wer geschrieben hatte. Sie war eine «verletzte Kreatur», die selbst vor der sanftesten Berührung zurückzuckte. Sie wollte nur noch leben, um bestimmte Dinge zu Lewes' Andenken zu tun: sie wollte das Manuskript, an dem er gearbeitet hatte, für die Veröffentlichung vorbereiten und in seinem Namen einen Lehrstuhl für Physiologie stiften. Also achtete sie auf ihre Ernährung und arbeitete, um nicht geistig zu verfallen. Doch ihr Lebenswille war äußerst zerbrechlich. Im folgenden Juli wog sie nur noch 45 Kilogramm.

Mit Ausnahme der drei Männer, die sie wegen des Lewes-Lehrstuhls konsultierte (darunter John Walter Cross, der Mann, der ihr Geld für sie anlegte), sah sie bis März – vier Monate nach Lewes' Tod – keinen ihrer Freunde. Sie konnte kein Interesse für irgend etwas anderes heucheln. Sie fürchtete, daß selbst ihre engsten Freunde ihren Schmerz schließlich ermüdend finden würden. Sie wollte ihnen nicht auf die Nerven gehen, aber sie konnte ihre Trauer nicht aufgeben, also blieb sie allein. Je deutlicher ihr bewußt wurde, wie sehr ihr Glück der letzten vierundzwanzig Jahre darauf beruht hatte, Lewes glücklich zu machen und nicht sich selbst, desto tiefer wurde ihre Verzweiflung. Sie hatte nicht gelernt, das Glück direkt zu suchen.

Vergessen durch Arbeit war unmöglich. Sie konnte kaum genug Kraft und Konzentration aufbieten, um Lewes' Manuskript zu redigieren. Eigene Arbeit kam überhaupt nicht in Frage. Vor Lewes' Tod hatte sie *Impressions of Theophrastus Such* beendet; in der Tat war es praktisch Lewes' letzte Handlung gewesen, das Manuskript an Blackwood zu schicken. Doch nun weigerte sich George Eliot, Blackwood das Buch veröffentlichen zu lassen: es würde Lewes gegenüber respektlos wirken. Das Buch war bereits gesetzt, aber die Bücher konnten nicht gedruckt werden. Schließlich bekam sie ein schlechtes Gewissen, weil sie alles aufhielt, und gestattete Blackwood, die Bücher zu drucken, aber nicht auszuliefern. Im Mai endlich erschien das Buch, versehen mit einer Notiz des Verlegers, in der er erklärte, das Manuskript sei bereits seit dem Vorjahr in seinen Händen gewesen, habe aber wegen der «familiären Heimsuchung» der Autorin bis jetzt nicht erscheinen können. Der unsentimentale Schotte tat dies einzig, um die Gefühle der Witwe zu besänftigen, deren lange Trauerzeit ihm im März langsam krankhaft vorkam und die seiner Ansicht nach von «angeblich Mitfühlenden» noch darin bestärkt wurde.

In den Augen der Welt scheint es keine richtige Form der Bewältigung von Trauer zu geben. Macht der Schmerz einen lebensunfähig – wie Victoria und George Eliot –, wird man für krankhaft gehalten. Lächelt man, um die Tränen zu verbergen und so gut wie möglich weiterzumachen, wird man häufig für gefühllos gehalten. Heiratet man bald wieder, zieht man den Verdacht auf sich, den ersten Partner nicht genug geliebt zu haben, und tut man's nicht, dann ist man dem Leben nicht genügend zugewandt. Klugerweise ging George Eliot ihren eigenen Weg der Trauer bis zu seinem natürlichen Ende. Auf den Winter, der ihr wie das Ende ihres Lebens vorkam, folgte der Frühling.

Sie rebellierte. Das war ein gutes Zeichen. Wenn ihr auch alles, was vorher einfach schien, schwierig vorkam, und wenn sie jetzt auch Gründe dafür finden mußte, ihr Leben weiterzuführen, während früher Lewes der Grund gewesen war, konnte sie sich doch nicht dazu bringen, weiter bei lebendigem Leibe begraben zu bleiben.

Immer häufiger geschah es, daß sie sich in finanziellen Dingen an John Walter Cross wandte, einen vierzig Jahre alten Bankier, mit dessen Mutter sich die Lewes' vor zehn Jahren angefreundet hatten. Cross, den George Eliot manchmal «Johnny», manchmal «Neffe» nannte, investierte für sie, half, die Lewes-Stiftung einzurichten, und beriet sie in bezug auf die zahlreichen Bitten um Darlehen, die Freunde und Verwandte an sie richteten. Sie war inzwischen ziemlich reich geworden, und da sie entschlossen war, Lewes' Unterstützung seiner Frau, Kinder und Enkel weiterzuführen, waren ihre finanziellen Angelegenheiten kompliziert.

Cross war jung. Er war nützlich. Er betete sie an. Und seine Mutter, die er sehr geliebt hatte, war eine Woche nach Lewes gestorben. Beide fühlten sich wie gelähmt. Beiden fehlte eine lebenswichtige emotionale Stütze. Trauer, wenn sie nicht derselben Person gilt, ist keine besonders verbindende Emotion; doch die Entschlossenheit, Trauer zu bewältigen, verbindet. Vielleicht, weil er der jüngere war, war Johnny auch entschlossener, sich zusammenzunehmen und neue Lebensinteressen zu finden. Er meinte, es wäre gut, Dante zu lesen. Marian stimmte ihm zu. Sie würde es sogar mit ihm zusammen tun. In den nächsten zwölf Monaten lasen sie gemeinsam *Inferno* und *Purgatorio*, analysierten und besprachen jede Zeile. Sie war die Lehrerin, und der Mann der Geschäfte wurde ihr Schüler. Es machte sie froh zu sehen, wie ihre eigene Erfahrung Begeisterung und Verstehen in ihm entfachte. Und er genoß das Gefühl, in der Hand einer Frau zu sein, die in vieler Hinsicht stärker war als er, die aber auf andere Weise von ihm abhängig war. Irgendwo in diesem merkwürdigen Wechselspiel der Dominanz sprang der erotische Funke über. Wie Paolo und Francesca (wenn auch nicht klagend wie diese) schrieben sie es dem Buch zu. «Der göttliche Dichter hat uns in eine andere Welt entführt», schrieb Cross. «Es war eine Erneuerung des Lebens.» Im Mai hatte er sie bereits überredet, wieder Klavier zu spielen. «Ich bin viel stärker als zuvor», sagte sie, «und finde wieder Interesse an diesem wundervollen Leben.»

Im April 1880, anderthalb Jahre nach Lewes' Tod, nahm sie den Heiratsantrag von Cross an, und kurz darauf, am 6. Mai, fand die Hochzeit in der Kirche St. George am Hanover Square statt. Marian wurde von ihrem Stiefsohn, Charles Lewes, in die Ehe gegeben, und alle anderen Gäste gehörten zur Familie von John Cross. Fast unmittelbar danach reisten sie ab, auf den Kontinent. Sie hatte ein wenig verblümt versucht, ihre engsten Freunde auf diese schockierende Neuigkeit vorzubereiten. Zwei Wochen vor der Hochzeit ging sie zum Beispiel zu Georgiana Burne-Jones, um sich zu verabschieden; diese erfuhr aber nur, daß Marian verreisen wollte. Mrs. Burne-Jones hatte das Gefühl, ihre Freundin habe etwas auf dem Herzen gehabt, was sie aber nicht sagte. «Doch ich erinnere mich immer noch daran, mit welchem Überdruß sie davon sprach, daß man sie für weise hielt. ‹Ich bin es so leid, zur Säulenheiligen gemacht zu werden, von der man erwartet, daß sie ständig Weisheiten von sich gibt – ich bin nur eine arme Frau›, war das, was sie meinte, wenn nicht sogar der genaue Satz, wie ich eigentlich denke.» Aber sie erzählte keinem ausdrücklich von ihren Hochzeitsplänen. Statt dessen hinterließ sie Nachrichten für fünf enge Freunde, die ihnen am Tag der Hochzeit übermittelt werden sollten. Offensichtlich hatte sie das Gefühl, etwas zu tun, was ihre Freunde nicht billigen würden. Doch die Geheimniskrämerei bei den Hochzeits- und Reiseplänen kann auch Teil der Vergnügens gewesen sein, wenn es denn wahr ist, wie ein Experte behauptet hat, daß Schuldgefühle dem Sex erst den letzten Schliff geben. Mit Lewes hatte sie vierundzwanzig Jahre lang in einer Art von Schuld gelebt. Jetzt hatte sie eine andere. Denn wenn auch Cross ein alter Freund war, reich, unverheiratet – in dieser Hinsicht ein passender Ehepartner für Marian Evans –, so war er doch zwanzig Jahre jünger als sie. Sie hatte es also wieder geschafft, ein Liebesobjekt zu finden, das sich gesellschaftlich nicht unproblematisch akzeptieren ließ.

Anne Thackeray, die Tochter des Romanautors, hatte drei Jahre zuvor etwas Ähnliches getan. Mit vierzig hatte sie den vierundzwanzigjährigen Richmond Ritchie geheiratet, der frisch von der Universität kam. George Eliot hatte mit Toleranz darauf reagiert. Sie kannte Miss Thackeray und Ritchie und meinte, die nahezu zwanzig Jahre Altersunterschied könnten durch seine Solidität und Ernsthaftigkeit überbrückt werden. «Dies ist einer von mehreren Fällen, von denen ich in letzter Zeit gehört habe», schrieb sie damals, «die zeigen, daß junge Männer, denen alles offensteht, häufig eine Frau zur Lebensgefährtin wählen, deren Anziehungskraft ganz und gar spiritueller Art ist.»

Und während sich das jungverheiratete Paar nun auf Hochzeitsreise befand, erläuterte Charles Lewes überall in London die Entscheidung seiner Stiefmutter – großmütig, mit viel Sympathie, denn er fühlte sich für alles Gute in seinem Leben in ihrer Schuld. Unter anderen suchte er auch Anne Thackeray Ritchie auf, und sie berichtete ihrem abwesenden Ehemann von dem «aufrrrrregenden» Gespräch. Lewes hatte gesagt, er betrachte Mr. Cross als älteren Bruder. Er sagte, sein Vater habe auch nicht ein Körnchen Eifersucht in sich gehabt und würde Marian nur glücklich sehen wollen. Er sagte, seine Stiefmutter sei von so zartem und heiklem Wesen, daß nur das idealste Tête-à-tête sie befriedigen könne.

Ich fragte, ob sie ihn konsultiert habe, und er sagte nein, nicht konsultiert, aber vor ein paar Wochen habe sie es ihm mitgeteilt. Sie vertraute es Paget (ihrem Arzt) an, der zustimmte und meinte, es würde ihrem Einfluß keinen Abbruch tun. Hier konnte ich es nicht länger aushalten und sagte, natürlich würde es etwas ausmachen, aber es sei besser, aufrichtig zu sein, als Einfluß zu haben, und daß ich nicht annähme, sie selbst betrachte sich als erleuchtet, wenn ihre Clique das auch täte. Das schockierte ihn einigermaßen, und er murmelte einiges vor sich hin ... George Eliot hatte zu ihm gesagt, wenn sie kein Mensch mit Gefühlen und Fehlern wie andere wäre, wie hätte sie dann ihre Bücher schreiben können.

Lewes kann nicht geglaubt haben, er müsse Anne Ritchie gegenüber die Entscheidung seiner Stiefmutter, einen so viel jüngeren Mann zu heiraten, rechtfertigen. Aber es gab etwas anderes, ein anderes «Versagen»: daß sie überhaupt wieder geheiratet hatte. Manche Leute glaubten immer noch daran, daß Treue bis über das Grab hinaus reichen sollte. Vielleicht war Hamlet extrem in seinem Gedanken, daß niemand den zweiten heiratet, der nicht den ersten getötet hat; und doch, wenn Liebe einmalig ist, wie es die romantische Tradition will, wie kann man dann ein zweites Mal lieben? Im nachhinein schien es die Bedeutung der ersten Bindung zu mindern.

Die Situation war paradox. Ein Vierteljahrhundert zuvor hatte sie die Ehe verschmäht, um mit Lewes zu leben, und die Leute hatten sich darüber aufgeregt. Einige waren empört über ihre Wiederheirat, dabei war sie gar nicht wirklich verheiratet gewesen. Andere, radikale Freunde, die der Unkonventionalität ihrer Beziehung mit Lewes zugestimmt hatten, waren jetzt irritiert, weil sie in die Konventionalität zurückfiel. Und das auch noch in St. George, am Hanover Square! Eine typische Reaktion war die ihres Bruders Isaac, der sich in seiner phantasielosen Selbstgerechtigkeit stets geweigert hatte, etwas mit ihr zu tun zu haben, solange sie in einer ungeweihten Verbindung lebte. Nun, da sie eine achtbare Ehefrau war, brach er nach fünfundzwanzig Jahren sein Schweigen, um ihr zu gratulieren und sie seiner Liebe zu versichern. «Das einzige, das in unserer Ehe bedauerlich ist», schrieb sie zurück und ließ es seiner Aufmerksamkeit nicht entgehen, daß es da etwas zu bedauern gab, «ist die Tatsache, daß ich so viel älter bin als er, doch seine Zuneigung hat ihn das Los einer Liebe zu mir wählen lassen, statt eine der vielen anderen Möglichkeiten, die ihm offenstanden.»

Die Anziehungskraft eines gutaussehenden, kräftigen, ihr ganz ergebenen Mannes von vierzig Jahren für eine Frau von sechzig, die beruflich alles erreicht hat, was sie je erhoffen konnte, die überdies immer an ihrer eigenen Attraktivität gezweifelt hat, scheint mir so offensichtlich, daß sich eigentlich jeder Kommentar erübrigt. Doch selbst zeitgenössische Kritiker haben Schwierigkeiten mit Cross. «Cross war vermutlich ein Irrtum», schreibt einer. «Bei all seinen öffentlichen Auftritten macht er einen ausgesprochen schwerfälligen Eindruck.» Doch vermutlich machte sein Unwissen in Dingen der höheren Kultur diesen Geschäftsmann auf pikante Weise noch attraktiver für sie. «Du weißt nichts von den Verben in Hiphil oder Hophal noch von der Geschichte der Metaphysik oder der Position Keplers in den Naturwissenschaften, doch du kennst die besten Dinge anderer Art, solche, die zum männlichen Herz gehören – Geheimnisse der Liebe und Aufrichtigkeit.» Wenn die ergebene Gefährtin von George Henry Lewes nicht ihr Vergnügen verbergen konnte, es zur Abwechslung mit einem Mann zu tun zu haben, der die Position Keplers in den Naturwissenschaften nicht verstand, sollen wir das als Verrat an ihrer Liebe zu Lewes betrachten? Großzügiger – und weitaus erhellender – wäre es, dies als Zeugnis der Vielfältigkeit menschlicher Instinkte zu betrachten, die von einer Person nur um den Preis eines partiellen Abschaltens zu befriedigen sind.

Sie reagierte auf Cross mit einer übertriebenen Sentimentalität, die sie gegenüber Lewes nicht an den Tag gelegt hatte. «Allergeliebtester und Liebender – die Sonne, sie scheint so kalt, so kalt, wenn keine Augen liebend auf mich blicken. Ich kann es nicht ertragen, auch nur einen Augenblick traurig zu sein, wenn wir zusammen sind, aber *wenn Du bist nicht da*, geht es mir oft schlecht.» Etwa zu der Zeit, als sie dies schrieb – der Zeit ihrer jungen Liebe –, schrieb sie an ihre Freundin Mrs. Burne-Jones über eine Frau, die eine Mesalliance eingegangen war: «Bemerkenswerte Männer wählen so häufig eine stupide Frau nach der anderen (wenn nicht sogar eine bösartige), daß es wohl einige Toleranz für eine Frau geben sollte, die das gleiche tut.»

Um noble Begründungen für alles, wozu ihre Willensstärke sie trieb, nie verlegen, stellte George Eliot ihre Entscheidung zur Wiederheirat als geistige Disziplin hin, als Versuch, die Selbstsucht zu bekämpfen. «Die Ehe scheint mein altes Ich wiederhergestellt zu haben. Ich war im Begriff, sehr hart zu werden, und hätte ich eine andere Entscheidung getroffen, dann wäre ich wahrscheinlich sehr selbstsüchtig geworden.» Ihrer Selbstaufopferung stand die von Cross in nichts nach, denn er erklärte: «Das große Ziel meines Lebens wird es jetzt sein, ihr Vertrauen zu rechtfertigen und mich der hohen Berufung würdig zu erweisen, der ich gefolgt bin.» Es ist nicht meine Absicht, ihre Rhetorik zu entwerten, denn mir scheint, daß die Formulierungen, für die wir uns bei der Darstellung unserer Handlungen entscheiden, kein geringer Teil der Handlungen selbst sind. Doch die Reaktion auf diese sonderbare Ehe, die mir am besten gefällt, ist eine Bemerkung der vortrefflichen Barbara Bodichon (geborene Smith), die erklärte, sie hätte genau dasselbe getan wie John Cross, wenn sie ein Mann gewesen wäre und Marian es ihr erlaubt hätte. «Sehen Sie, alle Formen der Liebe sind so verschieden, daß ich nichts Unnatürliches darin sehe, auf neue Weise zu lieben.»

Sie verbrachten auf ihrer Hochzeitsreise längere Zeit in Venedig, das ihnen wie eine von verdrießlichen Kindern mit enormen Ressourcen erbaute Spielzeugstadt vorkam. Sie liebten seine Schönheit, Ruhe und Staubfreiheit. Die Jahreszeit der Hitze und Mücken war noch nicht da. Sie lasen Ruskins Schriften zur venezianischen Architektur, machten sich dankbar sein Wissen zunutze, versuchten aber, seine wütenden Sticheleien gegen die ganze zeitgenössische Welt auszuklammern. Morgens schauten sie sich, ganz ohne Eile, Kunstwerke und interessante Gebäude an und ließen sich dann in einer Gondel herumfahren, um die schillerndste aller Städte in jedem Licht und von so vielen Aussichtspunkten wie möglich zu betrachten. Es war idyllisch. Und dann, nach zwei Wochen, geschah etwas Schreckliches. John Cross wurde krank. Es kann eines jener venezianischen, vom Schmutz in den Kanälen erzeugten Fieber gewesen sein, denen die Reisenden damals zum Opfer fielen. Im Fieber sprang Cross vom Balkon ihres Zimmers im Hotel de l'Europe in den Canale Grande, wurde von Gondolieri gerettet und vom obersten Gesundheitsbeamten der Stadt Venedig untersucht. Man verabreichte ihm Chloral.

Es fällte heute schwer, sich Venedig nicht als einen Ort vorzustellen, wo die Jugend auf unheimliche Weise vom Alter verfolgt wird; doch George Eliot scheint nicht geglaubt zu haben, daß ihr Mann aus dem Fenster sprang, um ihr zu entkommen. Sie befürchtete eine Geisteskrankheit und enthüllte Dr. Ricchetti, daß es in der Familie Cross Wahnsinn gegeben habe. Ihr Biograph Gordon Haight glaubt, was Cross in Venedig passierte, sei eine akute seelische Depression gewesen, wenn auch Cross selbst in seiner Biographie der George Eliot seine Krankheit als Reaktion seines Körpers auf die schlechte Luft und auf Mangel an Bewegung dargestellt hat.

Auf George Eliots verzweifeltes Telegramm hin kam Cross' Bruder Willie nach Venedig, und der geschwächte Mann wurde vorsichtig über Innsbruck, München und Wildbad zurückgebracht; im Juli schließlich waren sie wieder in England. Sie reagierte auf seine Krankheit mit Stärke. Es kam ihr natürlicher vor, in angstvoller Sorge zu leben, als frei davon zu sein, und sie hoffte nur, sie werde nicht plötzlich «wie eine Qualle» daliegen, sobald die Angst vorüber war.

Während Cross sich langsam erholte, verbrachten sie diesen Sommer und Herbst auf dem Lande, in dem Haus, das George Eliot und Lewes in Surrey, in der Nähe von Godalming, gekauft hatten. Jetzt machten sie die formellen Visiten, für die sie vor der Hochzeit keine Zeit gehabt hatten, bei Cross' verheirateten Schwestern in Lincolnshire und Cambridgeshire. Bei einem der Dinner beobachtete ein weiblicher Gast das ungleiche Paar in seinem neuen Glück. «So alt und häßlich sie ist, sah George Eliot trotz allem süß und gewinnend aus», schrieb Mrs. Jebb. Die berühmte Autorin trug ein raffiniertes dunkles Satinkleid, das ihre schlanke Taille zur Geltung brachte und dabei die Ecken und Kanten des Alters verbarg. Dennoch tat sie Mrs. Jebb leid. Es gab keinen einzigen Menschen im Raum – einschließlich ihres Mannes –, dessen Mutter sie nicht hätte sein können. Daß sie ihren Mann anbetete, war offensichtlich, und Mr. Cross schien ihr ebenso ergeben zu sein. Aber Mrs. Jebb hegte den Verdacht, daß sie innerlich Qualen der Eifersucht litt, denn eine solche Ehe war widernatürlich. Cross mochte die zwanzig Jahre Altersunterschied vergessen; seine Frau würde es nie können.

Im Dezember war endlich ihr schönes Stadthaus am Cheyne Walk, mit Blick auf den Fluß, einzugsbereit. Es war eine enorme Arbeit gewesen, die Bücher von The Priory hinüberzuschaffen, eine Aktion, die Cross beaufsichtigt hatte, und der Umzug nach London war auch durch Marians gelegentliche Erkrankungen aufgehalten worden. Doch es war nichts Ernstes. Zwei Wochen nach ihrem Einzug kränkelte sie wieder. Sie bekam Halsschmerzen. Der Arzt wurde gerufen, aber er war nicht weiter besorgt. Schlaf, meinte er, sei die beste Medizin. Sie nahm ein wenig Bouillon zu sich und ein mit Brandy geschlagenes Ei, dann nickte sie ein. Ihr Mann horchte auf ihren Atem. Er hoffte, daß es heilender Schlaf sei, aber was er hörte, war der nahende Tod. Als vier Stunden später ein weiterer Arzt kam, klagte sie über Schmerzen in der Seite, dann verlor sie für immer das Bewußtsein, und am nächsten Tag schrieb Cross: «Nun bin ich in diesem neuen Haus, in dem wir so glücklich sein wollten, allein gelassen.»

Es wurde davon geredet, George Eliot ihrem Wunsche gemäß in Westminster Abbey beizusetzen, doch selbst der Agnostiker T. H. Huxley fand das unpassend und wies darauf hin, daß die Abtei eine christliche Kirche sei, kein Pantheon. «George Eliot ist nicht nur als große Schriftstellerin bekannt, sondern auch als ein Mensch, dessen Leben und Ansichten in notorischem Gegensatz zur christlichen Ehelehre standen», schrieb er. «Man kann seinen Kuchen nicht gleichzeitig behalten und aufessen. Wer die Freiheit des Denkens und Handelns wählt, darf nicht nach den Belohnungen verlangen, wenn man sie so nennen soll, welche die Welt jenen anbietet, die sich ihre Fesseln gefallen lassen.» Sie wurde also unweit von Lewes auf dem Highgate-Friedhof beigesetzt, wo ihr Grab und das von Karl Marx fast die einzigen sind, zu denen das tückische Dornendickicht noch den Zugang erlaubt, während die meisten viktorianischen Grabstätten davon schon völlig bedeckt sind.

Hundert Jahre nach ihrem Tod wurde ein Gedenkstein für sie in der Dichterecke von Westminster Abbey errichtet. Er trägt den Namen, mit dem sie geboren wurde, Mary Ann Evans, und den Namen, unter dem man sie im Gedächtnis behalten hat, George Eliot, erwähnt aber keinen ihrer Männer – außer vielleicht, indirekt, durch ein Zitat aus *Janet's Repentance*, das als Inschrift um die vier Seiten herumläuft: «Die erste Bedingung für das Gute im Menschen ist es, etwas zu lieben: die zweite, etwas zu verehren.»

Jane Welsh
und
Thomas Carlyle

1821–1866

Mr. und Mrs. Carlyle

Sie wohnten schon seit 1834 in London. Ihr Haus in der Cheyne Row in Chelsea, nicht weit vom Fluß, war ein Zentrum intellektuellen Lebens. Obwohl die Carlyles, wie viele Großstadtmenschen, gern über den Schmutz, den Lärm und die oberflächlichen Vergnügungen des Stadtlebens klagten, war ihr Umzug von Schottland nach London ein voller Erfolg gewesen. Ihre Ehe war ebenfalls ein Erfolg – natürlich nicht ohne Irritationen und Unzufriedenheiten, aber doch stabil und auf einzigartige Weise befriedigend für beide. Jeder hatte den Pakt erfüllt, den sie bei ihrer Verlobung geschlossen hatten. Thomas hatte sein tägliches Schreibpensum so gut erfüllt, daß *Sartor Resartus*, *The French Revolution* und *Cromwell* das Licht der Welt erblickt hatten (denn auch bei den Carlyles wurde von ihren Büchern wie von Kindern gesprochen); als Denker und Literat war er weit mehr geachtet, als Jane sich das damals in Haddington je hätte vorstellen können. Sie hatte sich zu einer unübertrefflichen Hausfrau gemausert, die mit einem eingeschränkten Budget so klug umging, daß niemand genau wußte, wieviel Geld die Carlyles hatten: sie schienen wie Leute von Geschmack zu leben, die mehr Geld besaßen, als sie brauchten.

Manche Leute waren der Ansicht, Jane sei die klügste Frau in London, und sie hatte ihre eigenen Anhänger, ganz unabhängig von ihrem Mann. George Lewes besuchte sie mit seiner Frau Agnes, und Dickens kam mit John Forster. Erasmus Darwin (Charles Darwins Bruder), Thackerays Töchter, die politischen Exilanten Giuseppe Mazzini und Godefroy Cavaignac gehörten alle zu ihrem Kreis. Auf der Basis ihrer Gespräche und ihrer brillanten Briefe schätzten ihre Freunde ihre Talente hoch ein. Dickens glaubte, sie hätte eine große Romanautorin werden können, und Forster stimmte dem zu. Sie war eine eigenständige Persönlichkeit. George Eliot schickte ihr, nicht Mr. Carlyle, Exemplare ihrer ersten beiden Romane. Mazzini und Cavaignac, ein französischer Republikaner, im Exil wegen einer Verschwörung gegen Louis-Philippe, und der jüngere Bruder eines zukünftigen Präsidenten von Frankreich, kamen hauptsächlich, um sie – nicht Mr. Carlyle – zu besuchen. In der Tat war der elegante Cavaignac ein bißchen verliebt in sie und sie in ihn. In ihrem eigenen Salon, fest verankert durch einen erfolgreichen Ehemann, konnte sie die kleinen Flirts wieder aufnehmen, die ihr als junger Frau so viel Spaß gemacht hatten. Die Leute waren bezaubert. Männern gegenüber neigte sie zu einem eher französischen Stil, spöttelte zum Beispiel mehr über die Institution der Ehe, drückte sich auch epigrammatischer aus (sie übte das Schreiben von Epigrammen in ihrem Tagebuch), doch ihr großes Thema – insbesondere Frauen gegenüber – war sie selbst, die heroische Hausfrau, im Dienste eines Genies, das einen zur Verzweiflung bringen kann – ein komischer Topos, der nirgends besser abgehandelt wird als in den Briefen von Jane Welsh Carlyle.

Es gab freilich auch Leute, sogar unter ihren Freunden, die fanden, sie bemühe sich allzusehr, gescheit zu sein. Eines Abends, als sie (ihrer Meinung nach) recht witzig mit Cavaignac sprach, wurde sie mit einer brüsken Zurückweisung unterbrochen. «Ersparen Sie mir Ihre Klugheiten, Madame. *Je ne le veux pas – moi!* Es bereitet mir keine Freude, zu denen zu gehören, für die Sie Hackfleisch aus sich selbst machen!» Cavaignac sah etwas Verquältes und Selbstzerstörerisches darin, wie Jane ihren Witz zur Schau stellte; dazu mußte sie die sentimentale Seite ihres Wesens zu sehr unterdrücken, ihre Liebenswürdigkeit und die Wärme, die so viele Leute an ihr mochten. Andere, die Jane weniger freundlich beurteilten, betrachteten sie als eingebildeten Blaustrumpf, der es nie ganz geschafft hatte, seine Provinzialität abzulegen. Ihre Konversation bestand zum großen Teil aus Monologen in klischeehaften Formulierungen, und ihre Geschichten waren häufig zu lang. Sie zog zuviel Aufmerksamkeit auf sich und verlangte zuviel Ehrerbietung. Es gab andere Frauen in London, die genauso klug waren – Mrs. Brookfield, Mrs. Procter, Lady Harriet Ashburton –, die aber weniger davon hermachten und sich nicht so offensichtlich anstrengen mußten.

Wenn ihr großes Thema das tägliche Leben war – seine Probleme und Absurditäten –, dann war ihr bestes Publikum der Mensch, der das Fortsetzungsdrama täglich verfolgte. Für ihn quetschte sie jeden Tag wie eine Zitrone aus, bis der letzte Tropfen an erzählerischer Spannung verbraucht war. Den ganzen Tag über produzierte sie Charakterskizzen, lächerliche Zwischenfälle, pseudoheroische Berichte über die Haushaltsführung, bis sie schließlich am Abend vor dem Kamin im Salon alles vor ihm ausbreiten konnte – eine schottische Scheherazade. Sie begeisterte sich an dieser Rolle. Zu spüren, daß sie für einen der größten Männer seines Zeitalters interessant und unterhaltend war, während er nach getaner Arbeit ruhig seine Pfeife rauchte – das war ihr Lohn.

Doch es deutete einiges darauf hin, daß er nicht wirklich zuhörte. In der schrecklichen, dreizehn Jahre währenden Periode von 1852 bis 1865, als er an seinem Leben Friedrichs des Großen arbeitete und seine Tage, wie er es nannte, eingetaucht in «preußische Dickköpfigkeit» verbrachte, da freute er sich wirklich auf den täglichen Ausritt, den er sich gestattete, wenn sein einsamer, stummer Kampf vorüber war, und auf die Stunde, die er mit Jane im Salon verbringen würde, bei einem Pfeifchen, vielleicht einem Brandy, ihren amüsanten Geschichten lauschend. Das war der schönste Teil seines Tages. Doch er liebte ihre Geschichten ob ihrer «spontanen, hell klingenden Melodie», mit anderen Worten, als Hintergrundmusik, während die Geschichte der preußischen Dickköpfigkeit, so ist zu fürchten, weiterhin den vordersten Platz in seinem Kopf einnahm. Tag für Tag erzählte er ihr (zum Beispiel) von der Schlacht von Mollwitz, während Jane still dasaß, nur mit halbem Ohr zuhörte, derweil über ihre eigenen Krankheiten nachdachte und sich vorstellte, sie läge im Sterben.

In den Jahren seiner entnervend endlosen Arbeit über Friedrich den Großen erreichte Carlyle etwa 1856 einen Tiefpunkt, an dem er sich völlig verlassen fühlte, ohne Beistand von irgend jemandem auf der Welt, mit Ausnahme seiner Frau. Er hatte viele seiner Anhänger verloren, als er 1849 die äußerst reaktionären *Latter-Day Pamphlets* veröffentlichte, und alle Hoffnungen auf eine Karriere im öffentlichen Dienst, eine politische Position (wie sie John Stuart Mill einnehmen sollte), würden sich nie erfüllen, das war ihm klar. Doch wenn auch viele ihn für einen verrückten Griesgram hielten, wurde seine Frau niemals wankelmütig in ihrem Glauben an seine Größe. Später einmal würde er ihr dafür danken, daß sie «frohen Mutes Tag für Tag die Schlangen erwürgt hat . . . während ich es zornig und trübsinnig tun mußte», doch damals halfen ihm Janes Lebensfreude und Liebe kaum über seine Einsamkeit und Verzweiflung hinweg. Er brauchte die Kommunikation mit einem Mann, der ihm an Geist und Intellekt ebenbürtig war. Mit all ihrem Witz und Humor konnte Jane doch nicht so über die preußische Dickköpfigkeit diskutieren, wie man darüber diskutieren mußte. Er wollte mit jemandem reden, der genauso war wie er. Und wenn das nicht möglich war, dann wollte er die Aufmerksamkeit einer Frau, deren Aufmerksamkeit auf eine Weise schmeichelhaft für ihn wäre, wie es die Aufmerksamkeit der eigenen Frau nie sein konnte, denn die war sie ihm ja schuldig.

Bevor wir uns auf das Innenleben der Carlyles während dieser schwierigen Periode in der Mitte der fünfziger Jahre konzentrieren, einer Zeit unvermeidlicher Unzufriedenheit und des Mangels an Kommunikation, sollten wir zunächst einmal die nach außen gezeigte Ausgeglichenheit ihrer Ehe betonen. Der Feindseligkeit der Welt, welche Formen diese auch annahm – lästige Besucher, ungeschickte Dienstboten, ein widerspenstiger, schwer zu bewältigender Haushalt, Wanzen, häßliche Räume, ohrenbetäubender Lärm –, standen sie vereint gegenüber, wobei Mrs. Carlyle fröhlich-entschlossen die Rolle der Beschützerin ihres Mannes spielte, die draußen die Schlangen erschlug, damit ihr Mann sich darauf konzentrieren konnte, die inneren Schlangen zu erschlagen. Dieser sparsame, mit wenig Komfort ausgestattete Haushalt wurde von Janes Energie in Gang gehalten, wie die Häuser heute von

Elektrizität. Oder besser, der Haushalt wurde von den Dienstboten in Gang gehalten, die ihrerseits von Jane in Trab gehalten wurden. Sie stellte sie ein und feuerte sie. Sie ließ sie Wasser einlassen, Feuer anzünden, Schlafzimmer auslüften – was immer getan werden mußte. Außerdem überwachte sie Reparaturen am Haus, ermunterte die Handwerker, während Carlyle dem Tohuwabohu entfloh und sich anderswohin zum Schreiben zurückzog. Törichte Menschen hielt sie von ihm fern, indem sie sie mit ganz reizenden Briefen auf unbestimmte Zeit vertröstete, und wenn das nicht klappte, empfing sie die Leute selbst. Als sie vor die Steuerbehörde zitiert wurden, war es natürlich Jane, die hinging. Im letzten Moment hatte Carlyle gesagt, «die Stimme der Ehre» verlange es eigentlich von ihm, daß er selbst erscheine. «Aber entweder rief sie nicht laut genug», kommentierte Jane, «oder er wollte nicht auf die Reizende hören.» Für beide Carlyles war die Rolle Janes in der Ehe im wesentlichen ihr ständiger Kampf, ihren Mann vor dem Krähen der Hähne zu schützen.

Es ist zwar ein merkwürdiger sprachlicher Zufall, daß der Kampf, den Jane für ihn ausfocht und für den Carlyle ihr am dankbarsten war, der Kampf gegen die Hähne war – doch niemand, der je im Dunkeln vom Hahnenschrei aufgeweckt wurde, wird ernstlich versucht sein, seine Abneigung gegen Hähne als rein symbolische abzutun. Carlyle war überaus lärmempfindlich. Ein bellender Hund hielt ihn von der Arbeit ab; ein krähender Hahn raubte ihm den Schlaf. Darüber hinaus erregten diese Geräusche eine solche Wut in ihm, daß er schon deshalb nicht weiterarbeiten konnte. Lärm war eine Beleidigung seiner genialen schöpferischen Kräfte. «Ein Mann hat eine Arbeit ... die die Mächte doch wohl kaum von ein paar billigen Bantams verhindert sehen wollen», sagte er, und sie stimmte zu. «Wir müssen dieses teuflische Federvieh auslöschen, oder es wird uns auslöschen.» Und: «Die Welt, die mir nichts Gutes tun kann, soll mich wenigstens nicht mit ihren Straßen- und Hinterhofgeräuschen peinigen.» Jane verstand, warum die Hähne für ihren Mann zu einer fixen Idee geworden waren; es war eine Status- und Egofrage – «die Frage, soll ich, ein genialer Mann, oder du, eine ‹rußige Waschfrau›, hier die Herrschaft innehaben?» Sie war bereit, dafür zu kämpfen, daß er und nicht die rußige Waschfrau (oder wer immer Eigentümer der Hähne war) sich als der wahre Herr erwies.

Es hatte nie in Frage gestanden, daß es ihre Aufgabe war, ihn als Herrscher dastehen zu lassen, nicht seine. Als Jane einmal eine Hausparty in Addiscombe verließ, um wegen solch einer Hahngeschichte nach London zurückzukehren, fragten die anderen Gäste Carlyle, warum er nicht selbst gefahren sei. Er erwiderte, sie könne das besser. Und so war es. Gewöhnlich genügte ein Brief oder ein Gespräch mit dem Eigentümer der Hähne, in dem sie auf die Genialität ihres Mannes und seine Lärmempfindlichkeit hinwies; doch Jane war bereit, noch viel weiter zu gehen: einmal zog sie sogar in Betracht, das Nachbarhaus zu kaufen, um die Hähne zum Schweigen zu bringen. Sogar in ihren Träumen mußte sie sich gegen Hähne wehren.

> Gestern nacht habe ich geträumt, daß ich in ein fremdes Haus, zu fremden Leuten ging, um etwas über Hähne klarzustellen! Ich ging schließlich weinend vor einem alten Mann mit eisernem Gesicht und grauen Haaren auf die Knie; und während ich alles erklärte – daß du ein Schriftsteller bist und wegen dieser neuen Hähne nicht schlafen kannst, stolzierte mein Zuhörer davon, und ich erkannte ihn als den Mann mit den drei Schlangentöchtern, der Menschen in Glasflaschen aufbewahrte, in *Hoffmanns Erzählungen*!

Die Konstruktion eines schalldichten Zimmers im Obergeschoß des Hauses in der Cheyne Row war der letzte verzweifelte Versuch der Carlyles, sich gegen die Hähne zu wehren, doch selbst da triumphierten die Hähne über den großen Schriftsteller. Das schalldichte Zimmer war nicht nur heiß und luftundurchlässig, es war auch nicht ganz schalldicht. Carlyle haßte den Raum. Er war ein Paradebeispiel für die schlampige britische Handwerksarbeit, deren gesunkenen Standard, für den irgendwie sicherlich auch die Hähne ein weiteres Beispiel waren.

Die meisten der großen Carlyleschen Hahnenkämpfe fanden Anfang 1850 statt; doch 1865, nicht lange vor Janes Tod, fing das ganze Theater noch einmal an, wie eine Reprise des Hauptthemas vor dem Ende der Symphonie. Dank ihrer heroischen Anstrengungen, Ärgernisse aus dem Weg zu schaffen, hatte sie ihren Sieg über den Lärm schon viele Jahre zuvor errungen, als sie eines nachts im Bett voller Entsetzen den alten Schlachtruf vernahm – den Hahnenschrei. Sie war krank. Sie besaß nicht mehr die Kraft, die Zuversicht und die Energie für solche Scharmützel. So lag sie angespannt im Bett, lauschte dem Hahnenschrei und wartete darauf, wie früher, Mr. C.s wütende Fußtritte auf dem Boden über ihr zu hören. Aber Mr. C. hörte nichts. Zu dieser Zeit war er krankhaft auf den Klang der Eisenbahnpfeife fixiert. Nach einer sorgenvollen Nacht ging Jane trotz Kopfschmerzen am nächsten Morgen munter an die Arbeit. Sie entdeckte, daß im Garten nebenan mehr oder weniger über Nacht ein Hühnerstall errichtet worden war, und neun große Hennen und ein sehr großer Hahn spazierten unter ihren Fenstern herum. Mit ihrer geübten Effizienz sorgte sie dafür, daß der Hahn die ganze Nacht bis nach dem Frühstück der Carlyles im Keller eingeschlossen wurde. Dafür verpflichtete sie sich (man fragt sich, ob dies wirklich nötig gewesen wäre), einem kleinen Jungen an drei Tagen in der Woche Nachhilfeunterricht im Lesen zu geben. Als Carlyle davon hörte, schloß er seine Frau in die Arme und nannte sie seinen Schutzengel. «Keine Sinekure», bemerkte sie am Ende ihres pseudo-heroischen Berichtes über diese Sache zu ihrer Freundin Mrs. Russell. Es war eines ihrer letzten großen, pseudo-heroischen Prosastücke, aber als Carlyle nach ihrem Tode Janes Briefe redigierte, nahm er die komischen Teile heraus, da er diese Episode als besonders bewegend betrachtete. «Die edle Seele stand heroisch auf . . . und gewann, unter Einsatz ihres ganzen Geschicks und aller Energien, noch einmal einen vollkommenen Sieg. Für mich – für mich! Und es war ihr letzter!»

Solange Carlyle sie in die Arme schloß und sie seinen Schutzengel nannte, war Jane es zufrieden, für ihn zu kämpfen. Sie sorgte für ihn; er war dankbar. Sie opferte sich auf; er dankte ihr. Darin bestand das Gleichgewicht ihrer Ehe, aber in der Mitte der fünfziger Jahre brach es zusammen, und zwar in einer Weise, die typisch für Ehen ist, in denen die Frau das Gefühl hat, sehr viel für ihren Mann aufgegeben zu haben. Ganz plötzlich ist er nicht mehr dankbar genug. Sie hat das Gefühl, daß alles, was sie tut, als selbstverständlich hingenommen wird. Sie fühlt sich vernachlässigt; jemand anders wird ihr vorgezogen. Jane rief sich immer wieder ins Gedächtnis zurück, daß sie ein einziges Kind gewesen war, eine Erbin, der viele den Hof machten. Hatte sie Reichtum, Bequemlichkeiten und gesellschaftliche Stellung aufgegeben, hatte sie ihre Talente geopfert und sich zu einem Haushaltskuli gemacht, damit ihr Mann seine Abende zu Füßen einer anderen Frau verbringen und deren Geschichten statt Janes zuhören konnte?

Lady Harriet Ashburton, mit ihren ererbten Privilegien, ihrem Aussehen, ihrer Garderobe, ihrem Stadthaus in London, ihrer Jagdhütte in Schottland, mit der Gastlichkeit großen Stils, die sie sich erlauben konnte – diese Lady Ashburton strahlte schon beträchtlichen Glanz aus. Sie war eine der glänzendsten Gastgeberinnen ihrer Zeit, und für Thomas Carlyle war sie Gloriana, eine mythische, romantische Gestalt, deren Aufmerksamkeit die Schmeicheleien aller vergangenen und gegenwärtigen Aristokratien in sich trug. Sie war der perfekte Ausgleich für sein tägliches Eintauchen in die preußische Dickköpfigkeit, und obwohl die Carlyles die Ashburtons schon seit 1845 kannten, begann er, immer mehr Zeit bei Lady Harriet zu verbringen – im Bath House in London, im Grange in Addiscombe –, während sich seine Arbeit über Friedrich den Großen dahinschleppte.

Natürlich war Jane immer eingeladen mitzukommen, doch sie machte immer seltener davon Gebrauch. In diesen Kreisen kam sie sich wie ein Koffer vor, der Mr. Carlyles Namen trug. Es war zu offensichtlich, daß sie nur als seine Frau eingeladen war. Über ihre Geschichten wurde in dieser weltgewandten Gesellschaft nicht so gelacht wie in ihrem eigenen Heim. Sie kam sich schlecht angezogen vor und fühlte sich von Lady Harriet, die ihre Krankheiten nicht so ernst nahm, wie Jane das für angemessen hielt, oft herablassend behandelt. Die Hausparties in Addiscombe waren besonders nervenaufreibend für Jane. Sie hatte überhaupt nichts zu tun. Carlyle konnte auch in einer luxuriösen Umgebung lesen und schreiben, doch Jane wurde vom Luxus der Boden unter den Füßen weggezogen. Sie brauchte Insekten, die sie ausrotten, Dienstboten, die sie schelten, Hähne, die sie vertreiben konnte. Ohne ihre täglichen Haushaltsschlachten hatte sie keine Funktion mehr; sie hatte keine Identität, kein Material, aus dem sie Briefe und Anekdoten fabrizieren konnte. Sie mußte sich darauf beschränken, Federball zu spielen und sich mehrmals täglich umzuziehen, wie in ihrer Jugendzeit. Aber in Addiscombe gab es keine Verehrer, die das erträglich machten – und die amüsanten Gesprächsstoff abgaben. Die Fiktion ihrer Jugend, daß sie durch diese Schau der Eitelkeiten von ernsthafter intellektueller Arbeit abgehalten wurde, war nicht mehr glaubwürdig. Sie klagte weiterhin über das elegante Leben, doch die komische Spannung war nicht mehr da, und was übrigblieb, war nur ein selbstgerechter, ein wenig spielverderberischer Ton.

> Neulich abend, auf dem «großartigsten Ball der Saison», kam mir in den Sinn, wieviel lieber ich Leuten beim Heumachen zusehen würde, als all diesen Damen in Spitzen und Brillanten beim Walzertanzen! Mit der Zeit werden einem die Brillanten und bloßen Schultern und all das so über. Es ist die alte Geschichte von dem Iren, den man in eine Sänfte ohne Boden setzt: «Wenn's nicht so eine Ehre wäre, hätte ich ebenso gut laufen können!»

Dies war für die Öffentlichkeit. Die wirkliche, traurigere Geschichte – Janes Angst, den Ansprüchen einer glanzvollen Gesellschaft nicht zu genügen – zeigt sich in ihrem Tagebuch: schon der Gedanke an eine Fahrt nach Grange macht ihr angst. «Es ist wirklich eine Schande, daß ich mich zu dieser Tageszeit schon um mein Kleid kümmern muß, mehr als ich das je getan habe, als ich noch jung und hübsch und glücklich war (daß ich das wirklich einmal war!) – und dies nur, damit ich nicht als Schandfleck auf dem Gold und Himmelblau von Grange betrachtet werde. Ach Gott! Wenn man uns nur in der Lebenssphäre gelassen hätte, in die wir gehören, wieviel besser wäre das in vieler Hinsicht für uns gewesen!»

Janes Tagebuch, das sie 1855 zu führen begann, war ein wichtiges Ereignis im gemeinsamen Leben der Carlyles. Es ist keineswegs eine neutrale Chronik täglicher Geschehnisse, sondern ein sorgfältig konstruiertes Werk mit einem Thema – der Kummer, den Carlyles Beziehung zu Lady Harriet Jane bereitete, die Ungerechtigkeit, daß ihre ganze Aufopferung für ihn mit solcher Vernachlässigung vergolten wurde. Meine These ist, daß es Janes

Rache an ihrem Mann darstellte – eine unheimlich erfolgreiche – für die Wunden, die er ihr in der Ehe geschlagen hatte. Wenn Carlyle an diesem Tiefpunkt in seinem Leben über das Innenleben seiner Frau nachdachte, dann mit dem Bedauern, daß sie so wenig innere Ressourcen hatte, um sich in Addiscombe angenehm zu unterhalten. Er verstand, daß seine Versorgung eine sie voll in Anspruch nehmende Aufgabe war, aber es war ihm nicht klar, was für eine gähnende Leere entstand, wenn ihr diese Aufgabe auch nur für ein Wochenende abgenommen wurde. Nach Jahren der Dankbarkeit dafür, daß sie sich für ihn aufgegeben hatte, wünschte er nun, daß sie größere Eigenständigkeit besäße – damit sie ihn mit seinen Phantasiegebilden allein lassen könnte. Wenn er sah, daß seine Freundschaft mit Lady Harriet sie schmerzte, dachte er nur, ihr Schmerz sei unvernünftig. Diese Beziehung war sexuell unschuldig. Überdies war solche Intimität mit den Großen doch eigentlich schmeichelhaft. Was konnte Jane nur dagegen haben? Jane versuchte vielleicht gelegentlich, auf ihren Kummer hinzuweisen, doch dann sagte sie wieder scherzend zu Freunden, solange sie auf zwei Füßen stehe, würde Mr. Carlyle überhaupt nicht merken, daß sie krank sei. Und es widersprach jeder Taktik der Selbstdarstellung, Kummer zu unterstreichen. Ihre Tonart war Frohsinn. Um das Wesentliche in ihrem Eheleben klarzumachen mußten sie – wie in der Zeit ihrer jungen Liebe – das geschriebene Wort heranziehen.

Man stelle sich Carlyles Gefühle vor, als er nach Janes Tod ihr Tagebuch zur Hand nahm und diesen Eintrag las:

> Dieses ewige Bath House. Ich frage mich, wie viele tausend Meilen Mr. C. zwischen hier und dort insgesamt schon hin und her gelaufen ist; jedesmal wieder einen Meilenstein zwischen sich und mich setzend! Oh, meine Güte! Als ich zum ersten Male das klobige, gelbe Haus sah, ohne daß ich wußte oder wissen wollte, wem es gehörte, da hätte ich mir nicht träumen lassen, daß ich das Gewicht jedes einzelnen Steines jahrelang auf meinem Herzen zu tragen hätte.

Sie schreibt von endlosen Spaziergängen, mit dem einzigen Ziel, sich müde zu machen. Das Leben ist ein Kaleidoskop mit ein paar

Dingen in verschiedenen Farben – die meisten schwarz –, die vom Schicksal in neue Kombinationen geschüttelt werden; doch diese wenigen Dinge, allen voran ihre inneren Qualen, bleiben immer die gleichen. Irritiert schreibt sie davon, daß sie eine Einladung ablehnen mußte, die sie angenommen hätte, wenn sie sich nur um sich selbst hätte zu kümmern brauchen, und sie ist irritiert, weil sie den Abend damit verbringen muß, Mr. C.s Hose zu flicken. Sie, ein einziges Kind! Sie ist ständig verbittert, weil sie so vieles aufgegeben hat.

> Allein heute abend. Lady A. wieder in der Stadt; Mr. C. natürlich in *Bath House*.
>> When I think of what I is
>> And what I used to was,
>> I gin to think I've sold myself
>> For very little cas.
>
> (Denk ich daran, was ich bin / und was ich einmal war, / beginn ich zu denken, / daß ich mich für sehr wenig Geld verkauft habe.)

Volksliedchen gehen ihr im Kopf herum, die ihren Kummer in eine Tradition einreihen. Carlyle war entsetzt, als er dies alles nach Janes Tod las.

Das Tagebuch, das sie von Oktober 1855 bis Juli 1856 führte, ist nicht ausschließlich eine Chronik der Klagen, doch selbst in Episoden, die nicht unmittelbar etwas mit Lady Ashburton und Mr. Carlyle zu tun haben, klingt häufig das Thema Aufopferung an und fordert zu einem Vergleich auf zwischen dem Leben, wie es hätte sein können und wie es tatsächlich geworden ist. Eines Tages wurde Carlyle zum Beispiel auf einem Spaziergang in Piccadilly von einem Mann angehalten, der einer Kutsche entstiegen war, um mit ihm zu reden – «ein eisengrauer Mann mit einem bitteren Lächeln». Es war George Rennie, einer von Janes einstigen Verehrern, der es zum Gouverneur der Falkland-Inseln gebracht hatte. Am Tag nach dem zufälligen Zusammentreffen mit Carlyle machte Rennie Jane einen Besuch, und sie warf sich ihm in die Arme und küßte ihn viele Male. «Oh, das hat mir so gutgetan, diese Begegnung! Meine leuchtende, erfüllte, impulsive Jugend schien durch seine herzliche Umarmung wieder heraufbeschworen. Auf jeden Fall war meine ganze tödliche Schwäche der letzten Zeit wie weggezaubert! Ein Bann hatte auf meinen Nerven gelegen, der sich in diesem ungewohnten Gefühl der Fröhlichkeit in nichts auflöste. Es geht mir gut!» Sie war so freudig erregt, daß sie Angst hatte, nicht schlafen zu können (Schlafschwierigkeiten hatte Jane schon immer gehabt), doch die ungewohnte Freude ließ sie besser schlafen als je zuvor.

Es muß jedoch bemerkt werden, wenn auch nur, weil es anekdotisch interessant ist, daß dieses Wiedersehen mit einem ehemaligen Liebsten für Jane kaum besser ausging als Dickens' Wiedersehen mit *seiner* Herzallerliebsten aus der Vergangenheit. Die Rennies luden die Carlyles vor einer Soiree in Bath House zum Essen ein. Jane hatte sich darüber geärgert, daß sie für die Gesellschaft in Bath House ein neues Kleid kaufen mußte, doch jetzt kaufte sie es mit Vergnügen. George Rennie würde schon sehen, daß das gescheite Mädchen aus seiner Provinz keine «Hausschlampe unter den Londoner Frauen ‹eines gewissen Alters›» geworden war. Doch «wie alles, worauf man sich besonders freut», wurde das Essen mit den Rennies ein völliger Fehlschlag. Sie waren alle zu würdigen Erwachsenen geworden, die sich auf einer Dinnerparty korrekt benahmen. «Die Vergangenheit hielt sich kühl zurück, schaute traurig auf mich herab ... Es war einfach eine Londoner Dinnerparty, *voilà tout*!» Danach bedeutete es ausnahmsweise geradezu eine Erleichterung, zum Bath House zu gehen. Sie fühlte sich dort wohler als mit diesem versteinerten Relikt einer vergangenen Leidenschaft, das sich nicht einmal genierte, über so unromantische Themen wie die Möglichkeit eines Krieges mit Amerika zu diskutieren.

Das Tagebuch hielt im allgemeinen Dinge fest, die gleichzeitig zu banal und zu bedeutungsvoll waren, als daß man darüber an Freunde schreiben konnte; und Lady Harriet blieb das Thema, zu dem sie immer wieder zurückkehrte.

April 11. Ich habe «Mylady», die für die Saison in der Stadt ist, einen Besuch gemacht. Sie war absolut zivil, erstaunlicherweise.
18. Juni. Am 7. sind wir nach Addiscombe gefahren und bis zum 11. geblieben. Alles stand in voller Blüte, und

ihre Ladyship war recht leutselig. Warum? Woher weht jetzt der Wind? Wie gewöhnlich konnte ich an diesem schönen Ort nicht schlafen.

Sie schreibt – aber auf französisch – über die Ungerechtigkeit der Ehegesetze: daß Frauen wegen eines Fehltritts ihre Familien verlieren können, während Männer sie durch ihre Härte und Mißachtung zu solch einem Fehltritt treiben können und dennoch nicht im geringsten dafür bestraft werden. Zuweilen würden schlechte Behandlung und ein schwieriger Charakter des Mannes eine Frau nicht gerade zu einem Fehltritt treiben, aber doch «zu etwas, irgend etwas, das weder ihm noch ihr zum Vorteil gereicht», sagte Jane dunkel. Sie und ihr Freund Mr. Barlow verfolgten mit großer Spannung den Prozeß eines gewissen Palmer, der angeklagt war und später auch dafür verurteilt wurde, seine Frau vergiftet zu haben, um ihre Lebensversicherung zu kassieren. «Mr. Barlow sagt, nach *seinen* Beobachtungen entstehen neun Zehntel der menschlichen Misere durch die Institution der Ehe! Er sollte besser sagen, durch die Demoralisierung, die Entweihung der Institution der Ehe, dann würde ich ihm aus vollem Herzen zustimmen.»

Janes Problem löste sich im Mai 1857 weitgehend – durch den plötzlichen Tod von Lady Harriet Ashburton. Bis zum Juli 1857 hatte sich Janes Stimmung völlig verändert. Der Trübsinn verflog. Sie war jetzt entschlossen, depressiven Gedanken keinen Ausdruck mehr zu leihen. «Das ist nicht meine natürliche Stimme, dieses egoistische Gewäsch, doch die Geduld und das Mitgefühl, die mir während meiner langen Krankheit in letzter Zeit zuteil wurden, haben das in mir gefördert. Ich kann sehr leicht damit aufhören, wie mit dem Rauchen, wenn ich merke, daß es zur schlechten Gewohnheit wird.»

Und sie hörte damit auf. Sie fing wieder an, Mr. Carlyle beim Schreiben seines Buches über Friedrich den Großen zu ermuntern, obwohl sie nach dem zweiten Band nichts mehr davon gelesen zu haben scheint. Sie konnte ihren eigenen Kummer weit genug hinter sich lassen, um über das Massaker an den Engländerinnen in Cawnpore entsetzt zu sein, zu denken, daß alle anderen Probleme, verglichen mit dem grauenhaften Schicksal dieser Frauen, zu nichts zusammenschrumpften, und zu fragen, was für ein Gott eigentlich eine Welt regiere, in der so etwas geschehen könne. «Das ist wohl kaum eine Welt, die von Liebe regiert wird.»

Es bleibt die Frage, für wen das Tagebuch geschrieben wurde. War es ein Ventil für ihren Kummer, nur für sie selbst geschrieben? Oder sollte es gelesen werden? Teile davon scheinen kein rhetorisches Ziel zu haben: das Üben witziger Bemerkungen zum Beispiel. Doch die Tatsache, daß dieses Tagebuch weitgehend um ein Thema herum konstruiert ist – die Vernachlässigung durch Carlyle und seine ärgerliche Aufmerksamkeit für Lady Harriet –, legt doch nahe, daß Jane versucht hat, der Welt, und ganz besonders einem Menschen darin, nämlich Mr. Carlyle höchstpersönlich, ihre Seite der Geschichte zu erzählen. Er hatte sie verletzt; sie wollte ihn auch verletzen. Nur die Methode (das Tagebuch), nicht die Strategie (Rache durch Weckung von Schuldgefühlen), war Janes persönliche. Gewöhnlich zeigen Frauen ihren Männern ihre Wunden auf andere Weise: durch harmlose Krankheiten, Klagen, Zorn, Kälte und sexuelle Verweigerung. Solche Taktiken ließen Thomas Carlyle völlig kalt, und es bedurfte der schriftlichen Aufzeichnung von Janes Verletzungen, nach ihrem Tode gelesen, um ihn in einen angemessenen Zustand von Schuld zu versetzen. Doch durch Weckung von Schuldgefühlen rächt sich die Frau am Manne für die Risiken der Ehe.

Nur wenige Frauen in der Geschichte – oder sogar in der Literatur – waren so erfolgreich darin, ihren Männern ein schlechtes Gewissen zu machen, wie Jane Carlyle. Carlyle las die Geschichte ihres Lebens in ihren Briefen und den Tagebüchern, die nach ihrem Tode gefunden werden sollten, als eine Geschichte von großen Hoffnungen, großen Begabungen und großen Möglichkeiten, alle für einen Mann aufgeopfert, der sie am Ende vernachlässigte – und er schluckte die Geschichte, ohne mit der Wimper zu zucken. Sie veränderte sein Leben. Kein Eisenbahnpfeifen peinigte ihn mehr. Jetzt war er fast krankhaft von Reue besessen, horchte nur noch auf das schrille Geheul vergangener Disharmonie.

Jane Carlyle starb am 21. April 1866 ganz plötzlich in London an einem Schlaganfall oder Herzinfarkt, während Carlyle in Schottland als Salonlöwe herumgereicht wurde. «Wie ätzend ist die Reue, wenn sie auf die geliebten Toten gerichtet ist, die uns nicht verzeihen können, uns jetzt nicht hören können! Zwei klare Gebote gibt es. Hast du die Absicht, dem geliebten Menschen etwas Gutes zu tun? Dann tue es sofort, während die schicksalsträchtige Zukunft noch nicht hier ist. Hat der Freund deines Herzens dich gedankenlos oder grausam ins Herz getroffen? Oh, vergib ihm! Denke daran, wie er sich selbst strafen wird, wenn du tot bist.» Froude berichtet, daß Carlyle nach ihrem Tod ständig von Jane sprach, und immer in dem gleichen reuevollen Ton, immer mit bitteren Selbstvorwürfen. «Bis zu ihrem Tod hatte er nie wirklich verstanden, wie sehr sie gelitten hatte und wieviel davon auf sein Konto ging.»

Er verfiel auf den Gedanken, zur Sühne die Welt von ihrem Genie und seiner Unwürdigkeit in Kenntnis zu setzen. Kurz nach ihrem Tode schrieb er seine Erinnerungen an sie auf, und danach begann er mit der langwierigen und außerordentlich schmerzhaften Aufgabe, ihre Briefe und «Memoiren» – sogar das Tagebuch – für die Veröffentlichung vorzubereiten, Anmerkungen und Kommentare dazu zu schreiben. *Reminiscences* ist zugleich ein Dokument von Carlyles Schuldgefühlen und eine Darstellung von Janes Leben.

Ehrlich gesagt, bezweifle ich, daß ich je eine edlere Seele gekannt habe als die, welche (leider, leider bis jetzt nie richtig gewürdigt!) mich vierzig Jahre lang auf allen Wegen begleitet hat. Blind und taub, wie wir sind: oh, denke daran, wenn du noch einen lebenden Menschen liebst, warte nicht, bis der Tod die kümmerlichen kleinen Staubwölkchen und nichtigen Dissonanzen des Augenblicks hinweggefegt hat und sich alles plötzlich so traurig und klar und schön enthüllt, wenn es zu spät ist!

Sehr früh schon hatte sie sich ihre eigene kleine Meinung über mich gebildet (was für ein Eldorado für mich undankbares Geschöpf, blind, undankbar, verachtenswürdig und belastet und mit Blindheit geschlagen durch große Sorgen, wie ich häufigst war!), und sie wich nie auch nur einen Augenblick davon ab, glaube ich, oder kümmerte sich darum oder zog in Betracht, was die Welt auch Gegenteiliges sagen mochte.

Ach ja, weder hat sie es je ganz gewußt, noch konnte ich es ihr in meinem sorgenbeladenen Leben zeigen, wie sehr ich sie zu allen Zeiten geschätzt, geliebt und bewundert habe. Jetzt ist nichts mehr zu sagen. «Noch fünf Minuten in deiner geliebten Gesellschaft auf dieser Welt. Oh, daß ich dich noch für fünf Minuten bei mir hätte, um dir alles zu sagen!» So denke ich oft seit dem 21. April.

Abschließend nannte Carlyle die Erinnerungen seinen «heiligen Schrein und religiösen Zufluchtsort von diesen bitteren Schmerzen». Doch während er ihre Briefe durchlas, kam ihm der Gedanke, ihr mehr als ein persönliches Denkmal zu setzen. Er würde die Welt mit der Qualität ihrer Talente vertraut machen, sie sollte erkennen, wieviel sie für ihn aufgeopfert hatte. «Was das ‹Talent› betrifft, Briefe oder auch anderes zu schreiben, so bin ich der Ansicht, daß diese Briefe dem besten, das mir bekannt ist, gleichrangig oder überlegen sind ... All die Sands und Eliots und die ganze geschwätzige *cohue* gefeierter weiblicher Schreiberlinge, die zu meiner Zeit über die Welt stolziert sind, können, so scheint mir, wenn alles gesagt und aufs Wesentliche reduziert ist, eine solche Frau nicht aufwiegen.»

Carlyle brauchte elf Monate, 1868–69, um Janes Briefe für die Veröffentlichung vorzubereiten, eine Zeit so «traurig und seltsam, wie eine Pilgerreise durch den Hades». «Vielleicht», schrieb er in sein Tagebuch, «wird diese traurige, aber ehrfürchtige und immer interessante Arbeit, Abend für Abend und Monat für Monat von so viel Schmerzen begleitet – vielleicht wird alles dies letztlich eine gesunde Strafe, Reinigung und Mahnung sein.» In Janes Briefen kam Carlyle nicht gerade gut weg, und seine reuigen Anmerkungen, in denen er ihren Kummer und seine eigene Schuld besonders herausstellte und völlig ignorierte, wie fröhlich und spielerisch sie ihre großartigen, komischen Klagen einsetzte, machten die Sache noch schlimmer. Auf Kosten seines eigenen Rufes wollte er dem literarischen Talent, das sie ihm aufgeopfert hatte, ein Denkmal setzen und seine eigenen Fehler betonen, die, wie er glaubte, ihr Leben so erbärmlich gemacht hatten. Froude nennt es eine «schöne» Geste, «beispiellos in der Literaturgeschichte», die heroischste Tat eines heroischen Lebens, typisch für Carlyles Bescheidenheit und Wahrheitsliebe, und ich bin ebenfalls der Meinung, daß Carlyles Entschlossenheit, Janes Briefe zu veröffentlichen, als mutige und einfallsreiche Tat gewertet werden muß. Doch wahr ist auch, daß Carlyle gerade durch diese Geste vielleicht am Ende doch gesiegt, in ihrem privaten Hahnenkampf den letzten Schnabelhieb gelandet hat. So, wie es jetzt aussieht, sind ihr Genie, ihre Aufopferung und ihr Leiden *seine* Schöpfung, ein literarisches Produkt, zwar auf ihrem Rohmaterial beruhend und nach ihren Anweisungen geformt, dem aber erst *sein* Willensakt dauerhafte Existenz verlieh. Nach Carlyles Tod ging, mit der Veröffentlichung von Froudes Biographie, von *Reminiscences* und Janes Briefen, das häusliche Leben der Carlyles in den Besitz der Öffentlichkeit über, wie Carlyle es beabsichtigt hatte. Wie Hamlet, der den Horatio bittet, sich eine Weile vom Glück zurückzuziehen, um seine Geschichte zu erzählen, hatte Carlyle seine – und Janes – Geschichte Froude anvertraut. Froude verstand, daß die *Letters and Memorials* für sich veröffentlicht werden sollten, als Denkmal für Janes literarisches Talent; doch außerdem hatte er die Erlaubnis, in seiner Biographie die Privatpapiere der Carlyles zu benutzen, wie er es für richtig hielt.

Es ist ein großartiges, einfühlsames Werk, das Porträt eines Genies, dessen gedankliche Kraft und Breite ihn für die kleinlichen Alltagsgeschäfte unfähig machten. Aus seiner im wesentlichen tragischen Sicht heraus beschuldigte Froude Carlyle ebensowenig, seine Frau unglücklich gemacht zu haben, wie man Othello beschuldigen würde, Desdemona schlecht behandelt zu haben. Dennoch, der Struktur seines Werkes liegt ein ironisches (und implizit kritisches) Prinzip zugrunde: Carlyle sieht der Gesellschaft bis ins Herz, nicht aber seiner Lebensgefährtin in Geist und Seele. Er ist ein großer Mann, ein großer Denker, doch ein klägliches menschliches Wesen. Er verletzt Jane, ohne es zu wissen, und ist dabei einsam und unglücklich. Im Grunde übernimmt

Froude die Sicht, die Jane im Tagebuch von 1855–56 vermittelt – eine zum Dienstmädchen degradierte Erbin, in den mittleren Jahren wegen einer glanzvolleren Frau vernachlässigt, deren ernsthafte Krankheiten nicht verstanden oder nicht mitfühlend genug beachtet werden. Und ich bezweifle nicht, daß Carlyle, in seinem Bedürfnis nach Strafe und Sühne, die Geschichte so erzählt haben wollte.

Als Froudes Biographie 1882 erschien, erregte sie sensationelles Aufsehen. Froudes komplexes Porträt mit seiner großen Toleranz und seinem Verständnis für die menschliche Natur wurde auf einen simplen Punkt reduziert – der große Carlyle, der Weise und Prophet, war ein schrecklicher, grausamer Ehemann gewesen. Das Idol stand auf tönernen Füßen. Einige Leute waren nicht nur von Carlyles Verhalten Jane gegenüber schockiert, sondern auch davon, was sie als Möglichkeiten in sich selbst erkannten. Unterschied sich diese Ehe denn so sehr von ihrer eigenen? Dümmere Leute, die Froudes Biographie lasen, betrachteten sie als Angriff auf den Charakter des großen Mannes und beeilten sich, ihn zu verteidigen. Die «Anti-Froudianer» versuchten, Carlyle auf jede erdenkliche Weise wieder auf seine Säule zu bugsieren, und die meisten dieser Versuche bestanden aus persönlichen Angriffen auf Froude, auf Geraldine Jewsbury (Janes enge Freundin, von der Froude seine intimen Informationen bezogen hatte) oder auf Jane selbst. Ihrer Ansicht nach hatte sich der große Mann überhaupt nichts zuschulden kommen lassen. Wenn er viel Zeit bei Lady Harriet Ashburton verbrachte, so aus völlig verständlicher Zuneigung für eine ungewöhnliche Dame. Jane war eifersüchtig, weil sie erkannte, daß Lady Harriet das, wonach sie selbst strebte, eben besser konnte. Sie projizierte ihren Selbsthaß auf ihren Mann. Mit anderen Worten, wenn dies eine schlechte Ehe war, dann war Jane daran schuld. Sie war der schuldige Teil, eine «höchst neurotische Frau», und kein Wunder – war sie doch wie ein Junge aufgewachsen, hatte Latein gelernt, mit neun Jahren Virgil gelesen, konnte Mathematik mit zehn und schrieb als Vierzehnjährige eine Tragödie.

Hundert Jahre sind seit der Kontroverse über Froudes Porträt des Carlyleschen Familienlebens vergangen. Ist es möglich, die Dinge jetzt anders zu sehen? Ist es möglich, die Fiktion der «Schuld» aufzugeben? Schuldzuweisungen zu umgehen, vielleicht sogar tragische Grenzen, die Ironien der Größe? Wenn ja, dann sollten wir zuallererst in Abrede stellen, daß dies überhaupt eine außergewöhnlich unglückliche Ehe war. Es gibt einen Witz, in dem die Welt dazu beglückwünscht wird, daß die Carlyles einander geheiratet haben: auf diese Weise sind nur zwei Menschen unglücklich geworden, nicht vier. Doch was mir besonders auffällt, ist die einzigartige Ökonomie ihrer Verbindung. In jedem Bündnis, das so lange hält wie das ihre, muß es Momente geben – ja, Monate oder Jahre –, in denen die Wege auseinandergehen, die Aufmerksamkeit oder das Mitgefühl auf der einen oder anderen Seite nachläßt, Langeweile oder Ressentiments sich breitmachen; ebenso muß es Augenblicke des Glücks und der Intimität geben, die aus nichts anderem entstehen als dem plötzlichen Bewußtwerden einer gemeinsamen Vergangenheit und einer gemeinsamen Zukunft – Augenblicke von unerwarteter Süße ebenso wie Augenblicke unvermeidlicher Bitterkeit. Im ganzen gesehen, scheinen mir die Carlyles außergewöhnlich gut zueinander gepaßt zu haben. Sie gab ihm die Stabilität und die Zuneigung, die er brauchte, um arbeiten zu können; er gab ihr die Frustrationen und Ärgernisse, die sie zum Gedeihen brauchte. Die Probleme in der Carlyleschen Ehe, die gegen Ende der vierziger Jahre begannen und sie Mitte der fünfziger Jahre fast zum Zerbrechen brachten – Probleme, die mit Lady Harriet Ashburtons Rolle in Carlyles Leben zu tun hatten –, scheinen mir eng mit der Struktur der traditionellen Ehe verbunden zu sein, für die ihre Ehe, bei allen Besonderheiten, doch ein klassisches Beispiel ist. Die Schwierigkeiten scheinen nicht aus den individuellen Charakteren dieser zwei Menschen zu resultieren. Carlyle hatte eine Maschine in Gang gesetzt – sie auf ihrer Seite des Raumes, er auf seiner, er schreibend und sie den Haushalt führend –, eine scheinbar symmetrische, ausbalancierte Struktur. Mit der Zeit kamen jedoch Mängel zum Vorschein. Die Frau hatte das Gefühl, einen zu hohen Preis gezahlt zu haben. Carlyle brauchte eine schriftliche Erklärung, eine Chronik seiner Missetaten. Doch endlich verstand er – daß er seine Frau verletzt hatte. Und er fühlte sich schuldig, wie sie es beabsichtigt hatte. Das war ihre Rache, wie denn eine Schuldzuweisung immer die Rache des weniger Mächtigen sein wird, ob dies nun der Mann oder die Frau ist.

Nachspiel I:
Carlyle und die *Punch-and-Judy*-Schau

Charles Eliot Norton, jener amerikanische Literat auf Bildungs-
reise, befand sich im Winter 1872 in London – und wußte nicht
recht, was er mit sich anfangen sollte. Seine geliebte Frau Susan
war im vergangenen Februar in Dresden im Kindbett gestorben.
Sein Haus in Cambridge war noch vermietet. Und so versuchte er
trotz seiner Trauer und dem verzweifelten Gefühl der Wurzello-
sigkeit, das Beste aus seiner Zeit in Europa zu machen, indem er
große Schriftsteller und Denker aufsuchte, wie das schon immer
seine Gewohnheit gewesen war.

Die beiden Männer in England, denen Norton den größten
Respekt zollte, waren Carlyle und Ruskin, und am 13. Dezember
1872 lud er beide zum Lunch ein. Carlyle war ein distinguierter
Zweiundsiebzigjähriger, ein brillanter Gesprächspartner, der
Weise seiner Zeit. Den Ruf, den er 1850 mit der Veröffentlichung
der reaktionären *Latter-Day Pamphlets* verloren hatte, hatte er im
Alter wiedergewonnen. Seine Ernennung zum Rektor (ein Ehren-
posten) der Universität Edinburgh im Jahre 1866, dem Jahr, in
dem Jane starb, zeigte, daß ihr Mann auf dem Höhepunkt seines
Erfolges stand.

Am Tag des Lunchs brachte Carlyle seinem Gastgeber, der als
Witwer sein Leidensgenosse war, ein kleines Gastgeschenk mit,
ein Exemplar von *Sartor Resartus*. Er und Ruskin, damals
dreiundfünfzig, waren allerbester Laune und fühlten sich ausgesprochen wohl miteinander. Ihre Gespräche, voller Humor und
ganz ohne Arroganz, gehörten zum Besten, was Norton, ein
Connaisseur von Gesprächen, je gehört hatte. Man berührte Themen wie Friedrich der Große, Barbarossa, Walt Whitman, die
Nachteile des Londoner Stadtlebens, den Horror des Einkaufens,
Rousseau, Zeitschriften, alte schottische Frauen und *Don Qui-
xote*, den Carlyle zu den besten Werken zählte, die je geschrieben
wurden.

Nach dem Lunch gab es auf der Straße vor den Fenstern von Nortons Studierzimmer eine *Punch-and-Judy*-Vorstellung. Norton hatte sie eigens für Ruskin arrangiert, denn er wußte, daß Ruskin Spaß am Volkstheater hatte und gern dem Vergnügen des kindlichen Publikums zuschaute. Ruskin schaute also zu, wie Punch auf Judy einschlug und Judy auf Punch, und dann schlug Punch wieder Judy, und er schaute zu, wie die Kinder lachten. Carlyle zog sich zum Kamin zurück und rauchte seine Pfeife. Als das Stück zu Ende war, sprach Carlyle freundlich mit den Kindern auf der Straße und küßte ein kleines Mädchen, das bei der Tür stand. «Arme kleine Frau! Liebe kleine Frau!» sagte er. Dann unterhielten sich die Männer noch eine Weile, und bei Sonnenuntergang brachte Ruskin Carlyle in seiner Kutsche nach Hause.

Nachspiel II:
Carlyle und der Aufstand in Jamaica

Im Oktober 1865 gab es Unruhen in Jamaica, einem der weniger weit entfernten Außenposten des Empire. Einhundertfünfzig schwarze, mit Stöcken bewaffnete Männer marschierten auf das Fort in Morant Bay los, um einen dort gefangengehaltenen Mann zu befreien. Ein Handgemenge führte zu schweren Kämpfen mit Polizisten, und es dauerte nicht lange, bis es auf beiden Seiten Tote gab. Als die Nachricht den Gouverneur, Mr. Edward John Eyre, in Spanish Town erreichte, nannte er den Krawall sofort einen Aufstand, erklärte das Kriegsrecht und entsandte eine Militäreinheit nach Morant Bay. Diese Truppen schlugen die «Aufständischen» mit einem Nachdruck nieder, der eher einem Ausbruch wilder Grausamkeit glich.

Tagelang produzierten Schnellgerichte Todesurteile, und die Urteile – Exekution durch Strang oder Erschießen – wurden sofort vollzogen. Gefangene, die nicht getötet wurden, wurden ausgepeitscht. Wenn die Eingeborenen beim Anmarsch der Soldaten wegliefen, wurden sie dafür erschossen. Ein Leutnant Adcock kehrte von einem Überfall zurück, bei dem er sieben Häuser verbrannt hatte, und stellte fest, daß sich in seiner Abwesenheit fünfundsechzig Gefangene angesammelt hatten. «Ich beseitigte so viele wie möglich», bemerkte er, «war aber zu müde, um nach Einbruch der Dunkelheit noch weiterzumachen. Am Morgen des 24. machte ich mich auf den Weg nach Morant, nachdem ich noch vier Rebellen ausgepeitscht und sechs gehenkt hatte.»

Gouverneur Eyre kam zu der Überzeugung, daß George William Gordon, ein Schwarzer und Mitglied des Abgeordnetenhauses von Jamaica, für die Unruhen verantwortlich sei. Der Gouverneur setzte ihn gefangen, gewährte ihm die bloße Andeutung eines Prozesses und ließ ihn hängen. So, wie er es sah, handelte er schnell, um einen gefährlichen Aufstand zu unterdrücken. Er erinnerte sich – und welcher Brite in den Kolonien tat das nicht?

– an das Massaker an britischen Männern, Frauen und sogar Kindern im Jahre 1857 in Cawnpore, und die Erinnerung rechtfertigte jede Brutalität. Er unterdrückte eine Meuterei, die in seinen Augen nicht so klein wie Jamaica, sondern so groß wie das Empire war, so bösartig wie die Racheträume in den Köpfen der barbarischen Untertanen.

Doch einige Leute waren der Ansicht, er habe zu hastig und zu streng gehandelt, als er Gordons Hinrichtung befahl; daß diese Hinrichtung in Wirklichkeit nichts anderes gewesen sei als Mord. Besorgnis verbreitete sich sogar in England, wo der Jamaica-Zwischenfall unter viktorianischen Intellektuellen außergewöhnliches Interesse erregte. Auf einer Abendgesellschaft bei Lady William Russell, an der Carlyle nicht teilnahm, führte Jane Carlyle mit einem erzürnten Gentleman ein Gespräch über dieses Thema. Laut Jane –

tobte Hayward gegen die Jamaica-Sache – hätte Eyre am liebsten in kleine Stücke zerschnitten und roh verschlungen. Er sagte zu mir, *Frauen* könnten Eyre möglicherweise unterstützen – Frauen seien von Natur aus grausam und schauten ganz gern zu, wenn Schreckenstaten begangen würden. Doch kein lebender *Mann* könnte sich heute hinter Eyre stellen! «Ich hoffe, Mr. Carlyle tut es», sagte ich. «Ich hatte noch nicht die Gelegenheit, ihn zu fragen; aber ich wäre erstaunt und enttäuscht, wenn ich ihn wegen eines Packs von schwarzen Scheusalen in Gefühlsduseleien verfallen hörte!» Nachdem er mich einen Augenblick lang angestarrt hatte: «Mr. Carlyle!» sagte Hayward. «O ja, Mr. *Carlyle!* Man kann in der Tat nicht darauf schwören, was er *nicht* sagen wird! Schließlich ist sein höchstes Ziel und seine Lebensphilosophie ‹das kleinste Glück für die wenigsten›!»

Jane mußte ihren Mann nicht besonders gut kennen, um vorauszusagen, welchen Standpunkt er in dieser Angelegenheit einnehmen würde. Obwohl er in jungen Jahren revolutionäre Kräfte gepriesen hatte, galt sein Respekt jetzt immer mehr den Männern, die solche Kräfte zu lenken und zu zügeln vermochten; er verehrte die Führer, verachtete die Volksmassen, die sich führen ließen, bis es schwierig wurde, den Unterschied zwischen Carlyles Position und der eines ergebenen Anhängers autoritärer Macht zu erkennen. Zum Thema der Schwarzen hatte er sich 1849 in einem Essay mit dem Titel *The Nigger Question* geäußert, und zwar mit der These, Schwarze seien zur Arbeit und zur Unterwerfung bestimmt. Sein Essay war von John Stuart Mill scharf zurückgewiesen worden, in einem Essay mit dem Titel *The Negro Question*.

Die großen Gegner, die einmal irrtümlich geglaubt hatten, daß intellektuelle Bande sie vereinten, gingen jetzt zum Gefecht über. Mill, empört über Gouverneur Eyres Mißachtung des Gesetzes und der Menschenrechte, verfolgte das Ziel, ihn des Amtes zu entheben und wegen Mordes anzuklagen; während Carlyle den Vorsitz des Eyre-Verteidigungsfonds übernahm und erklärte, die Nation schulde Eyre Dank und Ehre für seine Verteidigung der Zivilisation sowie «weise Nachahmung», falls sich ähnliche Notfälle ereigneten. «Die englische Nation hat nie die Anarchie geliebt und war nie geneigt, mit schändlichen, wahnsinnigen Aufwieglern, besonders von dieser unmenschlichen, halb-tierischen Sorte, zu sympathisieren; vielmehr hat sie – die Nation – stets die Ordnung und schnelle Unterdrückung von Aufruhr geliebt.» Beide Seiten nahmen für sich in Anspruch, daß sie für das Gesetz kämpften; aber wessen Gesetz? Und Gesetze, die was beschützen – Ordnung oder Freiheit? Die Starken oder die Schwachen? Heroische Engländer oder ihre «halb-tierischen» Untertanen?

Wie eine Art Lackmustest für politische Überzeugung klärte die Eyre-Kontroverse die verschiedenen Einstellungen zur Macht. Die großen Schriftsteller und Denker der mittleren viktorianischen Ära in England stellten sich entweder hinter oder gegen Gouverneur Eyre wie zwei Hockeymannschaften. Hinter Mill, gegen Eyre, standen die Liberalen und wissenschaftlich Progressiven, einschließlich Darwin, Huxley, Spencer und George Henry Lewes. Hinter Carlyle, und für Eyre, standen die romantischen Autoritären, einschließlich Dickens, Ruskin, Tennyson, Tyndall und Kingsley.

Huxley drückte es so aus: «Wenn das englische Gesetz nicht erklärt, daß Helden ebensowenig das Recht haben, Menschen auf diese Weise umzubringen wie gewöhnliche Leute, dann werde ich die nächste Gelegenheit ergreifen, nach Texas oder an einen anderen ruhigen Ort auszuwandern, wo man weniger Achtung vor Helden und mehr Achtung vor der Gerechtigkeit hat ... Die Heldenverehrer, die meinen, die Welt müsse von großen Männern regiert werden, die die kleinen führen sollen – gerecht, wenn sie es können und wenn nicht, sie eben ungerecht in die richtige Richtung treiben oder schlagen sollen, diese Heldenverehrer also werden mit Mr. Eyre sympathisieren. Die andere Sekte (zu der ich gehöre), die Heldenverehrung für nicht besser hält als jede andere Art von Götzendienerei und die Geisteshaltung der Heldenverehrer für im Grunde unmoralisch ... die wird der Ansicht sein, daß Mr. Eyre eines der größten Verbrechen begangen hat.»

Die Eyre-Affäre ließ einige der Themen aus der dreißig Jahre zurückliegenden Kontroverse über Sklaverei wiederaufleben, wie auch den Streit zwischen Mill und Carlyle über die «Negro Question» von 1849. Carlyle hatte argumentiert, die Herrschaft einer Gruppe über eine andere, Weiß über Schwarz, Herr über Sklaven, sei «natürlich», worauf Mill entgegnete, daß die Menschen immer gern jene Lösung «natürlich» genannt hätten, die ihnen zum Vorteil gereichte. Und selbst wenn solche Herrschaft «natürlich» wäre, war das menschliche Gesetz nicht dazu da, der Grausamkeit der Natur entgegenzuwirken? Ähnliche Argumente wurden auch in bezug auf die Rechte der Frauen angeführt: Eine Seite behauptete, es sei «natürlich» für Frauen, den Männern untergeordnet zu sein, und die andere leugnete das. Dies war nicht überraschend, denn die großen demokratischen Bewegungen des 19. Jahrhunderts – Sklavenbefreiung, Nationalismus, allgemeines Wahlrecht, Frauenrechte, selbst die Gewerkschaftsbewegung – waren unter anderem alle darin miteinander verbunden, daß sie gegen die Behauptung, der existierende Zustand sei von Gott verordnet, die Machtverhältnisse zu verändern suchten. Wie groß ihr Mitgefühl mit dem Elend der Unterprivilegierten auch sein mochte, die Anhänger der Eyreschen Position unterstützten zur Lösung von Problemen eine paternalistische Machtausübung und keine Umverteilung der Güter und Chancen.

Eyre wurde schließlich vor Gericht gestellt, doch das Resultat war unbefriedigend. Für Mill wurde er nicht hart genug bestraft, für Carlyle nicht deutlich genug gerechtfertigt. Was die Eyre-Affäre für mich nahelegt, ist dies: Es gibt eine Querverbindung zwischen der Einschätzung von Dingen wie Machtausübung in Staatsangelegenheiten und der Einschätzung von Dingen wie Machtausübung innerhalb der Familie; sie legt eine Querverbindung zwischen Politik und Sex nahe. Obwohl die Parallele nicht absolut ist – Leslie Stephen, der sich gegen Eyre stellte, war ein ziemlicher Haustyrann –, bestanden die Männer, die Eyre unterstützten, doch überwiegend auf starker männlicher Autorität in der Familie und erwarteten Unterordnung von ihren Frauen. Wenn wie bei Ruskin eine willensstarke Frau Anzeichen dessen, was wir heute Selbstbehauptung nennen, erkennen ließ, dann wurden diese Anzeichen als Aufsässigkeit, Trotz und Feindseligkeit interpretiert und führten so unvermeidlich zu einem Kriegszustand, wie zwischen einem Herrscher und jedem Untertan, der sich seiner Herrschaft widersetzt. Dickens heiratete eine Null, nullifizierte sie während der vielen Ehejahre noch mehr und nahm ihr in mittleren Jahren übel, daß sie das Nichts war, das er aus ihr gemacht hatte; damit wiederholte er in seinem Privatleben die für den imperialistischen Engländer typische Mischung aus wohlwollender Herablassung und Verachtung seinen Kolonien gegenüber. Mill auf der anderen Seite bemühte sich so angestrengt, das traditionelle Ungleichgewicht der Macht in der Ehe zu vermeiden, daß er eine Parodie der patriarchalischen Situation inszenierte und sich letzten Endes im Namen der Gleichberechtigung wie ein (liebenswerter) Pantoffelheld aufführte. Beiden Vorstellungen gemeinsam war die Vorstellung von der Familie als Staat, mit dem Mann als Herrscher, der Frau als Exekutive und den Kindern (wenn es sie gab) als der abhängigen Masse, für die zu sorgen war. Uneins waren sie nur über den Grad, bis zu dem die «Regierten» an der Macht teilhaben sollten. War dieser kleine Staat eine absolutistische Monarchie oder eine Demokratie?

Die Grundmetapher für die Ehe hat sich verändert, und ein Großteil der heutigen Diskussion geht von dem Bild der Ehe als einer Geschäftspartnerschaft aus. In *The Subjection of Women* benutzte Mill das Beispiel einer Geschäftspartnerschaft, um zu zeigen, daß es in freiwilligen Zusammenschlüssen keine absoluten

Herrscher zu geben brauche, und noch weniger müsse das Gesetz bestimmen, welcher von zwei Menschen das sein sollte. In *Man and Superman*, in einem seiner boshaften Seitenhiebe auf die bürgerliche Praxis der Ehe, bemerkte George Bernard Shaw, daß ein Vorschlag zur Abschaffung der Ehe zwar weder in England noch in Amerika akzeptiert werden würde, «doch nichts ist so gewiß, wie daß sich in beiden Ländern die fortschrittlichen Veränderungen des Ehevertrags so lange weiterentwickeln werden, bis er nicht lästiger und unwiderruflicher ist als jede gewöhnliche kommerzielle Partnerschaftsvereinbarung».

Die Eheberatung betont heutzutage den «Ehevertrag», eine ungeschriebene Vereinbarung zwischen Mann und Frau auf verschiedenen Bewußtseinsebenen über ihre Verpflichtungen und Erwartungen. Das Vertragsmodell, das von zwei Menschen mit mehr oder weniger gleichberechtigtem Status vor dem Gesetz ausgeht, scheint für Frauen ein entschiedener Fortschritt zu sein. Doch ob man nun die Beziehung zwischen Eheleuten als Beziehung zwischen Herrscher und Beherrschten ansieht oder als eine zwischen Geschäftspartnern, die Frage der Gleichberechtigung – des idealen Gleichgewichts der Macht – bleibt zentral, und sie ist mit den Begriffen des einen Bildes nicht wesentlich leichter zu definieren als mit den Begriffen des anderen.

Die Gleichberechtigung verhält sich zur Politik der Geschlechter wie die klassenlose Gesellschaft zur marxistischen Theorie: es ist die Hypothese, die das Problem löst. Jeder, der sich mit zwischenmenschlichen Beziehungen unter dem Aspekt von Machtverhandlungen beschäftigt, wird schnell und unvermeidlich auf das Ideal der Gleichberechtigung kommen. Ungeachtet der vielen, die diesem Ideal einen Lippendienst erweisen, sind nur wenige fähig gewesen, genau auf den Punkt zu bringen, was das eigentlich bedeutet, oder zu beschreiben, wie dieser wünschenswerte Zustand denn herbeigeführt werden könnte. Einer, der sich mit am beharrlichsten darum bemüht hat, war D. H. Lawrence. Sein Ideal sexueller Gleichberechtigung postulierte zwei Ich-starke Persönlichkeiten unter einem gemeinsamen Joch, von denen jede das eigene Ich bewahrt, nicht unterordnete. Doch jedesmal, wenn Lawrence versuchte, sein Ideal zu beschreiben (weitgehend durch Rupert Birkin in *Women in Love*), geriet er ins Stottern. «Es ist eine schwierige, komplexe Bewahrung individueller Integrität durch den unberechenbaren Prozeß zwischenmenschlicher Polaritäten hindurch.» Oder: «Es ist eine Erhaltung des Selbst in mystischer Balance und Integrität – wie ein Stern zu einem anderen Stern.» Lawrences Bild vom Gleichgewicht zwischen gleichgewichtigen Sternen als der idealen Beziehung zwischen Mann und Frau hat im 20. Jahrhundert viel Resonanz gefunden; aber Birkins Verlobte, Ursula Brangwen, war vermutlich nicht die letzte Frau, die den Verdacht hegte, daß hinter dem verlockenden Gleichgewicht zwischen Sternen nichts weiter steckte als eine Sonne auf der Suche nach einem neuen Planeten. Wie findet man so etwas heraus, *bevor* man sich in die kosmische Umlaufbahn begibt?

Ein weiterer, recht überzeugender Versuch, Gleichberechtigung zu definieren – einer, der allen Vergleichen und Metaphern abschwört –, wurde von Erik Erikson unternommen. Er nennt das Ideal «Gegenseitigkeit» – *mutuality* – und erläutert die psychologische Wahrheit im Gebet des Heiligen Franziskus: «Gib, daß ich nicht mehr danach strebe, getröstet zu werden als zu trösten; mehr verstanden zu werden als zu verstehen; mehr geliebt zu werden als zu lieben; denn nur im Geben empfangen wir.» Erikson warnt, wer sich einer menschlichen Begegnung mit fordernder Seele nähere, fordere Enttäuschung heraus. Man wird uns nie genug geben können. Doch wenn wir darum bitten, nur zu geben, einen anderen zu hegen und stärken, dann finden wir uns dabei selbst gestärkt wieder. In einer gut funktionierenden Ehe stärken – nicht schwächen – die Bedürfnisse des einen die Vitalität des anderen Partners, der sie erfüllt; so wie die Forderungen eines Kindes den Elternteil stärken, der auf sie eingeht, indem sie sein oder ihr Gefühl von Kompetenz, Vitalität und Identität festigen. Aus Eriksons Sicht wiederholen alle menschlichen Beziehungen die Beziehungen zwischen Eltern und Kind insofern, als die gegebene Hilfe dem Helfenden ebensosehr hilft wie dem vermeintlich Hilflosen. Beide Ehepartner sind gleichberechtigt insofern, als jeder vom anderen für die Entwicklung der seinem oder ihrem Lebensalter angemessenen Stärken abhängig ist. Das klingt gut, doch ich muß mich fragen, ob Eriksons Ideal der Gegenseitigkeit nicht das alte Ideal der Selbstaufopferung ist – nun aber in der erhebenden Sprache des psychologischen Gesundheitsbewußtseins präsentiert.

Ich persönlich ziehe Bilder den Definitionen vor. Die Szene in *Women in Love*, in der sich Ursula skeptisch zu Birkins Idee des «*star-balanced Equilibrium*» äußert («Ich trau dir nicht, wenn du die Sterne da mit hineinziehst. Wenn du absolut recht hättest, dann müßtest du das nicht so weit herholen.»), bietet als Szene eine überzeugendere Vorstellung von der Gleichberechtigung zwischen Mann und Frau als Birkins verblasene Definition allein. Mir gefallen die Bilder sexueller Gleichberechtigung in einer Reihe von amerikanischen Filmen der dreißiger und vierziger Jahre, besonders in denen, welche das traditionelle Thema der streitbaren Liebenden aus Shakespeare und der Komödie der Restaurationszeit fortführen. Irgendwann in der Zukunft mag ja die Dynamik der Gleichberechtigung verstanden, vervollkommnet und beschrieben werden. Doch bis dahin bleiben Liebesstreit und Verbalgefechte die überzeugendsten Bilder, die wir besitzen. Der Film *Adam's Rib*, mit Spencer Tracy und Katharine Hepburn als Staatsanwalt und Verteidiger im gleichen Prozeß, präsentiert eine reizvolle Version einer Ehe zwischen Gleichberechtigten. *Pat and Mike* bietet eine andere. Hier spielt Katharine Hepburn Pat Pemberton, eine ausgezeichnete Sportlerin, die ständig versagt, wenn ihr Verlobter, ein gutaussehender, gesellschaftlich untadeliger Universitätsmanager, im Publikum sitzt. Die Blicke, die er ihr zuwirft, wenn sie Tennis oder Golf spielt, sollen sie ermutigen, doch sie setzen ein Versagen voraus, wollen sie dafür trösten und führen es so unweigerlich herbei. Darin liegt die Warnung des Films – eine zur Vorsicht ermahnende Version sexueller Partnerschaft. Seine Stärke hängt von ihrer Schwäche ab. Und Pat kann, wenn's sein muß, auch ein bißchen schwach sein. Als Mike Conovan, Pats sportlicher Manager, ist Spencer Tracy am Ende der bessere Ehemann für sie, zum Teil, weil er auch materiell an ihrem Erfolg interessiert ist (siehe oben – Ehe als Geschäftspartnerschaft!), und zum Teil, gerade *weil* er ihr gesellschaftlich nicht gleichrangig ist. Der Film deutet an, daß eine Frau irgendeine Grenze überschreiten muß – in diesem Fall ist es eine Klassenschranke, doch Alter könnte eine andere sein –, wenn sie einen gleichberechtigten Partner gewinnen und die Machtvorteile wettmachen will, die dem Mann aufgrund seines Geschlechts gehören.

Die traditionelle Ehe stützt die Macht der Männer auf subtile Weise ab, die nur wenige Männer – selbst sensible Männer, die Frauen gegenüber die allerbesten Absichten haben – wirklich erkennen. Wenn man Tennis spielt und den Wind im Rücken hat, bemerkt man ihn oft gar nicht und glaubt nur, sehr gut zu spielen. Sämtliche Schläge gelingen, schnell und hart. Erst wenn einem nach dem Seitenwechsel der Wind plötzlich ins Gesicht bläst, merkt man, wie stark er ist. So ist es mit der Macht. Man spürt sie am stärksten, wenn man sie gegen sich hat. Frauen heiraten manchmal und spüren dann plötzlich, wie der Wind ihnen entgegenbläst. Ich spreche jetzt von temperamentvollen, starken Frauen, denen die plötzliche Veränderung am ehesten gegen den Strich geht. Sie fühlen sich in der Ehe überwältigt von Männern, die dazu erzogen wurden, in ihren Geschäften mit der Außenwelt den starken Mann hervorzukehren (wenn sie es auch nicht immer sind) und daheim von der Frau in der Familie liebevoll umsorgt zu werden. Sowohl ihre nach außen gezeigte Stärke wie auch die innere Abhängigkeit werden von der gewöhnlichen Ordnung der Dinge in der Ehe untermauert; so daß Frauen, die ein sehr feines Gespür für das Machtgerangel in ihren Beziehungen haben – und Frauen scheinen in bezug auf Macht besonders sensibel zu sein –, eventuell Männer mit einer gewissen Benachteiligung vorziehen. (Mit Benachteiligung meine ich einfach die Abwesenheit jener Überschüsse oder Vorteile gegenüber Frauen, die von Männern, wenn sie heiraten, traditionell erwartet werden – jenes Mehr an Größe, Geld, Alter, gesellschaftlichem Status, Leistung.) Oder sie vermeiden die Ehe überhaupt. Denn «fifty-fifty», die Regel der fairen Partnerschaft, ist ein nur scheinbar eindeutiges Ideal. Wie schaffen das Menschen? Wie vermeiden sie es, in ein «neunundvierzig zu einundfünfzig» abzurutschen? Sich die Hausarbeit zu teilen ist ein Anfang, wenn auch nur ein primitiver, auf dem Weg zu der psycho-politischen Gleichberechtigung, die viele von uns erstreben.

In dem Film *Private Benjamin* berät Judy Benjamins Mann, der Rechtsanwalt, einen Klienten, wie er sich in der Ehe schützen kann: «*Pre-nups*, Baby! *Pre-nups* ist das einzig Wahre.» (Prenuptial arrangement – ein vor der Ehe geschlossener Vertrag.)

Damit spricht er auch die Schattenseite unserer zeitgenössischen Definition der Ehe als Geschäftspartnerschaft an. Aber Judys Mann selbst stirbt in der Hochzeitsnacht und läßt sie so abhängig wie eh und je zurück. Sie kann das Verhalten einer anderen Filmheldin in *Eine entheiratete Frau* nicht verstehen, die sich weigert, den attraktiven, von Alan Bates gespielten Künstler zu heiraten. Doch am Ende von *Private Benjamin* wird auch Judy die Ehe verschmähen. Verträge können ihr nicht helfen. Nur die Armee – die, wie wir alle wissen, einen Mann aus einem macht – kann helfen. *Private Benjamin* und *An Unmarried Woman* gehören zu den Filmen der späten siebziger und frühen achtziger Jahre, die sich damit beschäftigen, was die Ehe für eine Frau tun – und hauptsächlich, nicht tun – kann. Es erhärtet sich der Verdacht, daß das nicht sehr viel ist.

Es ist nicht mein Ziel gewesen, mit diesem Buch zu zeigen, daß Dickens oder Ruskin oder Carlyle «schlechte» Ehemänner waren, sondern sie als Beispiele für Verhaltensweisen zu präsentieren, die sich unweigerlich aus den eigentümlichen Privilegien und Stress-Situationen der traditionellen Ehe ergeben. Wahrscheinlich ist es klar, daß George Eliot und George Henry Lewes in gewissem Sinne Held und Heldin des Buches sind. In ihrem Falle erwuchsen hingebungsvolle Liebe, Stabilität und Gleichberechtigung außerhalb der Grenzen einer gesetzlichen Ehe – ob nun im Einklang mit irgendeiner psychologischen Eigenart der menschlichen Natur, die sich der Erfüllung von Versprechen widersetzt, oder weil der gesetzlichen Ehe jener unauslöschliche Makel anhaftet, der die persönliche Beziehung zwischen Mann und Frau zu einer politischen macht, das kann ich letztlich nicht entscheiden; beide Erklärungen mögen wahr sein.

Ich hoffe, es ist ebenso klar, daß auch einige der anderen Frauen, über die ich geschrieben habe, Heldinnen sind: Harriet Mill wegen ihrer Gedanken über die Ehe und ihres Wunsches, sie zu reformieren, und weil sie das Beste aus einem sehr schlechten Blatt gemacht hat; und Effie Gray, weil sie erkannte, daß sie im Schlamassel steckte (nicht verrückt war, wie ihr Mann behauptete), und es schaffte, herauszukommen. Es ist unmöglich, von Catherine Dickens als Heldin zu sprechen, doch in den Annalen der Ehe hat sie sich vielleicht einen Platz als Märtyrerin verdient.

Vor allem aber ist meine Heldin Jane Carlyle. Die kampflustige Jane hat sich bis zum letzten Augenblick nicht geschlagen gegeben, hat ‹gleiche Sendezeit› für sich verlangt und schließlich alles in einer großartigen Prosa festgehalten, die vielleicht sogar die ihres Mannes überleben könnte. Es ist ihr zu verdanken, daß die Ehe der Carlyles, in jenem von der Literatur verliehenen, seltsamen Nachleben, auch als eine Ehe zwischen Gleichberechtigten erscheint, in der die Gleichberechtigung – wie das in einer so unvollkommenen Zeit wie ihrer und unserer vermutlich notwendig ist – aus ständigem Widerstand, ständiger Rebellion besteht.

Chronologie

1821   Jane Baillie Welsh lernt Thomas Carlyle kennen.

1823   Francis Place versucht, Information über Schwangerschaftsverhütung zu verteilen, wobei ihm der siebzehnjährige John Stuart Mill hilft; Mill wird wegen Obszönität verhaftet, doch die Anklage wird fallengelassen.

1826   Jane Welsh heiratet Thomas Carlyle.
       Harriet Hardy heiratet John Taylor.

1828   Die Carlyles ziehen nach Craigenputtock.

1830   Harriet Taylor zieht ihren Pastor wegen ehelicher Unzufriedenheit zu Rate; er arrangiert eine Begegnung mit John Stuart Mill.

1831   John Stuart Mill lernt Thomas Carlyle kennen.
       Maria Beadnell lehnt Charles Dickens' Heiratsantrag wegen seiner mangelnden Zukunftsaussichten ab.

1833   Arthur Hallam, ein Freund von Tennyson und Verlobter von Tennysons Schwester Emily, stirbt plötzlich, erst zweiundzwanzig Jahre alt.

1834   Die Carlyles ziehen nach Chelsea in die Cheyne Row.

1835   Das Manuskript des ersten Bandes von *The French Revolution* verbrennt, während es sich in Mills Besitz befindet; die Carlyles sind zunächst erleichtert, daß die angekündigte schlechte Nachricht, mit der er zu ihnen kommt, nicht sein Entschluß ist, mit Mrs. Taylor durchzubrennen.

1836   Darwin kehrt von seiner fünfjährigen Reise auf der *Beagle* zurück.
       Ruskin verliebt sich in Adèle Domecq; ihr Vater ist der Partner seines Vaters im Sherry-Handel.
       Dickens heiratet Catherine Hogarth.

1837   Anne Thackeray, das erste Kind des Romanautors W. M. Thackeray und seiner Frau, wird geboren. Eine zweite Tochter, Minny, kommt im folgenden Jahr zur Welt. Dann wird Mrs. Thackeray wegen geistiger Instabilität für den

Rest ihres Lebens in eine Heilanstalt eingewiesen. Thackeray, der nicht wieder heiraten kann, wird sich ganz der Erziehung seiner Töchter widmen.

Charles Dickens jr., das erste Kind von Romanautor Charles Dickens und seiner Frau Catherine, wird geboren. Dickens ist durch seine *Pickwick Papers*, die er in diesem Jahr vollendet, bereits berühmt geworden; er hat mit der Arbeit an *Oliver Twist* begonnen.

Die siebzehnjährige Victoria besteigt den Thron Englands.

1838 Mamie Dickens wird geboren.

1839 Charles Darwin heiratet seine Cousine Emma Wedgwood, die Tochter des großen Porzellanherstellers Josiah Wedgwood; sie lassen sich in der Upper Gower Street in London nieder; im Dezember wird William Darwin geboren. Darwin liest Malthus' *Essay on Population*, ein Schlüsselerlebnis für die Entstehung seiner Theorie der natürlichen Auslese.

Kate Dickens geboren.

1840 Queen Victoria heiratet ihren Vetter Albert von Sachsen-Coburg. Sie fürchtet nur die Aussicht auf viele Kinder.

1841 Anne Elizabeth Darwin geboren.

Walter Landor Dickens geboren.

Emily Tennyson gibt ihre Verlobung mit einem Marineleutnant bekannt; es ist acht Jahre nach Hallams Tod, doch viele Leute sind entsetzt über ihren Verrat an ihm.

1842 Die Carlyles lernen Mr. und Mrs. Baring (später Lord und Lady Ashburton) kennen.

Die Darwins lassen sich in Down, Kent, nieder; Mary Eleanor Darwin wird geboren, stirbt.

1843 Henrietta Darwin geboren.

1844 Thackeray und Jane Brookfield, beide unglücklich verheiratet, schwören einander lebenslange enge Freundschaft.

Francis Jeffrey Dickens geboren.

1845 Alfred d'Orsay Tennyson Dickens geboren.

George Howard Darwin geboren.

1847 Der Edinburgher Arzt James Simpson veröffentlicht seine Entdeckung des Chloroforms als Anaesthetikum, was die Geburtshilfe revolutionär verändert.

Jane Eyre mit einer Widmung an Thackeray veröffentlicht,

was viele Leute zu der (falschen) Annahme verführt, daß die Autorin in Thackerays Haushalt Gouvernante war und die Romangestalten, Mr. Rochester und seine wahnsinnige Frau, Thackerays tragische Ehesituation widerspiegeln.

Sydney Smith Dickens geboren.

Elizabeth Darwin geboren.

1848 Ruskin heiratet Euphemia Gray in Schottland, am Tag der Chartistendemonstration in London.

Gründung der Präraffaelitischen Bruderschaft, deren Ziel die naturnahe Darstellung ist; dazu gehört auch der Maler John Everett Millais.

Emma Darwin bringt ihr siebtes Kind, Francis Darwin, zur Welt; vier Tage später erkundigt sich Charles Darwin nach Chloroform.

1849 Mary Ellen Peacock heiratet George Meredith.

John Taylor, Harriet Taylors Mann, stirbt an Krebs.

Henry Fielding Dickens geboren.

1850 Leonard Darwin geboren; Charles Darwin verabreicht seiner Frau Chloroform.

Dora Annie Dickens geboren. Dickens besteht bei der Entbindung auf Anwendung von Chloroform.

Tennyson heiratet Emily Sellwood, mit der er seit 1838 verlobt war; *In Memoriam*, seine umfangreiche Elegie auf Arthur Hallam, wird veröffentlicht.

1851 John Stuart Mill heiratet Harriet Taylor.

Marian Evans (die zukünftige George Eliot) lernt George Henry Lewes kennen.

Nach einem Streit mit seiner Frau zwingt der populäre Pfarrer William Brookfield sie dazu, ihre Freundschaft mit Thackeray zu beenden.

Horace Darwin geboren; die zehnjährige Annie Darwin stirbt.

Die einjährige Dora Annie Dickens stirbt.

Thomas Love Peacocks Frau (Mary Ellens Mutter), die seit fünfundzwanzig Jahren in einer Irrenanstalt lebt, stirbt endlich.

1852 Als J. M. W. Turners Nachlaßverwalter entdeckt Ruskin Turners pornographische Skizzen und verbrennt sie.

Als Akt der Wohltätigkeit läßt Effie Ruskin den Fate Bene Fratelli, pflegenden Klosterbrüdern mit einem Hospital auf einer Insel in der venezianischen Lagune, von Schottland aus Chloroform schicken.

Edward Bulwer Lytton Dickens geboren.

1853 Die Ruskins verbringen einen Teil des Sommers in Glenfinlas und nehmen John Everett Millais mit, um seine Ausbildung zu fördern; Ruskin arbeitet am Index für *The Stones of Venice*; Effie und Millais verlieben sich ineinander.

Queen Victoria erhält Chloroform bei der Geburt ihres vierten Sohnes, achten Kindes, des Prinzen Leopold.

1854 Die Ehe der Ruskins wird vom Kirchengericht annulliert; der Richterspruch nennt Ruskins «unheilbare Impotenz» als Grund, was ihn sehr verärgert.

Marian Evans und George Henry Lewes «brennen nach Deutschland durch» und beginnen damit ihren Lebensbund.

1855 Effie Gray heiratet John Everett Millais.

Maria Beadnell tritt wieder in Dickens' Leben ein, was sich als Enttäuschung herausstellte.

1856 Jane Carlyle verzeichnet in ihrem Tagebuch wachsenden Kummer darüber, daß ihr Mann Lady Harriet Ashburton den Hof macht; sie verfolgt mit Interesse den Prozeß gegen Palmer, den Mann, der angeklagt ist, seine Frau wegen ihrer Versicherungsprämie vergiftet zu haben; George Rennie, einer ihrer alten Verehrer, tritt wieder in ihr Leben ein, ist aber enttäuschend ‹erwachsen› geworden.

Charles Waring Darwin geboren, das zehnte und letzte Kind der Darwins.

1857 Der *Matrimonial Causes Act* führt die weltliche Scheidung in England ein.

Dickens lernt Ellen Ternan kennen.

Lady Harriet Ashburton stirbt; Jane Carlyles Depression verschwindet.

Millais' Ruf als Maler beginnt nachzulassen.

Beim Aufstand der Inder werden in Cawnpore Frauen und Kinder massakriert.

Madeleine Smith aus Glasgow wird angeklagt, ihren Geliebten, einen armen Expedienten, vergiftet zu haben; er hatte gedroht, ihre Liebesbriefe zu veröffentlichen, um ihre Eheschließung mit einem Mann höherer gesellschaftlicher Position zu verhindern; Miss Smith wird nach einem Sensationsprozeß, den Jane Carlyle in den Zeitungen verfolgt, freigesprochen; die Sympathie der Öffentlichkeit ist weitgehend auf seiten von Miss Smith.

1858 Ruskin lernt Rose La Touche kennen, in die er sich verlieben wird; er ist neununddreißig, sie ist neun.

Dickens trennt sich von seiner Frau und erklärt sich seinem Publikum in zahlreichen Zeitungsnotizen.

Harriet Taylor Mill stirbt in Frankreich, wo sie und ihr Mann sich ihrer Gesundheit wegen aufgehalten hatten.

Mit der Veröffentlichung von *Scenes of Clerical Life* wird «George Eliot», die Romanautorin, geboren. Mrs. Carlyle, die ein Exemplar des Buches vom Autor erhält, ist der Meinung, er sei «ein Mann in den mittleren Jahren, mit einer Frau, von der er diese wunderschönen *weiblichen* Nuancen des Buches hat, mit vielen Kindern und einem Hund».

Mary Ellen Peacock Meredith brennt mit Henry Wallis nach Capri durch; Wallis ist ein Maler, dem George Meredith als Chatterton für sein Gemälde *The Death of Chatterton* Modell gestanden hat.

Queen Victorias Tochter, die Kronprinzessin (Vicky genannt), wird mit Prinz Friedrich Wilhelm von Preußen verheiratet und wird fast sofort schwanger, was ihre Mutter als «gräßliche Nachricht» betrachtet.

1859 Erscheinungsjahr von *The Origin of Species*; Mills *On Liberty*; *Adam Bede*; *A Tale of Two Cities*.

William Morris heiratet Jane Burden.

In Amerika erschießt ein Kongreßabgeordneter einen Rechtsanwalt aus Washington wegen seiner «systematischen Karriere schuldhaften Geschlechtsverkehrs mit seiner Frau» und wird, zum allgemeinen Entzücken, freigesprochen.

1860 Kate Dickens (Dickens' Tochter) und Charles Collins (Wilkie Collins' Bruder) kommen einander beim Modellstehen für Millais' *The Black Brunswicker* immer näher und heiraten schließlich; Kates Mutter wird zur Hochzeit nicht eingeladen; man glaubt, daß Miss Dickens sich entschlossen hat, den kränklichen Collins zu ehelichen, um den Mißhelligkeiten im Haushalt ihres Vaters zu entkommen.

1860 Queen Victoria wird Witwe.

Auf ihrem Weg nach Florenz machen Marian Evans und George Henry Lewes an Harriet Mills Grab auf dem Friedhof in Avignon halt und finden die Inschrift von übertriebener Süße.

Mill schreibt *The Subjection of Women.*

Madeleine Smith heiratet George Wardle, einen Partner von William Morris; sie werden zwei Kinder haben und der *Socialist League* beitreten; nach seinem Tod wird sie nach Amerika gehen, sich wiederverheiraten und im Alter von zweiundneunzig Jahren in Brooklyn sterben.

1863 Märchenhochzeit des Prinzen von Wales, Albert, mit Alexandra, die das Publikum begeistert, weil sie arm aufgewachsen ist, doch Jane Carlyle rümpft die Nase: «So ein Theater um diese ‹königliche Hochzeit›! Ich wünschte, es wäre vorbei.»

1865 Die Veröffentlichung des Erfolgsbuches *Sesame and Lilies*, in dem auch der Essay *Of Queen's Gardens* enthalten ist, festigen Ruskins Position als wichtige Autorität zum Thema ‹die weibliche Natur›.

Gouverneur Eyre schlägt mit brutaler Effizienz einen Aufstand schwarzer Untertanen in Jamaica nieder, was in England eine Kontroverse über den angemessenen Gebrauch von Autorität auslöst.

1866 Thomas Carlyle wird Rektor der Universität von Edinburgh; Jane Welsh Carlyle stirbt.

1867 John Stuart Mill eröffnet, als Mitglied des Parlaments, die erste parlamentarische Debatte zum Wahlrecht für Frauen, indem er vorschlägt, in der zur Diskussion stehenden Gesetzesreform das Wort *Mann* durch das Wort *Person* zu ersetzen.

1868 Mr. und Mrs. Charles Eliot Norton aus Cambridge, Massachusetts, sind Hausgäste bei Dickens und seiner Familie in Gad's Hill, lassen sich dann in der Nähe der Darwins nieder, zu denen eine Freundschaft entsteht. Bei einem Besuch in Oxford lernt Norton George Henry Lewes kennen, der ihm mit Tränen in den Augen erzählt, wie seine Frau anfing, Romane zu schreiben.

1869   Carlyle liest Janes sämtliche Briefe durch und bereitet sie für die Veröffentlichung vor, «eine Arbeit, die etwa elf Monate dauerte, traurig und seltsam, wie eine Pilgerreise durch den Hades».

Mill veröffentlicht *The Subjection of Women*.

Charles Eliot Norton diniert mit Mill in Blackheath und mit Ruskin in Denmark Hill; er begegnet Carlyle zum erstenmal, der ihm erklärt, daß Amerika die größte Nation der Welt wäre, wenn es einen König hätte und seine «Nagurs» wieder in die Sklaverei schickte oder sie mittels Massaker oder Hungertod ausrottete.

1870   Dickens stirbt und hinterläßt *The Mystery of Edwin Drood* unvollendet; laut Testament hinterläßt er Georgina Hogarth und jedem seiner Söhne, Charles und Henry, 8000 Pfund; 1000 Pfund gehen an Ellen Ternan.

Married Women's Property Act garantiert der Ehefrau das Recht auf ihren eigenen Verdienst, ihre Ersparnisse und so weiter.

1872   Charles Eliot Norton, vor kurzem verwitwet, lädt Ruskin und Carlyle zum Lunch ein und arrangiert zu Ruskins Unterhaltung eine *Punch-and-Judy*-Vorstellung.

1873   John Stuart Mill stirbt. Norton bringt Carlyle die schlimme Nachricht, dieser sagt: «Was! John Mill tot! Du meine Güte, du meine Güte! John Mill! Wie ist er gestorben, und wo? Und ich hatte ihn so lange nicht mehr gesehen, und mir gegenüber war er der freundlichste aller Menschen, wenn ich einen Freund brauchte. Du meine Güte! Jetzt ist alles vorbei.» – und berichtet Norton von Mills anstrengender Intimität mit Harriet Taylor.

1877   Anne Thackeray heiratet mit vierzig ihren dreiundzwanzigjährigen Vetter Richmond Ritchie.

Darwins ältester Sohn heiratet Sara Sedgwick, die jüngere

Schwester von Charles Eliot Nortons verstorbener Frau Susan.

Nach dem Tod seiner Frau Minny, Thackerays jüngerer Tochter, macht Leslie Stephen der schönen Witwe Julia Duckworth den Hof. Sie werden heiraten und vier Kinder haben; das dritte wird als Virginia Woolf berühmt werden.

1878 Nach vierundzwanzigjähriger Lebensgemeinschaft mit Marian Evans stirbt George Henry Lewes.

1880 Im Mai heiratet die sechzigjährige Marian Evans den vierzigjährigen John Walter Cross; sie stirbt im Dezember.

1881 Carlyle stirbt. Veröffentlichung seiner *Reminiscences*, einschließlich der Memoiren seiner Frau, die seine Reue enthüllen. Von diesem Zeitpunkt an besteht eine Debatte um die Ehe der Carlyles. Die Kontroverse wächst mit der Veröffentlichung von Froudes Carlyle-Biographie 1882 und 1884. Die selbsternannten Verteidiger Carlyles und «Anti-Froudianer» werden Jane Carlyle die Schuld geben und sie eine über-gebildete, neurotische Frau nennen.

1903 George Bernard Shaw erklärt (in *Man and Superman*): «Die Verwechselung von Ehe mit Moral hat mehr dazu beigetragen, das Gewissen des Menschengeschlechts zu zerstören, als das je einem einzigen Irrtum gelungen ist.»

Nachbemerkung

Am meisten bin ich jenen noch lebenden oder bereits verstorbenen Wissenschaftlern zu Dank verpflichtet, die uns die privaten Schriften der großen Viktorianer zugänglich gemacht haben. Ich hätte gar nicht daran denken können, dieses Buch zu schreiben, wenn das biographische Material, worauf es sich gründet, noch hätte gesucht, gefunden, entziffert, katalogisiert, mit Index und Anmerkungen versehen und schließlich gedruckt werden müssen oder wenn die ausgezeichneten Biographien der Menschen, über die ich schreibe, noch nicht existierten. Die Veröffentlichung von Briefwechseln und gesammelten Nachlaßpapieren und das Schreiben autoritativer Biographien hängen von den Mühen so vieler Menschen ab, daß ich hier nur die Spitze des Leviathan berühre, wenn ich ein paar Dutzend Namen nenne, aber damit kann ich wenigstens der gesamten biographischen Wissenschaft meine Dankbarkeit zu erkennen geben. Für die Carlyles: Carlyle selbst; J. A. Froude, die Editoren der laufenden Edinburgh-Ausgabe der *Collected Letters of Thomas and Jane Welsh Carlyle*, einschließlich Charles Richard Sanders, Kenneth J. Fielding, Ian Campbell, John Clubbe und Aileen Christianson. Für die Ruskins: Mary Lutyens. Für Dickens: John Forster; Ada Nisbet; Walter Dexter; und die Editoren der im Entstehen begriffenen Pilgrim-Ausgabe von Dickens' Briefen, Madeline House, Graham Storey, Kathleen Tillotson und (noch einmal) K. J. Fielding. Für Mill: Michael St. John Packe; F. A. Hayek; und die Editoren von Mills gesammelten Briefen, Francis E. Minetka und Dwight N. Lindley. Für George Eliot: Gordon Haight, mit besonderer Herzlichkeit. In allgemeinerem Sinne schulde ich Diane Johnson Dank für die Inspiration, die ich von ihrer Biographie der Mary Ellen Peacock, der ersten Mrs. Meredith, empfing.

Zu den Freunden, die mir durch das Lesen und Kommentieren verschiedener Teile des Manuskriptes geholfen haben, gehören Paul Alpers, Svetlana Alpers, Georges Borchardt, Catherine Gallagher, Leslie Garis, William I. Miller, Richard Ohmann, Iris Slotkin und Alex Zwerdling. Bryan Fuermann half mir bei den Recherchen, und Henry Abelove hat überall anregende Spuren seines Wissens im Buch hinterlassen. Joseph W. Reed hat mein Manuskript länger und in früheren Phasen gelesen als irgend jemand, und schon dafür verdient er besonderen Dank. Überdies war seine Ermutigung für dieses Projekt geradezu lebenswichtig. Ich möchte auch Annie Dillard ganz besonders für ihre kostbaren Geschenke an Zeit, Freundschaft, Intelligenz und Offenheit danken. Eine weitere Freundin, Nancy Nicholas, ist zugleich meine Lektorin – so großartig als Freundin wie als Lektorin und von bestechender Eleganz beim Jonglieren mit diesen beiden Rollen.

Für viele Arten der Unterstützung bin ich der Fakultät, den Mitarbeitern, den Studenten und der Administration der Wesleyan-Universität dankbar.

Ich wünschte, ich könnte Bücher schneller schreiben, so daß ich häufiger das Vergnügen hätte, Teddy Rose meine Dankbarkeit gedruckt auszudrücken. Diesmal will ich ihm besonders dafür danken, daß er mir beigebracht hat – mit Hilfe seines Atari –, wie man Hürden überwindet, indem man entweder Tempo zulegt und um sie herumgeht oder indem man sie aus dem Weg schmettert. Und Dank auch an Danny Dries und David Schorr für das Glück der letzten zehn Jahre.

neue frau

Eine Auswahl

ro
ro
ro

C 912/10

neue frau

Eine
Auswahl

ro
ro
ro

C 912/10 c

neue frau

Tove Jansson
Die ehrliche Betrügerin
Ein Märchen für Erwachsene (5694)
Die Tochter des Bildhauers
Roman (5903)

Anna Kavan
Wer bist du?
Roman (5792)

Susanna Kaysen
Der Mann ohne Seele
Roman (12365)

Margot Lang (Hg.)
Mein Vater
Frauen erzählen vom ersten Mann ihres
Lebens (4357)

Doris Lessing
Der Sommer vor der Dunkelheit
(4170)

Sarah Lloyd
Eine indische Lieben
(5586)
China erfahren
Ein Reisebericht (12339)

Margaret Mead
Brombeerblüten im Winter
Ein befreites Leben (4226)

Eine
Auswahl

Daphne Merkin
Die Prinzessin von New York
Roman (12303)

ro
ro
ro

C 912/10 b

neue frau

Eine
Auswahl

ro
ro
ro

C 912/10 d

neue frau

Kerstin Thorvall
Die Verschwundene
Roman (12180)

Märta Tikkanen
Wie vergewaltige ich einen Mann?
(4581)
Die Liebesgeschichte des Jahrhunderts
Roman in Gedichten (4701)
Aifos heißt Sofia
Leben mit einem besonderen Kind (5166)
Der Schatten, unter dem du lebst
Eine Erzählung in Gedichten (5558)
Ein Traum von Männern, nein, von Wölfen
Roman (5946)

Esther Tusquets
Die Liebe ist ein einsames Spiel
Roman (4989)

Alice Walker
Die Farbe Lila
Roman (5427)

Fay Weldon
Briefe an Alice oder Wenn du erstmals Jane Austen liest (5896)

Maria Wimmer
Kindheit auf dem Lande (4291)

Eine
Auswahl

Andrea Wolfmayr
Spielräume
Roman (5335)

Sandra Young
Ein Rattenloch ist kein Vogelnest
Eine Jugend in den Slums von Baltimore
(5188)

rororo

C 912/10 e